Drake Demosthenes, Aeschines Bernard William Francis

Demosthenes on the Crown

With English Notes

Drake Demosthenes, Aeschines Bernard William Francis

Demosthenes on the Crown
With English Notes

ISBN/EAN: 9783337267315

Printed in Europe, USA, Canada, Australia, Japan

Cover: Foto ©ninafisch / pixelio.de

More available books at **www.hansebooks.com**

THE ORATIONS OF
DEMOSTHENES ON THE CROWN

AND

ÆSCHINES AGAINST CTESIPHON.

Cambridge:
PRINTED BY C. J. CLAY, M.A.
AT THE UNIVERSITY PRESS.

DEMOSTHENES ON THE CROWN

WITH ENGLISH NOTES

BY

B. DRAKE, M.A.

LATE FELLOW OF KING'S COLLEGE, CAMBRIDGE.

FOURTH EDITION.

TO WHICH IS PREFIXED

ÆSCHINES AGAINST CTESIPHON

WITH ENGLISH NOTES.

London and Cambridge
MACMILLAN AND CO.
1870.

PREFACE.

IN deference to the opinions of many gentlemen engaged in the work of Education, the Publishers take the opportunity of a new edition being called for to add Mr Drake's Edition of the *De Coronâ*, the companion oration of Æschines *contra Ctesiphontem*, and to place the notes (as in Mr Merivale's Edition of Sallust) at the end of the orations, instead of at the foot of each page.

Very little alteration or addition has been made to Mr Drake's Notes. The terseness and felicity of his translations constitute perhaps the chief value of his edition, and the historical and archæological details necessary to understanding the *De Coronâ* have in some measure been anticipated in the notes on the Oration of Æschines.

In both, the text adopted in the Zurich edition of 1841, and taken from the Parisian MS. has been adhered to without any variation. Where the readings of Bekker, Dissen, and others appear preferable, they are subjoined in the notes.

In his first Edition Mr Drake freely acknowledges his obligations to Bremi's notes on the *De Coronâ*, to the review of Lord Brougham's translation, to Mr Shilleto's Edition of the Παραπρεσβεία, and to Mr Norris's translation. In the present, frequent references are made to Bremi's notes on the oration of Æschines, to Mr Whiston's Edition of *De Coronâ*, to the translation of the same (and the valuable appendices at the end) by Mr C. R. Kennedy, to Mr Grote's *Greece*, and other eminent authorities.

It only requires to be added that Mr Drake's preface has been to a considerable extent re-written and adapted to both the Orations, and that certain quotations placed by him at the beginning have been transferred (with a few additions) to the end of the volume in the shape of Appendices.

JANUARY, 1860.

INTRODUCTION

TO THE

ORATIONS.

It is not intended in the present notice to give more than a very general account of the origin and history of the following famous orations.

For ampler details the Student will consult the histories of Thirlwall and Grote, the life of Demosthenes in Smith's *Biographical Dictionary*, and other eminent authorities.

A few remarks, however, on the immediate causes of the two orations, and on their general character, will not perhaps be out of place.

The year B.C. 338, as is well known, witnessed the disastrous battle of Chæroncia, and the destruction of the liberties of Greece[1], which became henceforth a province of the Macedonian monarchy. Nothing could exceed the consternation with which the news of the terrible reverse was received at Athens, one thousand Athenian citizens had fallen on the fatal field, two thousand more remained in the hands of Philip as prisoners[2].

Almost every one under the ages of twenty and fifty, able to bear arms, had been sent out to take part in the late engagement, and scarcely any remained to defend the city save those incapable of active service, the aged and infirm. At this juncture Demosthenes, who was still listened to with undiminished confidence, exerted himself with more than his usual energy, to do all that was possible

---

[1] "Hic dies universæ Græciæ et gloriam dominationis et vetustissimam libertatem finivit." Justin. IX. 3.

[2] Grote's *Greece*, XI. 692.

towards putting the city in a posture of defence. As Commissioner for the repair of the walls (an office to which he had been elected in the year B. C. 339) he set himself with all activity to strengthen the defences of the City, and expended upon the work, from his own resources, three talents more than had been allowed him out of the public treasury.

About seven months after, when the apprehensions of the citizens had been removed in consequence of the moderation and clemency of Philip, Ctesiphon, a political admirer of Demosthenes, brought in a bill before the council of Five Hundred, proposing that the services of the orator should be publicly recognised and particularly his large private contributions for the public use. The Bill was approved, and a decree came down to the popular Assembly declaring it to be the will of the Council and People of Athens that "Demosthenes should be presented with a golden crown in requital of his public services," and that proclamation of the same should be made in the theatre, at the Great Dionysian Festival.

Such a proposition was of course tantamount to a direct condemnation of the policy of the Macedonian party. And the opposition thus naturally called forth took the shape of an indictment of Ctesiphon for illegality (γραφὴ παρανόμων).

The indictment was entrusted to Æschines, the second of Athenian orators, and the determined foe of Demosthenes, who attacked the bill of Ctesiphon on the following grounds:—

First, because it was illegal to confer a crown upon any person who had an account to render of his official conduct; and Demosthenes both as a Conservator of walls and as treasurer of the Theoric fund was amenable to such a scrutiny.

Secondly, because it was unlawful to proclaim the honour of a crown in the theatre at the Dionysian festival, at the performance of the new tragedies; inasmuch as the law required, that, if the Council gave a crown, it should be proclaimed in the Council-Hall; if the people, in the *Pnyx* at the popular assembly.

Thirdly, because it was untrue that Demosthenes deserved any public commendation; and to make false allegations in a State document was contrary to law.

On these grounds Æschines rested his indictment against Ctesiphon for proposing unconstitutional measures. But, though begun coincidently with the passing of the decree, the prosecution itself was suffered to lie dormant for more than seven years, i.e. from B. C. 338 to 330.

These seven years had been prolific in important events. Philip had died, and been succeeded by his son Alexander; the battles of the Granicus, Issus, and Arbela had all been fought; a Macedonian youth sat on the throne of Darius: and that supremacy, which all his life long Demosthenes had exerted himself to oppose, was no less triumphant in Asia than in Greece.

The much desired opportunity had come at last; and all the political passions of the Macedonian party, as well as the private animosity of Æschines, concentrated themselves in a determined and final effort to put down their great antagonist.

The public prosecution of Ctesiphon excited the intensest interest not only at Athens but throughout the whole of Greece. Greeks from every state and foreigners from all parts flocked to hear the speeches of the two most renowned orators in the world. The interest of Ctesiphon in the trial was merely nominal. The whole policy and administration of Demosthenes was to be arraigned and impeached. And before a jury of no less than five hundred, and "a dense and breathless audience," Æschines commenced his attack[1].

[1] Perhaps the best introduction to the speech may be given in the words of Cicero himself, in the treatise *De optimo genere*

(*a*) In support of the first count in the indictment he brings forward a law which distinctly forbade the bestowal of a crown upon any one who had held a magisterial office before he had passed the usual scrutiny.

It might, indeed, be urged that the office which Demosthenes had held did not come within the terms of the Statute, being an inferior employment. But, by the law of Athens, any office conferred by the people, whether it concerned the superintendence of public works, or the distribution of public moneys, was to be regarded as magisterial, and as subject to the scrutiny. Now Demosthenes had been a Commissioner of public works, he had been elected to that office by the Pandionian tribe according to the terms of a decree of the people, he had been entrusted with the disbursement of ten talents of the public money,

oratorum, (which is considered genuine by the best critics): "Quum esset lex Athenis, ne quis populi scitum faceret, ut quisquam Coronâ donaretur in magistratu priùs, quàm rationes retulisset: et altera lex, eos qui a populo donarentur, in concione donari debere: quia in senatu Demosthenes curator muris reficiendis fuit, eosque refecit pecuniâ suâ: de hoc igitur Ctesiphon scitum fecit, nullis ab ipso rationibus relatis, ut coronâ aureâ donaretur; eaque donatio fieret in theatro, populo convocato; qui locus non est concionis legitimæ: atque ita prædicaretur, *cum donari virtutis ergo benevolentiæque, quam erga populum Atheniensem haberet.* Hunc igitur Ctesiphontem in judicium adduxit Æschines, quod contra leges scripsisset, ut et rationibus non relatis coronâ donaretur, et ut in theatro, et quòd de virtute ejus et benevolentiâ falsa scripsisset: quoniam Demosthenes nec vir bonus esset, nec benè meritus de civitate. Itaque causa Æschini, quoniam ipse a Demosthene esset capitis accusatus, quod legationem ementitus esset, ut ulciscendi inimici causâ, nomine Ctesiphontis, judicium fieret de factis, famâque Demosthenis. Non enim tam multa dixit de relationibus non relatis quàm de eo, quod civis improbus, ut optimus, laudatus esset."— Capp. VII. VIII.

he had, moreover, been appointed treasurer of the Theoric fund by a decree of the people. He was clearly amenable, therefore, to the provisions of the Statute, and whether the moneys he had expended came from the public fund, or from private sources, made no material difference; nothing could exempt him from the law of the democracy that no magisterial office should be irresponsible.

(*b*) Proceeding to the second count in the indictment, he supports it by a Statute enacting that if the Council conferred a crown, it must be proclaimed in the Council Chamber, if the people, in the Assembly, and in no other place. Nor was this done without a purpose. Its object was to prevent the ostentatious display before foreigners of these honours, which only concerned the members of the Commonwealth. Now this Statute too had been infringed by Ctesiphon in his anxiety to parade the honours of Demosthenes at the Dionysian festival, before the large numbers then assembled.

The arguments of Æschines on these two points constitute the strongest part of his attack. Here he was safe; and in dealing with the specific violations of Athenian law of which Ctesiphon had been guilty, he exhibits great skilfulness and care.

(*c*) But this did not content him. Leaving these legal points, he now proceeded to the third count in his indictment against Ctesiphon, to shew that Demosthenes was utterly undeserving of any public commendation whatever. This involved a review of the entire political career of his rival. He divides his public life into four distinct periods, and endeavours to prove that in each and all of them, so far from deserving praise of his country, the conduct of Demosthenes was open to the severest censure. "And here," observes Mr Kennedy, "the reader who carefully examines the speech of Æschines will not fail to observe, that he betrays a consciousness of weakness. He seems to feel that he is speaking in opposition to the general feeling of his hearers. His own character as a politician had been so dubious, his conduct so open to suspicion, that while he most bitterly assails his adversary, he is constantly under the necessity of defending himself. On the whole life, public and private, of Demosthenes, he pours a torrent of invective; to this the greater part of his speech is devoted: yet he seems to have been impelled to it rather by hate and revenge, than by any calculation of advantage[1]."

On the conclusion of the speech of the prosecutor, and after a few words *pro formâ* from Ctesiphon, Demosthenes commenced his reply. Knowing his weakness as to the legal questions, he dexterously throws them into the middle of his speech, and strives to divert the attention of the Court from these technical points to the vindication of his own merits as a statesman. He makes it his chief object to shew that the credit of the state itself was inseparably bound up with his own, and impresses upon the minds of the jury that the question really at issue was this, whether himself or Æschines were more worthy of their confidence; not whether Ctesiphon had or had not violated the laws. Refusing to comply with the crafty demand of Æschines that he should take the counts of the indictment in the same order as his accuser, he chooses freely such topics as pleased him in the review of his own political career, and endeavours to shew that "attachment to his country, and earnest anxiety for her welfare, had been his constant and abiding motives of action: that throughout his whole life, in the day of power, in the hour of trial and adversity, these feelings had never deserted him: that this was the test of a good and honest citizen; that by it he ought to be judged[2]."

---

[1] *Introduction to the Translation of Demosthenes on the Crown*, by C. R. Kennedy, p. 6.

[2] Kennedy's *Introduction*, p. 8.

INTRODUCTION. xiii

Such is a brief outline of these two celebrated orations. The one is perhaps as fine a piece of eloquence as was ever unsuccessful, the other, "the unapproachable master-piece of Grecian oratory," satisfies our highest expectations, even when we know that Demosthenes expended his utmost efforts on its composition. "It breathes," writes Thirlwall, "the spirit of that high philosophy which, whether learnt from the schools or from life, has consoled the noblest of our kind in prisons, and on scaffolds, and under every persecution of adverse fortune; but in the tone necessary to impress a mixed multitude with like feeling, and to elevate it for a while into a sphere above its own, there certainly have been few readers in whom it has not left a strong conviction of the speaker's patriotism, if not of his general integrity and political virtue[1]."

"The effect produced by the speech upon an Athenian audience," writes Mr Kennedy, "can be but faintly imagined by us who read it at this distance of time. Although Athens was not then what she had once been; although she was humbled by defeat, shorn of her honours, stripped of her Empire and dependencies, without allies, without resources, without means of resistance to that iron power under which all Greece had succumbed; there was still the remembrance of the past, not yet extinguished by habitual servitude; there were still vague hopes of future deliverance, and a fire of smothered indignation burning in the hearts of the people, ready to burst into a flame at

---

[1] Thirlwall's *Greece*, VII. p. 137. Mr Grote calls the speech "the funeral oration of extinct Athenian and Grecian freedom." "As regards principles and morals it was cited with other orations of Demosthenes (Plut. *in Vit.* c. 13) by the Stoic Panætius in proof of his assertion, that the great orator always appealed to and based his arguments upon the laws of truth, and justice, and honour, rather than expediency or selfishness." Whiston's *Demosthenes*, p. 396.

the first favourable opportunity. That such were their feelings is proved by what occurred seven years afterwards upon the death of Alexander; when Athens made one convulsive effort for freedom, ere she finally submitted to her fate. Demosthenes stood before his countrymen, representing all which remained of Athenian dignity and glory. If any man could help them, it was he. His advice had always been steady, and constant; his warnings should have been earlier attended to: but even yet there might be need of him. He was their consolation for the past, their hope for the future. During the progress of his address, such thoughts rushed upon their minds with greater and greater force, till they were elevated above themselves, and all the spirit of their ancestors was for the moment regenerate within them.

"They could forgive him all his egotism and self-praise. It was the praise of a life devoted to their service. Where he lauded his own acts most strongly, he identified them with the glories of his country. Whatever good results might have accrued from his measures, he ascribed the merit less to himself, than to the fortune of Athens, or to the gods, of whom he was but the humble instrument in a righteous cause. His own eloquence would have been of no avail, had it not touched the true chord of Athenian feeling. Throughout his whole political career he had been supported by the judgment and conviction of the people. Thus he argued, and the people felt it was impossible for them to find him guilty, without passing sentence upon themselves, without condemning the policy which Athens had for a long series of years consistently pursued. The genius of Athens protected her from such disgrace; and by an overwhelming majority, which left the accuser no choice but to retire into exile, a verdict was given for the defendant."

CONTENTS.

	PAGE
PREFACE	v
Introduction	vii
Æschines against Ctesiphon	1
Demosthenes on the Crown	93
Notes on Æschines against Ctesiphon	203
Notes on Demosthenes on the Crown	236
Appendix A	282
Appendix B	284
Appendix C	285

ÆSCHINES
CONTRA CTESIPHONTEM.

ΚΑΤΑ ΚΤΗΣΙΦΩΝΤΟΣ.

ΥΠΟΘΕΣΙΣ.

Κτησιφῶν ἔγραψε ψήφισμα στεφανῶσαι Δημοσθένην Δημοσθένους Παιανιέα χρυσῷ στεφάνῳ καὶ ἀναγορεῦσαι τὸν στέφανον ἐν τῷ θεάτρῳ Διονυσίοις τραγῳδῶν, ὅτι διατελεῖ τὰ ἄριστα καὶ λέγων καὶ πράττων τῷ δήμῳ τῶν Ἀθηναίων. τοῦτο τὸ ψήφισμα ἐγράψατο Αἰσχίνης παρα- 5 νόμων, καὶ εἰσάγει κεφάλαια γενικὰ τρία, ἓν μὲν ὅτι ὑπεύθυνον ὄντα τὸν Δημοσθένην ἐστεφάνωσε τοῦ νόμου κελεύοντος μὴ ἐξεῖναι ὑπεύθυνον ἄρχοντα στεφανοῦν, περὶ οὐσίας, δεύτερον δὲ ὅτι ἐν τῷ θεάτρῳ ἀνεκήρυξε τὸν στέφανον ἀπαγορεύοντος τοῦ νόμου μηδένα στεφανοῦν 10 ἐν τῷ θεάτρῳ, περὶ ποιότητος, τρίτον καὶ τελευταῖον, ὅτι καὶ τὰ ψευδῆ ἔγραψεν ἐν τῷ ψηφίσματι· οὐκ εἶναι γὰρ καλὸν καὶ ἀγαθὸν τὸν Δημοσθένην, οὐδὲ ἄξιον τοῦ στεφάνου. καὶ τοῦτο εἰς τὸ παράνομον ἀνακτέον, ἐπειδὴ καὶ νόμος ἐστὶν ὁ κωλύων τὰ ψευδῆ γράφειν ἐν τοῖς 15 ψηφίσμασιν· ἔστι δὲ περὶ ποιότητος. ὑποφορὰς δὲ λαμβάνει τρεῖς· πρὸς μὲν τὸ πρῶτον δισσῶς ἐροῦντος Δημοσθένους, ὅτι οὐκ ἦν ἄρχων οὐδὲ ἔστιν ἀρχὴ ἡ τῶν τειχῶν οἰκοδομὴ ἀλλὰ διακονία τις καὶ ἐπιμέλεια, εἰ δὲ καὶ ἀρχή, τῷ γε ἐπιδεδωκέναι ἐκ τῶν ἰδίων καὶ μηδὲν 20 εἰληφέναι ἐκ τῆς πόλεως οὐκ ἦν ὑπεύθυνος, περὶ ποιότητος ἀμφότερα· πρὸς δὲ τοῦτο ὁ Αἰσχίνης εἰσάγει στοχαστικὸν κεφάλαιον, οὐ μέντοι κατασκευάζει· εἰ δὲ μὴ παρ' ἑαυτοῦ ἐπέδωκεν, ἀλλ' εἶχε παρὰ τῆς βουλῆς εἰς τοῦτο δέκα τάλαντα, περὶ οὐσίας. πρὸς δὲ τὸ δεύτερον κεφάλαιον παρεχομένου Δημοσθένους νόμον ἕτερον, κελεύοντα ἀνακηρύττειν ἐν τῷ θεάτρῳ ἂν ψηφίσηται ὁ δῆμος, Αἰσχίνης οὐ περὶ τῶν πολιτικῶν αὐτὸν εἶναί φησιν ἀλλὰ περὶ τῶν ξενικῶν στεφάνων, περὶ οὐσίας. πρὸς δὲ τὸ τρίτον πολλὰ κατὰ μέρος. οἴεται δὲ τὸν Δημοσθένην εἰς τέσσαρας καιροὺς διῃρηκέναι τὴν ἀπολογίαν, τὰ πράγματα καθ' ἕκαστα εἰς τούτους μερίσαντα. πρῶτον μὲν οὖν φησιν εἶναι καιρὸν τοῦ πολέμου τοῦ πρώτου τοῦ πρὸς Φίλιππον περὶ Ἀμφιπόλεως γενομένου, δεύτερον δὲ τὸν τῆς εἰρήνης, τρίτον δὲ τὸν τοῦ πολέμου τοῦ δευτέρου καὶ τῆς περὶ Χαιρώνειαν ἥττης, τέταρτον δὲ τὸν παρόντα καιρὸν τὸν περὶ τῶν πρὸς Ἀλέξανδρον πολιτευμάτων. ἐν μὲν οὖν τῷ πρώτῳ αἴτιον αὐτόν φησι γεγονέναι τῆς εἰρήνης, αἰσχρᾶς οὔσης καὶ ἀδόξου, καὶ τοῦ μὴ μετὰ κοινοῦ τῶν Ἑλλήνων συνεδρίου τὴν πόλιν αὐτὴν πεποιῆσθαι· ἐν δὲ τῷ δευτέρῳ, ὅτι τὸν πόλεμον τὸν πρὸς Φίλιππον αὐτὸς παρεσκεύασεν· ἐν δὲ τῷ τρίτῳ, ὅτι τοῦ ἱεροῦ πολέμου καὶ τῶν περὶ Φωκέας συμβάντων αἴτιος ἐγένετο, καὶ τῆς ἥττης τῆς ἐν Χαιρωνείᾳ, πείσας μετὰ Θηβαίων ἀραμένους τὸν πόλεμον πρὸς Φίλιππον παρατάξασθαι· ἐν δὲ τῷ τελευταίῳ, ὅτι κατὰ τὸν πρὸς Ἀλέξανδρον οὐκ ἐπολιτεύσατο. μετὰ ταῦτα καὶ τοῦ βίου παντὸς τοῦ Δημοσθένους κατηγορεῖ, καὶ δὴ καὶ Κτησιφῶντος ἐν ὀλίγοις, ἐν οἷς ἀξιοῖ αὐτὸν ὑπὲρ ἑαυτοῦ τὸν Κτησιφῶντα ἀπολογεῖσθαι. τὰ μὲν οὖν κεφάλαια ταῦτ' ἐστίν· ἐνίκα δὲ τὸν ἀγῶνα Δημοσθένης.

Μέμφονται μέντοι τινὲς τὸν Αἰσχίνην ὅτι οὐκ ἐνδιέτριψεν ἐν τῷ παρανόμῳ, ἀλλὰ καὶ τῆς πολιτείας κατηγορεῖ τοῦ Δημοσθένους, καλῶς πεπολιτευμένου τοῦ ἀνδρός. αὐτὸς δὲ τοὐναντίον τούτῳ μάλιστα ἰσχυρίζεται, λέγων οὕτως "ἔστι δ' ὑπόλοιπον μέρος τῆς κατηγορίας ἐφ' ᾧ μάλιστα σπουδάζω· τοῦτο δ' ἐστὶν ἡ πρόφασις δι' ἣν αὐτὸν ἀξιοῖ στεφανοῦσθαι." μήποτε δὲ ἄριστα τοῦτο ἔπραξεν· ἐπειδὴ γὰρ εἶχε δόξαν μεγάλην παρὰ πᾶσι καὶ ὑπόληψιν ὁ Δημοσθένης ὡς λαμπρότατα πεπολιτευμένος, εἰκότως ᾠήθη ψυχροὺς καὶ οὐδενὸς ἀξίους φανήσεσθαι τοὺς περὶ τῶν παρανόμων λόγους, εἰ μὴ δόξαν αὐτοῖς ἐμποιήσει τὴν ἐναντίαν, ὡς ἄρα ὁ Δημοσθένης κακόνους ἐστὶ τῷ δήμῳ καὶ αἰσχρῶς καὶ ἐπιμέμπτως πεπολίτευται. διὰ τοῦτο ἐσπούδασε περὶ τοῦτο μάλιστα, καὶ ἐν τούτῳ τῷ μέρει τῆς κατηγορίας τὸ πλεῖστον ἐνδιέτριψε. μέμψαιτο δ' ἄν τις τὸ προοίμιον ὡς τραγικὸν καὶ περιττὸν καὶ ἐπιλόγῳ μᾶλλον ἐοικός.

Ἡ στάσις τοῦ λόγου ἐστὶ πραγματικὴ ἔγγραφος, ὥσπερ καὶ ἡ τοῦ ὑπὲρ τοῦ στεφάνου. τὰ δὲ κεφάλαια δηλονότι τῆς πραγματικῆς περιέχει ἅπερ καὶ ἐκεῖ, οἷον τὸ νόμιμον τεμνόμενον εἰς τρεῖς νόμους, τὸ δὲ δίκαιον εἰς τέσσαρας καιρούς. ὅρα δὲ πῶς ἐπιλογικῶς ἤρξατο ἀπὸ συνηγόρων ἐκβολῆς, ὥσπερ καὶ Δημοσθένης.

Τινὲς εἶπον ὅτι οὐκ ἔχει κατασκευὴν τὸ προοίμιον· οὐκοῦν οὐδὲ συμπέρασμα δεῖ ζητεῖν. ἀλλ' οὐκ ἔστιν ἀκατάσκευον· ἔστι γὰρ αὐτοῦ κατασκευὴ " ὑπὲρ τοῦ τὰ μέτρια καὶ τὰ συνήθη μὴ γίνεσθαι ἐν τῇ πόλει." εἰ γὰρ ἡ αἰτία τῆς προτάσεώς ἐστιν ἡ κατασκευή, διὰ δὲ τὸ τὰ μέτρια μὴ γίνεσθαι ἐν τῇ πόλει αἱ δεήσεις, κατασκευὴ ἂν εἴη. ἔχει δὲ καὶ συμπέρασμα, " ἐγὼ δὲ πεπιστευκὼς ἥκω" ἕως τοῦ " μεῖζον τῶν νόμων καὶ τῶν δικαίων."

Τὴν μὲν παρασκευὴν ὁρᾶτε ὦ Ἀθηναῖοι καὶ τὴν παράταξιν, ὅση γεγένηται, καὶ τὰς κατὰ τὴν ἀγορᾶν δεήσεις, αἷς κέχρηνταί τινες ὑπὲρ τοῦ τὰ μέτρια καὶ τὰ συνήθη μὴ γίνεσθαι ἐν τῇ πόλει· ἐγὼ δὲ πεπιστευκὼς ἥκω πρῶτον μὲν τοῖς θεοῖς δεύτερον δὲ τοῖς νόμοις καὶ ὑμῖν, ἡγούμενος οὐδεμίαν παρασκευὴν ἰσχύειν παρ' ὑμῖν μεῖζον τῶν νόμων καὶ τῶν 2 δικαίων. ἐβουλόμην μὲν οὖν, ὦ Ἀθηναῖοι, καὶ τὴν βουλὴν τοὺς πεντακοσίους καὶ τὰς ἐκκλησίας ὑπὸ τῶν ἐφεστηκότων ὀρθῶς διοικεῖσθαι, καὶ τοὺς νόμους οὓς ἐνομοθέτησεν ὁ Σόλων περὶ τῆς τῶν ῥητόρων εὐκοσμίας ἰσχύειν, ἵνα ἐξῇ πρῶτον μὲν τῷ πρεσβυτάτῳ τῶν πολιτῶν, ὥσπερ οἱ νόμοι κελεύουσι, σωφρόνως ἐπὶ τὸ βῆμα παρελθόντι ἄνευ θορύβου καὶ ταραχῆς ἐξ ἐμπειρίας τὰ βέλτιστα τῇ πόλει συμβουλεύειν, δεύτερον δ' ἤδη καὶ τῶν ἄλλων πολιτῶν τὸν βουλόμενον καθ' ἡλικίαν χωρὶς καὶ ἐν μέρει περὶ ἑκάστου γνώμην ἀποφαίνεσθαι· οὕτω γὰρ ἄν μοι δοκεῖ ἥ τε πόλις ἄριστα διοικεῖσθαι αἵ τε κρίσεις 3 ἐλάχισται γίνεσθαι. ἐπειδὴ δὲ πάντα τὰ πρότερον ὡμολογημένα καλῶς ἔχειν νυνὶ καταλέλυται, καὶ γράφουσί τέ τινες ῥᾳδίως παρανόμους γνώμας, καὶ ταῦτα ἕτεροί τινες τὰ ψηφίσματα ἐπιψηφίζουσιν οὐκ ἐκ τοῦ δικαιοτάτου τρόπου λαχόντες προεδρεύειν ἀλλ' ἐκ παρασκευῆς καθεζόμενοι, ἂν δέ τις τῶν ἄλλων βουλευτῶν ὄντως λάχῃ κληρούμενος προεδρεύειν καὶ τὰς ὑμετέρας χειροτονίας ὀρθῶς ἀναγορεύῃ, τοῦτον οἱ τὴν πολιτείαν κοινὴν οὐκέτι ἀλλ' ἰδίαν αὑτῶν ἡγούμενοι ἀπειλοῦσιν εἰσαγγέλλειν, καταδουλούμενοι τοὺς ἰδιώτας καὶ δυναστείας ἑαυτοῖς 4 περιποιοῦντες, καὶ τὰς κρίσεις τὰς μὲν ἐκ τῶν νόμων καταλελύκασι τὰς δ' ἐκ τῶν ψηφισμάτων μετ' ὀργῆς κρίνουσι, σεσίγηται μὲν τὸ κάλλιστον καὶ σωφρονέστατον κήρυγμα τῶν ἐν τῇ πόλει "τίς ἀγορεύειν βούλεται τῶν ὑπὲρ πεντήκοντα ἔτη γεγονότων καὶ πάλιν ἐν μέρει τῶν ἄλλων Ἀθηναίων," τῆς δὲ τῶν ῥητόρων ἀκοσμίας οὐκέτι κρατεῖν δύνανται οὔθ' οἱ νόμοι οὔθ' οἱ πρυτάνεις οὔθ' οἱ πρόεδροι οὔθ' ἡ προεδρεύουσα φυλή, τὸ δέκατον μέρος τῆς πόλεως. τούτων δ' ἐχόντων οὕτως, καὶ τῶν καιρῶν ὄντων τῇ 5 πόλει τοιούτων ὁποίους τινὰς αὐτοὺς ὑμεῖς ὑπολαμβάνετε εἶναι, ἓν ὑπολείπεται μέρος τῆς πολιτείας, εἴ τι κἀγὼ τυγχάνω γινώσκων, αἱ τῶν παρανόμων γραφαί. εἰ δὲ καὶ ταύτας καταλύσετε ἢ τοῖς καταλύουσιν ἐπιτρέψετε, προλέγω ὑμῖν ὅτι λήσετε κατὰ μικρὸν τῆς πολιτείας τισὶ παραχωρήσαντες. εὖ γὰρ 6 ἴστε, ὦ Ἀθηναῖοι, ὅτι τρεῖς εἰσι πολιτεῖαι παρὰ πᾶσιν ἀνθρώποις, τυραννὶς καὶ ὀλιγαρχία καὶ δημοκρατία, διοικοῦνται δ' αἱ μὲν τυραννίδες καὶ ὀλιγαρχίαι τοῖς τρόποις τῶν ἐφεστηκότων, αἱ δὲ πόλεις αἱ δημοκρατούμεναι τοῖς νόμοις τοῖς κειμένοις. μηδεὶς οὖν ὑμῶν τοῦτ' ἀγνοείτω, ἀλλὰ σαφῶς ἕκαστος ἐπιστάσθω, ὅτι ὅταν εἰσίῃ εἰς δικαστήριον γραφὴν παρανόμων δικάσων, ἐν ταύτῃ τῇ ἡμέρᾳ μέλλει τὴν ψῆφον φέρειν περὶ τῆς ἑαυτοῦ παρρησίας. διόπερ καὶ ὁ νομοθέτης τοῦτο πρῶτον ἔταξεν ἐν τῷ τῶν δικαστῶν ὅρκῳ, "ψηφιοῦμαι κατὰ τοὺς νόμους," ἐκεῖνό γε εὖ εἰδώς, ὅτι ὅταν διατηρηθῶσιν οἱ νόμοι τῇ πόλει, σώζεται καὶ ἡ δημοκρατία. ἃ χρὴ δια- 7 μνημονεύοντας ὑμᾶς μισεῖν τοὺς τὰ παράνομα γράφοντας, καὶ μηδὲν ἡγεῖσθαι μικρὸν εἶναι τῶν τοιούτων ἀδικημάτων ἀλλ' ἕκαστον ὑπερμέγεθες, καὶ τοῦθ' ὑμῶν τὸ δίκαιον μηδένα ἀνθρώπων ἐξαιρεῖσθαι, μήτε τὰς τῶν στρατηγῶν συνηγορίας, οἳ ἐπὶ πολὺν ἤδη χρόνον συνεργοῦντές τισι τῶν ῥητόρων λυμαίνονται τὴν πολιτείαν, μήτε τὰς τῶν ξένων δεήσεις, οὓς ἀναβιβαζόμενοί τινες ἐκφεύγουσιν ἐκ τῶν δικαστηρίων, παράνομον πολιτείαν πολιτευόμενοι· ἀλλ' ὥσπερ ἂν ὑμῶν ἕκαστος αἰσχυνθείη τὴν τάξιν λιπεῖν ἣν ἂν ταχθῇ ἐν τῷ πολέμῳ, οὕτω καὶ νῦν αἰσχύνθητε ἐκλιπεῖν τὴν τάξιν ἣν τέταχθε ὑπὸ τῶν νόμων φύλακες τῆς δημοκρατίας τήνδε τὴν ἡμέραν.

8 κἀκεῖνο δὲ χρὴ διαμνημονεύειν, ὅτι νῦν ἅπαντες οἱ πολῖται παρακαταθέμενοι τὴν πόλιν ὑμῖν καὶ τὴν πολιτείαν διαπιστεύσαντες οἱ μὲν πάρεισι καὶ ἐπακούουσι τῆσδε τῆς κρίσεως, οἱ δὲ ἄπεισιν ἐπὶ τῶν ἰδίων ἔργων· οὓς αἰσχυνόμενοι, καὶ τῶν ὅρκων οὓς ὠμόσατε μεμνημένοι καὶ τῶν νόμων, ἐὰν ἐξελέγξωμεν Κτησιφῶντα καὶ παράνομα γράψαντα καὶ ψευδῆ καὶ ἀσύμφορα τῇ πόλει, λύετε ὦ Ἀθηναῖοι τὰς παρανόμους γνώμας, βεβαιοῦτε τῇ πόλει τὴν δημοκρατίαν, κολάζετε τοὺς ὑπεναντίως τῷ νόμῳ καὶ τῇ πόλει καὶ τῷ συμφέροντι τῷ ὑμετέρῳ πολιτευομένους. κἂν ταύτην ἔχοντες τὴν διάνοιαν ἀκούσητε τῶν μελλόντων ῥηθήσεσθαι λόγων, εὖ οἶδ' ὅτι δίκαια καὶ εὔορκα καὶ συμφέροντα ὑμῖν αὐτοῖς ψηφιεῖσθε καὶ πάσῃ τῇ πόλει.

9 Περὶ μὲν οὖν τῆς ὅλης κατηγορίας μετρίως μοι ἐλπίζω προειρῆσθαι· περὶ δὲ αὐτῶν τῶν νόμων οἳ κεῖνται περὶ τῶν ὑπευθύνων, παρ' οὓς τὸ ψήφισμα τοῦτο τυγχάνει γεγραφὼς Κτησιφῶν, διὰ βραχέων εἰπεῖν βούλομαι. ἐν γὰρ τοῖς ἔμπροσθεν χρόνοις

ἄρχοντές τινες τὰς μεγίστας ἀρχὰς καὶ τὰς προσόδους διοικοῦντες, καὶ δωροδοκοῦντες περὶ ἕκαστα τούτων, προσλαμβάνοντες τούς τε ἐκ τοῦ βουλευτηρίου ῥήτορας καὶ τοὺς ἐκ τοῦ δήμου πόρρωθεν προκατελάμβανον τὰς εὐθύνας ἐπαίνοις καὶ κηρύγμασιν, ὥστ' ἐν ταῖς εὐθύναις τῶν ἀρχόντων εἰς τὴν μεγίστην μὲν ἀπορίαν ἀφικνεῖσθαι τοὺς κατηγόρους, πολὺ δὲ ἔτι μᾶλλον τοὺς δικαστάς. πολλοὶ γὰρ πάνυ τῶν 10 ὑπευθύνων ἐπ' αὐτοφώρῳ κλέπται τῶν δημοσίων χρημάτων ὄντες ἐξελεγχόμενοι διεφύγγανον ἐκ τῶν δικαστηρίων. εἰκότως· ᾐσχύνοντο γὰρ οἶμαι οἱ δικασταί, εἰ φανήσεται ὁ αὐτὸς ἀνὴρ ἐν τῇ αὐτῇ πόλει, τυχὸν δὲ καὶ ἐν τῷ αὐτῷ ἐνιαυτῷ, πρώην μέν ποτε ἀναγορευόμενος ἐν τοῖς ἀγῶσιν ὅτι στεφανοῦται ἀρετῆς ἕνεκα καὶ δικαιοσύνης ὑπὸ τοῦ δήμου χρυσῷ στεφάνῳ, ὁ δὲ αὐτὸς ἀνὴρ μικρὸν ἐπισχὼν ἔξεισιν ἐκ τοῦ δικαστηρίου κλοπῆς ἕνεκα τὰς εὐθύνας ὠφληκώς· ὥστε ἠναγκάζοντο τὴν ψῆφον φέρειν οἱ δικασταὶ οὐ περὶ τοῦ παρόντος ἀδικήματος ἀλλ' ὑπὲρ τῆς αἰσχύνης τοῦ δήμου. κατιδὼν δέ τις ταῦτα 11 νομοθέτης τίθησι νόμον καὶ μάλα καλῶς ἔχοντα, τὸν διαρρήδην ἀπαγορεύοντα τοὺς ὑπευθύνους μὴ στεφανοῦν. καὶ ταῦτα οὕτως εὖ προκατειληφότος τοῦ νομοθέτου εὕρηνται κρείττονες λόγοι τῶν νόμων, οὓς εἰ μή τις ὑμῖν ἐρεῖ, λήσετε ἐξαπατηθέντες. τούτων γὰρ τινες τῶν τοὺς ὑπευθύνους στεφανούντων παρὰ τοὺς νόμους οἱ μὲν φύσει μέτριοί εἰσιν, εἰ δή τίς ἐστι μέτριος τῶν τὰ παράνομα γραφόντων· ἀλλ' οὖν προβάλλονταί γέ τι πρὸ τῆς αἰσχύνης. προσεγγράφουσι γὰρ πρὸς τὰ ψηφίσματα στεφανοῦν τὸν

ὑπεύθυνον ἐπειδὰν λόγον καὶ εὐθύνας τῆς ἀρχῆς δῷ.
12 καὶ ἡ μὲν πόλις τὸ ἴσον ἀδίκημα ἀδικεῖται (προκαταλαμβάνονται γὰρ ἐπαίνοις καὶ στεφάνοις αἱ εὐθῖναι), ὁ δὲ τὸ ψήφισμα γράφων ἐνδείκνυται τοῖς ἀκούουσιν ὅτι γέγραφε μὲν παράνομα, αἰσχύνεται δὲ ἐφ' οἷς ἡμάρτηκε. Κτησιφῶν δέ, ὦ 'Αθηναῖοι, ὑπερπηδήσας τὸν νόμον τὸν περὶ τῶν ὑπευθύνων κείμενον, καὶ τὴν πρόφασιν ἣν ἐγὼ ἀρτίως προεῖπον ὑμῖν ἀνελών, πρὶν λόγον, πρὶν εὐθύνας δοῦναι, γέγραφε μεταξὺ Δημοσθένην ἄρχοντα στεφανοῦν.

13 Λέξουσι δὲ ὦ 'Αθηναῖοι καὶ ἕτερον λόγον ὑπεναντίον τῷ ἀρτίως εἰρημένῳ, ὡς ἄρα ὅσα τις αἱρετὸς ὢν πράττει κατὰ ψήφισμα, οὐκ ἔστι ταῦτα ἀρχὴ ἀλλ' ἐπιμέλειά τις καὶ διακονία· ἀρχὰς δὲ φήσουσιν ἐκείνας εἶναι ἃς οἱ θεσμοθέται ἀποκληροῦσιν ἐν τῷ Θησείῳ, κἀκείνας ἃς ὁ δῆμος εἴωθε χειροτονεῖν ἐν ἀρχαιρεσίαις, στρατηγοὺς καὶ ἱππάρχους καὶ τὰς μετὰ τούτων ἀρχάς, τὰς δ' ἄλλας ταύτας πραγ-
14 ματείας προστεταγμένας κατὰ ψήφισμα. ἐγὼ δὲ πρὸς τοὺς λόγους τοὺς τούτων νόμον ὑμέτερον παρέξομαι, ὃν ὑμεῖς ἐνομοθετήσατε λύσειν ἡγούμενοι τὰς τοιαύτας προφάσεις, ἐν ᾧ διαρρήδην γέγραπται, "τὰς χειροτονητάς" φησιν "ἀρχάς" ἁπάσας ἑνὶ περιλαβὼν ὀνόματι ὁ νομοθέτης, καὶ προσειπὼν ἀρχὰς ἁπάσας εἶναι ἃς ὁ δῆμος χειροτονεῖ, "καὶ τοὺς ἐπιστάτας" φησί "τῶν δημοσίων ἔργων" (ἔστι δὲ ὁ Δημοσθένης τειχοποιός, ἐπιστάτης τοῦ μεγίστου τῶν ἔργων) "καὶ πάντας ὅσοι διαχειρίζουσί τι τῶν τῆς πόλεως πλέον ἢ τριάκονθ' ἡμέρας, καὶ ὅσοι λαμβάνουσιν ἡγεμονίας δικαστηρίων" (οἱ δὲ τῶν ἔργων

ἐπιστάται πάντες ἡγεμονίᾳ χρῶνται δικαστηρίου), τί τούτους κελεύει ποιεῖν; οὐ διακονεῖν ἀλλ' ἄρχειν δοκιμασθέντας ἐν τῷ δικαστηρίῳ, ἐπειδὴ καὶ αἱ κληρωταὶ ἀρχαὶ οὐκ ἀδοκίμαστοι ἀλλὰ δοκιμασθεῖσαι ἄρχουσι, καὶ λόγον καὶ εὐθύνας ἐγγράφειν πρὸς τὸν γραμματέα καὶ τοὺς λογιστάς, καθάπερ καὶ τὰς ἄλλας ἀρχάς, κελεύει. Ὅτι δὲ ἀληθῆ λέγω, τοὺς νόμους αὐτοὺς ὑμῖν ἀναγνώσεται.

ΝΟΜΟΙ.

Ὅταν τοίνυν, ὦ Ἀθηναῖοι, ὁ μὲν νομοθέτης ἀρχὰς ὀνομάζῃ, οὗτοι δὲ προσαγορεύωσι πραγματείας καὶ ἐπιμελείας, ὑμέτερον ἔργον ἐστὶν ἀπομνημονεύειν καὶ ἀντιτάττειν τὸν νόμον πρὸς τὴν τούτων ἀναίδειαν, καὶ ὑποβάλλειν αὐτοῖς ὅτι οὐ προσδέχεσθε κακοῦργον σοφιστὴν οἰόμενον ῥήμασι τοὺς νόμους ἀναιρήσειν, ἀλλ' ὅσῳ ἄν τις ἄμεινον λέγῃ παράνομα γεγραφώς, τοσούτῳ μείζονος ὀργῆς τεύξεται. χρὴ γὰρ ὦ Ἀθηναῖοι τὸ αὐτὸ φθέγγεσθαι τὸν ῥήτορα καὶ τὸν νόμον· ὅταν δὲ ἑτέραν μὲν φωνὴν ἀφιῇ ὁ νόμος ἑτέραν δὲ ὁ ῥήτωρ, τῷ τοῦ νόμου δικαίῳ χρὴ διδόναι τὴν ψῆφον, οὐ τῇ τοῦ λέγοντος ἀναισχυντίᾳ.

Πρὸς δὲ δὴ τὸν ἄφυκτον λόγον, ὅν φησι Δημοσθένης, βραχέα βούλομαι προειπεῖν. λέξει γὰρ οὗτος "τειχοποιός εἰμι· ὁμολογῶ· ἀλλ' ἐπιδέδωκα τῇ πόλει μνᾶς ἑκατὸν καὶ τὸ ἔργον μεῖζον ἐξείργασται. τίνος οὖν εἰμὶ ὑπεύθυνος, εἰ μή τίς ἐστιν εὐνοίας εὐθύνη;" πρὸς δὴ ταύτην τὴν πρόφασιν ἀκούσατέ μου λέγοντος καὶ δίκαια καὶ συμφέροντα. ἐν γὰρ ταύτῃ τῇ πόλει οὕτως ἀρχαίᾳ οὔσῃ καὶ τηλικαύτῃ τὸ μέγεθος οὐδείς ἐστιν ἀνυπεύθυνος τῶν καὶ ὁπωσοῦν πρὸς τὰ κοινὰ προσεληλυθότων. διδάξω δ᾽ ὑμᾶς πρῶτον ἐπὶ τῶν παραδόξων· οἷον τοὺς ἱερεῖς καὶ τὰς ἱερείας ὑπευθύνους εἶναι κελεύει ὁ νόμος, καὶ συλλήβδην ἅπαντας καὶ χωρὶς ἑκάστους κατὰ σῶμα, τοὺς τὰ γέρα μόνα λαμβάνοντας καὶ τὰς εὐχὰς ὑπὲρ ὑμῶν πρὸς τοὺς θεοὺς εὐχομένους, καὶ οὐ μόνον ἰδίᾳ ἀλλὰ καὶ κοινῇ τὰ γένη, Εὐμολπίδας καὶ Κήρυκας καὶ τοὺς ἄλλους ἅπαντας. πάλιν τοὺς τριηράρχους ὑπευθύνους εἶναι κελεύει ὁ νόμος οὐ τὰ κοινὰ διαχειρίσαντας οὐδ᾽ ἀπὸ τῶν ὑμετέρων προσόδων πολλὰ μὲν ὑφαιρουμένους βραχέα δὲ κατατιθέντας, ἐπιδιδόναι δὲ φάσκοντας, ἀποδιδόντας δὲ ὑμῖν τὰ ὑμέτερα, ἀλλ᾽ ὁμολογουμένως τὰς πατρῴας οὐσίας εἰς τὴν πρὸς ὑμᾶς ἀνηλωκότας φιλοτιμίαν. οὐ τοίνυν μόνοι οἱ τριήραρχοι, ἀλλὰ καὶ τὰ μέγιστα των ἐν τῇ πόλει συνεδρίων ὑπὸ τὴν τῶν δικαστηρίων ἔρχεται ψῆφον. πρῶτον μὲν γὰρ τὴν βουλὴν τὴν ἐν Ἀρείῳ πάγῳ ἐγγράφειν πρὸς τοὺς λογιστὰς ὁ νόμος κελεύει λόγον καὶ εὐθύνας διδόναι, καὶ τὸν ἐκεῖ σκυθρωπὸν καὶ τῶν μεγίστων κύριον ἄγει ὑπὸ τὴν ὑμετέραν ψῆφον. οὐκ ἄρα στεφανωθήσεται ἡ βουλὴ ἡ ἐξ Ἀρείου πάγου; οὐδὲ γὰρ πάτριον αὐτοῖς ἐστιν. οὐκ ἄρα φιλοτιμοῦνται; πάνυ γε, ἀλλ᾽ οὐκ ἀγαπῶσιν ἐάν τις παρ᾽ αὐτοῖς μὴ ἀδικῇ, ἀλλ᾽ ἐάν τις ἐξαμαρτάνῃ κολάζουσιν· οἱ δὲ ὑμέτεροι ῥήτορες τρυφῶσι. πάλιν τὴν βουλὴν τοὺς πεντακοσίους ὑπεύθυνον πεποίηκεν ὁ νομοθέτης. καὶ οὕτως ἰσχυρῶς ἀπιστεῖ τοῖς ὑπευθύνοις, ὥστ᾽ εὐθέως ἀρχόμενος τῶν νόμων λέγει, "ἀρχὴν ὑπεύθυνον"· φησί "μὴ ἀποδημεῖν." ὦ Ἡράκλεις, ὑπολάβοι ἄν τις, ὅτι ἦρξα, μὴ ἀποδημήσω; ἵνα γε μὴ προλαβὼν χρήματα τῆς πόλεως ἢ πράξεις δρασμῷ χρήσῃ. πάλιν ὑπεύθυνον οὐκ ἐᾷ τὴν οὐσίαν καθιεροῦν οὐδὲ ἀνάθημα ἀναθεῖναι οὐδ' ἐκποίητον γενέσθαι οὐδὲ διαθέσθαι τὰ ἑαυτοῦ οὐδ' ἄλλα πολλά· ἑνὶ δὲ λόγῳ ἐνεχυράζει τὰς οὐσίας ὁ νομοθέτης τὰς τῶν ὑπευθύνων, ἕως ἂν λόγον ἀποδῶσι τῇ πόλει. Ναί, ἀλλ' ἔστι τις ἄνθρωπος ὃς οὔτ' 22 εἴληφεν οὐδὲν τῶν δημοσίων οὔτ' ἀνήλωκε, προσῆλθε δὲ πρός τι τῶν κοινῶν. καὶ τοῦτον ἀποφέρειν κελεύει λόγον πρὸς τοὺς λογιστάς. καὶ πῶς ὅ γε μηδὲν λαβὼν μηδ' ἀναλώσας ἀποίσει λόγον τῇ πόλει; αὐτὸς ὑποβάλλει καὶ διδάσκει ὁ νόμος ἃ χρὴ γράφειν· κελεύει γὰρ αὐτὸ τοῦτο ἐγγράφειν, ὅτι "οὔτ' ἔλαβον οὐδὲν τῶν τῆς πόλεως οὔτ' ἀνήλωσα." ἀνεύθυνον δὲ καὶ ἀνεξέταστον καὶ ἀζήτητον οὐδέν ἐστι τῶν ἐν τῇ πόλει. Ὅτι δὲ ἀληθῆ λέγω, αὐτῶν ἀκούσατε τῶν νόμων.

ΝΟΜΟΙ.

Ὅταν τοίνυν μάλιστα θρασύνηται Δημοσθένης 23 λέγων ὡς διὰ τὴν ἐπίδοσιν οὐκ ἔστιν ὑπεύθυνος, ἐκεῖνο αὐτῷ ὑποβάλλετε· "οὐκ οὖν ἐχρῆν σε ὦ Δημόσθενες ἐᾶσαι τὸν τῶν λογιστῶν κήρυκα κηρῦξαι τὸ πάτριον καὶ ἔννομον κήρυγμα τοῦτο, τίς βούλεται κατηγορεῖν; ἔασον ἀμφισβητῆσαί σοι τὸν βουλόμενον τῶν πολιτῶν ὡς οὐκ ἐπέδωκας, ἀλλ' ἀπὸ πολλῶν ὧν ἔχεις εἰς τὴν τῶν τειχῶν οἰκοδομίαν μικρὰ κατέθηκας, δέκα τάλαντα εἰς ταῦτα ἐκ τῆς πόλεως εἰλη-

φώς. μὴ ἅρπαζε τὴν φιλοτιμίαν, μηδὲ ἐξαιροῦ τῶν
δικαστῶν τὰς ψήφους ἐκ τῶν χειρῶν, μηδ' ἔμπροσ-
θεν τῶν νόμων ἀλλ' ὕστερος πολιτεύου. ταῦτα γὰρ
ὀρθοῖ τὴν δημοκρατίαν."
24 Πρὸς μὲν οὖν τὰς κενὰς προφάσεις, ἃς οὗτοι
προφασιοῦνται, μέχρι δεῦρο εἰρήσθω μοι· ὅτι δὲ
ὄντως ἦν ὑπεύθυνος ὁ Δημοσθένης ὅθ' οὗτος εἰσή-
νεγκε τὸ ψήφισμα, ἄρχων μὲν τὴν ἐπὶ τῷ θεωρικῷ
ἀρχήν, ἄρχων δὲ τὴν τῶν τειχοποιῶν, οὐδετέρας δέ
πω τῶν ἀρχῶν τούτων λόγον ὑμῖν οὐδ' εὐθύνας δε-
δωκώς, ταῦτ' ἤδη πειρασομαι ὑμᾶς διδάσκειν ἐκ τῶν
δημοσίων γραμμάτων. Καί μοι ἀνάγνωθι ἐπὶ τίνος
ἄρχοντος καὶ ποίου μηνὸς καὶ ἐν τίνι ἡμέρᾳ καὶ ἐν
ποίᾳ ἐκκλησίᾳ ἐχειροτονήθη Δημοσθένης τὴν ἀρχὴν
τὴν ἐπὶ τῷ θεωρικῷ.

ΔΙΑΛΟΓΙΣΜΟΣ ΤΩΝ ΗΜΕΡΩΝ.

Οὐκοῦν εἰ μηδὲν ἔτι περαιτέρω τούτου δείξαιμι,
δικαίως ἂν ἁλίσκοιτο Κτησιφῶν· αἱρεῖ γὰρ αὐτὸν
οὐχ ἡ κατηγορία ἡ ἐμὴ ἀλλὰ τὰ δημόσια γράμματα.
25 Πρότερον μὲν τοίνυν, ὦ Ἀθηναῖοι, ἀντιγραφεὺς
ἦν χειροτονητὸς τῇ πόλει, ὃς καθ' ἑκάστην πρυτα-
νείαν ἀπελογίζετο τὰς προσόδους τῷ δήμῳ· διὰ δὲ
τὴν πρὸς Εὔβουλον γενομένην πίστιν ὑμῖν οἱ ἐπὶ
τὸ θεωρικὸν κεχειροτονημένοι ἦρχον μὲν πρὶν ἢ
τὸν Ἡγήμονος νόμον γενέσθαι τὴν τοῦ ἀντιγραφέως
ἀρχήν, ἦρχον δὲ τὴν τῶν ἀποδεκτῶν, καὶ νεώριον
καὶ σκευοθήκην ᾠκοδόμουν, ἦσαν δὲ καὶ ὁδοποιοὶ
καὶ σχεδὸν τὴν ὅλην διοίκησιν εἶχον τῆς πόλεως.
26 καὶ οὐ κατηγορῶν αὐτῶν οὐδ' ἐπιτιμῶν λέγω, ἀλλ'

ἐκεῖνο ὑμῖν ἐνδείξασθαι βούλομαι, ὅτι ὁ μὲν νομοθέτης, ἐάν τις μιᾶς ἀρχῆς τῆς ἐλαχίστης ὑπεύθυνος ᾖ, τοῦτον οὐκ ἐᾷ πρὶν ἂν λόγους καὶ εὐθύνας δῷ στεφανοῦν, ὁ δὲ Κτησιφῶν Δημοσθένην τὸν συλλήβδην ἁπάσας τὰς Ἀθήνησιν ἀρχὰς ἄρχοντα οὐκ ὤκνησε γράψαι στεφανῶσαι.

Ὡς τοίνυν καὶ τὴν τῶν τειχοποιῶν ἀρχὴν ἦρχεν 27 ὅθ᾽ οὗτος τὸ ψήφισμα ἔγραψε, καὶ τὰ δημόσια χρήματα διεχείριζε καὶ ἐπιβολὰς ἐπέβαλλε καθάπερ οἱ ἄλλοι ἄρχοντες, καὶ δικαστηρίων ἡγεμονίας ἐλάμβανε, τούτων ὑμῖν αὐτὸν Δημοσθένην καὶ Κτησιφῶντα μάρτυρας παρέξομαι. ἐπὶ γὰρ Χαιρώνδου ἄρχοντος θαργηλιῶνος μηνὸς δευτέρᾳ φθίνοντος ἐκκλησίας οὔσης ἔγραψε ψήφισμα Δημοσθένης ἀγορὰν ποιῆσαι τῶν φυλῶν σκιροφοριῶνος δευτέρᾳ ἱσταμένου καὶ τρίτῃ, καὶ ἐπέταξεν ἐν τῷ ψηφίσματι ἑκάστῃ τῶν φυλῶν ἑλέσθαι τοὺς ἐπιμελησομένους τῶν ἔργων ἐπὶ τὰ τείχη καὶ ταμίας, καὶ μάλα ὀρθῶς, ἵν᾽ ἡ πόλις ἔχοι ὑπεύθυνα σώματα, παρ᾽ ὧν ἔμελλε τῶν ἀνηλωμένων λόγον ἀπολήψεσθαι. Καί μοι λέγε τὰ ψηφίσματα.

ΨΗΦΙΣΜΑΤΑ.

Ναί, ἀλλ᾽ ἀντιδιαπλέκει πρὸς τοῦτο εὐθέως 28 λέγω ὡς οὔτ᾽ ἔλαχε τειχοποιὸς οὔτ᾽ ἐχειροτονήθη ὑπὸ τοῦ δήμου. καὶ περὶ τούτου Δημοσθένης μὲν καὶ Κτησιφῶν πολὺν ποιήσονται λόγον· ὁ δέ γε νόμος βραχὺς καὶ σαφὴς καὶ ταχὺ λύων τὰς τούτων τέχνας. μικρὰ δὲ ὑμῖν ὑπὲρ αὐτῶν πρῶτον προειπεῖν βούλομαι. ἔστι γὰρ ὦ Ἀθηναῖοι τῶν περὶ 29 τὰς ἀρχὰς εἴδη τρία, ὧν ἓν μὲν καὶ φανερώτατον οἱ κληρωτοὶ καὶ οἱ χειροτονητοὶ ἄρχοντες, δεύτερον δὲ ὅσοι τι διαχειρίζουσι τῶν τῆς πόλεως ὑπὲρ τριάκοντα ἡμέρας καὶ οἱ τῶν δημοσίων ἔργων ἐπιστάται· τρίτον δ' ἐν τῷ νόμῳ γέγραπται, καὶ εἴ τινες ἄλλοι αἱρετοὶ ἡγεμονίας δικαστηρίων λαμβάνουσι, καὶ τούτους ἄρχειν δοκιμασθέντας. ἐπειδὰν δ' ἀφέλῃ τις 30 τοὺς ὑπὸ τοῦ δήμου κεχειροτονημένους καὶ τοὺς κληρωτοὺς ἄρχοντας, καταλείπεται, οὓς αἱ φυλαὶ καὶ αἱ τριττύες καὶ οἱ δῆμοι ἐξ ἑαυτῶν αἱροῦνται τὰ δημόσια χρήματα διαχειρίζειν, τούτους αἱρετοὺς ἄρχοντας εἶναι. τοῦτο δὲ γίνεται ὅταν, ὥσπερ νῦν, ἐπιταχθῇ τι ταῖς φυλαῖς, ἢ τάφρους ἐξεργάζεσθαι ἢ τριήρεις ναυπηγεῖσθαι. Ὅτι δὲ ἀληθῆ λέγω, ἐξ αὐτῶν τῶν νόμων μαθήσεσθε.

NOMOI.

31 Ἀναμνήσθητε δὴ τοὺς προειρημένους λόγους, ὅτι ὁ μὲν νομοθέτης τοὺς ἐκ τῶν φυλῶν ἄρχειν κελεύει δοκιμασθέντας ἐν τῷ δικαστηρίῳ, ἡ δὲ Πανδιονὶς φυλὴ ἄρχοντα καὶ τειχοποιὸν ἀπέδειξε Δημοσθένην, ὃς ἐκ τῆς διοικήσεως εἰς ταῦτα ἔχει μικροῦ δεῖν δέκα τάλαντα, ἕτερος δ' ἀπαγορεύει νόμος ἀρχὴν ὑπεύθυνον μὴ στεφανοῦν, ὑμεῖς δὲ ὀμωμόκατε κατὰ τοὺς νόμους ψηφιεῖσθαι, ὁ δὲ ῥήτωρ γέγραφε τὸν ὑπεύθυνον στεφανοῦν μὴ προσθεὶς "ἐπειδὰν δῷ λόγον καὶ εὐθύνας", ἐγὼ δὲ ἐξελέγχω τὸ παράνομον μάρτυρας ἅμα τοὺς νόμους καὶ τὰ ψηφίσματα καὶ τοὺς ἀντιδίκους παρεχόμενος. πῶς οὖν ἄν τις περιφανέστερον ἐπιδείξειεν ἄνθρωπον παρανομώτατα γεγραφότα;

Ὡς τοίνυν καὶ τὴν ἀνάρρησιν τοῦ στεφάνου 32 παρανόμως ἐν τῷ ψηφίσματι κελεύει γίνεσθαι, καὶ τοῦθ' ὑμᾶς διδάξω. ὁ γὰρ νόμος διαρρήδην κελεύει, ἐὰν μέν τινα στεφανοῖ ἡ βουλή, ἐν τῷ βουλευτηρίῳ ἀνακηρύττεσθαι, ἐὰν δὲ ὁ δῆμος, ἐν τῇ ἐκκλησίᾳ, ἄλλοθι δὲ μηδαμοῦ. Καί μοι λέγε τὸν νόμον.

ΝΟΜΟΣ.

Οὗτος ὁ νόμος ὦ Ἀθηναῖοι καὶ μάλα καλῶς 33 ἔχει. οὐ γὰρ (οἶμαι) ᾤετο δεῖν ὁ νομοθέτης τὸν ῥήτορα σεμνύνεσθαι πρὸς τοὺς ἔξωθεν, ἀλλ' ἀγαπᾶν ἐν αὐτῇ τῇ πόλει τιμώμενον ὑπὸ τοῦ δήμου καὶ μὴ ἐργολαβεῖν ἐν τοῖς κηρύγμασιν. ὁ μὲν οὖν νομοθέτης οὕτως· ὁ δὲ Κτησιφῶν πῶς; Ἀναγίνωσκε τὸ ψήφισμα.

ΨΗΦΙΣΜΑ.

Ἀκούετε ὦ Ἀθηναῖοι ὅτι ὁ μὲν νομοθέτης κελεύει 34 ἐν τῷ δήμῳ ἐν Πυκνὶ τῇ ἐκκλησίᾳ ἀνακηρύττειν τὸν ὑπὸ τοῦ δήμου στεφανούμενον, ἄλλοθι δὲ μηδαμοῦ, Κτησιφῶν δὲ ἐν τῷ θεάτρῳ, οὐ τοὺς νόμους μόνον ὑπερβὰς ἀλλὰ καὶ τὸν τόπον μετενεγκών, οὐδὲ ἐκκλησιαζόντων Ἀθηναίων ἀλλὰ τραγῳδῶν ἀγωνιζομένων καινῶν, οὐδ' ἐναντίον τοῦ δήμου ἀλλ' ἐναντίον τῶν Ἑλλήνων, ἵν' ἡμῖν συνειδῶσιν οἷον ἄνδρα τιμῶμεν. Οὕτω τοίνυν περιφανῶς παράνομα γεγραφώς, 35 παραταχθεὶς μετὰ Δημοσθένους ἐποίσει τέχνας τοῖς νόμοις· ἃς ἐγὼ δηλώσω καὶ προερῶ ὑμῖν, ἵνα μὴ λάθητε ἐξαπατηθέντες. οὗτοι γάρ, ὡς μὲν οὐκ ἀπαγορεύουσιν οἱ νόμοι τὸν ὑπὸ τοῦ δήμου στεφανούμε-

νον μὴ κηρύττειν ἔξω τῆς ἐκκλησίας, οὐχ ἕξουσι λέγειν, οἴσουσι δὲ εἰς τὴν ἀπολογίαν τὸν Διονυσιακὸν νόμον, καὶ χρήσονται τοῦ νόμου μέρει τινὶ κλέ-
36 πτοντες τὴν ἀκρόασιν ὑμῶν, καὶ παρέξονται νόμον οὐδὲν προσήκοντα τῇ γραφῇ τῇδε, καὶ λέξουσιν ὡς εἰσὶ τῇ πόλει δύο νόμοι κείμενοι περὶ τῶν κηρυγμάτων, εἷς μὲν ὃν νῦν ἐγὼ παρέχομαι διαρρήδην ἀπαγορεύων τὸν ὑπὸ τοῦ δήμου στεφανούμενον μὴ κηρύττεσθαι ἔξω τῆς ἐκκλησίας. ἕτερον δ' εἶναι νόμον φήσουσιν ἐναντίον τούτῳ, τὸν δεδωκότα ἐξουσίαν ποιεῖσθαι τὴν ἀνάρρησιν τοῦ στεφάνου τραγῳδοῖς ἐν τῷ θεάτρῳ, ἐὰν ψηφίσηται ὁ δῆμος· κατὰ δὴ τοῦτον τὸν νόμον φήσουσι γεγραφέναι τὸν
37 Κτησιφῶντα. ἐγὼ δὲ πρὸς τὰς τούτων τέχνας παρέξομαι συνηγόρους τοὺς νόμους τοὺς ὑμετέρους, ὅπερ διατελῶ σπουδάζων παρὰ πᾶσαν τὴν κατηγορίαν. εἰ γὰρ τοῦτό ἐστιν ἀληθὲς καὶ τοιοῦτον ἔθος παραδέδωκεν ὑμῶν εἰς τὴν πολιτείαν ὥστ' ἀκύρους νόμους ἐν τοῖς κυρίοις ἀναγεγράφθαι καὶ δύο περὶ μιᾶς πράξεως ὑπεναντίους ἀλλήλοις, τί ἂν ἔτι ταύτην εἴποι τις εἶναι τὴν πολιτείαν, ἐν ᾗ ταὐτὰ προστάττουσιν οἱ νόμοι ποιεῖν καὶ μὴ ποιεῖν;
38 ἀλλ' οὐκ ἔχει ταῦθ' οὕτως· μήθ' ὑμεῖς ποτε εἰς τοσαύτην ἀταξίαν τῶν νόμων προβαίητε, οὔτε ἠμέληται περὶ τῶν τοιούτων τῷ νομοθέτῃ τῷ τὴν δημοκρατίαν καταστήσαντι, ἀλλὰ διαρρήδην προστέτακται τοῖς θεσμοθέταις καθ' ἕκαστον ἐνιαυτὸν διορθοῦν ἐν τῷ δήμῳ τοὺς νόμους, ἀκριβῶς ἐξετάσαντας καὶ σκεψαμένους εἴ τις ἀναγέγραπται νόμος ἐναντίος ἑτέρῳ νόμῳ ἢ ἄκυρος ἐν τοῖς κυρίοις, ἢ εἴ

πού εἰσι νόμοι πλείους ἑνὸς ἀναγεγραμμένοι περὶ ἑκάστης πράξεως. κἄν τι τοιοῦτον εὑρίσκωσιν, ἀνα- 39 γεγραφότας ἐν σανίσιν ἐκτιθέναι κελεύει πρόσθεν τῶν ἐπωνύμων, τοὺς δὲ πρυτάνεις ποιεῖν ἐκκλησίαν ἐπιγράψαντας νομοθέταις, τὸν δ' ἐπιστάτην τῶν προέδρων διαχειροτονίαν διδόναι τῷ δήμῳ, καὶ τοὺς μὲν ἀναιρεῖν τῶν νόμων τοὺς δὲ καταλείπειν, ὅπως ἂν εἷς ᾖ νόμος καὶ μὴ πλείους περὶ ἑκάστης πράξεως. Καί μοι λέγε τοὺς νόμους.

ΝΟΜΟΙ.

Εἰ τοίνυν ὦ Ἀθηναῖοι ἀληθὴς ἦν ὁ παρὰ τού- 40 των λόγος καὶ ἦσαν δύο κείμενοι νόμοι περὶ τῶν κηρυγμάτων, ἐξ ἀνάγκης (οἶμαι) τῶν μὲν θεσμοθετῶν ἐξευρόντων τῶν δὲ πρυτάνεων ἀποδόντων τοῖς νομοθέταις ἀνῄρητ' ἂν ὁ ἕτερος τῶν νόμων, ἤτοι ὁ τὴν ἐξουσίαν δεδωκὼς. ἀνειπεῖν ἢ ὁ ἀπαγορεύων· ὁπότε δὲ μηδὲν τούτων γεγένηται, φανερῶς δή που ἐξελέγχονται οὐ μόνον ψευδῆ λέγοντες ἀλλὰ καὶ παντελῶς ἀδύνατα γενέσθαι. Ὅθεν δὲ δὴ τὸ ψεῦ- 41 δος τοῦτο ἐπιφέρουσιν, ἐγὼ διδάξω ὑμᾶς προειπὼν ὧν ἕνεκα οἱ νόμοι ἐτέθησαν οἱ περὶ τῶν ἐν τῷ θεάτρῳ κηρυγμάτων. γινομένων γὰρ τῶν ἐν ἄστει τραγῳδῶν ἀνεκήρυττόν τινες, οὐ πείσαντες τὸν δῆμον, οἱ μὲν ὅτι στεφανοῦνται ὑπὸ τῶν φυλετῶν, ἕτεροι δ' ὑπὸ τῶν δημοτῶν· ἄλλοι δέ τινες ὑποκηρυξάμενοι τοὺς αὑτῶν οἰκέτας ἀφίεσαν ἀπελευθέρους, μάρτυρας τῆς ἀπελευθερίας τοὺς Ἕλληνας ποιούμενοι, ὃ δ' ἦν 42 ἐπιφθονώτατον, προξενίας τινὲς εὑρημένοι ἐν ταῖς ἔξω πόλεσι διεπράττοντο ἀναγορεύεσθαι ὅτι στεφανοῖ αὐτοὺς ὁ δῆμος, εἰ οὕτω τύχοι, ὁ τῶν Ῥοδίων ἢ Χίων ἢ καὶ ἄλλης τινὸς πόλεως ἀρετῆς ἕνεκα καὶ ἀνδραγαθίας. καὶ ταῦτ᾽ ἔπραττον οὐχ ὥσπερ οἱ ὑπὸ τῆς βουλῆς τῆς ὑμετέρας στεφανούμενοι ἢ ὑπὸ τοῦ δήμου, πείσαντες ὑμᾶς καὶ μετὰ ψηφίσματος, πολλὴν χάριν καταθέμενοι, ἀλλ᾽ αὐτοὶ προελόμενοι 43 ἄνευ δόγματος ὑμετέρου. ἐκ δὲ τούτου τοῦ τρόπου συνέβαινε τοὺς μὲν θεατὰς καὶ τοὺς χορηγοὺς καὶ τοὺς ἀγωνιστὰς ἐνοχλεῖσθαι, τοὺς δὲ ἀνακηρυττομένους ἐν τῷ θεάτρῳ μείζοσι τιμᾶσθαι τῶν ὑπὸ τοῦ δήμου στεφανουμένων. τοῖς μὲν γὰρ ἀπεδέδεικτο τόπος ἡ ἐκκλησία, ἐν ᾗ χρῆν στεφανοῦσθαι, καὶ ἀπείρητο ἄλλοθι μηδαμοῦ κηρύττεσθαι· οἱ δὲ ἀνηγορεύοντο ἐνώπιον ἁπάντων τῶν Ἑλλήνων· κἀκεῖνοι μὲν μετὰ ψηφίσματος, πείσαντες ὑμᾶς, οὗτοι δ᾽ 44 ἄνευ ψηφίσματος. συνιδὼν δή τις ταῦτα νομοθέτης τίθησι νόμον οὐδὲν ἐπικοινωνοῦντα τῷ περὶ τῶν ὑπὸ τοῦ δήμου στεφανουμένων νόμῳ, οὔτε λύσας ἐκεῖνον (οὐδὲ γὰρ ἡ ἐκκλησία ἠνοχλεῖτο ἀλλὰ τὸ θέατρον) οὔτ᾽ ἐναντίον τοῖς πρότερον κειμένοις νόμοις τιθείς (οὐ γὰρ ἔξεστιν), ἀλλὰ περὶ τῶν ἄνευ ψηφίσματος ὑμετέρου στεφανουμένων ὑπὸ τῶν φυλετῶν καὶ δημοτῶν καὶ περὶ τῶν τοὺς οἰκέτας ἀπελευθερούντων καὶ περὶ τῶν ξενικῶν στεφάνων, καὶ διαρρήδην ἀπαγορεύει μήτ᾽ οἰκέτην ἀπελευθεροῦν ἐν τῷ θεάτρῳ μήθ᾽ ὑπὸ τῶν φυλετῶν ἢ δημοτῶν ἀναγορεύεσθαι στεφανούμενον, μήθ᾽ ὑπ᾽ ἄλλου (φησί) μηδενός, ἢ 45 ἄτιμον εἶναι τὸν κήρυκα. ὅταν οὖν ἀποδείξῃ τοῖς μὲν ὑπὸ τῆς βουλῆς στεφανουμένοις εἰς τὸ βουλευτήριον ἀναρρηθῆναι, τοῖς δ᾽ ὑπὸ τοῦ δήμου στεφανουμένοις εἰς τὴν ἐκκλησίαν, τοῖς δ' ὑπὸ τῶν δημοτῶν στεφανουμένοις καὶ φυλετῶν ἀπείπῃ μὴ κηρύττεσθαι τοῖς τραγῳδοῖς, ἵνα μηδεὶς ἐρανίζων στεφάνους καὶ κηρύγματα ψευδῆ φιλοτιμίαν κτᾶται, προσαπείπῃ δὲ ἐν τῷ νόμῳ μηδ' ὑπὸ ἄλλου μηδενὸς ἀνακηρύττεσθαι, ἀπούσης βουλῆς καὶ δήμου καὶ φυλετῶν καὶ δημοτῶν,—ὅταν δέ τις ταῦτα ἀφέλῃ, τί τὸ καταλειπόμενόν ἐστι πλὴν οἱ ξενικοὶ στέφανοι; Ὅτι δ' ἀληθῆ λέγω, μέγα σημεῖον ὑμῖν τούτου ἐξ 46 αὐτῶν τῶν νόμων ἐπιδείξω. αὐτὸν γὰρ τὸν χρυσοῦν στέφανον, ὃς ἂν ἐν τῷ θεάτρῳ τῷ ἐν ἄστει ἀναρρηθῇ, ἱερὸν εἶναι τῆς Ἀθηνᾶς κελεύει ὁ νόμος, ἀφελόμενος τὸν στεφανούμενον. καίτοι τίς ἂν ὑμῶν τολμήσειε τοσαύτην ἀνελευθερίαν καταγνῶναι τοῦ δήμου τῶν Ἀθηναίων; μὴ γὰρ ὅτι πόλις, ἀλλ' οὐδ' ἂν ἰδιώτης οὐδὲ εἷς οὕτως ἀγεννὴς γένοιτο, ὥστε ὃν αὐτὸς ἔδωκε στέφανον ἅμα ἀνακηρύττειν καὶ ἀφαιρεῖσθαι καὶ καθιεροῦν. ἀλλ', οἶμαι, διὰ τὸ ξενικὸν εἶναι τὸν στέφανον καὶ ἡ καθιέρωσις γίνεται, ἵνα μηδεὶς ἀλλοτρίαν εὔνοιαν περὶ πλείονος ποιούμενος τῆς πατρίδος χείρων γένηται τὴν ψυχήν. ἀλλ' οὐκ 47 ἐκεῖνον τὸν ἐν τῇ ἐκκλησίᾳ στέφανον ἀναρρηθέντα οὐδεὶς καθιεροῖ, ἀλλ' ἔξεστι κεκτῆσθαι, ἵνα μὴ μόνον αὐτὸς ἀλλὰ καὶ οἱ ἐξ ἐκείνου, ἔχοντες ἐν τῇ οἰκίᾳ τὸ ὑπόμνημα, μηδέποτε κακοὶ τὴν ψυχὴν εἰς τὸν δῆμον γίνωνται. καὶ διὰ τοῦτο προσέθηκεν ὁ νομοθέτης μὴ κηρύττεσθαι τὸν ἀλλότριον στέφανον ἐν τῷ θεάτρῳ, ἐὰν μὴ ψηφίσηται ὁ δῆμος, ἵν' ἡ πόλις ἡ βουλομένη τινὰ τῶν ὑμετέρων στεφανοῦν πρέσβεις πέμψασα δεηθῇ τοῦ δήμου, ἵνα κηρυττόμενος μείζω χάριν εἰδῇ τῶν στεφανούντων ὑμῖν, ὅτι κηρῦξαι ἐπετρέψατε. Ὅτι δ' ἀληθῆ λέγω, τῶν νόμων αὐτῶν ἀκούσατε.

ΝΟΜΟΙ.

48 Ἐπειδὰν τοίνυν ἐξαπατῶντες ὑμᾶς λέγωσιν ὡς προσγέγραπται ἐν τῷ νόμῳ ἐξεῖναι στεφανοῦν, ἐὰν ψηφίσηται ὁ δῆμος, ἀπομνημονεύετε αὐτοῖς ὑποβάλλειν· Ναί, εἴ γέ σέ τις ἄλλη πόλις στεφανοῖ· εἰ δὲ ὁ δῆμος ὁ Ἀθηναίων, ἀποδέδεικταί σοι τόπος ὅπου δεῖ τοῦτο γενέσθαι, ἀπείρηταί σοι ἔξω τῆς ἐκκλησίας μὴ κηρύττεσθαι. τὸ γὰρ "ἄλλοθι δὲ μηδαμοῦ" ὅ τι ἔστιν ὅλην τὴν ἡμέραν λέγε· οὐ γὰρ ἀποδείξεις ὡς ἔννομα γέγραφας.

49 Ἔστι δὲ ὑπόλοιπόν μοι μέρος τῆς κατηγορίας, ἐφ' ᾧ μάλιστα σπουδάζω· τοῦτο δέ ἐστιν ἡ πρόφασις δι' ἣν αὐτὸν ἀξιοῖ στεφανοῦσθαι. λέγει γὰρ οὕτως ἐν τῷ ψηφίσματι, "καὶ τὸν κήρυκα ἀναγορεύειν ἐν τῷ θεάτρῳ πρὸς τοὺς Ἕλληνας ὅτι στεφανοῖ αὐτὸν ὁ δῆμος ὁ τῶν Ἀθηναίων ἀρετῆς ἕνεκα καὶ ἀνδραγαθίας" καὶ τὸ μέγιστον "ὅτι διατελεῖ λέ-

50 γων καὶ πράττων τὰ ἄριστα τῷ δήμῳ." ἁπλοῦς δὴ παντάπασιν ὁ μετὰ ταῦτα ἡμῖν λόγος γίνεται, καὶ ὑμῖν ἀκούσασι κρῖναι εὐμαθής· δεῖ γὰρ δή που τὸν μὲν κατηγοροῦντα ἐμὲ τοῦθ' ὑμῖν ἐπιδεικνύναι, ὡς εἰσιν οἱ κατὰ Δημοσθένους ἔπαινοι ψευδεῖς καὶ ὡς οὔτ' ἤρξατο λέγειν τὰ βέλτιστα οὔτε νῦν διατελεῖ πράττων τὰ συμφέροντα τῷ δήμῳ. κἂν τοῦτ' ἐπιδείξω, δικαίως δή που τὴν γραφὴν ἁλώσεται Κτησιφῶν· ἅπαντες γὰρ ἀπαγορεύουσιν οἱ νόμοι μηδένα

ψευδῆ γράμματα ἐγγράφειν ἐν τοῖς δημοσίοις ψηφίσμασι. τῷ δ' ἀπολογουμένῳ τοὐναντίον τούτου δεικτέον ἐστίν. ὑμεῖς δ' ἡμῖν ἔσεσθε τῶν λόγων κριταί. ἔχει δ' οὕτως. Ἐγὼ τὸν μὲν βίον τὸν Δημοσθένους ἐξετάζειν 51 μακροτέρου λόγου ἔργον ἡγοῦμαι εἶναι. τί γὰρ δεῖ νῦν ταῦτα λέγειν, ἢ τὰ περὶ τὴν τοῦ τραύματος γραφὴν αὐτῷ συμβεβηκότα, ὅτ' ἐγράψατο εἰς Ἄρειον πάγον Δημομέλην τὸν Παιανιέα ἀνεψιὸν ὄντα ἑαυτῷ, καὶ τὴν τῆς κεφαλῆς ἐπιτομήν· ἢ τὰ περὶ τὴν Κηφισοδότου στρατηγίαν καὶ τὸν τῶν νεῶν ἔκπλουν τὸν εἰς Ἑλλήσποντον, ὅτε εἷς ὢν τῶν τριηράρχων 52 Δημοσθένης καὶ περιάγων τὸν στρατηγὸν ἐπὶ τῆς νεὼς καὶ συσσιτῶν καὶ συνθύων καὶ συσπένδων, καὶ τούτων ἀξιωθεὶς διὰ τὸ πατρικὸς αὐτῷ φίλος εἶναι, οὐκ ὤκνησεν ἀπ' εἰσαγγελίας αὐτοῦ κρινομένου περὶ θανάτου κατήγορος γενέσθαι· καὶ ταῦτα ἤδη τὰ περὶ Μειδίαν καὶ τοὺς κονδύλους οὓς ἔλαβεν ἐν τῇ ὀρχήστρᾳ χορηγὸς ὤν, καὶ ὡς ἀπέδοτο τριάκοντα μνῶν ἅμα τήν τε εἰς αὑτὸν ὕβριν καὶ τὴν τοῦ δήμου καταχειροτονίαν, ἣν ἐν Διονύσου κατεχειροτόνησε Μειδίου. ταῦτα μὲν οὖν μοι δοκῶ καὶ τἆλλα τὰ τούτοις 53 ὅμοια ὑπερβήσεσθαι, οὐ προδιδοὺς ὑμᾶς οὐδὲ τὸν ἀγῶνα καταχαριζόμενος, ἀλλ' ἐκεῖνο φοβούμενος μή μοι παρ' ὑμῶν ἀπαντήσῃ, τὸ δοκεῖν μὲν ἀληθῆ λέγειν, ἀρχαῖα δὲ καὶ λίαν ὁμολογούμενα. καίτοι ὦ Κτησιφῶν, ὅτῳ τὰ μέγιστα τῶν αἰσχρῶν οὕτως ἐστὶ πιστὰ καὶ γνώριμα τοῖς ἀκούουσιν, ὥστε τὸν κατήγορον μὴ δοκεῖν ψευδῆ λέγειν ἀλλὰ παλαιὰ καὶ λίαν προωμολογημένα, πότερα αὐτὸν δεῖ χρυσῷ στεφάνῳ στεφανωθῆναι ἢ ψέγεσθαι; καὶ σὲ τὸν ψευδῆ καὶ παράνομα τολμῶντα γράφειν πότερα χρὴ καταφρονεῖν τῶν δικαστηρίων ἢ δίκην τῇ πόλει διδόναι; 54 Περὶ δὲ τῶν δημοσίων ἀδικημάτων πειράσομαι σαφέστερον εἰπεῖν. καὶ γὰρ πυνθάνομαι μέλλειν Δημοσθένην, ἐπειδὰν αὐτοῖς ὁ λόγος ἀποδοθῇ, καταριθμεῖσθαι πρὸς ὑμᾶς ὡς ἄρα τῇ πόλει τέτταρες ἤδη γεγένηνται καιροὶ ἐν οἷς αὐτὸς πεπολίτευται. ὧν ἕνα μὲν καὶ πρῶτον, ὡς ἔγωγε ἀκούω, καταλογίζεται ἐκεῖνον τὸν χρόνον ἐν ᾧ πρὸς Φίλιππον ὑπὲρ Ἀμφιπόλεως ἐπολεμοῦμεν· τοῦτον δ' ἀφορίζεται τῇ γενομένῃ εἰρήνῃ καὶ συμμαχίᾳ, ἣν Φιλοκράτης ὁ Ἁγνούσιος ἔγραψε καὶ αὐτὸς οὗτος μετ' ἐκείνου, ὡς 55 ἐγὼ δείξω. δεύτερον δέ φησι γενέσθαι ὃν ἤγομεν χρόνον τὴν εἰρήνην, δηλονότι μέχρι τῆς ἡμέρας ἐκείνης ἐν ᾗ καταλύσας τὴν ὑπάρχουσαν εἰρήνην τῇ πόλει ὁ αὐτὸς οὗτος ῥήτωρ ἔγραψε τὸν πόλεμον· τρίτον δὲ ὃν ἐπολεμοῦμεν χρόνον μέχρι τῆς ἀτυχίας τῆς ἐν Χαιρωνείᾳ, τέταρτον δὲ τὸν νῦν παρόντα καιρόν. ταῦτα δὲ καταριθμησάμενος, ὡς ἀκούω, μέλλει με παρακαλεῖν καὶ ἐπερωτᾶν ὁποίου τούτων τῶν τεττάρων αὐτοῦ καιρῶν κατηγορῶ καὶ πότε αὐτὸν οὐ τὰ βέλτιστά φημι τῷ δήμῳ πεπολιτεῦσθαι· κἂν μὴ 'θέλω ἀποκρίνασθαι ἀλλ' ἐγκαλύπτωμαι καὶ ἀποδιδράσκω, ἐκκαλύψειν μέ φησι προσελθὼν καὶ ἄξειν ἐπὶ τὸ βῆμα καὶ ἀναγκάσειν ἀποκρίνασθαι. 56 ἵν' οὖν μήθ' οὗτος ἰσχυρίζηται ὑμεῖς τε προειδῆτε, ἐγὼ ἀποκρίνομαι ἐναντίον σοι τῶν δικαστῶν Δημόσθενες καὶ τῶν ἄλλων πολιτῶν ὅσοι δὴ ἔξωθεν περιεστᾶσι καὶ τῶν Ἑλλήνων ὅσοις ἐπιμελὲς γέγονεν ὑπακούειν τῆσδε τῆς κρίσεως (ὁρῶ δὲ οὐκ ὀλίγους παρόντας, ἀλλ᾽ ὅσους οὐδεὶς πώποτε μέμνηται πρὸς ἀγῶνα δημόσιον παραγενομένους)—ἀποκρίνομαι ὅτι ἁπάντων τῶν τεττάρων καιρῶν κατηγορῶ σου, οὓς σὺ διαιρῇ, κἂν οἵ τε θεοὶ 'θέλωσι καὶ οἱ δικασταὶ ἐξ 57 ἴσου ἡμῶν ἀκούσωσι κἀγὼ δύνωμαι ἀπομνημονεῦσαι ἅ σοι σύνοιδα, πάνυ προσδοκῶ ἐπιδείξειν τοῖς δικασταῖς· τῆς μὲν σωτηρίας τῇ πόλει τοὺς θεοὺς αἰτίους γεγενημένους καὶ τοὺς φιλανθρώπως καὶ μετρίως τοῖς τῆς πόλεως πράγμασι χρησαμένους, τῶν δὲ ἀτυχημάτων ἁπάντων Δημοσθένην αἴτιον γεγενημένον. καὶ χρήσομαι τῇ τοῦ λόγου τάξει ταύτῃ ἣν τοῦτον πυνθάνομαι ποιεῖσθαι μέλλειν, λέξω δὲ πρῶτον περὶ τοῦ πρώτου καιροῦ καὶ δεύτερον περὶ τοῦ δευτέρου καὶ τρίτον περὶ τοῦ ἐφεξῆς καὶ τέταρτον περὶ τῶν νῦν καθεστηκότων πραγμάτων. καὶ δὴ ἐπανάγω ἐμαυτὸν ἐπὶ τὴν εἰρήνην, ἣν σὺ καὶ Φιλοκράτης ἐγράψατε.

Ὑμῖν γὰρ ἐξεγένετ᾽ ἄν, ὦ Ἀθηναῖοι, τὴν προτέ- 58 ραν ἐκείνην εἰρήνην ποιήσασθαι μετὰ κοινοῦ συνεδρίου τῶν Ἑλλήνων, εἴ τινες ὑμᾶς εἴασαν περιμεῖναι τὰς πρεσβείας ἃς ἦτε ἐκπεπομφότες κατ᾽ ἐκεῖνον τὸν καιρὸν εἰς τὴν Ἑλλάδα, παρακαλοῦντες ἐπὶ Φίλιππον,—μετασχεῖν Ἑλληνικοῦ συνεδρίου καὶ προϊόντος τοῦ χρόνου παρ᾽ ἑκόντων τῶν Ἑλλήνων ἀπολαβεῖν τὴν ἡγεμονίαν· καὶ τούτων ἀπεστερήθητε διὰ Δημοσθένην καὶ Φιλοκράτην καὶ τὰς τούτων δωροδοκίας, ἃς ἐδωροδόκησαν συστάντες ἐπὶ τὸ δημόσιον τὸ ὑμέτερον· εἰ δέ τισιν ὑμῶν ἐξαίφνης 59 ἀκούσασιν ἀπιστότερος προσπέπτωκεν ὁ τοιοῦτος

λόγος, ἐκείνως τὴν ὑπόλοιπον ποιήσασθε ἀκρέασιν, ὥσπερ ὅταν περὶ χρημάτων ἀνηλωμένων διὰ πολλοῦ χρόνου καθεζώμεθα ἐπὶ τοὺς λογισμούς. ἐρχόμεθα δή που ψευδεῖς οἴκοθεν ἐνίοτε δόξας ἔχοντες κατὰ τῶν λογισμῶν· ἀλλ' ὅμως ἐπειδὰν ὁ λογισμὸς συγκεφαλαιωθῇ, οὐδεὶς ὑμῶν ἐστιν οὕτω δύσκολος τὴν φύσιν, ὅστις οὐκ ἀπέρχεται τοῦθ' ὁμολογήσας καὶ ἐπινεύσας ἀληθὲς εἶναι ὅ τι ἂν αὐτὸς ὁ λογισμὸς
60 αἱρῇ. οὕτω καὶ νῦν τὴν ἀκρόασιν ποιήσασθε. εἴ τινες ὑμῶν ἐκ τῶν ἔμπροσθεν χρόνων ἥκουσιν οἴκοθεν τοιαύτην ἔχοντες τὴν δόξαν, ὡς ἄρα ὁ Δημοσθένης οὐδὲν πώποτε εἴρηκεν ὑπὲρ Φιλίππου συστὰς μετὰ Φιλοκράτους,—ὅστις οὕτω διάκειται, μήτ' ἀπογνώτω μηδὲν μήτε καταγνώτω πρὶν ἂν ἀκούσῃ· οὐ γὰρ δίκαιον. ἀλλ' ἐὰν ἐμοῦ διὰ βραχέων ἀκούσητε ὑπομιμνῄσκοντος τοὺς καιροὺς καὶ τὸ ψήφισμα παρεχομένου ὃ μετὰ Φιλοκράτους ἔγραψε Δημοσθένης, ἐὰν αὐτὸς ὁ τῆς ἀληθείας λογισμὸς ἐγκαταλαμβάνῃ τὸν Δημοσθένην πλείω μὲν γεγραφότα ψηφίσματα Φιλοκράτους περὶ τῆς ἐξ ἀρχῆς εἰρήνης
61 καὶ συμμαχίας, καθ' ὑπερβολὴν δὲ αἰσχύνης κεκολακευκότα Φίλιππον καὶ τοὺς παρ' ἐκείνου πρέσβεις, αἴτιον δὲ γεγονότα τῷ δήμῳ τοῦ μὴ μετὰ κοινοῦ συνεδρίου τῶν Ἑλλήνων ποιήσασθαι τὴν εἰρήνην, ἔκδοτον δὲ Φιλίππῳ πεποιηκότα Κερσοβλέπτην τὸν Θρᾴκης βασιλέα, ἄνδρα φίλον καὶ σύμμαχον τῇ πόλει,—ἐὰν ταῦθ' ὑμῖν σαφῶς ἐπιδείξω, δεήσομαι ὑμῶν πετρίαν δέησιν· ἐπινεύσατέ μοι πρὸς θεῶν τὸν πρῶτον τῶν τεττάρων καιρῶν μὴ καλῶς αὐτὸν πεπολιτεῦσθαι. λέξω δὲ ὅθεν μάλιστα παρακολουθήσετε.

Ἔγραψε Φιλοκράτης ἐξεῖναι Φιλίππῳ δεῦρο 62
κήρυκα καὶ πρέσβεις πέμπειν περὶ εἰρήνης· τοῦτο
τὸ ψήφισμα ἐγράφη παρανόμων. ἧκον οἱ τῆς κρίσεως χρόνοι· κατηγόρει μὲν Λυκῖνος ὁ γραψάμενος, ἀπελογεῖτο δὲ Φιλοκράτης, συναπελογεῖτο δὲ καὶ Δημοσθένης· ἀπέφυγε Φιλοκράτης. μετὰ ταῦτα ἐπῄει χρόνος Θεμιστοκλῆς ἄρχων· ἐνταῦθ' εἰσέρχεται βουλευτὴς εἰς τὸ βουλευτήριον Δημοσθένης, οὔτε λαχὼν οὔτ' ἐπιλαχών, ἀλλ' ἐκ παρασκευῆς πριάμενος, ἵν' εἰς ὑποδοχὴν ἅπαντα καὶ λέγοι καὶ πράττοι Φιλοκράτει, ὡς αὐτὸ ἔδειξε τὸ ἔργον. νικᾷ 63
γὰρ ἕτερον ψήφισμα Φιλοκράτης, ἐν ᾧ κελεύει ἑλέσθαι δέκα πρέσβεις, οἵτινες ἀφικόμενοι πρὸς Φίλιππον ἀξιώσουσιν αὐτὸν δεῦρο πρέσβεις αὐτοκράτορας πέμπειν ὑπὲρ τῆς εἰρήνης. τούτων εἷς ἦν Δημοσθένης. κἀκεῖθεν ἐπανήκων ἐπαινέτης ἦν τῆς εἰρήνης, καὶ ταὐτὰ τοῖς ἄλλοις πρέσβεσιν ἀπήγγελλε, καὶ μόνος τῶν ἄλλων βουλευτῶν ἔγραψε σπείσασθαι τῷ κήρυκι τῷ ἀπὸ τοῦ Φιλίππου καὶ τοῖς πρέσβεσιν, ἀκόλουθα γράφων Φιλοκράτει· ὁ μέν γε τὴν ἐξουσίαν δέδωκε τοῦ δεῦρο κήρυκα καὶ πρέσβεις πέμπεσθαι, ὁ δὲ τῇ πρεσβείᾳ σπένδεται.
τὰ δὲ μετὰ ταῦτα ἤδη μοι σφόδρα προσέχετε τὸν 64
νοῦν. ἐπράττετο γὰρ οὐ πρὸς τοὺς ἄλλους πρέσβεις τοὺς πολλὰ συκοφαντηθέντας ὕστερον ἐκ μεταβολῆς ὑπὸ Δημοσθένους, ἀλλὰ πρὸς Φιλοκράτην καὶ Δημοσθένην (εἰκότως· τοὺς ἅμα μὲν πρεσβεύοντας, ἅμα δὲ τὰ ψηφίσματα γράφοντας), πρῶτον μὲν ὅπως μὴ περιμείνητε τοὺς πρέσβεις οὓς ἦτε ἐκπεπομφότες παρακαλοῦντες ἐπὶ Φίλιππον, ἵνα

μὴ μετὰ τῶν ἄλλων Ἑλλήνων ἀλλ' ἰδίᾳ ποιήσησθε
65 τὴν εἰρήνην· δεύτερον δ' ὅπως μὴ μόνον τὴν εἰρήνην
ἀλλὰ καὶ συμμαχίαν εἶναι ψηφιεῖσθε πρὸς Φίλιππον, ἵν' εἴ τινες προσέχοιεν τῷ πλήθει τῷ ὑμετέρῳ,
εἰς τὴν ἐσχάτην ἐμπέσοιεν ἀθυμίαν ὁρῶντες ὑμᾶς
αὐτοὺς μὲν παρακαλοῦντας ἐπὶ τὸν πόλεμον, οἴκοι
δὲ μὴ μόνον εἰρήνην ἀλλὰ καὶ συμμαχίαν ἐψηφισμένους ποιεῖσθαι· τρίτον δὲ ὅπως Κερσοβλέπτης
ὁ Θρᾴκης βασιλεὺς μὴ ἔσται ἔνορκος, μηδὲ μετέσται τῆς συμμαχίας καὶ τῆς εἰρήνης αὐτῷ παρηγ-
66 γέλλετο δ' ἐπ' αὐτὸν ἤδη στρατεία. καὶ ταῦθ' ὁ
μὲν ἐξωνούμενος οὐκ ἠδίκει (πρὸ γὰρ τῶν ὅρκων καὶ
τῶν συνθηκῶν ἀνεμέσητον ἦν αὐτῷ πράττειν τὰ
συμφέροντα), οἱ δ' ἀποδόμενοι καὶ κατακοινωνήσαντες τὰ τῆς πόλεως ἰσχυρὰ μεγάλης ὀργῆς ἦσαν
ἄξιοι. ὁ γὰρ μισαλέξανδρος νυνὶ φάσκων εἶναι καὶ
τότε μισοφίλιππος Δημοσθένης, ὁ τὴν ξενίαν ἐμοὶ
προφέρων τὴν Ἀλεξάνδρου, γράφει ψήφισμα, τοὺς
67 καιροὺς τῆς πόλεως ὑφαιρούμενος, ἐκκλησίαν ποιεῖν
τοὺς πρυτάνεις τῇ ὀγδόῃ ἱσταμένου τοῦ ἐλαφηβολιῶνος μηνός, ὅτ' ἦν τῷ Ἀσκληπιῷ ἡ θυσία καὶ
ὁ προαγών, ἐν τῇ ἱερᾷ ἡμέρᾳ, ὃ πρότερον οὐδεὶς
μέμνηται γενόμενον, τίνα πρόφασιν ποιησάμενος;
ἵνα, φησίν, ἐὰν ἤδη παρῶσιν οἱ τοῦ Φιλίππου πρέσβεις, βουλεύσηται ὁ δῆμος ὡς τάχιστα περὶ τῶν
πρὸς Φίλιππον, τοῖς οὔπω παροῦσι πρέσβεσι προκαταλαμβάνων τὴν ἐκκλησίαν καὶ τοὺς χρόνους
ὑμῶν ὑποτεμνόμενος καὶ τὸ πρᾶγμα κατασπεύδων,
ἵνα μὴ μετὰ τῶν ἄλλων Ἑλλήνων ἐπανελθόντων
τῶν ὑμετέρων πρέσβεων ἀλλὰ μόνοι ποιήσησθε τὴν

εἰρήνην. μετὰ δὲ ταῦτα, ὦ Ἀθηναῖοι, ἧκον οἱ τοῦ 68
Φιλίππου πρέσβεις· οἱ δὲ ὑμέτεροι ἀπεδήμουν
παρακαλοῦντες τοὺς Ἕλληνας ἐπὶ Φίλιππον. ἐν
ταῦθ᾽ ἕτερον ψήφισμα νικᾷ Δημοσθένης, ἐν ᾧ γρά
φει μὴ μόνον ὑπὲρ τῆς εἰρήνης ἀλλὰ καὶ συμμαχίας
ὑμᾶς βουλεύσασθαι, μὴ περιμείναντας τοὺς πρέσ
βεις τοὺς ὑμετέρους ἀλλ᾽ εὐθὺς μετὰ τὰ Διονύσια
τὰ ἐν ἄστει, τῇ ὀγδόῃ καὶ ἐνάτῃ ἐπὶ δέκα. Ὅτι δ᾽
ἀληθῆ λέγω, ἀκούσατε τῶν ψηφισμάτων.

ΨΗΦΙΣΜΑΤΑ.

Ἐπειδὴ τοίνυν ὦ Ἀθηναῖοι παρεληλύθει τὰ 69
Διονύσια, ἐγίνοντο δὲ αἱ ἐκκλησίαι, ἐν δὲ τῇ προ
τέρᾳ τῶν ἐκκλησιῶν ἀνεγνώσθη δόγμα κοινὸν τῶν
συμμάχων,—οὗ τὰ κεφάλαια διὰ βραχέων ἐγὼ
προερῶ. πρῶτον μὲν γὰρ ἔγραψαν ὑπὲρ εἰρήνης
ὑμᾶς μόνον βουλεύσασθαι, τὸ δὲ τῆς συμμαχίας
ὄνομα ὑπερέβησαν, οὐκ ἐπιλελησμένοι, ἀλλὰ καὶ
τὴν εἰρήνην ἀναγκαιοτέραν ἢ καλλίω ὑπολαμβά
νοντες εἶναι· ἔπειτα ἀπήντησαν ὀρθῶς ἰασόμενοι τὸ
Δημοσθένους δωροδόκημα, καὶ προσέγραψαν ἐν τῷ 70
δόγματι ἐξεῖναι τῷ βουλομένῳ τῶν Ἑλλήνων ἐν
τρισὶ μησὶν εἰς τὴν αὐτὴν στήλην ἀναγεγράφθαι
μετ᾽ Ἀθηναίων καὶ μετέχειν τῶν ὅρκων καὶ τῶν
συνθηκῶν, δύο μέγιστα προκαταλαμβάνοντες, πρῶ
τον μὲν τὸν χρόνον τὸν τῆς τριμήνου ταῖς τῶν
Ἑλλήνων πρεσβείαις ἱκανὸν γενέσθαι παρασκευά
ζοντες, ἔπειτα τὴν τῶν Ἑλλήνων εὔνοιαν τῇ πόλει
μετὰ κοινοῦ συνεδρίου κτώμενοι, ἵν᾽ εἰ παραβαί
νοιντο αἱ συνθῆκαι, μὴ μόνοι μηδ᾽ ἀπαράσκευοι

πολεμήσαιμεν, ἃ νῦν ἡμῖν παθεῖν συνέβη διὰ Δημοσθένην. Ὅτι δ' ἀληθῆ λέγω, ἐξ αὐτοῦ τοῦ δόγματος ἀκούσαντες μαθήσεσθε.

ΔΟΓΜΑ ΣΥΜΜΑΧΩΝ.

71 Τούτῳ τῷ δόγματι συνειπεῖν ὁμολογῶ, καὶ πάντες οἱ ἐν τῇ προτέρᾳ τῶν ἐκκλησιῶν δημηγοροῦντες· καὶ ὁ δῆμος ἀπῆλθε τοιαύτην τινὰ δόξαν εἰληφώς, ὡς ἔσται μὲν ἡ εἰρήνη, περὶ δὲ συμμαχίας οὐκ ἄμεινον εἴη διὰ τὴν τῶν Ἑλλήνων παράκλησιν βουλεύσασθαι, ἔσται δὲ κοινῇ μετὰ τῶν Ἑλλήνων ἁπάντων. νὺξ ἐν μέσῳ, καὶ παρῆμεν τῇ ὑστεραίᾳ εἰς τὴν ἐκκλησίαν. ἐνταῦθα δὴ προκαταλαμβάνων Δημοσθένης τὸ βῆμα, οὐδενὶ τῶν ἄλλων παραλιπὼν λόγον, οὐδὲν ὄφελος ἔφη τῶν χθὲς εἰρημένων εἶναι λόγων, εἰ ταῦθ' οἱ Φιλίππου μὴ συμπεισθήσονται πρέσβεις, οὐδὲ γινώσκειν ἔφη τὴν εἰρήνην ἀπούσης 72 συμμαχίας. οὐ γὰρ ἔφη δεῖν (καὶ γὰρ τὸ ῥῆμα μέμνημαι ὡς εἶπε, διὰ τὴν ἀηδίαν τοῦ λέγοντος ἅμα καὶ τοῦ ὀνόματος) ἀπορρῆξαι τῆς εἰρήνης τὴν συμμαχίαν, οὐδὲ τὰ τῶν Ἑλλήνων ἀναμένειν μελλήματα, ἀλλ' ἢ πολεμεῖν αὐτοὺς ἢ τὴν εἰρήνην ἰδίᾳ ποιεῖσθαι. καὶ τελευτῶν ἐπὶ τὸ βῆμα παρακαλέσας Ἀντίπατρον ἐρώτημά τι ἠρώτα, προειπὼν μὲν ἃ ἐρήσεται, προδιδάξας δὲ ἃ χρὴ κατὰ τῆς πόλεως ἀποκρίνασθαι. καὶ τέλος ταῦτ' ἐνίκα, τῷ μὲν λόγῳ προβιασαμένου Δημοσθένους, τὸ δὲ ψή-
73 φισμα γράψαντος Φιλοκράτους. Ὁ δὲ ἦν ὑπόλοιπον αὐτοῖς, Κερσοβλέπτην καὶ τὸν ἐπὶ Θρᾴκης τόπον ἔκδοτον ποιῆσαι, καὶ τοῦτ' ἔπραξαν ἕκτῃ

φθίνοντος τοῦ ἐλαφηβολιῶνος, πρὶν ἐπὶ τὴν ὑστέραν ἀπαίρειν πρεσβείαν τὴν ἐπὶ τοὺς ὅρκους. Δημοσθένην· ὁ γὰρ μισαλέξανδρος καὶ μισοφίλιππος ὑμῖν οὑτοσὶ ῥήτωρ δὶς ἐπρέσβευσεν ἐν Μακεδονίᾳ, ἐξὸν μηδὲ ἅπαξ, ὁ νυνὶ κελεύων τῶν Μακεδόνων καταπτύειν. εἰς δὲ τὴν ἐκκλησίαν, τὴν τῇ ἕκτῃ λέγω, καθεζόμενος βουλευτὴς ὢν ἐκ παρασκευῆς, ἔκδοτον Κερσοβλέπτην μετὰ Φιλοκράτους ἐποίησε. λαν- 74 θάνει γὰρ ὁ μὲν Φιλοκράτης ἐν ψηφίσματι μετὰ τῶν ἄλλων γραμμάτων παρεγγράψας, ὁ δ' ἐπιψηφίσας, Δημοσθένης, ἐν ᾧ γέγραπται " ἀποδοῦναι τοὺς ὅρκους τοῖς πρέσβεσι τοῖς παρὰ Φιλίππου ἐν τῇδε τῇ ἡμέρᾳ τοὺς συνέδρους τῶν συμμάχων." παρὰ δὲ Κερσοβλέπτου σύνεδρος οὐκ ἐκάθητο· γράψας δὲ τοὺς συνεδρεύοντας ὀμνύναι τὸν Κερσοβλέπτην οὐ συνεδρεύοντα ἐξέκλεισε τῶν ὅρκων. Ὅτι δ' ἀληθῆ λέγω, ἀνάγνωθί μοι τίς ἦν ὁ ταῦτα 75 γράψας καὶ τίς ὁ ταῦτα ἐπιψηφίσας πρόεδρος.

ΨΗΦΙΣΜΑ. ΠΡΟΕΔΡΟΣ.

Καλόν, ὦ Ἀθηναῖοι, καλὸν ἡ τῶν δημοσίων γραμμάτων φυλακή· ἀκίνητον γάρ ἐστι καὶ οὐ συμμεταπίπτει τοῖς αὐτομολοῦσιν ἐν τῇ πολιτείᾳ, ἀλλ' ἀπέδωκε τῷ δήμῳ, ὁπόταν βούληται, συνιδεῖν τοὺς πάλαι μὲν πονηροὺς ἐκ μεταβολῆς δ' ἀξιοῦντας εἶναι χρηστούς.

Ὑπόλοιπον δέ μοί ἐστι τὴν κολακείαν αὐτοῦ 76 διεξελθεῖν. Δημοσθένης γὰρ ἐνιαυτὸν βουλεύσας οὐδεμίαν πώποτε φανεῖται πρεσβείαν εἰς προεδρίαν καλέσας, ἀλλὰ τότε μόνον καὶ πρῶτον πρέσβεις εἰς προεδρίαν ἐκάλεσε καὶ προσκεφάλαια ἔθηκε καὶ φοινικίδας περιεπέτασε καὶ ἅμα τῇ ἡμέρᾳ ἡγεῖτο τοῖς πρέσβεσιν εἰς τὸ θέατρον, ὥστε καὶ συρίττεσθαι διὰ τὴν ἀσχημοσύνην καὶ κολακείαν· καὶ ὅτ᾽ ἀπῄεσαν, ἐμισθώσατο αὐτοῖς τρία ζεύγη ὀρικὰ καὶ προὔπεμψεν εἰς Θήβας, καταγέλαστον τὴν πόλιν ποιῶν. Ἵνα δ᾽ ἐπὶ τῆς ὑποθέσεως μείνω, λαβέ μοι τὸ ψήφισμα τὸ περὶ τῆς προεδρίας.

ΨΗΦΙΣΜΑ.

77 Οὗτος τοίνυν, ὦ Ἀθηναῖοι, ὁ τηλικοῦτος τὸ μέγεθος κόλαξ πρῶτος διὰ τῶν κατασκόπων τῶν παρὰ Χαριδήμου πυθόμενος τὴν Φιλίππου τελευτὴν τῶν μὲν θεῶν συμπλάσας ἑαυτῷ ἐνύπνιον κατεψεύσατο, ὡς οὐ παρὰ Χαριδήμου τὸ πρᾶγμα πεπυσμένος ἀλλὰ παρὰ τοῦ Διὸς καὶ τῆς Ἀθηνᾶς, οὓς μεθ᾽ ἡμέραν ἐπιορκῶν νύκτωρ φησὶν ἑαυτῷ διαλέγεσθαι καὶ τὰ μέλλοντα ἔσεσθαι προλέγειν, ἑβδόμην δ᾽ ἡμέραν τῆς θυγατρὸς αὐτῷ τετελευτηκυίας, πρὶν πενθῆσαι καὶ τὰ νομιζόμενα ποιῆσαι, στεφανωσάμενος καὶ λευκὴν ἐσθῆτα λαβὼν ἐβουθύτει καὶ 78 παρενόμει, τὴν μόνην ὁ δείλαιος καὶ πρώτην αὐτὸν πατέρα προσειποῦσαν ἀπολέσας. καὶ οὐ τὸ δυστύχημα ὀνειδίζω, ἀλλὰ τὸν τρόπον ἐξετάζω. ὁ γὰρ μισότεκνος καὶ πατὴρ πονηρὸς οὐκ ἄν ποτε γένοιτο δημαγωγὸς χρηστός, οὐδὲ ὁ τὰ φίλτατα καὶ οἰκειότατα σώματα μὴ στέργων οὐδέποθ᾽ ὑμᾶς περὶ πλείονος ποιήσεται τοὺς ἀλλοτρίους, οὐδέ γε ὁ ἰδίᾳ πονηρὸς οὐκ ἂν γένοιτο δημοσίᾳ χρηστός, οὐδ᾽ ὅστις ἐστὶν οἴκοι φαῦλος, οὐδέποτ᾽ ἦν ἐν Μακεδονίᾳ κατὰ

τὴν πρεσβείαν καλὸς κἀγαθός· οὐ γὰρ τὸν τρόπον ἀλλὰ τὸν τόπον μόνον μετήλλαξεν.

Πόθεν οὖν ἐπὶ τὴν μεταβολὴν ἦλθε τῶν πραγ- 79 μάτων (οὗτος γάρ ἐστιν ὁ δεύτερος καιρός), καὶ τί ποτ' ἐστὶ τὸ αἴτιον ὅτι Φιλοκράτης μὲν ἀπὸ τῶν αὐτῶν πολιτευμάτων Δημοσθένει φυγὰς ἀπ' εἰσαγγελίας γεγένηται, Δημοσθένης δὲ ἐπέστη τῶν ἄλλων κατήγορος, καὶ πόθεν ποθ' ἡμᾶς εἰς τὰς ἀτυχίας ὁ μιαρὸς ἄνθρωπος ἐμβέβληκε, ταῦτ' ἤδη διαφερόντως ἄξιόν ἐστιν ἀκοῦσαι. ὡς γὰρ τάχιστα εἴσω 80 Πυλῶν Φίλιππος παρῆλθε καὶ τάς τε ἐν Φωκεῦσι πόλεις παραδόξως ἀναστάτους ἐποίησε, Θηβαίους δέ, ὡς τόθ' ὑμῖν ἐδόκει, περαιτέρω τοῦ καιροῦ καὶ τοῦ ὑμετέρου συμφέροντος ἰσχυροὺς κατεσκεύασεν, ὑμεῖς δὲ ἐκ τῶν ἀγρῶν φοβηθέντες ἐσκευαγωγήσατε, ἐν ταῖς μεγίσταις δ' ἦσαν αἰτίαις οἱ πρέσβεις οἱ περὶ τῆς εἰρήνης πρεσβεύσαντες, πολὺ δὲ τῶν ἄλλων διαφερόντως Φιλοκράτης καὶ Δημοσθένης διὰ τὸ μὴ μόνον πρεσβεύειν ἀλλὰ καὶ τὰ ψηφίσματα γεγραφέναι, συνέβη δ' ἐν τοῖς αὐτοῖς χρόνοις 81 διαφέρεσθαί τι τὸν Δημοσθένην καὶ Φιλοκράτην σχεδὸν ὑπὲρ τούτων ὑπὲρ ὧν καὶ ὑμεῖς αὐτοὺς ὑπωπτεύσατε διενεχθῆναι,—τοιαύτης δὲ ἐμπιπτούσης ταραχῆς μετὰ τῶν συμφύτων νοσημάτων αὐτῷ ἤδη τὰ μετὰ ταῦτα ἐβουλεύετο, μετὰ δειλίας καὶ τῆς πρὸς Φιλοκράτην ὑπὲρ τῆς δωροδοκίας ζηλοτυπίας, καὶ ἡγήσατο, εἰ τῶν συμπρεσβευόντων καὶ τοῦ Φιλίππου κατήγορος ἀναφανείη, τὸν μὲν Φιλοκράτην προδήλως ἀπολεῖσθαι, τοὺς δὲ ἄλλους συμπρέσβεις κινδυνεύσειν, αὐτὸς δ' εὐδοκιμήσειν

καὶ προδότης ὢν τῶν φίλων καὶ πονηρὸς πιστὸς
82 τῷ δήμῳ φανήσεσθαι. κατιδόντες δ᾽ αὐτὸν οἱ τῇ
τῆς πόλεως προσπολεμοῦντες ἡσυχίᾳ ἄσμενοι παρεκάλουν ἐπὶ τὸ βῆμα, τὸν μόνον ἀδωροδόκητον ὀνομάζοντες τῇ πόλει· ὁ δὲ παριὼν ἀρχὰς αὐτοῖς ἐνεδίδου
πολέμου καὶ ταραχῆς. οὗτός ἐστιν ὦ Ἀθηναῖοι ὁ
πρῶτος ἐξευρὼν Σέρριον τεῖχος καὶ Δορίσκον καὶ
Ἐργίσκην καὶ Μυρτίσκην καὶ Γάνος καὶ Γανίδα,
χωρία ὧν οὐδὲ τὰ ὀνόματα ᾔδειμεν πρότερον. καὶ
εἰς τοῦτο φέρων περιέστησε τὰ πράγματα, ὥστ᾽ εἰ
μὲν μὴ πέμποι Φίλιππος πρέσβεις, καταφρονεῖν
αὐτὸν ἔφη τῆς πόλεως, εἰ δὲ πέμποι, κατασκόπους
83 πέμπειν ἀλλ᾽ οὐ πρέσβεις. εἰ δὲ ἐπιτρέπειν ἐθέλοι
πόλει τινὶ ἴσῃ καὶ ὁμοίᾳ περὶ τῶν ἐγκλημάτων, οὐκ
εἶναι κριτὴν ἴσον ἡμῖν ἔφη καὶ Φιλίππῳ. Ἀλόννησον ἐδίδου· ὁ δ᾽ ἀπηγόρευε μὴ λαμβάνειν, εἰ δίδωσιν
ἀλλὰ μὴ ἀποδίδωσι, περὶ συλλαβῶν διαφερόμενος.
καὶ τὸ τελευταῖον στεφανώσας τοὺς μετὰ Ἀριστοδήμου εἰς Θετταλίαν καὶ Μαγνησίαν παρὰ τὰς τῆς
εἰρήνης συνθήκας ἐπιστρατεύσαντας τὴν μὲν εἰρήνην
διέλυσε, τὴν δὲ συμφορὰν καὶ τὸν πόλεμον παρεσκεύασεν.
84   Ναί, ἀλλὰ χαλκοῖς καὶ ἀδαμαντίνοις τείχεσιν,
ὡς αὐτός φησι, τὴν χώραν ἡμῶν ἐτείχισε, τῇ
τῶν Εὐβοέων καὶ Θηβαίων συμμαχίᾳ. ἀλλ᾽
ὦ Ἀθηναῖοι περὶ ταῦτα τρία μέγιστα ἠδίκησθε
καὶ μάλιστα ἠγνοήκατε. σπεύδων δ᾽ εἰπεῖν περὶ
τῆς μεγίστης συμμαχίας τῆς τῶν Θηβαίων, ἵν᾽
ἐφεξῆς εἴπω, περὶ τῶν Εὐβοέων πρῶτον μνησθήσομαι.

Ὑμεῖς γὰρ ὦ 'Αθηναῖοι πολλὰ καὶ μεγάλα ἠδικη- 85
μένοι ὑπὸ Μνησάρχου τοῦ Χαλκιδέως, τοῦ Καλλίου
καὶ Ταυροσθένους πατρός, οὓς οὗτος νυνὶ μισθὸν
λαβὼν 'Αθηναίους εἶναι τολμᾷ γράφειν, καὶ πάλιν
ὑπὸ Θεμίσωνος τοῦ 'Ερετριέως, ὃς ἡμῶν εἰρήνης
οὔσης Ὠρωπὸν ἀφείλετο, τούτων ἑκόντες ἐπιλαθό-
μενοι, ἐπειδὴ διέβησαν εἰς Εὔβοιαν Θηβαῖοι κατα-
δουλώσασθαι τὰς πόλεις πειρώμενοι, ἐν πέντε ἡμέ-
ραις ἐβοηθήσατε αὐτοῖς καὶ ναυσὶ καὶ πεζικῇ δυνάμει,
καὶ πρὶν τριάκονθ' ἡμέρας διελθεῖν ὑποσπόνδους
Θηβαίους ἀφήκατε, κύριοι τῆς Εὐβοίας γενόμενοι,
καὶ τάς τε πόλεις αὐτὰς καὶ τὰς πολιτείας ἀπέδοτε
ὀρθῶς καὶ δικαίως τοῖς παρακαταθεμένοις, οὐχ ἡγού-
μενοι δίκαιον εἶναι τὴν ὀργὴν ἀπομνημονεύειν ἐν
τῷ πιστευθῆναι. καὶ τηλικαῦθ' ὑφ' ὑμῶν εὖ πεπον- 86
θότες οἱ Χαλκιδεῖς οὐ τὰς ὁμοίας ὑμῖν ἀπέδοσαν
χάριτας, ἀλλ' ἐπειδὴ τάχιστα διέβητε εἰς Εὔβοιαν
Πλουτάρχῳ βοηθήσοντες, τοὺς μὲν πρώτους χρόνους
ἀλλ' οὖν προσεποιοῦνθ' ὑμῖν εἶναι φίλοι, ἐπειδὴ δὲ
τάχιστα εἰς Ταμύνας παρήλθομεν καὶ τὸ Κοτύλαιον
ὀνομαζόμενον ὄρος ὑπερεβάλλομεν, ἐνταῦθα Καλλίας
ὁ Χαλκιδεύς, ὃν Δημοσθένης μισθὸν λαβὼν ἐνεκω-
μίαζεν, ὁρῶν τὸ στρατόπεδον τὸ τῆς πόλεως εἴς τινας 87
δυσχωρίας κατακεκλειμένον, ὅθεν μὴ νικήσασι μάχην
οὐκ ἦν ἀναχώρησις οὐδὲ βοηθείας ἐλπὶς οὔτ' ἐκ γῆς
οὔτ' ἐκ θαλάττης, συναγείρας ἐξ ἁπάσης τῆς Εὐ-
βοίας στρατόπεδον καὶ παρὰ Φιλίππου δύναμιν
προσμεταπεμψάμενος, ὅ τ' ἀδελφὸς αὐτοῦ Ταυρο-
σθένης, ὁ νυνὶ πάντας δεξιούμενος καὶ προσγελῶν,
τοὺς Φωκικοὺς ξένους διαβιβάσας, ἦλθον ἐφ' ἡμᾶς

88 ὡς ἀναιρήσοντες. καὶ εἰ μὴ πρῶτον μὲν θεῶν τις ἔσωσε τὸ στρατόπεδον, ἔπειθ' οἱ στρατιῶται οἱ ὑμέτεροι καὶ πεζοὶ καὶ ἱππεῖς ἄνδρες ἀγαθοὶ ἐγένοντο καὶ παρὰ τὸν ἱππόδρομον τὸν ἐν Ταμύναις ἐκ παρατάξεως μάχῃ κρατήσαντες ἀφεῖσαν ὑποσπόνδους τοὺς πολεμίους, ἐκινδύνευσεν ἂν ἡ πόλις αἴσχιστα παθεῖν· οὐ γὰρ τὸ δυστυχῆσαι κατὰ πόλεμον μέγιστόν ἐστι κακόν, ἀλλ' ὅταν τις πρὸς ἀνταγωνιστὰς ἀναξίους αὑτοῦ διακινδυνεύων ἀποτύχῃ, διπλασίαν εἰκὸς εἶναι τὴν συμφοράν. ἀλλ' ὅμως ὑμεῖς τοιαῦτα
89 πεπονθότες πάλιν διελύσασθε πρὸς αὐτούς. τυχὼν δὲ παρ' ὑμῶν συγγνώμης Καλλίας ὁ Χαλκιδεὺς μικρὸν διαλιπὼν χρόνον πάλιν ἦκε φερόμενος εἰς τὴν ἑαυτοῦ φύσιν, Εὐβοϊκὸν μὲν τῷ λόγῳ συνέδριον εἰς Χαλκίδα συνάγων, ἰσχυρὰν δὲ τὴν Εὔβοιαν ἐφ' ὑμᾶς ἔργῳ παρασκευάζων, ἐξαίρετον δ' αὑτῷ τυραννίδα περιποιούμενος. καὶ ταύτης ἐλπίζων συναγωνιστὴν Φίλιππον λήψεσθαι ἀπῆλθεν εἰς Μακεδονίαν καὶ περιῄει μετὰ Φιλίππου, καὶ τῶν ἑταίρων εἷς
90 ὠνομάζετο. ἀδικήσας δὲ Φίλιππον κἀκεῖθεν ἀποδρὰς ὑπέβαλλεν ἑαυτὸν φέρων Θηβαίοις. ἐγκαταλιπὼν δὲ κἀκείνους, καὶ πλείους τραπόμενος τροπὰς τοῦ Εὐρίπου παρ' ὃν ᾤκει, εἰς μέσον πίπτει τῆς τε Θηβαίων ἔχθρας καὶ τῆς Φιλίππου. ἀπορῶν δ' ὅ τι χρήσαιτο αὑτῷ, καὶ παραγγελλομένης ἐπ' αὐτὸν ἤδη στρατείας, μίαν ἐλπίδα λοιπὴν κατεῖδε σωτηρίας ἔνορκον λαβεῖν τὸν Ἀθηναίων δῆμον, σύμμαχον ὀνομασθέντα, βοηθήσειν εἴ τις ἐπ' αὐτὸν ἴοι· ὃ πρό-
91 δηλον ἦν ἐσόμενον, εἰ μὴ ὑμεῖς κωλύσαιτε. ταῦτα δὲ διανοηθεὶς ἀποστέλλει δεῦρο πρέσβεις Γλαυκέτην

καὶ Ἐμπέδωνα καὶ Διόδωρον τὸν δολιχοδρομήσαντα, φέροντας τῷ μὲν δήμῳ ἐλπίδας κενάς, Δημοσθένει δ' ἀργύριον καὶ τοῖς περὶ αὐτόν. τρία δ' ἦν ἃ ἅμα ἐξωνεῖτο, πρῶτον μὲν μὴ διασφαλῆναι τῆς πρὸς ὑμᾶς συμμαχίας· οὐδὲν γὰρ ἦν τὸ μέσον, εἰ μνησθεὶς τῶν προτέρων ἀδικημάτων ὁ δῆμος μὴ προσδέξαιτο τὴν συμμαχίαν, ἀλλ' ὑπῆρχεν αὐτῷ ἢ φεύγειν ἐκ Χαλκίδος ἢ τεθνάναι ἐγκαταληφθέντι· τηλικαῦται δυνάμεις ἐπ' αὐτὸν ἐπεστράτευον, ἥ τε Φιλίππου καὶ ἡ Θηβαίων. δεύτερον δ' ἦκον οἱ μισθοὶ τῷ γράψαντι τὴν συμμαχίαν ὑπὲρ τοῦ μὴ συνεδρεύειν Ἀθήνησι Χαλκιδέας, τρίτον δὲ ὥστε μὴ τελεῖν συντάξεις. καὶ 92 τούτων τῶν προαιρέσεων οὐδεμιᾶς ἀπέτυχε Καλλίας, ἀλλ' ὁ μισοτύραννος Δημοσθένης, ὡς αὐτὸς προσποιεῖται, ὅν φησι Κτησιφῶν τὰ βέλτιστα λέγειν, ἀπέδοτο μὲν τοὺς καιροὺς τοὺς τῆς πόλεως, ἔγραψε δ' ἐν τῇ συμμαχίᾳ βοηθεῖν ἡμᾶς Χαλκιδεῦσι, ῥῆμα μόνον ἀντικαταλλαξάμενος ἀντὶ τούτων, εὐφημίας ἕνεκα προσγράψας Χαλκιδέας βοηθεῖν ἐάν τις ἴῃ ἐπ' Ἀθηναίους· τὰς δὲ συνεδρίας καὶ τὰς συν- 93 τάξεις, ἐξ ὧν ἰσχύσειν ὁ πόλεμος ἤμελλεν, ἄρδην ἀπέδοτο, καλλίστοις ὀνόμασι αἰσχιστὰς πράξεις γράφων καὶ τῷ λόγῳ προσβιβάζων ὑμᾶς, τὰς μὲν βοηθείας ὡς δεῖ τὴν πόλιν πρότερον ποιεῖσθαι τοῖς ἀεὶ δεομένοις τῶν Ἑλλήνων, τὰς δὲ συμμαχίας ὑστέρας ποιεῖσθαι μετὰ τὰς εὐεργεσίας. Ἵνα δ' εὖ εἰδῆτε ὅτι ἀληθῆ λέγω, λαβέ μοι τὴν Καλλίου γραφὴν καὶ τὴν συμμαχίαν, καὶ ἀνάγνωθι τὸ ψήφισμα.

ΨΗΦΙΣΜΑ.

94 Οὔπω τοίνυν τοῦτ' ἐστὶ δεινόν, εἰ καιροὶ πέπρανται τηλικοῦτοι καὶ συνεδρίαι καὶ συντάξεις, ἀλλὰ πολὺ τούτου δεινότερον ὑμῖν φανήσεται ὃ μέλλω λέγειν. εἰς γὰρ τοῦτο προήχθη Καλλίας μὲν ὁ Χαλκιδεὺς ὕβρεως καὶ πλεονεξίας, Δημοσθένης δέ, ὃν ἐπαινεῖ Κτησιφῶν, δωροδοκίας, ὥστε τὰς ἐξ Ὠρεοῦ συντάξεις καὶ τὰς ἐξ Ἐρετρίας, τὰ δέκα τάλαντα, ὁρώντων φρονούντων βλεπόντων ἔλαθον ὑμῶν ὑφελόμενοι, καὶ τοὺς ἐκ τῶν πόλεων τούτων συνέδρους παρ' ὑμῶν μὲν ἀνέστησαν, πάλιν δὲ εἰς Χαλκίδα καὶ τὸ καλούμενον Εὐβοϊκὸν συνέδριον συνήγαγον. ὃν δὲ τρόπον καὶ δι' οἵων κακουργημάτων, ταῦτ' ἤδη 95 ἄξιόν ἐστιν ἀκοῦσαι. ἀφικνεῖται γὰρ πρὸς ὑμᾶς οὐκέτι δι' ἀγγέλων ἀλλ' αὐτὸς ὁ Καλλίας, καὶ παρελθὼν εἰς τὴν ἐκκλησίαν λόγους διεξῆλθε κατεσκευασμένους ὑπὸ Δημοσθένους. εἶπε γὰρ ὡς ἥκοι ἐκ Πελοποννήσου νεωστὶ σύνταγμα συντάξας εἰς ἑκατὸν ταλάντων πρόσοδον ἐπὶ Φίλιππον, καὶ διελογίζετο ὅσον ἑκάστους ἔδει συντελεῖν, Ἀχαιοὺς μὲν πάντας καὶ Μεγαρέας ἑξήκοντα τάλαντα, τὰς δ' ἐν Εὐβοίᾳ 96 πόλεις ἁπάσας τετταράκοντα. ἐκ δὲ τούτων τῶν χρημάτων ὑπάρξειν καὶ ναυτικὴν καὶ πεζικὴν δύναμιν· εἶναι δὲ πολλοὺς ἄλλους τῶν Ἑλλήνων οὓς βούλεσθαι κοινωνεῖν τῆς συντάξεως, ὥστε οὔτε χρημάτων οὔτε στρατιωτῶν ἔσεσθαι ἀπορίαν. καὶ ταῦτα μὲν τὰ φανερά· ἔφη δὲ καὶ πράξεις πράττειν ἑτέρας δι' ἀπορρήτων, καὶ τούτων εἶναί τινας μάρτυρας τῶν

ἡμετέρων πολιτῶν, καὶ τελευτῶν ὀνομαστὶ παρεκάλει Δημοσθένην καὶ συνειπεῖν ἠξίου. ὁ δὲ σεμνῶς 97
πάνυ παρελθὼν τόν τε Καλλίαν ὑπερεπῄνει τό τε
ἀπόρρητον προσεποιήσατο εἰδέναι· τὴν δ' ἐκ Πελοποννήσου πρεσβείαν, ἣν ἐπρέσβευσε, καὶ τὴν ἐξ
Ἀκαρνανίας ἔφη βούλεσθαι ὑμῖν ἀπαγγεῖλαι, ἣν δ'
αὐτῷ κεφάλαιον τῶν λόγων πάντας μὲν Πελοποννησίους ὑπάρχειν, πάντας δ' Ἀκαρνᾶνας συντεταγμένους ἐπὶ Φίλιππον ὑφ' ἑαυτοῦ, εἶναι δὲ τὸ σύνταγμα χρημάτων μὲν εἰς ἑκατὸν νεῶν ταχυναυτουσῶν
πληρώματα καὶ εἰς πεζοὺς στρατιώτας μυρίους καὶ
ἱππεῖς χιλίους, ὑπάρξειν δὲ πρὸς τούτοις καὶ τὰς 98
πολιτικὰς δυνάμεις, ἐκ Πελοποννήσου μὲν πλείονας
ἢ δισχιλίους ὁπλίτας, ἐξ Ἀκαρνανίας δὲ ἑτέρους
τοσούτους· δεδόσθαι δὲ ἀπὸ πάντων τούτων τὴν
ἡγεμονίαν ὑμῖν· πραχθήσεσθαι δὲ αὐτὰ οὐκ εἰς μακρὰν ἀλλ' εἰς τὴν ἕκτην ἐπὶ δέκα τοῦ ἀνθεστηριῶνος
μηνός· εἰρῆσθαι γὰρ ἐν ταῖς πόλεσιν ὑφ' ἑαυτοῦ καὶ
παρηγγέλθαι πάντας ἥκειν συνεδρεύσοντας Ἀθήναζε
εἰς τὴν πανσέληνον. καὶ γὰρ τοῦτο ἄνθρωπος ἴδιον 99
καὶ οὐ κοινὸν ποιεῖ. οἱ μὲν γὰρ ἄλλοι ἀλαζόνες
ὅταν τι ψεύδωνται, ἀόριστα καὶ ἀσαφῆ πειρῶνται
λέγειν, φοβούμενοι τὸν ἔλεγχον· Δημοσθένης δ' ὅταν
ἀλαζονεύηται, πρῶτον μὲν μεθ' ὅρκου ψεύδεται ἐξώλειαν ἐπαρώμενος ἑαυτῷ, δεύτερον δέ, ἃ εὖ οἶδεν
οὐδέποτε ἐσόμενα, τολμᾷ λέγειν ἀριθμῶν εἰς ὁπότ'
ἔσται, καὶ ὧν τὰ σώματα οὐχ ἑώρακε, τούτων τὰ
ὀνόματα λέγει, κλέπτων τὴν ἀκρόασιν καὶ μιμούμενος τοὺς τἀληθῆ λέγοντας. διὸ καὶ μάλιστα ἄξιός
ἐστι μισεῖσθαι, ὅτι πονηρὸς ὢν καὶ τὰ τῶν χρηστῶν

100 σημεία διαφθείρει. ταῦτα δ' εἰπὼν δίδωσιν ἀναγνῶναι ψήφισμα τῷ γραμματεῖ μακρότερον μὲν τῆς Ἰλιάδος, κενώτερον δὲ τῶν λόγων οὓς εἴωθε λέγειν καὶ τοῦ βίου ὃν βεβίωκε, μεστὸν δ' ἐλπίδων οὐκ ἐσομένων καὶ στρατοπέδων οὐδέποτε συλλεγησομένων· ἀπαγαγὼν δ' ὑμᾶς ἄποθεν ἀπὸ τοῦ κλέμματος καὶ ἀνακρεμάσας ἀπὸ τῶν ἐλπίδων, ἐνταῦθα δὴ συστρέψας γράφει κελεύων ἑλέσθαι πρέσβεις εἰς Ἐρέτριαν, οἵτινες δεήσονται τῶν Ἐρετριέων (πάνυ γὰρ ἔδει δεηθῆναι) μηκέτι διδόναι τὴν σύνταξιν ὑμῖν τὰ πέντε τάλαντα ἀλλὰ Καλλίᾳ, καὶ πάλιν ἑτέρους αἱρεῖσθαι εἰς Ὠρεὸν πρὸς τοὺς Ὠρείτας πρέσβεις, οἵτινες δεήσονται αὐτοῖς τὸν αὐτὸν Ἀθηναίοις φίλον
101 καὶ ἐχθρὸν νομίζειν εἶναι. ἔπειτα ἀναφαίνεται περὶ ἅπαντ' ὧν τῷ ψηφίσματι πρὸς τῷ κλέμματι, γράψας τὰ πέντε τάλαντα τοὺς πρέσβεις ἀξιοῦν τοὺς Ὠρείτας μὴ ὑμῖν ἀλλὰ Καλλίᾳ διδόναι. Ὅτι δ' ἀληθῆ λέγω, ἀφελὼν τὸν κόμπον καὶ τὰς τριήρεις καὶ τὴν ἀλαζονείαν ἀνάγνωθι καὶ τοῦ κλέμματος ἅψαι, ὃ ὑφείλετο ὁ μιαρὸς καὶ ἀνόσιος ἄνθρωπος, ὅν φησι Κτησιφῶν καὶ ἐν τῷδε τῷ ψηφίσματι διατελεῖν λέγοντα καὶ πράττοντα τὰ ἄριστα τῷ δήμῳ τῶν Ἀθηναίων.

ΨΗΦΙΣΜΑ.

102 Οὐκοῦν τὰς μὲν τριήρεις καὶ τὴν πεζὴν στρατιὰν καὶ τὴν πανσέληνον καὶ τοὺς συνέδρους λόγῳ ἠκούσατε, τὰς δὲ συντάξεις τῶν συμμάχων, τὰ δέκα τάλαντα, ἔργῳ ἀπωλέσατε.
103 Ὑπόλοιπον δέ μοί ἐστιν εἰπεῖν ὅτι λαβὼν τρία

τάλαντα μισθὸν τὴν γνώμην ταύτην ἔγραψε Δημοσθένης, τάλαντον μὲν ἐκ Χαλκίδος παρὰ Καλλίου, τάλαντον δ' ἐξ Ἐρετρίας παρὰ Κλειτάρχου τοῦ τυράννου, τάλαντον δὲ ἐξ Ὠρεοῦ, δι' ὃ καὶ καταφανὴς ἐγένετο, δημοκρατουμένων τῶν Ὠρειτῶν καὶ πάντα πραττόντων μετὰ ψηφίσματος. ἐξανηλωμένοι γὰρ ἐν τῷ πολέμῳ καὶ παντελῶς ἀπόρως διακείμενοι πέμπουσι πρὸς αὐτὸν Γνωσίδημον τὸν Χαριγένους υἱὸν τοῦ δυναστεύσαντός ποτε ἐν Ὠρεῷ, δεησόμενον αὐτοῦ τὸ μὲν τάλαντον ἀφιέναι τῇ πόλει, ἐπαγγελλόμενον δ' αὐτῷ χαλκῆν εἰκόνα σταθήσεσθαι ἐν Ὠρεῷ· ὁ δὲ ἀπεκρίνατο τῷ Γνωσιδήμῳ ὅτι ἐλαχίστου χαλκοῦ οὐδὲν δέοιτο, τὸ δὲ τάλαντον διὰ τοῦ Καλλίου εἰσπράττειν. ἀναγκαζόμενοι δὲ οἱ Ὠρεῖται καὶ οὐκ εὐποροῦντες ὑπέθεσαν αὐτῷ τοῦ ταλάντου τὰς δημοσίας προσόδους, καὶ τόκον ἤνεγκαν Δημοσθένει τοῦ δωροδοκήματος δραχμὴν τοῦ μηνὸς τῆς μνᾶς, ἕως τὸ κεφάλαιον ἀπέδοσαν. καὶ πάντ' ἐπράχθη μετὰ ψηφίσματος τοῦ δήμου. Ὅτι δὲ τἀληθῆ λέγω, λαβέ μοι τὸ ψήφισμα τῶν Ὠρειτῶν.

ΨΗΦΙΣΜΑ.

Τοῦτ' ἐστὶ τὸ ψήφισμα, ὦ Ἀθηναῖοι, αἰσχύνη μὲν τῆς πόλεως, ἔλεγχος δὲ οὐ μικρὸς τῶν Δημοσθένους πολιτευμάτων, φανερὰ δὲ κατηγορία τοῦ Κτησιφῶντος· τὸν γὰρ οὕτως αἰσχρῶς δωροδοκοῦντα οὐκ ἔστιν ἄνδρα γεγονέναι ἀγαθόν, ἃ τετόλμηκεν οὗτος γράψαι ἐν τῷ ψηφίσματι.

Ἐνταῦθ' ἤδη τέτακται καὶ ὁ τρίτος τῶν καιρῶν, μᾶλλον δ' ὁ πάντων πικρότατος χρόνος, ἐν ᾧ Δημοσθένης ἀπώλεσε τὰς τῶν Ἑλλήνων καὶ τῆς πόλεως πράξεις ἀσεβήσας μὲν εἰς τὸ ἱερὸν τὸ ἐν Δελφοῖς, ἄδικον δὲ καὶ οὐδαμῶς ἴσην τὴν πρὸς Θηβαίους συμμαχίαν γράψας. ἄρξομαι δὲ ἀπὸ τῶν εἰς τοὺς θεοὺς αὐτοῦ πλημμελημάτων λέγειν.

107 Ἔστι γάρ, ὦ Ἀθηναῖοι, τὸ Κιρραῖον ὠνομασμένον πεδίον καὶ λιμὴν ὁ νῦν ἐξάγιστος καὶ ἐπάρατος ὠνομασμένος. ταύτην ποτὲ τὴν χώραν κατῴκησαν Κιρραῖοι καὶ Κραγαλίδαι, γένη παρανομώτατα, οἳ εἰς τὸ ἱερὸν τὸ ἐν Δελφοῖς καὶ τὰ ἀναθήματα ἠσέβουν, ἐξημάρτανον δὲ καὶ εἰς τοὺς Ἀμφικτύονας. ἀγανακτήσαντες δ' ἐπὶ τοῖς γενομένοις μάλιστα μέν, ὡς λέγεται, οἱ πρόγονοι οἱ ὑμέτεροι, ἔπειτα δὲ καὶ οἱ ἄλλοι Ἀμφικτύονες μαντείαν ἐμαντεύσαντο παρὰ τῷ θεῷ, τίνι χρὴ τιμωρίᾳ τοὺς ἀνθρώπους τούτους 108 μετελθεῖν. καὶ αὐτοῖς ἀναιρεῖ ἡ Πυθία πολεμεῖν Κιρραίοις καὶ Κραγαλίδαις πάντ' ἤματα καὶ πάσας νύκτας, καὶ τὴν χώραν αὐτῶν ἐκπορθήσαντας καὶ αὐτοὺς ἀνδραποδισαμένους ἀναθεῖναι τῷ Ἀπόλλωνι τῷ Πυθίῳ καὶ Ἀρτέμιδι καὶ Λητοῖ καὶ Ἀθηνᾷ Προναίᾳ ἐπὶ πάσῃ ἀεργίᾳ, καὶ ταύτην τὴν χώραν μήτ' αὐτοὺς ἐργάζεσθαι μήτ' ἄλλον ἐᾶν. λαβόντες δὲ τὸν χρησμὸν οἱ Ἀμφικτύονες ἐψηφίσαντο Σόλωνος εἰπόντος Ἀθηναίου τὴν γνώμην, ἀνδρὸς καὶ νομοθετῆσαι δυνατοῦ καὶ περὶ ποίησιν καὶ φιλοσοφίαν διατετριφότος, ἐπιστρατεύειν ἐπὶ τοὺς ἐναγεῖς κατὰ τὴν 109 μαντείαν τοῦ θεοῦ· καὶ συναθροίσαντες δύναμιν ἱκανὴν τῶν Ἀμφικτυόνων ἐξηνδραποδίσαντο τοὺς ἀνθρώπους καὶ τὸν λιμένα ἔχωσαν καὶ τὴν πόλιν αὐτῶν κατέσκαψαν καὶ τὴν χώραν αὐτῶν καθιέρωσαν κατὰ

τὴν μαντείαν· καὶ ἐπὶ τούτοις ὅρκον ὤμοσαν ἰσχυρὸν μήτ' αὐτοὶ τὴν ἱερὰν γῆν ἐργάσεσθαι μήτ' ἄλλῳ ἐπιτρέψειν, ἀλλὰ βοηθήσειν τῷ θεῷ καὶ τῇ γῇ τῇ ἱερᾷ καὶ χειρὶ καὶ ποδὶ [καὶ φωνῇ] καὶ πάσῃ δυνάμει. καὶ 110 οὐκ ἀπέχρησεν αὐτοῖς τοῦτον μόνον τὸν ὅρκον ὀμόσαι, ἀλλὰ καὶ προστροπὴν καὶ ἀρὰν ἰσχυρὰν ὑπὲρ τούτων ἐποιήσαντο. γέγραπται γὰρ οὕτως ἐν τῇ ἀρᾷ, "εἴ τις τάδε" φησι "παραβαίνοι ἢ πόλις ἢ ἰδιώτης ἢ ἔθνος, ἐναγής" φησίν "ἔστω τοῦ Ἀπόλλωνος καὶ τῆς Ἀρτέμιδος καὶ Λητοῦς καὶ Ἀθηνᾶς Προναίας." καὶ ἐπεύχεται αὐτοῖς μήτε γῆν καρποὺς φέρειν, μήτε 111 γυναῖκας τέκνα τίκτειν γονεῦσιν ἐοικότα ἀλλὰ τέρατα, μηδὲ βοσκήματα κατὰ φύσιν γονὰς ποιεῖσθαι, ἧτταν δὲ αὐτοῖς εἶναι πολέμου καὶ δικῶν καὶ ἀγορῶν, καὶ ἐξώλεις εἶναι καὶ αὐτοὺς καὶ οἰκίας καὶ γένος τὸ ἐκείνων. "καὶ μήποτε" φησίν "ὁσίως θύσαιεν τῷ Ἀπόλλωνι μηδὲ τῇ Ἀρτέμιδι μηδὲ τῇ Λητοῖ μηδ' Ἀθηνᾷ Προναίᾳ, μηδὲ δέξαιντο αὐτοῖς τὰ ἱερά." Ὅτι δ' ἀληθῆ λέγω, ἀνάγνωθι τὴν τοῦ θεοῦ μαντείαν. 112 ἀκούσατε τῆς ἀρᾶς. ἀναμνήσθητε τῶν ὅρκων, οὓς ὑμῶν οἱ πρόγονοι μετὰ τῶν Ἀμφικτυόνων συνώμοσαν.

MANTEIA.

[οὐ πρὶν τῆσδε πόληος ἐρείψετε πύργον ἑλόντες,
πρίν γε θεοῦ τεμένει κυανώπιδος Ἀμφιτρίτης
κῦμα ποτικλύζῃ, κελαδοῦν ἱεραῖσιν ἐπ' ἀκταῖς.]

ΑΡΑ. ΟΡΚΟΙ.

Ταύτης τῆς ἀρᾶς καὶ τῶν ὅρκων καὶ τῆς μαν- 113 τείας γενομένης, ἀναγεγραμμένων ἔτι καὶ νῦν, οἱ Λοκροὶ οἱ Ἀμφισσεῖς, μᾶλλον δὲ οἱ προεστηκότες

αὐτῶν, ἄνδρες παρανομώτατοι, ἐπειργάζοντο τὸ πεδίον, καὶ τὸν λιμένα τὸν ἐξάγιστον καὶ ἐπάρατον πάλιν ἐτείχισαν καὶ συνῴκισαν, καὶ τέλη τοὺς καταπλέοντας ἐξέλεγον, καὶ τῶν ἀφικνουμένων εἰς Δελφοὺς πυλαγόρων ἐνίους χρήμασι διέφθειραν, ὧν εἷς 114 ἦν Δημοσθένης. χειροτονηθεὶς γὰρ ὑφ' ὑμῶν πυλαγόρας λαμβάνει χιλίας δραχμὰς παρὰ τῶν Ἀμφισσέων ὑπὲρ τοῦ μηδεμίαν μνείαν περὶ αὐτῶν ἐν τοῖς Ἀμφικτύοσι ποιήσασθαι. διωμολογήθη δ' αὐτῷ καὶ εἰς τὸν λοιπὸν χρόνον ἀποσταλήσεσθαι Ἀθήναζε τοῦ ἐνιαυτοῦ ἑκάστου μνᾶς εἴκοσι τῶν ἐξαγίστων καὶ ἐπαράτων χρημάτων, ἐφ' ᾧτε βοηθήσειν τοῖς Ἀμφισσεῦσιν Ἀθήνησι κατὰ πάντα τρόπον· ὅθεν μᾶλλον ἢ πρότερον συμβέβηκεν αὐτῷ, ὅτου ἂν προσάψηται ἀνδρὸς ἰδιώτου ἢ δυνάστου ἢ πόλεως δημοκρατουμένης, τούτων ἑκάστους ἀνιάτοις κακοῖς περιβάλλειν.
115 σκέψασθε δὴ τὸν δαίμονα καὶ τὴν τύχην, ὡς περιεγένετο τῆς τῶν Ἀμφισσέων ἀσεβείας· ἐπὶ γὰρ Θεοφράστου ἄρχοντος, ἱερομνήμονος ὄντος Διογνήτου Ἀναφλυστίου, πυλαγόρους ὑμεῖς εἵλεσθε Μειδίαν τε ἐκεῖνον τὸν Ἀναγυράσιον, ὃν ἐβουλόμην ἂν πολλῶν ἕνεκα ζῆν, καὶ Θρασυκλέα τὸν Λέκκιον, καὶ τρίτον δὲ μετὰ τούτων ἐμέ. συνέβη δ' ἡμῖν ἀρτίως μὲν εἰς Δελφοὺς ἀφῖχθαι, παραχρῆμα δὲ τὸν ἱερομνήμονα Διόγνητον πυρέττειν· τὸ δ' αὐτὸ τοῦτο συνεπεπτώκει καὶ τῷ Μειδίᾳ. οἱ δ' ἄλλοι συνεκάθηντο Ἀμφικτύο116 νες. ἐξηγγέλλετο δ' ἡμῖν παρὰ τῶν βουλομένων εὔνοιαν ἐνδείκνυσθαι τῇ πόλει, ὅτι οἱ Ἀμφισσεῖς ὑποπεπτωκότες τότε καὶ δεινῶς θεραπεύοντες τοὺς Θηβαίους εἰσέφερον δόγμα κατὰ τῆς ὑμετέρας πόλεως,

πεντήκοντα ταλάντοις ζημιῶσαι τὸν δῆμον τῶν Ἀθηναίων, ὅτι χρυσᾶς ἀσπίδας ἀνέθηκε πρὸς τὸν καινὸν νεὼν πρὶν ἐξαράσασθαι, καὶ ἐπεγράψαμεν τὸ προσῆκον ἐπίγραμμα "Ἀθηναῖοι ἀπὸ Μήδων καὶ Θηβαίων ὅτε τἀναντία τοῖς Ἕλλησιν ἐμάχοντο." μεταπεμψάμενος δέ με ὁ ἱερομνήμων ἠξίου εἰσελθεῖν εἰς τὸ συνέδριον καὶ εἰπεῖν τι πρὸς τοὺς Ἀμφικτύονας ὑπὲρ τῆς πόλεως, καὶ αὐτὸν οὕτω προῃρημένον. ἀρχομένου δέ μου λέγειν καὶ προθυμότερόν πως 117 εἰσεληλυθότος εἰς τὸ συνέδριον, τῶν ἄλλων πυλαγόρων μεθεστηκότων, ἀναβοήσας τις τῶν Ἀμφισσέων, ἄνθρωπος ἀσελγέστατος καὶ (ὡς ἐμοὶ ἐφαίνετο) οὐδεμιᾶς παιδείας μετεσχηκώς, ἴσως δὲ καὶ δαιμονίου τινὸς ἐξαμαρτάνειν αὐτὸν προαγομένου, "ἀρχὴν δέ γε" ἔφη "ὦ ἄνδρες Ἕλληνες, εἰ ἐσωφρονεῖτε, οὐδ᾽ ἂν ὠνομάζετο τοὔνομα τοῦ δήμου τῶν Ἀθηναίων ἐν ταῖσδε ταῖς ἡμέραις, ἀλλ᾽ ὡς ἐναγεῖς ἐξήγετε ἐκ τοῦ ἱεροῦ." ἅμα δὲ ἐμέμνητο τῆς τῶν Φωκέων συμμα- 118 χίας, ἣν ὁ Κρωβύλος ἐκεῖνος ἔγραψε, καὶ ἄλλα πολλὰ καὶ δυσχερῆ κατὰ τῆς πόλεως διεξῄει λέγων, ἃ ἐγὼ οὔτε τότ᾽ ἐκαρτέρουν ἀκούων οὔτε νῦν ἡδέως μέμνημαι αὐτῶν. ἀκούσας δὲ οὕτω παρωξύνθην ὡς οὐδεπώποτ᾽ ἐν τῷ ἐμαυτοῦ βίῳ. καὶ τοὺς μὲν ἄλλους λόγους ὑπερβήσομαι· ἐπῆλθε δέ μοι ἐπὶ τὴν γνώμην μνησθῆναι τῆς τῶν Ἀμφισσέων περὶ τὴν γῆν τὴν ἱερὰν ἀσεβείας, καὶ αὐτόθεν ἑστηκὼς ἐδείκνυον τοῖς Ἀμφικτύοσιν· ὑπόκειται γὰρ τὸ Κιρραῖον πεδίον τῷ ἱερῷ καὶ ἔστιν εὐσύνοπτον. "ὁρᾶτ᾽," ἔφην 119 ἐγώ, "ὦ ἄνδρες Ἀμφικτύονες, ἐξειργασμένον τοῦτο τὸ πεδίον ὑπὸ τῶν Ἀμφισσέων καὶ κεραμεῖα ἐνῳκοδομημένα καὶ αὔλια· ὁρᾶτε τοῖς ὀφθαλμοῖς τὸν ἐξάγιστον καὶ ἐπάρατον λιμένα τετειχισμένον· ἴστε τούτους αὐτοί (καὶ οὐδὲν ἑτέρων δεῖσθε μαρτύρων) τέλη πεπραχότας καὶ χρήματα λαμβάνοντας ἐκ τοῦ ἱεροῦ λιμένος." ἅμα δὲ ἀναγινώσκειν ἐκέλευον αὐτοῖς τὴν μαντείαν τοῦ θεοῦ, τὸν ὅρκον τῶν προγόνων, 120 τὴν ἀρὰν τὴν γενομένην, καὶ διωριζόμην ὅτι " ἐγὼ μὲν ὑπὲρ τοῦ δήμου τοῦ Ἀθηναίων καὶ τοῦ σώματος καὶ τῶν τέκνων καὶ οἰκίας τῆς ἐμαυτοῦ βοηθῶ κατὰ τὸν ὅρκον καὶ τῷ θεῷ καὶ τῇ γῇ τῇ ἱερᾷ καὶ χειρὶ καὶ ποδὶ καὶ φωνῇ καὶ πᾶσιν οἷς δύναμαι, καὶ τὴν πόλιν τὴν ἡμετέραν τὰ πρὸς τοὺς θεοὺς ἀφοσιῶ· ὑμεῖς δ᾽ ὑπὲρ ὑμῶν αὐτῶν ἤδη βουλεύεσθε. ἐνῆρκται μὲν τὰ κανᾶ, παρέστηκε δὲ τοῖς βωμοῖς τὰ θύματα, μέλλετε δ᾽ αἰτεῖν τοὺς θεοὺς τἀγαθὰ καὶ κοινῇ καὶ 121 ἰδίᾳ. σκοπεῖτε δὲ ποίᾳ φωνῇ, ποίᾳ ψυχῇ, ποίοις ὄμμασι, τίνα τόλμαν κτησάμενοι τὰς ἱκεσίας ποιήσεσθε, τούτους παρέντες ἀτιμωρήτους τοὺς ἐναγεῖς καὶ ταῖς ἀραῖς ἐνόχους. οὐ γὰρ δι᾽ αἰνιγμάτων ἀλλ᾽ ἐναργῶς γέγραπται ἐν τῇ ἀρᾷ κατά τε τῶν ἀσεβησάντων, ἃ χρὴ παρεῖν αὐτούς, καὶ κατὰ τῶν ἐπιτρεψάντων, καὶ τελευταῖον ἐν τῇ ἀρᾷ γέγραπται, μηδ᾽ ὁσίως θύσαιεν οἱ μὴ τιμωροῦντες, φησί, τῷ Ἀπόλλωνι μηδὲ τῇ Ἀρτέμιδι μηδὲ τῇ Λητοῖ μηδ᾽ 122 Ἀθηνᾷ Προναίᾳ, μηδὲ δέξαιντο αὐτῶν τὰ ἱερά." τοιαῦτα καὶ πρὸς τούτοις ἕτερα πολλὰ διεξελθόντος ἐμοῦ, ἐπειδή ποτε ἀπηλλάγην καὶ μετέστην ἐκ τοῦ συνεδρίου, κραυγὴ πολλὴ καὶ θόρυβος ἦν τῶν Ἀμφικτυόνων, καὶ λόγος ἦν οὐκέτι περὶ τῶν ἀσπίδων ἃς ἡμεῖς ἀνέθεμεν, ἀλλ᾽ ἤδη περὶ τῆς τῶν Ἀμφισσέων τιμωρίας. ἤδη δὲ πόρρω τῆς ἡμέρας οὔσης προελθὼν ὁ κῆρυξ ἀνεῖπε, Δελφῶν ὅσοι ἐπὶ διέτες ἡβῶσι, καὶ δούλους καὶ ἐλευθέρους, ἥκειν ἅμα τῇ ἡμέρᾳ ἔχοντας ἅμας καὶ δικέλλας πρὸς τὸ Θύστιον ἐκεῖ καλούμενον· καὶ πάλιν ὁ αὐτὸς κῆρυξ ἀνηγόρευε τοὺς ἱερομνήμονας καὶ πυλαγόρους ἥκειν εἰς τὸν αὐτὸν τόπον βοηθήσοντας τῷ θεῷ καὶ τῇ γῇ τῇ ἱερᾷ· "ἥτις δ' ἂν μὴ παρῇ πόλις, εἴρξεται τοῦ ἱεροῦ καὶ ἐναγὴς ἔσται καὶ τῇ ἀρᾷ ἔνοχος." τῇ δὲ ὑστεραίᾳ 123 ἤκομεν ἕωθεν εἰς τὸν προειρημένον τόπον, καὶ κατέβημεν εἰς τὸ Κιρραῖον πεδίον, καὶ τὸν λίμενα κατασκάψαντες καὶ τὰς οἰκίας ἐμπρήσαντες ἀνεχωροῦμεν. ταῦτα δὲ ἡμῶν πραττόντων οἱ Λοκροὶ οἱ Ἀμφισσεῖς, ἑξήκοντα στάδια ἄποθεν οἰκοῦντες Δελφῶν, ἧκον πρὸς ἡμᾶς μεθ' ὅπλων πανδημεί· καὶ εἰ μὴ δρόμῳ μόλις ἐξεφύγομεν εἰς Δελφούς, ἐκινδυνεύσαμεν ἂν ἀπολέσθαι. τῇ δὲ ἐπιούσῃ ἡμέρᾳ Κότ- 124 τυφος ὁ τὰς γνώμας ἐπιψηφίζων ἐκκλησίαν ἐποίει τῶν Ἀμφικτυόνων· ἐκκλησίαν γὰρ ὀνομάζουσιν, ὅταν μὴ μόνον τοὺς πυλαγόρους καὶ τοὺς ἱερομνήμονας συγκαλέσωσιν, ἀλλὰ καὶ τοὺς συνθύοντας καὶ χρωμένους τῷ θεῷ. ἐνταῦθ' ἤδη πολλαὶ μὲν ἐγίνοντο τῶν Ἀμφισσέων κατηγορίαι, πολὺς δ' ἔπαινος ἦν κατὰ τῆς ἡμετέρας πόλεως· τέλος δὲ παντὸς τοῦ λόγου ψηφίζονται ἥκειν τοὺς ἱερομνήμονας πρὸ τῆς ἐπιούσης πυλαίας ἐν ῥητῷ χρόνῳ εἰς Πύλας, ἔχοντας δόγμα καθ' ὅ τι δίκας δώσουσιν οἱ Ἀμφισσεῖς ὑπὲρ ὧν εἰς τὸν θεὸν καὶ τὴν γῆν τὴν ἱερὰν καὶ τοὺς Ἀμφικτύονας ἐξήμαρτον. Ὅτι δὲ ἀληθῆ λέγω, ἀναγνώσεται ὑμῖν ὁ γραμματεὺς τὸ ψήφισμα.

ΨΗΦΙΣΜΑ.

125 Τοῦ δόγματος τούτου ἀποδοθέντος ὑφ' ἡμῶν ἐν τῇ βουλῇ καὶ πάλιν ἐν τῇ ἐκκλησίᾳ, καὶ τὰς πράξεις ἡμῶν ἀποδεξαμένου τοῦ δήμου καὶ τῆς πόλεως πάσης προαιρουμένης εὐσεβεῖν, καὶ Δημοσθένους ὑπὲρ τοῦ μεσεγγυήματος τοῦ ἐξ Ἀμφίσσης ἀντιλέγοντος, καὶ ἐμοῦ φανερῶς ἐναντίον ὑμῶν ἐξελέγχοντος, ἐπειδὴ ἐκ τοῦ φανεροῦ τὴν πόλιν ἄνθρωπος οὐκ ἠδύνατο σφῆλαι, εἰσελθὼν εἰς τὸ βουλευτήριον καὶ μεταστησάμενος τοὺς ἰδιώτας ἐκφέρεται 126 προβούλευμα εἰς τὴν ἐκκλησίαν, προσλαβὼν τὴν γράψαντος ἀπειρίαν. τὸ δ' αὐτὸ τοῦτο καὶ ἐν τῇ ἐκκλησίᾳ διεπράξατο ἐπιψηφισθῆναι καὶ γενέσθαι δήμου ψήφισμα ἤδη ἐπαναστάσης τῆς ἐκκλησίας, ἀπεληλυθότος ἐμοῦ (οὐ γὰρ ἄν ποτε ἐπέτρεψα) καὶ τῶν πολλῶν δὲ ἀφειμένων· οὗ τὸ κεφάλαιόν ἐστι, "τὸν ἱερομνήμονα" φησί "τῶν Ἀθηναίων καὶ τοὺς πυλαγόρους τοὺς ἀεὶ πυλαγοροῦντας πορεύεσθαι εἰς Πύλας καὶ εἰς Δελφοὺς ἐν τοῖς τεταγμένοις χρόνοις ὑπὸ τῶν προγόνων," εὐπρεπῶς γε τῷ ὀνόματι, ἀλλὰ τῷ ἔργῳ αἰσχρῶς· κωλύει γὰρ εἰς τὸν σύλλογον τὸν ἐν Πύλαις ἀπαντᾶν, ὃς ἐξ ἀνάγκης πρὸ τοῦ καθήκον- 127 τος ἔμελλε χρόνου γίνεσθαι. καὶ πάλιν ἐν τῷ αὐτῷ ψηφίσματι πολὺ καὶ σαφέστερον καὶ πικρότερον σύγγραμμα γράφει, "τὸν ἱερομνήμονα" φησί "τῶν Ἀθηναίων καὶ τοὺς πυλαγόρους τοὺς ἀεὶ πυλαγοροῦντας μὴ μετέχειν τοῖς ἐκεῖ συλλεγομένοις μήτε λόγων μήτε ἔργων μήτε δογμάτων μήτε πράξεως μηδεμιᾶς." τὸ δὲ μὴ μετέχειν τί ἐστι; πότερα τἀληθὲς εἴπω ἢ τὸ ἥδιστον ἀκοῦσαι; τὸ ἀληθὲς ἐρῶ· τὸ

γὰρ ἀεὶ πρὸς ἡδονὴν λεγόμενον οὑτωσὶ τὴν πόλιν διατέθεικεν. οὐκ ἐᾷ μεμνῆσθαι τῶν ὅρκων, οὓς ἡμῶν οἱ πρόγονοι ὤμοσαν, οὐδὲ τῆς ἀρᾶς οὐδὲ τῆς τοῦ θεοῦ μαντείας.

Ἡμεῖς μὲν οὖν ὦ Ἀθηναῖοι κατεμείναμεν διὰ 128 τοῦτο τὸ ψήφισμα, οἱ δ' ἄλλοι Ἀμφικτύονες συνελέγησαν εἰς Πύλας πλὴν μιᾶς πόλεως, ἧς ἐγὼ οὔτ' ἂν τοὔνομα εἴποιμι, μήθ' αἱ συμφοραὶ παραπλήσιοι γένοιντο αὐτῆς μηδενὶ τῶν Ἑλλήνων. καὶ συνελθόντες ἐψηφίσαντο ἐπιστρατεύειν ἐπὶ τοὺς Ἀμφισσέας, καὶ στρατηγὸν εἵλοντο Κόττυφον τὸν Φαρσάλιον τὸν τότε τὰς γνώμας ἐπιψηφίζοντα, οὐκ ἐπιδημοῦντος ἐν Μακεδονίᾳ Φιλίππου, ἀλλ' οὐδ' ἐν τῇ Ἑλλάδι παρόντος, ἀλλ' ἐν Σκύθαις οὕτω μακρὰν ἀπόντος· ὃν αὐτίκα μάλα τολμήσει λέγειν Δημοσθένης ὡς ἐγὼ ἐπὶ τοὺς Ἕλληνας ἐπήγαγον. καὶ παρελθόντες τῇ 129 πρώτῃ στρατείᾳ καὶ μάλα μετρίως ἐχρήσαντο τοῖς Ἀμφισσεῦσιν· ἀντὶ γὰρ τῶν μεγίστων ἀδικημάτων χρήμασιν αὐτοὺς ἐζημίωσαν, καὶ ταῦτ' ἐν ῥητῷ χρόνῳ προεῖπον τῷ θεῷ καταθεῖναι, καὶ τοὺς μὲν ἐναγεῖς καὶ τῶν πεπραγμένων αἰτίους μετεστήσαντο, τοὺς δὲ δι' εὐσέβειαν φυγόντας κατήγαγον· ἐπειδὴ δὲ οὔτε τὰ χρήματα ἐξέτινον τῷ θεῷ τούς τ' ἐναγεῖς κατήγαγον καὶ τοὺς εὐσεβεῖς κατελθόντας διὰ τῶν Ἀμφικτυόνων ἐξέβαλον, οὕτως ἤδη τὴν δευτέραν στρατείαν ἐπὶ τοὺς Ἀμφισσεῖς ἐποιήσαντο, πολλῷ χρόνῳ ὕστερον, ἐπανεληλυθότος Φιλίππου ἐκ τῆς ἐπὶ τοὺς Σκύθας στρατείας, τῶν μὲν θεῶν τὴν ἡγεμονίαν τῆς εὐσεβείας ἡμῖν παραδεδωκότων, τῆς δὲ Δημοσθένους δωροδοκίας ἐμποδὼν γεγενημένης.

130 Ἀλλ' οὐ προὔλεγον, οὐ προεσήμαινον ἡμῖν οἱ θεοὶ φυλάξασθαι, μόνον οὐκ ἀνθρώπων φωνὰς προσκτησάμενοι; οὐδεμίαν τοι πώποτε ἔγωγε μᾶλλον πόλιν ἑώρακα ὑπὸ μὲν τῶν θεῶν σωζομένην, ὑπὸ δὲ τῶν ῥητόρων ἐνίων ἀπολλυμένην. οὐχ ἱκανὸν ἦν τὸ τοῖς μυστηρίοις φανὲν σημεῖον φυλάξασθαι, ἡ τῶν μυστῶν τελευτή; οὐ περὶ τούτων Ἀμεινιάδης μὲν προὔλεγεν εὐλαβεῖσθαι καὶ πέμπειν εἰς Δελφοὺς ἐπερησομένους τὸν θεὸν ὅ τι χρὴ πράττειν, Δημοσθένης δὲ ἀντέλεγε φιλιππίζειν τὴν Πυθίαν φάσκων, ἀπαίδευτος ὢν καὶ ἀπολαύων καὶ ἐμπιπλάμενος τῆς
131 διδομένης ὑφ' ὑμῶν αὐτῷ ἐξουσίας; οὐ τὸ τελευταῖον ἀθύτων καὶ ἀκαλλιερήτων τῶν ἱερῶν ὄντων ἐξέπεμψε τοὺς στρατιώτας ἐπὶ τὸν πρόδηλον κίνδυνον; καίτοι γε πρῴην ἀπετόλμησε λέγειν ὅτι παρὰ τοῦτο Φίλιππος οὐκ ἦλθεν ἡμῶν ἐπὶ τὴν χώραν, ὅτι οὐκ ἦν αὐτῷ καλὰ τὰ ἱερά. τίνος οὖν ζημίας ἄξιος εἶ τυχεῖν, ὦ τῆς Ἑλλάδος ἀλιτήριε; εἰ γὰρ ὁ μὲν κρατῶν οὐκ ἦλθεν εἰς τὴν τῶν κρατουμένων χώραν, ὅτι οὐκ ἦν αὐτῷ καλὰ τὰ ἱερά, σὺ δ' οὐδὲν προειδὼς τῶν μελλόντων ἔσεσθαι πρὶν καλλιερῆσαι τοὺς στρατιώτας ἐξέπεμψας, πότερον στεφανοῦσθαί σε δεῖ ἐπὶ ταῖς τῆς πόλεως ἀτυχίαις ἢ ὑπερωρίσθαι;
132 Τοιγάρτοι τί τῶν ἀνελπίστων καὶ ἀπροσδοκήτων ἐφ' ἡμῶν οὐ γέγονεν; οὐ γὰρ βίον γε ἡμεῖς ἀνθρώπινον βεβιώκαμεν, ἀλλ' εἰς παραδοξολογίαν τοῖς ἐσομένοις μεθ' ἡμᾶς ἔφυμεν. οὐχ ὁ μὲν τῶν Περσῶν βασιλεύς, ὁ τὸν Ἄθω διορύξας, ὁ τὸν Ἑλλήσποντον ζεύξας, ὁ γῆν καὶ ὕδωρ τοὺς Ἕλληνας αἰτῶν, ὁ τολμῶν ἐν ταῖς ἐπιστολαῖς γράφειν ὅτι δεσπότης ἐστὶν

ἁπάντων ἀνθρώπων ἀφ' ἡλίου ἀνιόντος μέχρι δυομένου, νῦν οὐ περὶ τοῦ κύριος εἶναι διαγωνίζεται, ἀλλ' ἤδη περὶ τῆς τοῦ σώματος σωτηρίας καὶ τοὺς αὐτοὺς ὁρῶμεν τῆς τε δόξης ταύτης καὶ τῆς ἐπὶ τὸν Πέρσην ἡγεμονίας ἠξιωμένους, οἳ καὶ τὸ ἐν Δελφοῖς ἱερὸν ἠλευθέρωσαν. Θῆβαι. δέ, Θῆβαι, 133 πόλις ἀστυγείτων, μεθ' ἡμέραν μίαν ἐκ μέσης τῆς Ἑλλάδος ἀνήρπασται, εἰ καὶ δικαίως, περὶ τῶν ὅλων οὐκ ὀρθῶς βουλευσάμενοι, ἀλλὰ τήν γε θεοβλάβειαν καὶ τὴν ἀφροσύνην οὐκ ἀνθρωπίνως ἀλλὰ δαιμονίως κτησάμενοι. Λακεδαιμόνιοι δ' οἱ ταλαίπωροι, προσαψάμενοι μόνον τούτων τῶν πραγμάτων ἐξ ἀρχῆς περὶ τὴν τοῦ ἱεροῦ κατάληψιν, οἱ τῶν Ἑλλήνων ποτὲ ἀξιοῦντες ἡγεμόνες εἶναι, νῦν ὁμηρεύσοντες καὶ τῆς συμφορᾶς ἐπίδειξιν ποιησόμενοι μέλλουσιν ὡς Ἀλέξανδρον ἀναπέμπεσθαι, τοῦτο πεισόμενοι καὶ αὐτοὶ καὶ ἡ πατρὶς ὅ τι ἂν ἐκείνῳ δόξῃ, καὶ ἐν τῇ τοῦ κρατοῦντος καὶ προηδικημένου μετριότητι κριθήσονται. ἡ δ' ἡμετέρα πόλις, ἡ κοινὴ καταφυγὴ τῶν 134 Ἑλλήνων, πρὸς ἣν ἀφικνοῦντο πρότερον ἐκ τῆς Ἑλλάδος αἱ πρεσβεῖαι, κατὰ πόλεις ἕκαστοι παρ' ἡμῶν τὴν σωτηρίαν εὑρησόμενοι, νῦν οὐκέτι περὶ τῆς τῶν Ἑλλήνων ἡγεμονίας ἀγωνίζεται, ἀλλ' ἤδη περὶ τοῦ τῆς πατρίδος ἐδάφους. καὶ ταῦθ' ἡμῖν συμβέβηκεν ἐξ ὅτου Δημοσθένης πρὸς τὴν πολιτείαν προσελήλυθεν. εὖ γὰρ περὶ τῶν τοιούτων Ἡσίοδος ὁ ποιητὴς ἀποφαίνεται. λέγει γάρ που, παιδεύων τὰ πλήθη καὶ συμβουλεύων ταῖς πόλεσι τοὺς πονηροὺς τῶν δημαγωγῶν μὴ προσδέχεσθαι. λέξω δὲ κἀγὼ τὰ ἔπη· διὰ 135 τοῦτο γὰρ οἶμαι ἡμᾶς παῖδας ὄντας τὰς τῶν ποιητῶν γνώμας ἐκμανθάνειν, ἵν' ἄνδρες ὄντες αὐτοῖς χρώμεθα

πολλάκι δὴ ξύμπασα πόλις κακοῦ ἀνδρὸς ἀπηύρα,
ὅς κεν ἀλιτραίνῃ καὶ ἀτάσθαλα μηχανάαται.
τοῖσιν δ' οὐρανόθεν μέγα πῆμα δῶκε Κρονίων,
λιμὸν ὁμοῦ καὶ λοιμόν, ἀποφθινύθουσι δὲ λαοί·
ἢ τῶν γε στρατὸν εὐρὺν ἀπώλεσεν ἢ ὅ γε τεῖχος,
ἢ νέας ἐν πόντῳ ἀποτίννυται εὐρύοπα Ζεύς.

136 ἐὰν δὲ περιελόντες τοῦ ποιητοῦ τὸ μέτρον τὰς γνώμας ἐξετάζητε, οἶμαι ὑμῖν δόξειν οὐ ποιήματα Ἡσιόδου εἶναι ἀλλὰ χρησμὸν εἰς τὴν Δημοσθένους πολιτείαν· καὶ γὰρ ναυτικὴ καὶ πεζῇ στρατιὰ καὶ πόλεις ἄρδην εἰσὶν ἀνηρπασμέναι ἐκ τῆς τούτου πολιτείας.
137 Ἀλλ' οἶμαι, οὔτε Φρυνώνδας οὔτε Εὐρύβατος οὔτ' ἄλλος οὐδεὶς πώποτε τῶν πάλαι πονηρῶν τοιοῦτος μάγος καὶ γόης ἐγένετο, ὅς, ὦ γῆ καὶ θεοὶ καὶ δαίμονες καὶ ἄνθρωποι ὅσοι βούλεσθε ἀκούειν τἀληθῆ, τολμᾷ λέγειν βλέπων εἰς τὰ πρόσωπα τὰ ὑμέτερα, ὡς ἄρα Θηβαῖοι τὴν συμμαχίαν ἡμῖν ἐποιήσαντο οὐ διὰ τὸν καιρόν, οὐ διὰ τὸν φόβον τὸν περιστάντα αὐτούς, οὐ διὰ τὴν ὑμετέραν δόξαν, ἀλλὰ διὰ τὰς
138 Δημοσθένους δημηγορίας. καίτοι πολλὰς μὲν πρότερον πρεσβείας ἐπρέσβευσαν εἰς Θήβας οἱ μάλιστα οἰκείως ἐκείνοις διακείμενοι, πρῶτος μὲν Θρασύβουλος ὁ Κολλυτεύς, ἀνὴρ ἐν Θήβαις πιστευθεὶς ὡς οὐδεὶς ἕτερος, πάλιν Θράσων ὁ Ἐρχιεύς, πρόξενος ὢν Θηβαίοις, Λεωδάμας ὁ Ἀχαρνεύς, οὐχ ἧττον Δημοσθένους λέγειν δυνάμενος ἀλλ' ἔμοιγε καὶ ἡδίων,
139 Ἀρχέδημος ὁ Πήληξ, καὶ δυνατὸς εἰπεῖν καὶ πολλὰ κεκινδυνευκὼς ἐν τῇ πολιτείᾳ διὰ Θηβαίους, Ἀρισ-

τοφῶν ὁ Ἀξηνιεύς, πλεῖστον χρόνον τὴν τοῦ βοιωτιάζειν ὑπομείνας αἰτίαν, Πύρρανδρος ὁ Ἀναφλύστιος, ὃς ἔτι καὶ νῦν ζῇ. ἀλλ᾽ ὅμως οὐδεὶς πώποτε αὐτοὺς ἐδυνήθη προτρέψασθαι εἰς τὴν ὑμετέραν φιλίαν. τὸ δ᾽ αἴτιον οἶδα μέν, λέγειν δ᾽ οὐδὲν δέομαι διὰ τὰς ἀτυχίας αὐτῶν. ἀλλ᾽ οἶμαι ἐπειδὴ Φίλιππος αὐτῶν 140 ἀφελόμενος Νίκαιαν Θετταλοῖς παρέδωκε, καὶ τὸν πόλεμον ὃν πρότερον ἐξήλασεν ἐκ τῆς χώρας τῆς Βοιωτῶν, τοῦτον πάλιν τὸν αὐτὸν πόλεμον ἐπήγαγε διὰ τῆς Φωκίδος ἐπ᾽ αὐτὰς τὰς Θήβας, καὶ τὸ τελευταῖον Ἐλάτειαν καταλαβὼν ἐχαράκωσε καὶ φρουρὰν εἰσήγαγεν, ἐνταῦθ᾽ ἤδη, ἐπεὶ τὸ δεινὸν αὐτῶν ἥπτετο, μετεπέμψαντο Ἀθηναίους, καὶ ὑμεῖς ἐξήλθετε καὶ εἰσῄειτε εἰς τὰς Θήβας ἐν τοῖς ὅπλοις διεσκευασμένοι, καὶ οἱ ἱππεῖς καὶ οἱ πεζοί, πρὶν περὶ συμμαχίας μίαν μόνην συλλαβὴν γράψαι Δημοσθένην. ὁ δ᾽ εἰσάγων ἦν ὑμᾶς εἰς τὰς Θήβας καιρὸς 141 καὶ φόβος καὶ χρεία συμμαχίας, ἀλλ᾽ οὐ Δημοσθένης, ἐπεὶ περί γε ταύτας τὰς πράξεις τρία τὰ πάντων μέγιστα Δημοσθένης εἰς ὑμᾶς ἐξημάρτηκε, πρῶτον μὲν ὅτι Φιλίππου τῷ μὲν ὀνόματι πολεμοῦντος ὑμῖν, τῷ δ᾽ ἔργῳ πολὺ μᾶλλον μισοῦντος Θηβαίους, ὡς αὐτὰ τὰ πράγματα δεδήλωκε, καὶ τί δεῖ τὰ πλείω λέγειν; ταῦτα μὲν τὰ τηλικαῦτα τὸ μέγεθος ἀπεκρύψατο, προσποιησάμενος δὲ μέλλειν τὴν συμμαχίαν γενήσεσθαι οὐ διὰ τοὺς καιροὺς ἀλλὰ διὰ τὰς αὐτοῦ 142 πρεσβείας πρῶτον μὲν συνέπεισε τὸν δῆμον μηκέτι βουλεύεσθαι ἐπὶ τίσι δεῖ ποιεῖσθαι τὴν συμμαχίαν, ἀλλ᾽ ἀγαπᾶν μόνον εἰ γίνεται, τοῦτο δὲ προλαβὼν ἔκδοτον μὲν τὴν Βοιωτίαν πᾶσαν ἐποίησε Θηβαίοις,

γράψας ἐν τῷ ψηφίσματι, ἐάν τις ἀφιστῆται πόλις ἀπὸ Θηβαίων, βοηθεῖν Ἀθηναίους Βοιωτοῖς τοῖς ἐν Θήβαις, τοῖς ὀνόμασι κλέπτων καὶ μεταφέρων τὰ πράγματα, ὥσπερ εἴωθεν, ὡς τοὺς Βοιωτοὺς ἔργῳ 143 κακῶς πάσχοντας τὴν τῶν ὀνομάτων σύνθεσιν τῶν Δημοσθένους ἀγαπήσοντας, ἀλλ' οὐ μᾶλλον ἐφ' οἷς κακῶς πεπόνθεσαν ἀγανακτήσοντας· δεύτερον δὲ τῶν εἰς τὸν πόλεμον ἀναλωμάτων τὰ μὲν δύο μέρη ὑμῖν ἀνέθηκεν, οἷς ἦσαν ἀπωτέρω οἱ κίνδυνοι, τὸ δὲ τρίτον μέρος Θηβαίοις, δωροδοκῶν ἐφ' ἑκάστοις τούτων, καὶ τὴν ἡγεμονίαν τὴν μὲν κατὰ θάλατταν ἐποίησε κοινήν, τὸ δ' ἀνάλωμα ἴδιον ὑμέτερον, τὴν δὲ κατὰ γῆν, εἰ μὴ δεῖ ληρεῖν, ἄρδην φέρων ἀνέθηκε Θηβαίοις, ὥστε παρὰ τὸν γενόμενον πόλεμον μὴ κύριον γενέ-
144 σθαι Στρατοκλέα τὸν ἡμέτερον στρατηγὸν βουλεύσασθαι περὶ τῆς τῶν στρατιωτῶν σωτηρίας. καὶ ταῦτ' οὐκ ἐγὼ μὲν κατηγορῶ ἕτεροι δὲ παραλείπουσιν, ἀλλὰ κἀγὼ λέγω καὶ πάντες ἐπιτιμῶσι καὶ ὑμεῖς σύνιστε καὶ οὐκ ὀργίζεσθε. ἐκεῖνο γὰρ πεπόνθατε πρὸς Δημοσθένην· συνείθισθε ἤδη τἀδικήματα τὰ τούτου ἀκούειν, ὥστε οὐ θαυμάζετε. δεῖ δὲ οὐχ οὕτως, ἀλλ' ἀγανακτεῖν καὶ τιμωρεῖσθαι, εἰ χρὴ τὰ λοιπὰ τῇ πόλει καλῶς ἔχειν.
145 Δεύτερον δὲ καὶ πολὺ τούτου μεῖζον ἀδίκημα ἠδίκησεν, ὅτι τὸ βουλευτήριον τὸ τῆς πόλεως καὶ τὴν δημοκρατίαν ἄρδην ἔλαθεν ὑφελόμενος καὶ μετήνεγκεν εἰς Θήβας εἰς τὴν Καδμείαν, τὴν κοινωνίαν τῶν πράξεων τοῖς Βοιωτάρχαις συνθέμενος· καὶ τηλικαύτην αὐτὸς αὑτῷ δυναστείαν κατεσκεύασεν, ὥστ' ἤδη παριὼν ἐπὶ τὸ βῆμα πρεσβεύσειν μὲν ἔφη

ὅποι ἂν αὐτῷ δοκῇ, κἂν μὴ ὑμεῖς ἐκπέμπητε, εἰ δέ 146
τις αὐτῷ τῶν στρατηγῶν ἀντείποι, καταδουλούμενος
τοὺς ἄρχοντας καὶ συνεθίζων μηδὲν αὐτῷ ἀντιλέγειν
διαδικασίαν ἔφη γράψειν τῷ βήματι πρὸς τὸ στρατή
γιον· πλείω γὰρ ὑμᾶς ἀγαθὰ ὑφ' ἑαυτοῦ ἔφη ἀπὸ
τοῦ βήματος πεπονθέναι ἢ ὑπὸ τῶν στρατηγῶν ἐκ
τοῦ στρατηγίου. μισθοφορῶν δ' ἐν τῷ ξενικῷ κε
ναῖς χώραις, καὶ τὰ στρατιωτικὰ χρήματα κλέπτων
καὶ τοὺς μυρίους ξένους ἐκμισθώσας Ἀμφισσεῦσι
πολλὰ διαμαρτυρομένου καὶ σχετλιάζοντος ἐν ταῖς
ἐκκλησίαις ἐμοῦ, προσέμιξε φέρων ἀναρπασθέντων
τῶν ξένων τὸν κίνδυνον ἀπαρασκεύῳ τῇ πόλει. τί 147
γὰρ ἂν οἴεσθε Φίλιππον ἐν τοῖς τότε καιροῖς εὔξα
σθαι; οὐ χωρὶς μὲν πρὸς τὴν πολιτικὴν δύναμιν
χωρὶς δ' ἐν Ἀμφίσσῃ πρὸς τοὺς ξένους διαγωνίσα
σθαι, ἀθύμους δὲ τοὺς Ἕλληνας λαβεῖν τηλικαύτης
πληγῆς προγεγενημένης; καὶ τηλικούτων κακῶν αἴ
τιος γεγενημένος Δημοσθένης οὐκ ἀγαπᾷ εἰ μὴ δίκην
δέδωκεν, ἀλλ' εἰ μὴ καὶ χρυσῷ στεφάνῳ στεφανω
θήσεται ἀγανακτεῖ· οὐδ' ἱκανόν ἐστιν αὐτῷ ἐναντίον
ὑμῶν κηρύττεσθαι, ἀλλ' εἰ μὴ τῶν Ἑλλήνων ἐναν
τίον ἀναρρηθήσεται, τοῦτ' ἀγανακτεῖ. οὕτως, ὡς
ἔοικε, πονηρὰ φύσις μεγάλης ἐξουσίας ἐπιλαβομένη
δημοσίας ἀπεργάζεται συμφοράς.

Τρίτον δὲ καὶ τῶν προειρημένων μέγιστόν ἐστιν 148
ὃ μέλλω λέγειν. Φιλίππου γὰρ οὐ καταφρονοῦντος
τῶν Ἑλλήνων, οὐδ' ἀγνοοῦντος (οὐ γὰρ ἦν ἀσύνετος)
ὅτι περὶ τῶν ὑπαρχόντων ἀγαθῶν ἐν ἡμέρας μικρῷ
μέρει διαγωνιεῖται, καὶ διὰ ταῦτα βουλομένου ποιή
σασθαι τὴν εἰρήνην καὶ πρεσβείας ἀποστέλλειν μέλ

λοντος, καὶ τῶν ἀρχόντων τῶν ἐν Θήβαις φοβουμένων τὸν ἐπιόντα κίνδυνον (εἰκότως· οὐ γὰρ ῥήτωρ ἀστράτευτος καὶ λιπὼν τὴν τάξιν αὐτοὺς ἐνουθέτησεν, ἀλλ' ὁ Φωκικὸς πόλεμος δεκαετὴς γεγονὼς 149 ἀείμνηστον παιδείαν αὐτοὺς ἐπαίδευσε), τούτων δὲ ἐχόντων οὕτως αἰσθόμενος Δημοσθένης, καὶ τοὺς Βοιωτάρχας ὑποπτεύσας μέλλειν εἰρήνην ἰδίᾳ ποιεῖσθαι χρυσίον ἄνευ αὐτοῦ παρὰ Φιλίππου λαβόντας, ἀβίωτον ἡγησάμενος εἶναι εἴ τινος ἀπολειφθήσεται δωροδοκίας, ἀναπηδήσας ἐν τῇ ἐκκλησίᾳ, οὐδενὸς ἀνθρώπων λέγοντος οὔθ' ὡς δεῖ ποιεῖσθαι πρὸς Φίλιππον εἰρήνην οὔθ' ὡς οὐ δεῖ, ἀλλ' ὡς ᾤετο, τοῦτο κήρυγμά τι τοῖς Βοιωτάρχαις προκηρύττων ἀναφέρειν 150 αὐτῷ τὰ μέρη τῶν λημμάτων, διώμνυτο τὴν Ἀθηνᾶν (ἥν, ὡς ἔοικε, Φειδίας ἐνεργολαβεῖν εἰργάσατο καὶ ἐνεπιορκεῖν Δημοσθένει) ἦ μὴν εἴ τις ἐρεῖ ὡς χρὴ πρὸς Φίλιππον εἰρήνην ποιήσασθαι, ἀπάξειν εἰς τὸ δεσμωτήριον ἐπιλαβόμενος τῶν τριχῶν, ἀπομιμούμενος τὴν Κλεοφῶντος πολιτείαν, ὃς ἐπὶ τοῦ πρὸς Λακεδαιμονίους πολέμου, ὡς λέγεται, τὴν πόλιν ἀπώλεσεν. ὡς δ' οὐ προσεῖχον αὐτῷ οἱ ἄρχοντες οἱ ἐν ταῖς Θήβαις, ἀλλὰ καὶ τοὺς στρατιώτας τοὺς ὑμετέρους πάλιν ἀνέστρεψαν ἐξεληλυθότας, ἵνα βου- 151 λεύσησθε περὶ τῆς εἰρήνης, ἐνταῦθα παντάπασιν ἔκφρων ἐγένετο, καὶ παρελθὼν ἐπὶ τὸ βῆμα προδότας τῶν Ἑλλήνων τοὺς Βοιωτάρχας ἀπεκάλεσε, καὶ γράψειν ἔφη ψήφισμα ὁ τοῖς πολεμίοις οὐδέποτ' ἀντιβλέψας πέμπειν ὑμᾶς πρέσβεις εἰς Θήβας αἰτήσοντας Θηβαίους δίοδον ἐπὶ Φίλιππον. ὑπεραισχυνθέντες δὲ οἱ ἐν Θήβαις ἄρχοντες μὴ δόξωσιν ὡς ἀληθῶς εἶναι προδόται τῶν Ἑλλήνων, ἀπὸ μὲν τῆς εἰρήνης ἀπετρέποντο, ἐπὶ δὲ τὴν παράταξιν ὥρμησαν. Ἔνθα δὴ καὶ τῶν ἀγαθῶν ἀνδρῶν ἄξιόν ἐστιν 152 ἐπιμνησθῆναι, οὓς οὗτος ἀθύτων καὶ ἀκαλλιερήτων ὄντων τῶν ἱερῶν ἐκπέμψας ἐπὶ τὸν πρόδηλον κίνδυνον ἐτόλμησε τοῖς δραπέταις ποσὶ καὶ λελοιπόσι τὴν τάξιν ἀναβὰς ἐπὶ τὸν τάφον τῶν τετελευτηκότων ἐγκωμιάζειν τὴν ἐκείνων ἀρετήν. ὦ πρὸς μὲν τὰ μεγάλα καὶ σπουδαῖα πάντων ἀνθρώπων ἀχρηστότατε, πρὸς δὲ τὴν ἐν τοῖς λόγοις τόλμαν θαυμασιώτατε, ἐπιχειρήσεις αὐτίκα μάλα, βλέπων εἰς τὰ τούτων πρόσωπα, λέγειν ὡς δεῖ σε ἐπὶ ταῖς τῆς πόλεως συμφοραῖς στεφανοῦσθαι; ἐὰν δ' οὗτος λέγῃ, ὑμεῖς ὑπομενεῖτε, καὶ συναποθανεῖται τοῖς τελευτήσασιν, ὡς ἔοικε, καὶ ἡ ὑμετέρα μνήμη; γέ- 153 νεσθε δή μοι μικρὸν χρόνον τὴν διάνοιαν μὴ ἐν τῷ δικαστηρίῳ ἀλλ' ἐν τῷ θεάτρῳ, καὶ νομίσαθ' ὁρᾶν προιόντα τὸν κήρυκα καὶ τὴν ἐκ τοῦ ψηφίσματος ἀνάρρησιν μέλλουσαν γίνεσθαι, καὶ λογίσασθε πότερ' οἴεσθε τοὺς οἰκείους τῶν τελευτησάντων πλείω δάκρυα ἀφήσειν ἐπὶ ταῖς τραγῳδίαις καὶ τοῖς ἡρωικοῖς πάθεσι τοῖς μετὰ ταῦτ' ἐπεισιοῦσιν ἢ ἐπὶ τῇ τῆς πόλεως ἀγνωμοσύνῃ. τίς γὰρ οὐκ ἂν ἀλγή- 154 σειεν ἄνθρωπος Ἕλλην καὶ παιδευθεὶς ἐλευθέρως, ἀναμνησθεὶς ἐν τῷ θεάτρῳ ἐκεῖνό γε, εἰ μηδὲν ἕτερον, ὅτι ταύτῃ ποτὲ τῇ ἡμέρᾳ μελλόντων ὥσπερ νυνὶ τῶν τραγῳδῶν γίνεσθαι, ὅτ' εὐνομεῖτο μᾶλλον ἡ πόλις καὶ βελτίοσι προστάταις ἐχρῆτο, προελθὼν ὁ κήρυξ καὶ παραστησάμενος τοὺς ὀρφανοὺς ὧν οἱ πατέρες ἦσαν ἐν τῷ πολέμῳ τετελευτηκότες, νεανίσκους πανοπλίᾳ κεκοσμημένους, ἐκήρυττε τὸ κάλλιστον κήρυγμα καὶ προτρεπτικώτατον πρὸς ἀρετήν, ὅτι τούσδε τοὺς νεανίσκους, ὧν οἱ πατέρες ἐτελεύτησαν ἐν τῷ πολέμῳ ἄνδρες ἀγαθοὶ γενόμενοι, μέχρι μὲν ἥβης ὁ δῆμος ἔτρεφε, νυνὶ δὲ καθοπλίσας τῇδε τῇ πανοπλίᾳ ἀφίησιν ἀγαθῇ τύχῃ τρέπεσθαι 155 ἐπὶ τὰ ἑαυτῶν, καὶ καλεῖ εἰς προεδρίαν. τότε μὲν ταῦτ' ἐκήρυττεν, ἀλλ' οὐ νῦν, ἀλλὰ παραστησάμενος τὸν τῆς ὀρφανίας τοῖς παισὶν αἴτιον τί ποτ' ἀνερεῖ ἢ τί φθέγξεται; καὶ γὰρ ἐὰν αὐτὰ διεξίῃ τὰ ἐκ τοῦ ψηφίσματος προστάγματα, ἀλλ' οὐ τό γ' ἐκ τῆς ἀληθείας αἰσχρὸν σιωπηθήσεται ἀλλὰ τἀναντία δόξει τῇ τοῦ κήρυκος φωνῇ φθέγγεσθαι, ὅτι τόνδε τὸν ἄνδρα, εἰ δὴ καὶ οὗτος ἀνήρ, στεφανοῖ ὁ δῆμος τῶν Ἀθηναίων ἀρετῆς ἕνεκα τὸν κάκιστον, καὶ ἀνδραγαθίας ἕνεκα τὸν ἄνανδρον καὶ λελοιπότα τὴν 156 τάξιν. μὴ πρὸς τοῦ Διὸς καὶ τῶν ἄλλων θεῶν, ἱκετεύω ὑμᾶς, ὦ Ἀθηναῖοι, μὴ τρόπαιον ἵστατε ἀφ' ὑμῶν αὐτῶν ἐν τῇ τοῦ Διονύσου ὀρχήστρᾳ, μηδ' αἱρεῖτε παρανοίας ἐναντίον τῶν Ἑλλήνων τὸν δῆμον τῶν Ἀθηναίων, μηδ' ὑπομιμνήσκετε τῶν ἀνιάτων καὶ ἀνηκέστων κακῶν τοὺς ταλαιπώρους Θηβαίους, οὓς φυγόντας διὰ τοῦτον ὑποδέδεχθε τῇ πόλει, ὧν ἱερὰ καὶ τέκνα καὶ τάφους ἀπώλεσεν ἡ Δημοσθένους 157 δωροδοκία καὶ τὸ βασιλικὸν χρυσίον· ἀλλ' ἐπειδὴ τοῖς σώμασιν οὐ παρεγένεσθε, ἀλλὰ ταῖς γε διανοίαις ἀποβλέψατ' αὐτῶν εἰς τὰς συμφοράς, καὶ νομίσαθ' ὁρᾶν ἁλισκομένην τὴν πόλιν, τειχῶν κατασκαφάς, ἐμπρήσεις οἰκιῶν, ἀγομένας γυναῖκας καὶ παῖδας εἰς δουλείαν, πρεσβύτας ἀνθρώπους, πρεσβύτιδας γυναῖκας ὀψὲ μεταμανθάνοντας τὴν ἐλευθερίαν, κλαίοντας, ἱκετεύοντας ὑμᾶς, ὀργιζομένους οὐ τοῖς τιμωρουμένοις ἀλλὰ τοῖς τούτων αἰτίοις, ἐπισκήπτοντας μηδενὶ τρόπῳ τὸν τῆς Ἑλλάδος ἀλιτήριον στεφανοῦν, ἀλλὰ καὶ τὸν δαίμονα καὶ τὴν τύχην τὴν συμπαρακολουθοῦσαν τῷ ἀνθρώπῳ φυλάξασθαι. οὔτε πόλις γὰρ οὔτ' ἰδιώτης 158 ἀνὴρ οὐδεὶς πώποτε καλῶς ἀπήλλαξε Δημοσθένει συμβούλῳ χρησάμενος. ὑμεῖς δ' ὦ Ἀθηναῖοι οὐκ αἰσχύνεσθε εἰ ἐπὶ μὲν τοὺς πορθμέας τοὺς εἰς Σαλαμῖνα πορθμεύοντας νόμον ἔθεσθε, ἐάν τις αὐτῶν ἄκων ἐν τῷ πόρῳ πλοῖον ἀνατρέψῃ, τούτῳ μὴ ἐξεῖναι πάλιν πορθμεῖ γενέσθαι, ἵνα μηδεὶς αὐτοσχεδιάζῃ εἰς τὰ τῶν Ἑλλήνων σώματα, τὸν δὲ τὴν Ἑλλάδα καὶ τὴν πόλιν ἄρδην ἀνατετροφότα, τοῦτον ἐάσετε πάλιν ἐπευθύνειν τὰ κοινά;

Ἵνα δ' εἴπω καὶ περὶ τοῦ τετάρτου καιροῦ καὶ 159 τῶν νυνὶ καθεστηκότων πραγμάτων, ἐκεῖνο ὑμᾶς ὑπομνῆσαι βούλομαι, ὅτι Δημοσθένης οὐ τὴν ἀπὸ στρατοπέδου μόνον τάξιν ἔλιπεν ἀλλὰ καὶ τὴν ἐκ τῆς πόλεως, τριήρη προσλαβὼν ὑμῶν, καὶ τοὺς Ἕλληνας ἠργυρολόγησε. καταγαγούσης δ' αὐτὸν εἰς τὴν πόλιν τῆς ἀπροσδοκήτου σωτηρίας τοὺς μὲν πρώτους χρόνους ὑπότρομος ἦν ἄνθρωπος, καὶ παριὼν ἡμιθνὴς ἐπὶ τὸ βῆμα εἰρηνοφύλακα ὑμᾶς αὐτὸν ἐκέλευε χειροτονεῖν· ὑμεῖς δὲ κατὰ μὲν τοὺς πρώτους χρόνους οὐδ' ἐπὶ τὰ ψηφίσματα εἰᾶτε τὸ Δημοσθένους ἐπιγράφειν ὄνομα, ἀλλὰ Ναυσικλεῖ τοῦτο προσετάττετε· νυνὶ δ' ἤδη καὶ στεφανοῦσθαι

160 ἀξιοῖ. ἐπειδὴ δ' ἐτελεύτησε Φίλιππος, Ἀλέξανδρος δ' εἰς τὴν ἀρχὴν κατέστη, πάλιν αὖ τερατευόμενος ἱερὰ μὲν ἱδρύσατο Παυσανίου, εἰς αἰτίαν δὲ εὐαγγελίων θυσίας τὴν βουλὴν κατέστησεν, ἐπωνυμίαν δ' Ἀλεξάνδρῳ Μαργίτην ἐτίθετο, ἀπετόλμα δὲ λέγειν ὡς οὐ κινηθήσεται ἐκ Μακεδονίας· ἀγαπᾶν γὰρ αὐτὸν ἔφη ἐν Πέλλῃ περιπατοῦντα καὶ τὰ σπλάγχνα φυλάττοντα. καὶ ταῦτα λέγειν ἔφη οὐκ εἰκάζων, ἀλλ' ἀκριβῶς εἰδὼς ὅτι αἵματός ἐστιν ἡ ἀρετὴ ὠνία, αὐτὸς οὐκ ἔχων αἷμα καὶ θεωρῶν τὸν Ἀλέξανδρον οὐκ ἐκ τῆς Ἀλεξάνδρου φύσεως ἀλλ' 161 ἐκ τῆς ἑαυτοῦ ἀνανδρίας. ἤδη δ' ἐψηφισμένων Θετταλῶν ἐπιστρατεύειν ἐπὶ τὴν ὑμετέραν πόλιν, καὶ τοῦ νεανίσκου τὸ πρῶτον παροξυνθέντος εἰκότως, ἐπειδὴ περὶ Θήβας ἦν τὸ στρατόπεδον, πρεσβευτὴς ὑφ' ὑμῶν χειροτονηθείς, ἀποδρὰς ἐκ μέσου τοῦ Κιθαιρῶνος ἧκεν ὑποστρέψας, οὔτ' ἐν εἰρήνῃ οὔτ' ἐν πολέμῳ χρήσιμον ἑαυτὸν παρέχων. καὶ τὸ πάντων δεινότατον, ὑμεῖς μὲν τοῦτον οὐ προὔδοτε, οὐδ' εἰάσατε κριθῆναι ἐν τῷ τῶν Ἑλλήνων συνεδρίῳ, οὗτος δ' ὑμᾶς νῦν προδέδωκεν, εἴπερ ἀληθῆ ἐστιν ἃ 162 λέγεται. ὡς γάρ φασιν οἱ Πάραλοι καὶ οἱ πρεσβεύσαντες πρὸς Ἀλέξανδρον (καὶ τὸ πρᾶγμα εἰκότως πιστεύεται), ἔστι τις Ἀριστίων Πλαταϊκός, ὁ τοῦ Ἀριστοβούλου τοῦ φαρμακοπώλου υἱός, εἴ τις ἄρα καὶ ὑμῶν γινώσκει. οὗτός ποτε ὁ νεανίσκος ἑτέρων τὴν ὄψιν διαφέρων γενόμενος ᾤκησε πολὺν χρόνον ἐν τῇ Δημοσθένους οἰκίᾳ· ὅ τι δὲ πράττων ἢ πάσχων, ἀμφίβολος ἡ αἰτία καὶ τὸ πρᾶγμα οὐδαμῶς εὔσχημον ἐμοὶ λέγειν. οὗτος, ὡς ἐγὼ ἀκούω, ἠγνο-

ημένος όστις ποτ' εστί και πως βεβιωκώς, τον
Αλέξανδρον υποτρέχει και πλησιάζει, εκείνω. διὰ
τούτου γράμματα πέμψας ως Αλέξανδρον άδειάν
τινα εύρηται και διαλλαγὰς και πολλὴν κολακείαν
πεποίηται. εκείθεν δε θεωρήσατε ως όμοιόν εστι 163
το πράγμα τη αιτία. ει γάρ τι τούτων εφρόνει
Δημοσθένης και πολεμικώς είχεν, ώσπερ και φησί,
προς Αλέξανδρον, τρείς αυτώ καιροί κάλλιστοι
παραγεγόνασιν, ων ουδενί φαίνεται κεχρημένος. εις
μεν ο πρώτος, ότ' εις την αρχὴν ου πάλαι καθεστη-
κὼς Αλέξανδρος απαρασκεύων αυτώ των ιδίων
όντων εις την Ασίαν διέβη, ήκμαζε δ' ο των Περ-
σών βασιλεὺς και ναυσὶ και χρήμασι και πεζή
στρατιά, άσμενος δ' άν υμάς εις την συμμαχίαν
προσεδέξατο διὰ τους επιφερομένους αυτώ κινδύ-
νους. ειπάς τινα ενταύθα λόγον Δημίσθενες, ή
έγραψάς τι ψήφισμα; βούλει σε θω φοβηθήναι
και χρήσασθαι τώ αυτού τρόπω; καίτοι ρητορικὴν
δειλίαν δημόσιος καιρὸς ουκ αναμένει· αλλ' επειδή 164
πάση τη δυνάμει Δαρείος κατεβεβήκει, ο δ' Αλέξ-
ανδρος ήν απειλημένος εν Κιλικία πάντων ενδεής,
ως έφησθα σύ, αυτίκα μάλα δ' ήμελλεν, ως ήν ο
παρὰ σού λόγος, συμπατηθήσεσθαι υπὸ της Περσι-
κής ίππου, την δε σην αηδίαν η πόλις ουκ εχώρει
και τας επιστολὰς ας εξηρτημένος εκ των δακτύλων
περιήεις, επιδεικνύων τισὶ το εμὸν πρόσωπον ως
εκπεπληγμένου και αθυμούντος, και χρυσόκερων
αποκαλών και κατεστέφθαι φάσκων εί τι πταίσμα
συμβήσεται Αλεξάνδρω, ουδ' ενταύθα έπραξας
ουδέν, αλλ' εις τινα καιρὸν ανεβάλλου καλλίω.

165 ὑπερβὰς τοίνυν ἅπαντα ταῦτα ὑπὲρ τῶν νυνὶ καθεστηκότων λέξω. Λακεδαιμόνιοι μὲν καὶ τὸ ξενικὸν ἐπέτυχον μάχῃ καὶ διέφθειραν τοὺς περὶ Κόρραγον στρατιώτας, Ἠλεῖοι δ' αὐτοῖς συμμετεβάλοντο καὶ Ἀχαιοὶ πάντες πλὴν Πελληναίων καὶ Ἀρκαδία πᾶσα πλὴν Μεγάλης πόλεως, αὕτη δὲ ἐπολιορκεῖτο καὶ καθ' ἑκάστην ἡμέραν ἐπίδοξος ἦν ἁλῶναι, ὁ δ' Ἀλέξανδρος ἔξω τῆς ἄρκτου καὶ τῆς οἰκουμένης ὀλίγου δεῖν πάσης μεθειστήκει, ὁ δὲ Ἀντίπατρος πολὺν χρόνον συνῆγε στρατόπεδον, τὸ δ' ἐσόμενον ἄδηλον ἦν. ἐνταῦθ' ἡμῖν ἀπόδειξιν ποίησαι, Δημόσθενες, τί ποτ' ἦν ἃ ἔπραξας ἢ τί ποτ' ἦν ἃ ἔλεγες· καὶ εἰ βούλει, παραχωρῶ σοι τοῦ βήματος, 166 ἕως ἂν εἴπῃς. ἐπειδὴ δὲ σιγᾷς, ὅτι μὲν ἀπορεῖς, συγγνώμην ἔχω σοι, ἃ δὲ τότ' ἔλεγες, ἐγὼ νῦν λέξω. οὐ μέμνησθε αὐτοῦ τὰ μιαρὰ καὶ ἀπίθανα ῥήματα, ἃ πῶς ποθ' ὑμεῖς ὦ σιδήρεοι ἐκαρτερεῖτε ἀκροώμενοι; ὅτ' ἔφη παρελθὼν "ἀμπελουργοῦσί τινες τὴν πόλιν, ἀνατετμήκασί τινες τὰ κλήματα τοῦ δήμου, ὑποτέτμηται τὰ νεῦρα τῶν πραγμάτων, φορμορραφούμεθα, ἐπὶ τὰ στενά τινες ὥσπερ τὰς βε-167 λόνας διείρουσι." ταῦτα δὲ τί ἐστιν, ὦ κίναδος; ῥήματα ἢ θαύματα; καὶ πάλιν ὅτε κύκλῳ περιδινῶν σεαυτὸν ἐπὶ τοῦ βήματος ἔλεγες ὡς ἀντιπράττων Ἀλεξάνδρῳ "ὁμολογῶ τὰ Λακωνικὰ συστῆσαι, ὁμολογῶ Θετταλοὺς καὶ Περραιβοὺς ἀφιστάναι." σὺ γὰρ ἂν κώμην ἀποστήσαις; σὺ γὰρ ἂν προσέλθοις μὴ ὅτι πρὸς πόλιν, ἀλλὰ πρὸς οἰκίαν ὅπου κίνδυνος πρόσεστιν; ἀλλ' εἰ μέν που χρήματα ἀναλίσκεται, προσκαθιζήσει, πρᾶξιν δὲ ἀνδρὸς οὐ

πράξεις· ἐὰν δ᾽ αὐτόματόν τι συμβῇ, προσποιήσῃ καὶ σαυτὸν ἐπὶ τὸ γεγενημένον ἐπιγράψεις· ἂν δ᾽ ἔλθῃ φόβος τις, ἀποδράσῃ· ἐὰν δὲ θαρρήσωμεν, δωρεὰς αἰτήσεις καὶ χρυσοῖς στεφάνοις στεφανοῦσθαι.

Ναί, ἀλλὰ δημοτικός ἐστιν. ἐὰν μὲν τοίνυν πρὸς 168 τὴν εὐφημίαν τῶν λόγων αὐτοῦ ἀποβλέπητε, ἐξαπατηθήσεσθε ὥσπερ καὶ πρότερον· ἐὰν δ᾽ εἰς τὴν φύσιν καὶ τὴν ἀλήθειαν, οὐκ ἐξαπατηθήσεσθε. ἐκείνως δὲ ἀπολάβετε παρ᾽ αὐτοῦ τὸν λόγον. ἐγὼ μὲν μεθ᾽ ὑμῶν λογιοῦμαι ἃ δεῖ ὑπάρξαι ἐν τῇ φύσει τῷ δημοτικῷ ἀνδρὶ καὶ σώφρονι, καὶ πάλιν ἀντιθήσω ποῖόν τινα εἰκός ἐστιν εἶναι τὸν ὀλιγαρχικὸν ἄνθρωπον καὶ φαῦλον· ὑμεῖς δ᾽ ἀντιθέντες ἑκάτερα τούτων θεωρήσατ᾽ αὐτόν, μὴ ὁποτέρου τοῦ λόγου ἀλλ᾽ ὁποτέρου τοῦ βίου ἐστίν. οἶμαι τοίνυν ἅπαντας ἂν 169 ὁμολογήσειν ὑμᾶς τάδε δεῖν ὑπάρξαι τῷ δημοτικῷ, πρῶτον μὲν ἐλεύθερον αὐτὸν εἶναι καὶ πρὸς πατρὸς καὶ πρὸς μητρός, ἵνα μὴ διὰ τὴν περὶ τὸ γένος ἀτυχίαν δυσμενὴς ᾖ τοῖς νόμοις οἳ σώζουσι τὴν δημοκρατίαν, δεύτερον δ᾽ ἀπὸ τῶν προγόνων εὐεργεσίαν τινὰ αὐτῷ πρὸς τὸν δῆμον ὑπάρχειν, ἢ τό γ᾽ ἀναγκαιότατον μηδεμίαν ἔχθραν, ἵνα μὴ βοηθῶν τοῖς τῶν προγόνων ἀτυχήμασι κακῶς ἐπιχειρῇ ποιεῖν τὴν πόλιν. τρίτον σώφρονα καὶ μέτριον χρὴ πεφυκέναι 170 αὐτὸν πρὸς τὴν καθ᾽ ἡμέραν δίαιταν, ὅπως μὴ διὰ τὴν ἀσέλγειαν τῆς δαπάνης δωροδοκῇ κατὰ τοῦ δήμου, τέταρτον εὐγνώμονα καὶ δυνατὸν εἰπεῖν· καλὸν γὰρ τὴν μὲν διάνοιαν προαιρεῖσθαι τὰ βέλτιστα, τὴν δὲ παιδείαν τὴν τοῦ ῥήτορος καὶ τὸν λόγον πείθειν τοὺς ἀκούοντας· εἰ δὲ μή, τὴν γ' εὐγνωμοσύνην ἀεὶ προτακτέον τοῦ λόγου. πέμπτον ἀνδρεῖον εἶναι τὴν ψυχήν, ἵνα μὴ παρὰ τὰ δεινὰ καὶ τοὺς πολέμους ἐγκαταλείπῃ τὸν δῆμον. τὸν δ' ὀλιγαρχικὸν πάντα δεῖ τἀναντία τούτων ἔχειν· τί γὰρ δεῖ πάλιν διεξιέναι; σκέψασθε δὴ τί τούτων ὑπάρχει Δημοσθένει· ὁ δὲ λογισμὸς ἔστω ἐπὶ πᾶσι δικαίοις.

171 Τούτῳ πατὴρ μὲν ἦν Δημοσθένης ὁ Παιανιεύς, ἀνὴρ ἐλεύθερος· οὐ γὰρ δεῖ ψεύδεσθαι· τὰ δ' ἀπὸ τῆς μητρὸς καὶ τοῦ πάππου τοῦ πρὸς μητρὸς πῶς ἔχει αὐτῷ; ἐγὼ φράσω. Γύλων ἦν ἐκ Κεραμέων. οὗτος προδοὺς τοῖς πολεμίοις Νύμφαιον τὸ ἐν τῷ Πόντῳ, τότε τῆς πόλεως ἐχούσης τὸ χωρίον τοῦτο, φυγὰς ἐκ τῆς πόλεως ἐγένετο θανάτου καταγνωσθέντος αὐτοῦ, τὴν κρίσιν οὐχ ὑπομείνας, καὶ ἀφικνεῖται εἰς Βόσπορον, κἀκεῖ λαμβάνει δωρεὰν παρὰ
172 τῶν τυράννων τοὺς ὠνομασμένους Κήπους, καὶ γαμεῖ γυναῖκα πλουσίαν μὲν νὴ Δία καὶ χρυσίον ἐπιφερομένην πολύ, Σκύθιν δὲ τὸ γένος, ἐξ ἧς γίνονται αὐτῷ θυγατέρες δύο, ἃς ἐκεῖνος δεῦρο μετὰ πολλῶν χρημάτων στείλας συνῴκισε τὴν μὲν ἑτέραν ὁτῳδήποτε, ἵνα μὴ πολλοῖς ἀπεχθάνωμαι· τὴν δ' ἑτέραν ἔγημε παριδὼν τοὺς τῆς πόλεως νόμους Δημοσθένης ὁ Παιανιεύς, ἐξ ἧς ὑμῖν ὁ περίεργος καὶ συκοφάντης Δημοσθένης γεγένηται. οὐκοῦν ἀπὸ μὲν τοῦ πάππου τοῦ πρὸς μητρὸς πολέμιος ἂν εἴη τῷ δήμῳ (θάνατον γὰρ αὐτοῦ τῶν προγόνων κατέγνωτε), τὰ δ' ἀπὸ τῆς μητρὸς Σκύθης, βάρβαρος ἑλληνίζων τῇ φωνῇ· ὅθεν
173 καὶ τὴν πονηρίαν οὐκ ἐπιχώριός ἐστι. Περὶ δὲ τὴν καθ' ἡμέραν δίαιταν τίς ἐστιν; ἐκ τριηράρχου λογο-

γράφος ἀνεφάνη, τὰ πατρῷα καταγελάστως προέμενος· ἄπιστος δὲ καὶ περὶ ταῦτα δόξας εἶναι καὶ τοὺς λόγους ἐκφέρων τοῖς ἀντιδίκοις ἀνεπήδησεν ἐπὶ τὸ βῆμα· πλεῖστον δ' ἐκ τῆς πόλεως εἰληφὼς ἀργύριον ἐλάχιστα περιεποιήσατο. νῦν μέντοι τὸ βασιλικὸν χρυσίον ἐπικέκλυκε τὴν δαπάνην αὐτοῦ, ἔσται δ' οὐδὲ τοῦθ' ἱκανόν· οὐδεὶς γὰρ πώποτε πλοῦτος τρόπου πονηροῦ περιεγένετο. καὶ τὸ κεφάλαιον, τὸν βίον οὐκ ἐκ τῶν ἰδίων προσόδων πορίζεται ἀλλ' ἐκ τῶν ὑμετέρων κινδύνων. Περὶ δ' εὐγνωμοσύνην καὶ 174 λόγου δύναμιν πῶς πέφυκε; δεινῶς λέγειν, κακῶς βιῶναι. οὕτω γὰρ κέχρηται καὶ τῷ ἑαυτοῦ σώματι καὶ παιδοποιίᾳ, ὥστ' ἐμὲ μὴ βούλεσθαι λέγειν ἃ τούτῳ πέπρακται· ἤδη γάρ ποτε εἶδον μισηθέντας τοὺς τὰ τῶν πλησίον αἰσχρὰ λίαν σαφῶς λέγοντας. ἔπειτα τί συμβαίνει τῇ πόλει; οἱ μὲν λόγοι καλοί, τὰ δ' ἔργα φαῦλα. Πρὸς δὲ ἀνδρίαν βραχύς μοι λεί- 175 πεται λόγος. εἰ μὲν γὰρ ἠρνεῖτο μὴ δειλὸς εἶναι ἢ ὑμεῖς μὴ συνῄδειτε, διατριβὴν ὁ λόγος ἄν μοι παρέσχεν· ἐπειδὴ δὲ καὶ αὐτὸς ὁμολογεῖ ἐν ταῖς ἐκκλησίαις καὶ ὑμεῖς σύνιστε, λοιπὸν ὑπομνῆσαι τοὺς περὶ τούτων κειμένους νόμους. ὁ γὰρ Σόλων ὁ παλαιὸς νομοθέτης ἐν τοῖς αὐτοῖς ἐπιτιμίοις ᾤετο δεῖν ἐνέχεσθαι τὸν ἀστράτευτον καὶ τὸν λελοιπότα τὴν τάξιν καὶ τὸν δειλὸν ὁμοίως· εἰσὶ γὰρ καὶ δειλίας γραφαί. καίτοι θαυμάσειεν ἄν τις ὑμῶν εἰ εἰσὶ φύσεως γραφαί. εἰσίν. τίνος ἕνεκα; ἵν' ἕκαστος ἡμῶν τὰς ἐκ τῶν νόμων ζημίας φοβούμενος μᾶλλον ἢ τοὺς πολεμίους ἀμείνων ἀγωνιστὴς ὑπὲρ τῆς πατρίδος ὑπάρχῃ. ὁ μὲν τοίνυν νομοθέτης τὸν ἀστρά- 176 τευτον καὶ τὸν δειλὸν καὶ τὸν λιπόντα τὴν τάξιν ἔξω τῶν περιρραντηρίων τῆς ἀγορᾶς ἐξείργει, καὶ οὐκ ἐᾷ στεφανοῦσθαι οὐδ᾽ εἰσιέναι εἰς τὰ ἱερὰ τὰ δημοτελῆ· σὺ δὲ τὸν ἀστεφάνωτον ἐκ τῶν νόμων κελεύεις ἡμᾶς στεφανοῦν, καὶ τῷ σαυτοῦ ψηφίσματι τὸν οὐ προσήκοντα εἰσκαλεῖς τοῖς τραγῳδοῖς εἰς τὴν ὀρχήστραν, εἰς τὸ ἱερὸν τοῦ Διονύσου τὸν τὰ ἱερὰ διὰ δειλίαν προδεδωκότα.

Ἵνα δὲ μὴ ἀποπλανῶ ὑμᾶς ἀπὸ τῆς ὑποθέσεως, ἐκεῖνο μέμνησθε ὅταν φῇ δημοτικὸς εἶναι. θεωρεῖτ᾽ αὐτοῦ μὴ τὸν λόγον ἀλλὰ τὸν βίον, καὶ σκοπεῖτε μὴ τίς φησὶν εἶναι ἀλλὰ τίς ἔστιν.

177 Ἐπεὶ δὲ στεφάνων ἀνεμνήσθην καὶ δωρεῶν, ἕως ἔτι μέμνημαι, προλέγω ὑμῖν, ἄνδρες Ἀθηναῖοι, εἰ μὴ καταλύσετε τὰς ἀφθόνους ταύτας δωρεὰς καὶ τοὺς εἰκῇ διδομένους στεφάνους, οὔθ᾽ οἱ τιμώμενοι χάριν ὑμῖν εἴσονται οὔτε τὰ τῆς πόλεως πράγματα ἐπανορθωθήσεται· τοὺς μὲν γὰρ πονηροὺς οὐ μή ποτε βελτίους ποιήσετε, τοὺς δὲ χρηστοὺς εἰς τὴν ἐσχάτην ἀθυμίαν ἐμβαλεῖτε. ὅτι δ᾽ ἀληθῆ λέγω, μεγάλα 178 τούτων οἶμαι σημεῖα δείξειν ὑμῖν. εἰ γάρ τις ὑμᾶς ἐρωτήσειε πότερον ὑμῖν ἐνδοξοτέρα δοκεῖ ἡ πόλις εἶναι ἐπὶ τῶν νυνὶ καιρῶν ἢ ἐπὶ τῶν προγόνων, ἅπαντες ἂν ὁμολογήσαιτε, ἐπὶ τῶν προγόνων. ἄνδρες δὲ πότερον τότε ἀμείνους ἦσαν ἢ νυνί; τότε μὲν διαφέροντες, νυνὶ δὲ πολλῷ καταδεέστεροι. δωρεαὶ δὲ καὶ στέφανοι καὶ κηρύγματα καὶ σιτήσεις ἐν πρυτανείῳ πότερον τότε ἦσαν πλείους ἢ νυνί; τότε μὲν ἦν σπάνια τὰ καλὰ παρ᾽ ἡμῖν καὶ τὸ τῆς ἀρετῆς ὄνομα τίμιον· νῦν δ᾽ ἤδη καταπέπλυται τὸ πρᾶγμα,

καὶ τὸ στεφανοῦν ἐξ ἔθους ἀλλ' οὐκ ἐκ προνοίας ποιεῖσθε. οὐκ οὖν ἄτοπον οὑτωσὶ διαλογιζομένοις 179 τὰς μὲν δωρεὰς νῦν πλείους εἶναι, τὰ δὲ πράγματα τῆς πόλεως τότε μᾶλλον ἢ νῦν ἰσχύειν, καὶ τοὺς ἄνδρας νῦν μὲν χείρους εἶναι, τότε δ' ἀμείνους; ἐγὼ δὲ τοῦθ' ὑμᾶς ἐπιχειρήσω διδάσκειν. οἴεσθ' ἄν ποτε ὦ 'Αθηναῖοι ἐθελῆσαί τινα ἐπασκεῖν εἰς τὰ 'Ολύμπια ἢ εἰς ἄλλον τινὰ τῶν στεφανιτῶν ἀγώνων παγκράτιον ἢ καὶ ἄλλο τι τῶν βαρυτέρων ἄθλων, εἰ ὁ στέφανος ἐδίδοτο μὴ τῷ κρατίστῳ ἀλλὰ τῷ διαπραξαμένῳ; οὐδεὶς ἄν ποτ' ἠθέλησεν ἐπασκεῖν. νῦν δ' οἶ- 180 μαι διὰ τὸ σπάνιον καὶ τὸ περιμάχητον καὶ τὸ καλὸν καὶ τὸ ἀείμνηστον ἐκ τῆς νίκης ἐθέλουσί τινες τὰ σώματα παρακαταθέμενοι καὶ τὰς μεγίστας ταλαιπωρίας ὑπομείναντες διακινδυνεύειν. ὑπολάβετε τοίνυν ὑμᾶς αὐτοὺς εἶναι ἀγωνοθέτας πολιτικῆς ἀρετῆς, κἀκεῖνο ἐκλογίσασθε, ὅτι ἐὰν μὲν τὰς δωρεὰς ὀλίγοις καὶ ἀξίοις καὶ κατὰ τοὺς νόμους διδῶτε, πολλοὺς ἀγωνιστὰς ἕξετε τῆς ἀρετῆς, ἐὰν δὲ τῷ βουλομένῳ καὶ τοῖς διαπραξαμένοις χαρίζησθε, καὶ τὰς ἐπιεικεῖς φύσεις διαφθερεῖτε. Ὅτι δὲ ὀρθῶς 181 λέγω, ἔτι μικρῷ σαφέστερον ὑμᾶς βούλομαι διδάξαι. πότερον ὑμῖν ἀμείνων ἀνὴρ εἶναι δοκεῖ Θεμιστοκλῆς ὁ στρατηγήσας ὅτε τῇ Σαλαμῖνι ναυμαχία τὸν Πέρσην ἐνικᾶτε, ἢ Δημοσθένης ὁ τὴν τάξιν λιπών; Μιλτιάδης δὲ ὁ τὴν ἐν Μαραθῶνι μάχην τοὺς βαρβάρους νικήσας, ἢ οὗτος; ἔτι δ' οἱ ἀπὸ Φυλῆς φεύγοντα τὸν δῆμον καταγαγόντες; Ἀριστείδης δ' ὁ δίκαιος, ὁ τὴν ἀνόμοιον ἔχων ἐπωνυμίαν Δημοσθένει; ἀλλ' ἔγωγε μὰ τοὺς θεοὺς τοὺς Ὀλυμπίους 182 οὐδ' ἐν ταῖς αὐταῖς ἡμέραις ἄξιον ἡγοῦμαι μεμνῆσθαι τοῦ θηρίου τούτου καὶ ἐκείνων τῶν ἀνδρῶν. ἐπιδειξάτω τοίνυν Δημοσθένης ἐν τῷ αὑτοῦ λόγῳ εἴ που γέγραπταί τινα τῶν ἀνδρῶν τούτων στεφανῶσαι. ἀχάριστος ἄρ' ἦν ὁ δῆμος; οὔκ, ἀλλὰ μεγαλόφρων, κἀκεῖνοί γε οἱ μὴ τετιμημένοι τῆς πόλεως ἄξιοι· οὐ γὰρ ᾤοντο δεῖν ἐν τοῖς γράμμασι τιμᾶσθαι ἀλλ' ἐν τῇ μνήμῃ τῶν εὖ πεπονθότων, ἢ ἀπ' ἐκείνου τοῦ χρόνου μέχρι τῆσδε τῆς ἡμέρας ἀθάνατος οὖσα διαμένει. δωρεὰς δὲ τίνας ἐλάμβανον; ὧν ἄξιόν ἐστι μνησθῆναι.

183 Ἦσάν τινες κατὰ τοὺς τότε καιροὺς οἳ πολὺν πόνον ὑπομείναντες καὶ μεγάλους κινδύνους ἐπὶ τῷ Στρυμόνι ποταμῷ ἐνίκων μαχόμενοι Μήδους· οὗτοι δεῦρο ἀφικόμενοι τὸν δῆμον ᾔτησαν δωρεάν, καὶ ἔδωκεν αὐτοῖς ὁ δῆμος τιμὰς μεγάλας, ὡς τότ' ἐδόκει, τρεῖς λιθίνους Ἑρμᾶς στῆσαι ἐν τῇ στοᾷ τῇ τῶν Ἑρμῶν, ἐφ' ᾧτε μὴ ἐπιγράφειν τὰ ὀνόματα τὰ ἑαυτῶν, ἵνα μὴ τῶν στρατηγῶν ἀλλὰ τοῦ δήμου

184 δοκῇ εἶναι τὸ ἐπίγραμμα. Ὅτι δ' ἀληθῆ λέγω, ἐξ αὐτῶν τῶν ποιημάτων εἴσεσθε. ἐπιγέγραπται γὰρ ἐπὶ τῷ μὲν πρώτῳ τῶν Ἑρμῶν

ἦν ἄρα κἀκεῖνοι ταλακάρδιοι, οἵ ποτε Μήδων
παισὶν ἐπ' Ἠϊόνι, Στρυμόνος ἀμφὶ ῥοάς,
λιμόν τ' αἴθωνα κρατερόν τ' ἐπάγοντες Ἄρηα
πρῶτοι δυσμενέων εὗρον ἀμηχανίην.
ἐπὶ δὲ τῷ δευτέρῳ
ἡγεμόνεσσι δὲ μισθὸν Ἀθηναῖοι τάδ' ἔδωκαν
ἀντ' εὐεργεσίης καὶ μεγάλης ἀρετῆς.
μᾶλλόν τις τάδ' ἰδὼν καὶ ἐπεσσομένων ἐθελήσει
ἀμφὶ περὶ ξυνοῖς πράγμασι μόχθον ἔχειν.

ἐπὶ δὲ τῷ τρίτῳ ἐπιγέγραπται Ἑρμῇ 185
ἔκ ποτε τῆσδε πόληος ἅμ' Ἀτρείδῃσι Μενεσθεὺς
ἡγεῖτο ζάθεον Τρωικὸν ἂμ πεδίον,
ὅν ποθ' Ὅμηρος ἔφη Δαναῶν πύκα χαλκοχιτώνων
κοσμητῆρα μάχης ἔξοχον ἄνδρα μολεῖν.
οὕτως οὐδὲν ἀεικὲς Ἀθηναίοισι καλεῖσθαι
κοσμητὰς πολέμου τ' ἀμφὶ καὶ ἠνορέης.
ἔστι που τὸ τῶν στρατηγῶν ὄνομα; οὐδαμοῦ, ἀλλὰ
τὸ τοῦ δήμου.

Προσέλθετε δὴ τῇ διανοίᾳ καὶ εἰς τὴν στοὰν τὴν 186
ποικίλην· ἁπάντων γὰρ ὑμῖν τῶν καλῶν ἔργων τὰ
ὑπομνήματα ἐν τῇ ἀγορᾷ ἀνάκειται. τί οὖν ἔστιν,
ὦ Ἀθηναῖοι, ὃ ἐγὼ λέγω; ἐνταῦθα ἡ ἐν Μαραθῶνι
μάχη γέγραπται. τίς οὖν ἦν ὁ στρατηγός; οὑτωσὶ
μὲν ἐρωτηθέντες ἅπαντες ἀποκρίναισθε ἂν ὅτι Μιλ-
τιάδης, ἐκεῖ δὲ οὐκ ἐπιγέγραπται. πῶς; οὐκ ᾔτησε
τὴν δωρεὰν ταύτην; ᾔτησεν, ἀλλ' ὁ δῆμος οὐκ ἔδω-
κεν, ἀλλ' ἀντὶ τοῦ ὀνόματος συνεχώρησεν αὐτῷ
πρώτῳ γραφῆναι, παρακαλοῦντι τοὺς στρατιώτας.
Ἐν τοίνυν τῷ Μητρῴῳ παρὰ τὸ βουλευτήριον, ἣν 187
ἔδοτε δωρεὰν τοῖς ἀπὸ Φυλῆς φεύγοντα τὸν δῆμον
καταγαγοῦσιν, ἔστιν ἰδεῖν. ἦν μὲν γὰρ ὁ τὸ ψή-
φισμα γράψας καὶ νικήσας Ἀρχῖνος ὁ ἐκ Κοίλης,
εἷς τῶν καταγαγόντων τὸν δῆμον, ἔγραψε δὲ πρῶτον
μὲν αὐτοῖς εἰς θυσίαν καὶ ἀναθήματα δοῦναι χιλίας
δραχμάς (καὶ τοῦτ' ἐστὶν ἔλαττον ἢ δέκα δραχμαὶ
κατ' ἄνδρα ἕκαστον), ἔπειτα κελεύει στεφανοῦσθαι
θαλλοῦ στεφάνῳ αὐτῶν ἕκαστον, ἀλλ' οὐ χρυσῷ·
τότε μὲν γὰρ ἦν ὁ τοῦ θαλλοῦ στέφανος τίμιος, νυνὶ
δὲ καὶ ὁ χρυσοῦς καταπεφρόνηται. καὶ οὐδὲ τοῦτο

εἰκῇ πρᾶξαι κελεύει, ἀλλ' ἀκριβῶς τὴν βουλὴν σκεψαμένην ὅσοι αὐτῶν ἐπὶ Φυλῇ ἐπολιορκήθησαν, ὅτε Λακεδαιμόνιοι καὶ οἱ τριάκοντα προσέβαλλον τοῖς καταλαβοῦσι Φυλήν, οὐχ ὅσοι τὴν τάξιν ἔλιπον 188 ἐν Χαιρωνείᾳ τῶν πολεμίων ἐπιόντων. Ὅτι δ' ἀληθῆ λέγω, ἀναγνώσεται ὑμῖν τὸ ψήφισμα.

ΨΗΦΙΣΜΑ ΠΕΡΙ ΔΩΡΕΑΣ ΤΟΙΣ ΑΠΟ ΦΥΛΗΣ.

Παρανάγνωθι καὶ ὃ γέγραφε Κτησιφῶν Δημοσθένει τῷ τῶν μεγίστων κακῶν αἰτίῳ.

ΨΗΦΙΣΜΑ.

Τούτῳ τῷ ψηφίσματι ἐξαλείφεται ἡ τῶν καταγαγόντων τὸν δῆμον δωρεά. εἰ τοῦτ' ἔχει καλῶς, ἐκεῖνο αἰσχρῶς· εἰ ἐκεῖνοι κατ' ἀξίαν ἐτιμήθησαν, οὗτος ἀνάξιος ὢν στεφανοῦται.

189 Καίτοι πυνθάνομαί γ' αὐτὸν μέλλειν λέγειν ὡς οὐ δίκαια ποιῶ παραβάλλων αὐτῷ τὰ τῶν προγόνων ἔργα· οὐδὲ γὰρ Φιλάμμωνά φησι τὸν πύκτην Ὀλυμπίασι στεφανωθῆναι νικήσαντα Γλαῦκον τὸν παλαιὸν ἐκεῖνον πύκτην, ἀλλὰ τοὺς καθ' ἑαυτὸν ἀγωνιστάς, ὥσπερ ὑμᾶς ἀγνοοῦντας ὅτι τοῖς μὲν πύκταις ἐστὶν ὁ ἀγὼν πρὸς ἀλλήλους, τοῖς δ' ἀξιοῦσι στεφανοῦσθαι πρὸς αὐτὴν τὴν ἀρετὴν ἧς καὶ ἕνεκα στεφανοῦνται. δεῖ γὰρ τὸν κήρυκα ἀψευδεῖν, ὅταν τὴν ἀνάρρησιν ἐν τῷ θεάτρῳ ποιῆται πρὸς τοὺς Ἕλληνας. μὴ οὖν ἡμῖν ὡς Παταικίωνος ἄμεινον πεπολίτευσαι διέξιθι, ἀλλ' ἐφικόμενος τῆς ἀνδραγαθίας, οὕτω τὰς χάριτας τὸν δῆμον ἀπαίτει.

"Ινα δὲ μὴ ἀποπλανῶ ὑμᾶς ἀπὸ τῆς ὑποθέσεως, 190 ἀναγνώσεται ὑμῖν ὁ γραμματεὺς τὸ ἐπίγραμμα ὃ ἐπιγέγραπται τοῖς ἀπὸ Φυλῆς τὸν δῆμον καταγαγοῦσιν.

ΕΠΙΓΡΑΜΜΑ.

τούσδ᾽ ἀρετῆς ἕνεκα στεφάνοις ἐγέραιρε παλαίχθων
δῆμος Ἀθηναίων, οἵ ποτε τοὺς ἀδίκοις
θεσμοῖς ἄρξαντας πρῶτοι πόλεως καταπαύειν
ἦρξαν, κίνδυνον σώμασιν ἀράμενοι.

Ὅτι τοὺς παρὰ τοὺς νόμους ἄρξαντας κατέλυσαν, 191 διὰ τοῦτ᾽ αὐτούς φησιν ὁ ποιητὴς τιμηθῆναι· ἔναυλον γὰρ ἦν ἔτι τότε πᾶσιν ὅτι τηνικαῦτα ὁ δῆμος κατελύθη, ἐπειδή τινες τὰς γραφὰς τῶν παρανόμων ἀνεῖλον. καὶ γάρ τοι, ὡς ἐγὼ τοῦ πατρὸς τοῦ ἐμαυτοῦ ἐπυνθανόμην, ὃς ἔτη βιοὺς ἐνενήκοντα καὶ πέντε ἐτελεύτησεν, ἁπάντων μετασχὼν τῶν πόνων τῇ πόλει, ὃς πολλάκις πρὸς ἐμὲ διεξῄει ἐπὶ σχολῆς· ἔφη γάρ, ὅτε ἀρτίως κατεληλύθει ὁ δῆμος, εἴ τις εἰσίοι γραφὴν παρανόμων εἰς δικαστήριον, εἶναι ὅμοιον τὸ ὄνομα καὶ τὸ ἔργον. τί γάρ ἐστιν ἀνοσιώτερον ἀνδρὸς παράνομα λέγοντος καὶ πράττοντος; καὶ τὴν ἀκρόασιν, ὡς ἐκεῖνος ἀπήγγελλεν, οὐ 192 τὸν αὐτὸν τρόπον ἐποιοῦντο ὥσπερ νῦν γίνεται, ἀλλ᾽ ἦσαν πολὺ χαλεπώτεροι οἱ δικασταὶ τοῖς τὰ παράνομα γράφουσιν αὐτοῦ τοῦ κατηγόρου, καὶ πολλάκις ἀνεπόδιζον τὸν γραμματέα καὶ ἐκέλευον πάλιν ἀναγινώσκειν τοὺς νόμους καὶ τὸ ψήφισμα, καὶ ἡλίσκοντο οἱ παράνομα γράφοντες οὐκ εἰ πάντας παραπηδήσαιεν τοὺς νόμους, ἀλλ᾽ εἰ μίαν μόνον συλλαβὴν παραλλάξαιεν. τὸ δὲ νυνὶ γινόμενον πρᾶγμα ὑπερκαταγέλαστόν ἐστιν· ὁ μὲν γὰρ γραμματεὺς ἀναγινώσκει τὸ παράνομον, οἱ δὲ δικασταὶ ὥσπερ ἐπῳδὴν ἢ ἀλλότριόν τι πρᾶγμα ἀκροώμενοι πρὸς 193 ἑτέρῳ τινὶ τὴν γνώμην ἔχουσιν. ἤδη δ' ἐκ τῶν τεχνῶν τῶν Δημοσθένους αἰσχρὸν ἔθος ἐν τοῖς δικαστηρίοις παραδέχεσθε. μετενήνεκται γὰρ τὰ τῆς πόλεως δίκαια· ὁ μὲν γὰρ κατήγορος ἀπολογεῖται, ὁ δὲ φεύγων τὴν γραφὴν κατηγορεῖ, οἱ δὲ δικασταὶ ἐνίοτε ὧν μέν εἰσι κριταὶ ἐπιλανθάνονται, ὧν δ' οὐκ εἰσὶ δικασταί, περὶ τούτων ἀναγκάζονται τὴν ψῆφον φέρειν. λέγει δὲ ὁ φεύγων, ἂν ἄρα ποθ' ἅψηται τοῦ πράγματος, οὐχ ὡς ἔννομα γέγραφεν, ἀλλ' ὡς ἤδη ποτὲ καὶ πρότερον ἕτερος τοιαῦτα γράψας ἀπέφυγεν· 194 ἐφ' ᾧ καὶ νυνὶ μέγα φρονεῖν ἀκούω Κτησιφῶντα. ἐτόλμα δ' ἐν ὑμῖν ποτε σεμνύνεσθαι Ἀριστοφῶν ἐκεῖνος ὁ Ἀζηνιεὺς λέγων ὅτι γραφὰς παρανόμων πέφευγεν ἑβδομήκοντα καὶ πέντε. ἀλλ' οὐχὶ ὁ Κέφαλος ὁ παλαιὸς ἐκεῖνος, ὁ δοκῶν δημοτικώτατος γεγονέναι, οὐχ οὕτως, ἀλλ' ἐπὶ τοῖς ἐναντίοις ἐφιλοτιμεῖτο, λέγων ὅτι πλεῖστα πάντων γεγραφὼς ψηφίσματα οὐδεμίαν πώποτε γραφὴν πέφευγε παρανόμων, καλῶς (οἶμαι) σεμνυνόμενος. ἐγράφοντο γὰρ ἀλλήλους παρανόμων οὐ μόνον οἱ διαπολιτευόμενοι, ἀλλὰ καὶ οἱ φίλοι τοὺς φίλους, εἴ τι ἐξαμαρτάνοιεν 195 εἰς τὴν πόλιν. ἐκεῖθεν δὲ τοῦτο γνώσεσθε. Ἀρχῖνος γὰρ ὁ ἐκ Κοίλης ἐγράψατο παρανόμων Θρασύβουλον τὸν Στειριέα γράψαντά τι παρὰ τοὺς νόμους, ἕνα τῶν συγκατελθόντων αὐτῷ ἀπὸ Φυλῆς, καὶ εἷλε νεωστὶ γεγενημένων αὐτῷ τῶν εὐεργεσιῶν, ἃς οὐχ ὑπελογίσαντο οἱ δικασταί· ἡγοῦντο γάρ, ὥσπερ τότε αὐτοὺς φεύγοντας ἀπὸ Φυλῆς Θρασύβουλος κατήγαγεν, οὕτω νῦν μένοντας ἐξελαύνειν παρὰ τοὺς νόμους γράφοντά τι. ἀλλ' οὐ νῦν, ἀλλὰ πᾶν τοὐναντίον γίνεται· οἱ γὰρ ἀγαθοὶ στρατηγοὶ καὶ τῶν τὰς σιτήσεις τινὲς εὑρημένων ἐν τῷ πρυτανείῳ ἐξαιτοῦνται τὰς γραφὰς τῶν παρανόμων, οὓς ὑμεῖς ἀχαρίστους εἶναι δικαίως ἂν ὑπολαμβάνοιτε· εἰ γάρ τις ἐν δημοκρατίᾳ τετιμημένος, ἐν τοιαύτῃ πολιτείᾳ ἣν οἱ θεοὶ καὶ οἱ νόμοι σώζουσι, τολμᾷ βοηθεῖν τοῖς παράνομα γράφουσι, καταλύει τὴν πολιτείαν ὑφ' ἧς τετίμηται. τίς οὖν ἀποδέδεικται λόγος ἀνδρὶ συνηγόρῳ δικαίῳ καὶ σώφρονι; ἐγὼ λέξω. εἰς τρία μέρη διαιρεῖται ἡ ἡμέρα, ὅταν εἰσίῃ γραφὴ παρανόμων εἰς τὸ δικαστήριον. ἐγχεῖται γὰρ τὸ μὲν πρῶτον ὕδωρ τῷ κατηγόρῳ καὶ τοῖς νόμοις καὶ τῇ δημοκρατίᾳ, τὸ δὲ δεύτερον ὕδωρ τῷ τὴν γραφὴν φεύγοντι καὶ τοῖς εἰς αὐτὸ τὸ πρᾶγμα λέγουσιν· ἐπειδὰν δὲ τῇ πρώτῃ ψήφῳ μὴ λυθῇ τὸ παράνομον, ἤδη τὸ τρίτον ὕδωρ ἐγχεῖται τῇ τιμήσει καὶ τῷ μεγέθει τῆς ὀργῆς τῆς ὑμετέρας· ὅστις μὲν οὖν ἐν τῇ τιμήσει τὴν ψῆφον αἰτεῖ, τὴν ὀργὴν τὴν ὑμετέραν παραιτεῖται· ὅστις δ' ἐν τῷ πρώτῳ λόγῳ τὴν ψῆφον αἰτεῖ, ὅρκον αἰτεῖ, νόμον αἰτεῖ, δημοκρατίαν αἰτεῖ, ὧν οὔτε αἰτῆσαι οὐδὲν ὅσιον οὐδενὶ οὔτ' αἰτηθέντα ἑτέρῳ δοῦναι. κελεύσατε οὖν αὐτούς, ἐάσαντας ὑμᾶς τὴν πρώτην ψῆφον κατὰ τοὺς νόμους διενεγκεῖν, ἀπαντᾶν εἰς τὴν τίμησιν. ὅλως δ' ἔγωγε, ὦ Ἀθηναῖοι, ὀλίγου δέω εἰπεῖν ὡς καὶ νόμον δεῖ τεθῆναι ἐπὶ ταῖς γραφαῖς μόνον τῶν παρανόμων, μὴ ἐξεῖναι μήτε τῷ κατηγόρῳ

συνηγόρους παρασχέσθαι μήτε τῷ τὴν γραφὴν τῶν παρανόμων φεύγοντι. οὐ γὰρ ἀόριστόν ἐστι τὸ δίκαιον, ἀλλ' ὡρισμένον τοῖς νόμοις τοῖς ὑμετέροις. ὥσπερ γὰρ ἐν τῇ τεκτονικῇ, ὅταν εἰδέναι βουλώμεθα τὸ ὀρθὸν καὶ τὸ μή, τὸν κανόνα προσφέρομεν ᾧ δια-
200 γινώσκεται, οὕτω καὶ ἐν ταῖς γραφαῖς τῶν παρανόμων παράκειται κανὼν τοῦ δικαίου τουτὶ τὸ σανίδιον, καὶ τὸ ψήφισμα καὶ οἱ παραγεγραμμένοι νόμοι. ταῦτα συμφωνοῦντα ἀλλήλοις ἐπιδείξας κατάβαινε· καὶ τί δεῖ σε Δημοσθένην παρακαλεῖν; ὅταν δ' ὑπερπηδήσας τὴν δικαίαν ἀπολογίαν παρακαλῇς κακοῦργον ἄνθρωπον καὶ τεχνίτην λόγων, κλέπτεις τὴν ἀκρόασιν, βλάπτεις τὴν πόλιν, καταλύεις τὴν δημοκρατίαν.
201 Τίς οὖν ἐστιν ἀποτροπὴ τῶν τοιούτων λόγων; ἐγὼ ἐρῶ. ἐπειδὰν προσελθὼν ἐνταυθοῖ Κτησιφῶν διεξέλθῃ πρὸς ὑμᾶς τοῦτο δὴ τὸ συντεταγμένον αὐτῷ προοίμιον, ἔπειτ' ἐνδιατρίβῃ καὶ μὴ ἀπολογῆται, ὑπομνήσατ' αὐτὸν ἄνευ θορύβου τὸ σανίδιον λαβεῖν καὶ τοὺς νόμους τῷ ψηφίσματι παραναγνῶναι. ἐὰν δὲ μὴ προσποιῆται ὑμῶν ἀκούειν, μηδὲ ὑμεῖς ἐκείνου ἐθέλετε ἀκούειν· οὐ γὰρ τῶν φευγόντων τὰς οὐ δικαίας ἀπολογίας εἰσεληλύθατε ἀκροασόμενοι, ἀλλὰ
202 τῶν ἐθελόντων δικαίως ἀπολογεῖσθαι. ἐὰν δ' ὑπερπηδήσας τὴν δικαίαν ἀπολογίαν Δημοσθένην παρακαλῇ, μάλιστα μὲν μὴ προσδέχεσθε κακοῦργον ἄνθρωπον, οἰόμενον ῥήμασι τοὺς νόμους ἀναιρήσειν, μηδ' ἐν ἀρετῇ τοῦθ' ὑμῶν μηδεὶς καταλογιζέσθω, ὃς ἂν ἐπανερομένου Κτησιφῶντος "ἢ καλέσω Δημοσθένην;" πρῶτος ἀναβοήσῃ "κάλει, κάλει.", ἐπὶ

σαυτὸν καλεῖς, ἐπὶ τοὺς νόμους καλεῖς, ἐπὶ τὴν δημοκρατίαν καλεῖς. ἂν δ' ἄρα ὑμῖν δόξῃ ἀκούειν, ἀξιώσατε τὸν Δημοσθένην τὸν αὐτὸν τρόπον ἀπολογεῖσθαι ὅνπερ κἀγὼ κατηγόρηκα. ἐγὼ δὲ πῶς κατηγόρηκα; 203 ἵνα καὶ ὑπομνήσω ὑμᾶς. οὔτε τὸν ἴδιον βίον τὸν Δημοσθένους πρότερον διεξῆλθον οὔτε τῶν δημοσίων ἀδικημάτων οὐδενὸς πρότερον ἐμνήσθην, ἄφθονα δήπου καὶ πολλὰ ἔχων λέγειν· ἢ πάντων γ' ἂν εἴην ἀπορώτατος· ἀλλὰ πρῶτον μὲν τοὺς νόμους ἐπέδειξα ἀπαγορεύοντας μὴ στεφανοῦν τοὺς ὑπευθύνους, ἔπειτα τὸν ῥήτορα ἐξήλεγξα γράψαντα Δημοσθένην ὑπεύθυνον ὄντα στεφανοῦν οὐδὲν προβαλλόμενον, οὐδὲ προσεγγράψαντα "ἐπειδὰν δῷ τὰς εὐθύνας," ἀλλὰ παντελῶς καὶ ὑμῶν καὶ τῶν νόμων καταπεφρονηκότα· καὶ τὰς ἐσομένας πρὸς ταῦτα προφάσεις εἶπον, ἃς ἀξιῶ καὶ ὑμᾶς διαμνημονεύειν. δεύτερον δ' ὑμῖν διεξῆλθον τοὺς περὶ τῶν κηρυγμάτων νόμους, ἐν οἷς 204 διαρρήδην ἀπείρηται τὸν ὑπὸ τοῦ δήμου στεφανούμενον μὴ κηρύττεσθαι ἔξω τῆς ἐκκλησίας· ὁ δὲ ῥήτωρ ὁ φεύγων τὴν γραφὴν οὐ τοὺς νόμους μόνον παραβέβηκεν ἀλλὰ καὶ τὸν καιρὸν τῆς ἀναρρήσεως καὶ τὸν τόπον, κελεύων οὐκ ἐν τῇ ἐκκλησίᾳ ἀλλ' ἐν τῷ θεάτρῳ τὴν ἀνάρρησιν γίνεσθαι, οὐδ' ἐκκλησιαζόντων Ἀθηναίων ἀλλὰ μελλόντων τραγῳδῶν εἰσιέναι. ταῦτα δ' εἰπὼν μικρὰ μὲν περὶ τῶν ἰδίων εἶπον, τὰ δὲ πλεῖστα περὶ τῶν δημοσίων ἀδικημάτων. οὕτω 205 δὴ καὶ τὸν Δημοσθένην ἀξιώσατε ἀπολογεῖσθαι πρὸς τὸν τῶν ὑπευθύνων νόμον πρῶτον καὶ τὸν περὶ τῶν κηρυγμάτων δεύτερον, τρίτον δὲ τὸ μέγιστον λέγω, ὡς οὐδὲ ἄξιός ἐστι τῆς δωρεᾶς. ἐὰν δ' ὑμῶν δέηται συγχωρῆσαι αὐτῷ περὶ τῆς τάξεως τοῦ λόγου, κατεπαγγελλόμενος ὡς ἐπὶ τῇ τελευτῇ τῆς ἀπολογίας λύσει τὸ παράνομον, μὴ συγχωρεῖτε, μηδ᾽ ἀγνοεῖθ᾽ ὅτι πάλαισμα τοῦτ᾽ ἐστὶ δικαστηρίου· οὐ γὰρ εἰσαῦθις ποτε βούλεται πρὸς τὸ παράνομον ἀπολογεῖσθαι, ἀλλ᾽ οὐδὲν ἔχων δίκαιον εἰπεῖν ἑτέρων παρεμβολῇ πραγμάτων εἰς λήθην ὑμᾶς βούλεται τῆς κατηγορίας 206 ἐμβαλεῖν. ὥσπερ οὖν ἐν τοῖς γυμνικοῖς ἀγῶσιν ὁρᾶτε τοὺς πύκτας περὶ τῆς στάσεως ἀλλήλοις διαγωνιζομένους, οὕτω καὶ ὑμεῖς ὅλην τὴν ἡμέραν ὑπὲρ τῆς πόλεως περὶ τῆς τάξεως αὐτῷ τοῦ λόγου μάχεσθε, καὶ μὴ ἐᾶτε αὐτὸν ἔξω τοῦ παρανόμου περιίστασθαι, ἀλλ᾽ ἐγκαθήμενοι καὶ ἐνεδρεύοντες ἐν τῇ ἀκροάσει εἰσελαύνετε αὐτὸν εἰς τοὺς τοῦ πράγματος λόγους, 207 καὶ τὰς ἐκτροπὰς αὐτοῦ τῶν λόγων ἐπιτηρεῖτε. ἀλλ᾽ ἃ δὴ συμβήσεται ὑμῖν, ἐὰν τοῦτον τὸν τρόπον τὴν ἀκρόασιν ποιῆσθε, ταῦθ᾽ ὑμῖν ἤδη δίκαιός εἰμι προειπεῖν. ἐπεισάξει γὰρ τὸν γόητα καὶ βαλαντιοτόμον καὶ διατετμηκότα τὴν πολιτείαν. οὗτος κλαίει μὲν ῥᾷον ἢ ἄλλοι γελῶσιν, ἐπιορκεῖ δὲ πάντων προχειρότατα· οὐκ ἂν θαυμάσαιμι δὲ εἰ μεταβαλλόμενος τοῖς ἔξω περιεστηκόσι λοιδορήσεται, φάσκων τοὺς μὲν ὀλιγαρχικοὺς ὑπ᾽ αὐτῆς τῆς ἀληθείας διηριθμημένους ἥκειν πρὸς τὸ τοῦ κατηγόρου βῆμα, τοὺς δὲ δημο- 208 τικοὺς πρὸς τὸ τοῦ φεύγοντος· ὅταν δὴ ταῦτα λέγῃ, πρὸς μὲν τοὺς στασιαστικοὺς λόγους ἐκεῖνο αὐτῷ ὑποβάλλετε "ὦ Δημόσθενες, εἰ σοὶ ἦσαν ὅμοιοι οἱ ἀπὸ Φυλῆς φεύγοντα τὸν δῆμον καταγαγόντες, οὐκ ἄν ποθ᾽ ἡ δημοκρατία κατέστη. νῦν δὲ ἐκεῖνοι μὲν μεγάλων κακῶν συμβάντων ἔσωσαν τὴν πόλιν τὸ κάλλιστον ἐκ παιδείας ῥῆμα φθεγξάμενοι, μὴ μνησικακεῖν· σὺ δὲ ἑλκοποιεῖς, καὶ μᾶλλόν σοι μέλει τῶν αὐθημερὸν λόγων ἢ τῆς σωτηρίας τῆς πόλεως." ὅταν δ' ἐπίορκος ὢν εἰς τὴν διὰ τῶν ὅρκων πίστιν καταφυγγάνῃ, ἐκεῖνο ἀπομνημονεύσατε αὐτῷ, ὅτι τῷ πολλάκις μὲν ἐπιορκοῦντι ἀεὶ δὲ πρὸς τοὺς αὐτοὺς μεθ' ὅρκων ἀξιοῦντι πιστεύεσθαι δυοῖν θάτερον ὑπάρξαι δεῖ, ὧν οὐδέτερόν ἐστι Δημοσθένει ὑπάρχον, ἢ τοὺς θεοὺς καινοὺς ἢ τοὺς ἀκροατὰς μὴ τοὺς αὐτούς. περὶ δὲ τῶν δακρύων καὶ τοῦ τόνου τῆς φωνῆς, ὅταν ὑμᾶς ἐπερωτᾷ " ποῖ φύγω, ἄνδρες Ἀθηναῖοι; περιγράψατέ με ἐκ τῆς πολιτείας· οὐκ ἔστιν ὅποι ἀναπτήσομαι," ἀνθυποβάλλετε αὐτῷ "ὁ δὲ δῆμος ὁ Ἀθηναίων ποῖ καταφύγῃ, Δημόσθενες; πρὸς ποίαν συμμάχων παρασκευήν; πρὸς ποῖα χρήματα; τί προβαλλόμενος ὑπὲρ τοῦ δήμου πεπολίτευσαι; ἃ μὲν γὰρ ὑπὲρ σεαυτοῦ βεβούλευσαι, ἅπαντες ὁρῶμεν· ἐκλιπὼν μὲν τὸ ἄστυ οὐκ οἰκεῖς, ὡς δοκεῖς, ἐν Πειραιεῖ, ἀλλ' ἐξορμεῖς ἐκ τῆς πόλεως, ἐφόδια δὲ πεπόρισαι τῇ σαυτοῦ ἀνανδρίᾳ τὸ βασιλικὸν χρυσίον καὶ τὰ δημόσια δωροδοκήματα." ὅλως δὲ τί τὰ δάκρυα; τίς ἡ κραυγή; τίς ὁ τόνος τῆς φωνῆς; οὐχ ὁ μὲν τὴν γραφὴν φεύγων ἐστὶ Κτησιφῶν, ὁ δ' ἀγὼν οὐκ ἀτίμητος σὺ δ' οὔτε περὶ τῆς οὐσίας οὔτε περὶ τοῦ σώματος οὔτε περὶ τῆς ἐπιτιμίας ἀγωνίζῃ; ἀλλὰ περὶ τίνος ἐστὶν αὐτῷ ἡ σπουδή; περὶ χρυσῶν στεφάνων καὶ κηρυγμάτων ἐν τῷ θεάτρῳ παρὰ τοὺς νόμους· ὃν ἐχρῆν, εἰ καὶ μανεὶς ὁ δῆμος ἢ τῶν καθεστηκότων ἐπιλελησμένος ἐπὶ τοιαύτης ἀκαιρίας ἐβούλετο στεφανοῦν αὐτόν. παρελθόντα εἰς τὴν ἐκκλη-

σίαν εἰπεῖν "ἄνδρες Ἀθηναῖοι, τὸν μὲν στέφανον δέχομαι, τὸν δὲ καιρὸν ἀποδοκιμάζω ἐν ᾧ τὸ κήρυγμα γίνεται· οὐ γὰρ δεῖ ἐφ' οἷς ἡ πόλις ἐπένθησε καὶ ἐκείρατο, ἐπὶ τούτοις ἐμὲ στεφανοῦσθαι." ἀλλ' οἶμαι, ταῦτα μὲν ἂν εἴποι ἀνὴρ ὄντως βεβιωκὼς μετ' ἀρετῆς· ἃ δὲ σὺ λέξεις, εἴποι ἂν κάθαρμα ζηλοτυ-
212 ποῦν ἀρετήν. οὐ γὰρ δὴ μὰ τὸν Ἡρακλέα τοῦτό γε ὑμῶν οὐδεὶς φοβήσεται, μὴ ὁ Δημοσθένης, ἀνὴρ μεγαλόψυχος καὶ τὰ πολεμικὰ διαφέρων, ἀποτυχὼν τῶν ἀριστείων οἴκαδε ἐπανελθὼν ἑαυτὸν διαχρήσηται· ὃς τοσοῦτον καταγελᾷ τῆς πρὸς ὑμᾶς φιλοτιμίας, ὥστε τὴν μιαρὰν κεφαλὴν ταύτην καὶ ὑπεύθυνον, ἢν οὗτος παρὰ τοὺς νόμους γέγραφε στεφανῶσαι, μυριάκις κατατέτμηκε καὶ τούτων μισθοὺς εἴληφε τραύματος ἐκ προνοίας γραφὰς γραφόμενος, καὶ κατακεκονδύλισται, ὥστε αὐτὸν οἶμαι τὰ τῶν κονδύλων ἴχνη τῶν Μειδίου ἔχειν ἔτι φανερά· ὁ γὰρ ἄνθρωπος οὐ κεφαλὴν ἀλλὰ πρόσοδον κέκτηται.
213 Περὶ δὲ Κτησιφῶντος τοῦ γράψαντος τὴν γνώμην βραχέα βούλομαι εἰπεῖν, τὰ δὲ πολλὰ ὑπερβήσομαι, ἵνα καὶ πεῖραν λάβω, εἰ δύνασθε τοὺς σφόδρα πονηρούς, κἂν μή τις προείπῃ, διαγινώσκειν· ὃ δ' ἐστὶ κοινὸν καὶ δίκαιον κατ' ἀμφοτέρων αὐτῶν ἀπαγγεῖλαι πρὸς ὑμᾶς, τοῦτ' ἐρῶ. περιέρχονται γὰρ τὴν ἀγορὰν ἀληθεῖς κατ' ἀλλήλων ἔχοντες δόξας
214 καὶ λόγους οὐ ψευδεῖς λέγοντες. ὁ μὲν γὰρ Κτησιφῶν οὐ τὸ καθ' ἑαυτόν φησι φοβεῖσθαι (ἐλπίζειν γὰρ δόξειν ἰδιώτης εἶναι), ἀλλὰ τὴν τοῦ Δημοσθένους ἐν τῇ πολιτείᾳ δωροδοκίαν φησὶ φοβεῖσθαι καὶ τὴν ἐμπληξίαν καὶ δειλίαν· ὁ δὲ Δημοσθένης εἰς αὐτὸν

μὲν ἀποβλέπων θαρρεῖν φησιν, τὴν δὲ τοῦ Κτησιφῶντος πονηρίαν καὶ πορνοβοσκίαν ἰσχυρῶς δεδιέναι. τοὺς δὲ δὴ κατεγνωκότας ἀλλήλων ἀδικεῖν μηδαμῶς ὑμεῖς οἱ κοινοὶ κριταὶ τῶν ἐγκλημάτων ἀπολύσητε.

Περὶ δὲ τῶν εἰς ἐμαυτὸν λοιδοριῶν βραχέα βού- 215
λομαι προειπεῖν. πυνθάνομαι γὰρ λέξειν Δημοσθένην ὡς ἡ πόλις ὑπ' αὐτοῦ μὲν ὠφέληται πολλά, ὑπ' ἐμοῦ δὲ καταβέβλαπται, καὶ τὸν Φίλιππον καὶ τὸν Ἀλέξανδρον καὶ τὰς ἀπὸ τούτων αἰτίας ἀνοίσειν ἐπ' ἐμέ· οὕτω γάρ ἐστιν, ὡς ἔοικε, δεινὸς δημιουργὸς λόγων, ὥστε οὐκ ἀπόχρη αὐτῷ, εἴ τι πεπολίτευμαι παρ' ὑμῖν ἐγὼ ἢ εἴ τινας δημηγορίας εἴρηκα, τούτων κατηγορεῖν, ἀλλὰ καὶ τὴν ἡσυχίαν μου τοῦ βίου δια- 216
βάλλει καὶ τῆς σιωπῆς μου κατηγορεῖ, ἵνα μηδεὶς αὐτῷ τόπος ἀσυκοφάντητος παραλείπηται, καὶ τὰς ἐν τοῖς γυμνασίοις μετὰ τῶν νεωτέρων μου διατριβὰς καταμέμφεται, καὶ κατὰ τῆσδε τῆς κρίσεως εὐθὺς ἀρχόμενος τοῦ λόγου φέρει τινὰ αἰτίαν, λέγων ὡς ἐγὼ τὴν γραφὴν οὐχ ὑπὲρ τῆς πόλεως ἐγραψάμην ἀλλ' ἐνδεικνύμενος Ἀλεξάνδρῳ διὰ τὴν πρὸς αὐτὸν ἔχθραν. καὶ νὴ Δί', ὡς ἐγὼ πυνθάνομαι, μέλλει με 217
ἀνερωτᾶν διὰ τί τὸ μὲν κεφάλαιον τῆς πολιτείας αὐτοῦ ψέγω, τὰ δὲ καθ' ἕκαστον οὐκ ἐκώλυον οὐδ' ἐγραφόμην, ἀλλὰ διαλιπὼν καὶ πρὸς τὴν πολιτείαν οὐ πυκνὰ προσιὼν ἀπήνεγκα τὴν γραφήν. ἐγὼ δὲ οὔτε τὰς Δημοσθένους διατριβὰς ἐζήλωκα, οὔτ' ἐπὶ ταῖς ἐμαυτοῦ αἰσχύνομαι, οὔτε τοὺς εἰρημένους ἐν ὑμῖν λόγους ἐμαυτῷ ἀρρήτους εἶναι βουλοίμην, οὔτε τὰ αὐτὰ τούτῳ δημηγορήσας ἐδεξάμην ἂν ζῆν. τὴν 218

δ' ἐμὴν σιωπὴν ὦ Δημόσθενες ἡ τοῦ βίου μετριότης παρεσκεύασεν· ἀρκεῖ γάρ μοι μικρὰ καὶ μειζόνων αἰσχρῶς οὐκ ἐπιθυμῶ, ὥστε καὶ σιγῶ καὶ λέγω βουλευσάμενος ἀλλ' οὐκ ἀναγκαζόμενος ὑπὸ τῆς ἐν τῇ φύσει δαπάνης. σὺ δ' οἶμαι λαβὼν μὲν σεσίγηκας, ἀναλώσας δὲ κέκραγας. λέγεις δὲ οὐχ ὁπόταν σοὶ δοκῇ οὐδ' ἃ βούλει, ἀλλ' ὁπόταν οἱ μισθοδόται σοι προστάττωσιν· οὐκ αἰσχύνῃ δὲ ἀλαζονευόμενος ἃ 219 παραχρῆμα ἐξελέγχῃ ψευδόμενος. ἀπηνέχθη γὰρ ἡ κατὰ τοῦδε τοῦ ψηφίσματος γραφή, ἣν οὐχ ὑπὲρ τῆς πόλεως ἀλλ' ὑπὲρ τῆς εἰς Ἀλέξανδρον ἐνδείξεώς με φῂς ἀπενεγκεῖν, ἔτι Φιλίππου ζῶντος, πρὶν Ἀλέξανδρον εἰς τὴν ἀρχὴν καταστῆναι, οὔπω σοῦ τὸ περὶ Παυσανίαν ἐνύπνιον ἑωρακότος οὐδὲ πρὸς τὴν Ἀθηνᾶν καὶ τὴν Ἥραν νύκτωρ διειλεγμένου. πῶς ἂν οὖν ἐγὼ προενεδεικνύμην Ἀλεξάνδρῳ, εἴ γε μὴ ταὐτὸ 220 ἐνύπνιον ἐγὼ καὶ Δημοσθένης εἴδομεν; Ἐπιτιμᾷς δέ μοι εἰ μὴ συνεχῶς ἀλλὰ διαλείπων πρὸς τὸν δῆμον προσέρχομαι, καὶ τὴν ἀξίωσιν ταύτην οἴει λανθάνειν μεταφέρων οὐκ ἐκ δημοκρατίας ἀλλ' ἐξ ἑτέρας πολιτείας. ἐν μὲν γὰρ ταῖς ὀλιγαρχίαις οὐχ ὁ βουλόμενος ἀλλ' ὁ δυναστεύων κατηγορεῖ, ἐν δὲ ταῖς δημοκρατίαις ὁ βουλόμενος καὶ ὅταν αὐτῷ δοκῇ. καὶ τὸ μὲν διὰ χρόνου λέγειν σημεῖόν ἐστιν ἐπὶ τῶν καιρῶν καὶ τοῦ συμφέροντος ἀνδρὸς πολιτευομένου, τὸ δὲ μηδεμίαν παραλείπειν ἡμέραν ἐργαζομένου καὶ 221 μισθαρνοῦντος. Ὑπὲρ δὲ τοῦ μηδέπω κεκρίσθαι ὑπ' ἐμοῦ μηδὲ τῶν ἀδικημάτων τιμωρίαν ὑποσχεῖν, ὅταν καταφεύγῃς ἐπὶ τοὺς τοιούτους λόγους, ἢ τοὺς ἀκούοντας ἐπιλήσμονας ὑπολαμβάνεις ἢ σαυτὸν παραλογίζῃ. τὰ μὲν γὰρ περὶ τοὺς Ἀμφισσέας ἠσεβημένα σοι καὶ τὰ περὶ τὴν Εὔβοιαν δωροδοκηθέντα, χρόνων ἐγγεγενημένων ἐν οἷς ὑπ' ἐμοῦ φανερῶς ἐξηλέγχου ἴσως ἐλπίζεις τὸν δῆμον ἀμνημονεῖν· τὰ δὲ περὶ τὰς 222 τριήρεις καὶ τοὺς τριηράρχους ἁρπάγματα τίς ἂν ἀποκρύψαι χρόνος δύναιτ' ἄν, ὅτε νομοθετήσας περὶ τῶν τριακοσίων, καὶ σαυτὸν πείσας Ἀθηναίους ἐπιστάτην τάξαι τοῦ ναυτικοῦ, ἐξηλέγχθης ὑπ' ἐμοῦ ἑξήκοντα καὶ πέντε νεῶν ταχυναυτουσῶν τριηράρχους ὑφῃρημένος, πλέον τῆς πόλεως ἀφανίζων ναυτικὸν ἢ ὅτε Ἀθηναῖοι τὴν ἐν Νάξῳ ναυμαχίαν Λακεδαιμονίους καὶ Πόλλιν ἐνίκησαν; οὕτω δὲ ταῖς αἰτίαις ἐνέ- 223 φραξας τὰς κατὰ σαυτοῦ τιμωρίας, ὥστε τὸν κίνδυνον εἶναι μὴ σοὶ τῷ ἀδικήσαντι ἀλλὰ τοῖς ἐπεξιοῦσι, πολὺν μὲν τὸν Ἀλέξανδρον καὶ Φίλιππον ἐν ταῖς διαβολαῖς φέρων, αἰτιώμενος δέ τινας ἐμποδίζειν τοὺς τῆς πόλεως καιρούς, ἀεὶ τὸ παρὸν λυμαινόμενος, τὸ δὲ μέλλον κατεπαγγελλόμενος· οὐ τὸ τελευταῖον εἰσαγγέλλεσθαι μέλλων ὑπ' ἐμοῦ, τὴν Ἀναξίνου σύλληψιν τοῦ Ὠρείτου κατασκευάσας, τοῦ τὰ ἀγοράσματα Ὀλυμπιάδι ἀγοράζοντος, καὶ τὸν αὐτὸν 224 ἄνδρα δὶς στρεβλώσας τῇ σαυτοῦ χειρὶ ἔγραψας αὐτὸν θανάτῳ ζημιῶσαι; καὶ παρὰ τῷ αὐτῷ ἐν Ὠρεῷ κατήγου, καὶ ἀπὸ τῆς αὐτῆς τραπέζης ἔφαγες καὶ ἔπιες καὶ ἔσπεισας, καὶ τὴν δεξιὰν ἐνέβαλες ἄνδρα φίλον καὶ ξένον ποιούμενος· καὶ τοῦτον ἀπέκτεινας, καὶ περὶ τούτων ἐν ἅπασιν Ἀθηναίοις ἐξελεγχθεὶς ὑπ' ἐμοῦ καὶ κληθεὶς ξενοκτόνος οὐ τὸ ἀσέβημα ἠρνήσω, ἀλλ' ἀπεκρίνου ἐφ' ᾧ ἀνεβόησεν ὁ δῆμος καὶ ὅσοι ξένοι περιέστασαν τὴν ἐκκλησίαν· ἔφησθα γὰρ

τοὺς τῆς πόλεως ἅλας περὶ πλείονος ποιήσασθαι
225 τῆς ξενικῆς τραπέζης. ἐπιστολὰς δὲ σιγῶ ψευδεῖς
καὶ κατασκόπων συλλήψεις καὶ βασάνους ἐπ᾽ αἰ-
τίαις ἀγενήτοις, ὡς ἐμοῦ μετά τινων ἐν τῇ πόλει
νεωτερίζειν βουλομένου. ἔπειτα ἐπερωτᾶν με, ὡς
ἐγὼ πυνθάνομαι, μέλλει, τίς ἂν εἴη τοιοῦτος ἰατρὸς
ὅστις τῷ νοσοῦντι μεταξὺ μὲν ἀσθενοῦντι μηδὲν
συμβουλεύοι, τελευτήσαντος δὲ αὐτοῦ ἐλθὼν εἰς τὰ
ἔνατα διεξίοι πρὸς τοὺς οἰκείους ἃ ἐπιτηδεύσας ὑγιὴς
226 ἂν ἐγένετο. σαυτὸν δ᾽ οὐκ ἀντερωτᾷς, τίς ἂν εἴη
δημαγωγὸς τοιοῦτος ὅστις τὸν μὲν δῆμον θωπεῦσαι
δύναιτο, τοὺς δὲ καιροὺς ἐν οἷς ἦν σῴζεσθαι τὴν
πόλιν ἀποδοῖτο, τοὺς δ᾽ εὖ φρονοῦντας κωλύοι δια-
βάλλων συμβουλεύειν, ἀποδρὰς δ᾽ ἐκ τῶν κινδύνων
καὶ τὴν πόλιν ἀνηκέστοις κακοῖς περιβαλὼν ἀξιοῖ
στεφανοῦσθαι ἐπ᾽ ἀρετῇ, ἀγαθὸν μὲν πεποιηκὼς
μηδέν, πάντων δὲ τῶν κακῶν αἴτιος γεγονώς, ἐπ-
ερωτῴη δὲ τοὺς συκοφαντηθέντας ἐκ τῆς πολιτείας
ἐπ᾽ ἐκείνων τῶν καιρῶν ὅτ᾽ ἐνῆν σῴζεσθαι, διὰ τί
227 αὐτὸν οὐκ ἐκώλυσαν ἐξαμαρτάνειν· ἀποκρύπτοιτο δὲ
τὸ πάντων τελευταῖον, ὅτι τῆς μάχης ἐπιγενομένης
οὐκ ἐσχολάζομεν περὶ τὴν σὴν εἶναι τιμωρίαν, ἀλλ᾽
ὑπὲρ τῆς σωτηρίας τῆς πόλεως ἐπρεσβεύομεν· ἐπειδὴ
δὲ οὐκ ἀπέχρη σοι δίκην μὴ δεδωκέναι, ἀλλὰ καὶ
δωρεὰς αἰτεῖς καταγέλαστον ἐν τοῖς Ἕλλησι τὴν
πόλιν ποιῶν, ἐνταῦθ᾽ ἐνέστην καὶ τὴν γραφὴν ἀπ-
ήνεγκα.
228 Καὶ νὴ τοὺς θεοὺς τοὺς Ὀλυμπίους, ὧν ἐγὼ πυν-
θάνομαι Δημοσθένην λέξειν, ἐφ᾽ ᾧ νυνὶ μέλλω λέγειν
ἀγανακτῶ μάλιστα. ἀφομοιοῖ γάρ μου τὴν φύσιν

ταῖς Σειρῆσιν, ὡς ἔοικε. καὶ γὰρ ὑπ' ἐκείνων οὐ κηλεῖσθαί φησι τοὺς ἀκροωμένους ἀλλ' ἀπόλλυσθαι, διόπερ οὐδ' εὐδοκιμεῖν τὴν τῶν Σειρήνων μουσικήν· καὶ δὴ καὶ τὴν τῶν λόγων ἐμπειρίαν καὶ τὴν φύσιν μου γεγενῆσθαι ἐπὶ βλάβῃ τῶν ἀκουόντων. καίτοι τὸν λόγον τοῦτον ὅλως μὲν ἔγωγε οὐδενὶ πρέπειν ἡγοῦμαι περὶ ἐμοῦ λέγειν· τῆς γὰρ αἰτίας αἰσχρὸν τὸν αἰτιώμενόν ἐστι τὸ ἔργον μὴ ἔχειν ἐπιδεῖξαι. εἰ δ' ἦν ἀναγκαῖον ῥηθῆναι, οὐ Δημοσθένους 229 ἦν ὁ λόγος, ἀλλ' ἀνδρὸς στρατηγοῦ μεγάλα μὲν τῇ πόλει κατειργασμένου, λέγειν δὲ ἀδυνάτου καὶ τὴν τῶν ἀντιδίκων διὰ τοῦτο ἐζηλωκότος φύσιν, ὅτι σύνοιδεν ἑαυτῷ μὲν οὐδὲν ὧν διαπέπρακται δυναμένῳ φράσαι, τὸν δὲ κατήγορον ὁρᾷ δυνάμενον καὶ τὰ μὴ πεπραγμένα ὑφ' αὑτοῦ παριστάναι τοῖς ἀκούουσιν ὡς διῴκηκεν. ὅταν δ' ἐξ ὀνομάτων συγκείμενος ἄνθρωπος, καὶ τούτων πικρῶν καὶ περιέργων, ἔπειτα ἐπὶ τὴν ἁπλότητα καὶ τὰ ἔργα καταφεύγῃ, τίς ἂν ἀνάσχοιτο; οὗ τὴν γλῶτταν ὥσπερ τῶν αὐλῶν ἐάν τις ἀφέλῃ, τὸ λοιπὸν οὐδέν ἐστιν.

Θαυμάζω δ' ἔγωγε ὑμῶν, ὦ Ἀθηναῖοι, καὶ ζητῶ 230 πρὸς τί ἂν ἀποβλέποντες ἀποψηφίσαισθε τὴν γραφήν. πότερον ὡς τὸ ψήφισμά ἐστιν ἔννομον; ἀλλ' οὐδεμία πώποτε γνώμη παρανομωτέρα γεγένηται. ἀλλ' ὡς τὸ ψήφισμα γράψας οὐκ ἐπιτήδειός ἐστι δίκην δοῦναι; οὐκ ἄρ' εἰσὶ παρ' ὑμῖν εὔθυναι βίου, εἰ τοῦτον ἀφήσετε. ἐκεῖνο δ' οὐ λυπηρόν, εἰ πρότερον μὲν ἐνεπίμπλατο ἡ ὀρχήστρα χρυσῶν στεφάνων οἷς ὁ δῆμος ἐστεφανοῦτο ὑπὸ τῶν Ἑλλήνων, διὰ τὸ ξενικοῖς στεφάνοις ταύτην ἀποδεδόσθαι τὴν ἡμέραν,

ἐκ δὲ τῶν Δημοσθένους πολιτευμάτων ὑμεῖς μὲν ἀστεφάνωτοι καὶ ἀκήρυκτοι γίνεσθε, οὗτος δὲ κηρυ-
231 χθήσεται; καὶ εἰ μέν τις τῶν τραγικῶν ποιητῶν τῶν μετὰ ταῦτα ἐπεισαγόντων ποιήσειεν ἐν τραγῳδίᾳ τὸν Θερσίτην ὑπὸ τῶν Ἑλλήνων στεφανούμενον, οὐδεὶς ἂν ὑμῶν ὑπομείνειεν, ὅτι φησὶν Ὅμηρος ἄνανδρον αὐτὸν εἶναι καὶ συκοφάντην· αὐτοὶ δ' ὅταν τὸν τοιοῦτον ἄνθρωπον στεφανῶτε, οὐκ οἴεσθε ἐν ταῖς τῶν Ἑλλήνων δόξαις συρίττεσθαι; οἱ μὲν γὰρ πατέρες ὑμῶν τὰ ἔνδοξα καὶ λαμπρὰ τῶν πραγμάτων ἀνετίθεσαν τῷ δήμῳ, τὰ δὲ ταπεινὰ καὶ καταδεέστερα εἰς τοὺς ῥήτορας τοὺς φαύλους ἔτρεπον· Κτησιφῶν δ' ὑμᾶς οἴεται δεῖν ἀφελόντας τὴν ἀδοξίαν ἀπὸ Δημο-
232 σθένους περιθεῖναι τῷ δήμῳ. καὶ φατὲ μὲν εὐτυχεῖς εἶναι, ὡς καὶ ἐστέ, καλῶς ποιοῦντες, ψηφιεῖσθε δ' ὑπὸ μὲν τῆς τύχης ἐγκαταλελεῖφθαι, ὑπὸ Δημοσθένους δὲ εὖ πεπονθέναι; καὶ τὸ πάντων ἀτοπώτατον, ἐν τοῖς αὐτοῖς δικαστηρίοις τοὺς μὲν τὰς τῶν δώρων γραφὰς ἁλισκομένους ἀτιμοῦτε, ὃν δ' αὐτοὶ μισθοῦ πολιτευόμενον σύνιστε, στεφανώσετε; καὶ τοὺς μὲν κριτὰς τοὺς ἐκ τῶν Διονυσίων, ἐὰν μὴ δικαίως τοὺς κυκλίους χοροὺς κρίνωσι, ζημιοῦτε· αὐτοὶ δὲ οὐ κυκλίων χορῶν καθεστηκότες ἀλλὰ νόμων καὶ πολιτικῆς ἀρετῆς, τὰς δωρεὰς οὐ κατὰ τοὺς νόμους οὐδ' ὀλίγοις καὶ τοῖς ἀξίοις ἀλλὰ τῷ διαπραξαμένῳ δώ-
233 σετε; ἔπειτ' ἔξεισιν ἐκ τοῦ δικαστηρίου ὁ τοιοῦτος κριτὴς ἑαυτὸν μὲν ἀσθενῆ πεποιηκώς, ἰσχυρὸν δὲ τὸν ῥήτορα. ἀνὴρ γὰρ ἰδιώτης ἐν πόλει δημοκρατουμένῃ νόμῳ καὶ ψήφῳ βασιλεύει· ὅταν δ' ἑτέρῳ ταῦτα παραδῷ, καταλέλυκεν αὐτὸς τὴν αὑτοῦ δυναστείαν.

ἔπειθ᾽ ὁ μὲν ὅρκος, ὃν ὀμωμοκὼς δικάζει, συμπαρακολουθῶν αὐτὸν λυπεῖ· δι᾽ αὐτὸν γὰρ οἶμαι γέγονε τὸ ἁμάρτημα· ἡ δὲ χάρις πρὸς ὃν ἐχαρίζετο ἄδηλος γεγένηται· ἡ γὰρ ψῆφος ἀφανὴς φέρεται.

Δοκοῦμεν δ᾽ ἔμοιγε, ὦ Ἀθηναῖοι, ἀμφότερα καὶ 234 κατορθοῦν καὶ παρακινδυνεύειν εἰς τὴν πολιτείαν οὐ σωφρονοῦντες. ὅτι μὲν γὰρ ἐπὶ τῶν νῦν καιρῶν οἱ πολλοὶ τοῖς ὀλίγοις προΐεσθε τὰ τῆς δημοκρατίας ἰσχυρά, οὐκ ἐπαινῶ· ὅτι δ᾽ οὐ γεγένηται φορὰ καθ᾽ ἡμᾶς ῥητόρων πονηρῶν ἅμα καὶ τολμηρῶν, εὐτυχοῦμεν. πρότερον μὲν γὰρ τοιαύτας φύσεις ἤνεγκε τὸ δημόσιον, αἳ ῥᾳδίως οὕτω κατέλυσαν τὸν δῆμον· ἔχαιρε γὰρ κολακευόμενος, ἔπειτ᾽ αὐτὸν οὐχ οὓς ἐφοβεῖτο, ἀλλ᾽ οἷς ἑαυτὸν ἐνεχείριζε, κατέλυσαν· ἔνιοι δὲ καὶ αὐτοὶ τῶν τριάκοντα ἐγένοντο, οἳ πλεί- 235 ους ἢ χιλίους καὶ πεντακοσίους τῶν πολιτῶν ἀκρίτους ἀπέκτειναν πρὶν καὶ τὰς αἰτίας ἀκοῦσαι ἐφ᾽ αἷς ἔμελλον ἀποθνήσκειν, καὶ οὐδ᾽ ἐπὶ τὰς ταφὰς καὶ ἐκφορὰς τῶν τελευτησάντων εἴων τοὺς προσήκοντας παραγενέσθαι. οὐχ ὑφ᾽ ὑμῖν αὐτοῖς ἕξετε τοὺς πολιτευομένους; οὐ ταπεινώσαντες ἀποπέμψετε τοὺς νῦν ἐπηρμένους; οὐ μέμνησθ᾽ ὅτι οὐδεὶς πώποτε ἐπέθετο πρότερον τῇ τοῦ δήμου καταλύσει, πρὶν ἂν μεῖζον τῶν δικαστηρίων ἰσχύσῃ;

Ἡδέως δ᾽ ἂν ἔγωγε, ὦ Ἀθηναῖοι, ἐναντίον ὑμῶν 236 ὁμολογησαίμην πρὸς τὸν γράψαντα τὸ ψήφισμα, διὰ ποίας εὐεργεσίας ἀξιοῖ Δημοσθένην στεφανῶσαι. εἰ μὲν γὰρ λέγεις, ὅθεν τὴν ἀρχὴν τοῦ ψηφίσματος ἐποιήσω, ὅτι τὰς τάφρους τὰς περὶ τὰ τείχη καλῶς ἐτάφρευσε, θαυμάζω σου. τοῦ γὰρ ταῦτ᾽ ἐξεργασθῆναι καλῶς τὸ γεγενῆσθαι τούτων αἴτιον μείζω κατηγορίαν ἔχει· οὐ γὰρ περιχαρακώσαντα χρὴ τὰ τείχη οὐδὲ τὰς δημοσίας ταφὰς ἀνελόντα τὸν ὀρθῶς πεπολιτευμένον δωρεὰς αἰτεῖν, ἀλλ' ἀγαθοῦ τινος αἴτιον 237 γεγενημένον τῇ πόλει. εἰ δὲ ἥξεις ἐπὶ τὸ δεύτερον μέρος τοῦ ψηφίσματος, ἐν ᾧ τετόλμηκας γράφειν ὡς ἔστιν ἀνὴρ ἀγαθὸς καὶ διατελεῖ λέγων καὶ πράττων τὰ ἄριστα τῷ δήμῳ τῶν Ἀθηναίων, ἀφελὼν τὴν ἀλαζονείαν καὶ τὸν κόμπον τοῦ ψηφίσματος ἅψαι τῶν ἔργων, ἐπίδειξον ἡμῖν ὅ τι λέγεις. τὰς μὲν γὰρ περὶ τοὺς Ἀμφισσέας καὶ τοὺς Εὐβοέας δωροδοκίας παραλείπω· ὅταν δὲ τῆς πρὸς Θηβαίους συμμαχίας τὰς αἰτίας ἀνατιθῇς Δημοσθένει, τοὺς μὲν ἀγνοοῦντας ἐξαπατᾷς, τοὺς δ' εἰδότας καὶ αἰσθανομένους ὑβρίζεις. ἀφελὼν γὰρ τὸν καιρὸν καὶ τὴν δόξαν τὴν τούτων, δι' ἣν ἐγένετο ἡ συμμαχία, οἴει λανθάνειν ἡμᾶς τὸ τῆς πόλεως ἀξίωμα Δημοσθένει περιτιθείς. 238 ἡλίκον δ' ἐστὶ τὸ ἀλαζόνευμα τοῦτο, ἐγὼ πειράσομαι μεγάλῳ σημείῳ διδάξαι. ὁ γὰρ τῶν Περσῶν βασιλεὺς οὐ πολλῷ πρότερον χρόνῳ πρὸ τῆς Ἀλεξάνδρου διαβάσεως εἰς τὴν Ἀσίαν κατέπεμψε τῷ δήμῳ καὶ μάλα ὑβριστικὴν καὶ βάρβαρον ἐπιστολήν, ἐν ᾗ τά τε δὴ ἄλλα καὶ μάλ' ἀπαιδεύτως διελέχθη, καὶ ἐπὶ τελευτῆς ἐνέγραψεν ἐν τῇ ἐπιστολῇ, "ἐγώ" φησίν "ὑμῖν χρυσίον οὐ δώσω· μή με αἰτεῖτε· οὐ 239 γὰρ λήψεσθε." οὗτος μέντοι ὁ αὐτὸς ἐγκαταληφθεὶς ὑπὸ τῶν νυνὶ παρόντων αὐτῷ κινδύνων, οὐκ αἰτούντων Ἀθηναίων, αὐτὸς ἑκὼν κατέπεμψε τριακόσια τάλαντα τῷ δήμῳ· ἃ σωφρονῶν οὐκ ἐδέξατο. ὁ δὲ κομίζων ἦν τὸ χρυσίον καιρὸς καὶ φόβος καὶ χρεία συμμάχων. τὸ δὲ αὐτὸ τοῦτο καὶ τὴν Θηβαίων συμμαχίαν ἐξειργάζετο. σὺ δὲ τὸ μὲν τῶν Θηβαίων ὄνομα καὶ τὸ τῆς δυστυχεστάτης συμμαχίας ἐνοχλεῖς ἀεὶ λέγων, τὰ δ' ἑβδομήκοντα τάλαντα ὑποσιωπᾷς ἃ προλαβὼν τοῦ βασιλικοῦ χρυσίου ἀπεστέρησας. οὐ δι' ἔνδειαν μὲν χρημάτων ἕνεκα πέντε 240 ταλάντων οἱ ξένοι τοῖς Θηβαίοις τὴν ἄκραν οὐ παρέδοσαν; διὰ ἐννέα δὲ τάλαντα ἀργυρίου πάντων Ἀρκάδων ἐξεληλυθότων καὶ τῶν ἡγεμόνων ἑτοίμων ὄντων βοηθεῖν ἡ πρᾶξις οὐ γεγένηται; σὺ δὲ πλουτεῖς καὶ ταῖς ἡδοναῖς ταῖς σαυτοῦ χορηγεῖς. καὶ τὸ κεφάλαιον, τὸ μὲν βασιλικὸν χρυσίον παρὰ τούτῳ, οἱ δὲ κίνδυνοι παρ' ὑμῖν.

Ἄξιον δ' ἐστὶ καὶ τὴν ἀπαιδευσίαν αὐτῶν θεω- 241 ρῆσαι· εἰ γὰρ τολμήσει Κτησιφῶν μὲν Δημοσθένην παρακαλεῖν λέξοντα εἰς ὑμᾶς, οὗτος δ' ἀναβὰς ἑαυτὸν ἐγκωμιάσει, βαρύτερον τῶν ἔργων ὧν πεπόνθατε τὸ ἀκρόαμα γίνεται. ὅπου γὰρ δὴ τοὺς μὲν ὄντως ἄνδρας ἀγαθούς, οἷς πολλὰ καὶ καλὰ σύνισμεν ἔργα, ἐὰν τοὺς καθ' ἑαυτῶν ἐπαίνους λέγωσιν, οὐ φέρομεν· ὅταν δὲ ἄνθρωπος αἰσχύνῃ τῆς πόλεως γεγονὼς ἑαυτὸν ἐγκωμιάζῃ, τίς ἂν τὰ τοιαῦτα καρτερήσειεν ἀκούων;

Ἀπὸ μὲν οὖν τῆς ἀναισχύντου πραγματείας, ἐὰν 242 σωφρονῇς, ἀποστήσῃ, ποιήσαι δὲ ὦ Κτησιφῶν διὰ σαυτοῦ τὴν ἀπολογίαν. οὐ γὰρ δή που τοῦτό γε σκήψῃ, ὡς οὐ δυνατὸς εἶ λέγειν. καὶ γὰρ ἄτοπόν σοι συμβαίνει, εἰ πρώην μέν ποθ' ὑπέμεινας πρεσβευτὴς ὡς Κλεοπάτραν τὴν Φιλίππου θυγατέρα χειροτονεῖσθαι συναχθεσθησόμενος ἐπὶ τῇ τοῦ Μο-

λοττῶν βασιλέως 'Αλεξάνδρου τελευτῇ, νυνὶ δὲ οὐ φήσεις δύνασθαι λέγειν. ἔπειτα γυναῖκα μὲν ἀλλοτρίαν πενθοῦσαν δύνασαι παραμυθεῖσθαι, γράψας δὲ 243 μισθοῦ ψήφισμα οὐκ ἀπολογήσῃ; ἢ τοιοῦτός ἐστιν ὃν γέγραφας στεφανοῦσθαι, οἷος μὴ γινώσκεσθαι ὑπὸ τῶν εὖ πεπονθότων, ἂν μή τίς σοι συνείπῃ; ἐπερώτησον δὴ τοὺς δικαστὰς εἰ ἐγίνωσκον Χαβρίαν καὶ Ἰφικράτην καὶ Τιμόθεον, καὶ πυθοῦ παρ' αὐτῶν διὰ τί τὰς δωρεὰς αὐτοῖς ἔδοσαν καὶ τὰς εἰκόνας ἔστησαν. ἅπαντες γὰρ ἅμα σοι ἀποκρινοῦνταί ὅτι Χαβρίᾳ μὲν διὰ τὴν περὶ Νάξον ναυμαχίαν, Ἰφικράτει δὲ ὅτι μόραν Λακεδαιμονίων ἀπέκτεινε, Τιμοθέῳ δὲ διὰ τὸν περίπλουν τὸν εἰς Κέρκυραν, καὶ ἄλλοις, ὧν ἑκάστῳ πολλὰ καὶ καλὰ κατὰ πόλεμον ἔργα πέ-
244 πρακται. Δημοσθένει δ' ἐάν τις ἐρωτᾷ διὰ τί; ὅτι δωροδόκος, ὅτι δειλός, ὅτι τὴν τάξιν ἔλιπε. καὶ πότερον τοῦτον τιμήσετε, ἢ ὑμᾶς αὐτοὺς ἀτιμώσετε καὶ τοὺς ὑπὲρ ὑμῶν ἐν τῇ μάχῃ τελευτήσαντας; οὓς νομίζεθ' ὁρᾶν σχετλιάζοντας εἰ οὗτος στεφανωθήσεται. καὶ γὰρ ἂν εἴη δεινόν, ὦ Ἀθηναῖοι, εἰ τὰ μὲν ξύλα καὶ τοὺς λίθους καὶ τὸν σίδηρον, τὰ ἄφωνα καὶ ἀγνώμονα, ἐάν τῳ ἐμπεσόντα ἀποκτείνῃ, ὑπερορίζομεν, καὶ ἐάν τις αὐτὸν διαχρήσηται, τὴν χεῖρα τὴν τοῦτο πράξασαν χωρὶς τοῦ σώματος θάπτομεν,
245 Δημοσθένην δέ, ὦ Ἀθηναῖοι, τὸν γράψαντα μὲν τὴν πανυστάτην ἔξοδον, προδόντα δὲ τοὺς στρατιώτας, τοῦτον ὑμεῖς τιμήσετε. οὐκοῦν ὑβρίζονται μὲν οἱ τελευτήσαντες, ἀθυμότεροι δὲ οἱ ζῶντες γίνονται ὁρῶντες τῆς ἀρετῆς ἆθλον τὸν θάνατον κείμενον, τὴν δὲ μνήμην ἐπιλείπουσαν. τὸ δὲ μέγιστον, ἐὰν

ἐπερωτῶσιν ὑμᾶς οἱ νεώτεροι πρὸς ποῖον χρὴ παράδειγμα αὐτοὺς τὸν βίον ποιεῖσθαι, τί κρινεῖτε; εὖ 246 γὰρ ἴστε, ὅτι οὐχ αἱ παλαῖστραι οὐδὲ τὰ διδασκαλεῖα οὐδ' ἡ μουσικὴ μόνον παιδεύει τοὺς νεωτέρους ἀλλὰ πολὺ μᾶλλον τὰ δημόσια κηρύγματα. κηρύττεταί τις ἐν τῷ θεάτρῳ ὅτι στεφανοῦται ἀρετῆς ἕνεκα καὶ ἀνδραγαθίας καὶ εὐνοίας ἄνθρωπος ἀσχημονῶν τῷ βίῳ καὶ βδελυρός· ὁ δέ γε νεώτερος ταῦτ' ἰδὼν διεφθάρη. δίκην τις δέδωκε πονηρὸς καὶ πορνοβοσκὸς ὥσπερ Κτησιφῶν· οἱ δέ γε ἄλλοι πεπαίδευνται. τἀναντία τις ψηφισάμενος τῶν καλῶν καὶ δικαίων ἐπανελθὼν οἴκαδε παιδεύει τὸν υἱόν· ὁ δέ γε εἰκότως οὐ πείθεται, ἀλλὰ τὸ νουθετεῖν ἐνταῦθα ἐνοχλεῖν ἤδη καὶ δικαίως ὀνομάζεται. ὡς οὖν μὴ 247 μόνον κρίνοντες ἀλλὰ καὶ θεωρούμενοι, οὕτω τὴν ψῆφον φέρετε, εἰς ἀπολογισμὸν τοῖς νῦν μὲν οὐ παροῦσι τῶν πολιτῶν, ἐπερησομένοις δὲ ὑμᾶς τί ἐδικάζετε. εὖ γὰρ ἴστε, ὦ Ἀθηναῖοι, ὅτι τοιαύτη δόξει ἡ πόλις εἶναι, ὁποῖός τις ἂν ᾖ ὁ κηρυττόμενος· ἔστι δὲ ὄνειδος μὴ τοῖς προγόνοις ἀλλὰ τῇ Δημοσθένους ἀνανδρίᾳ προσεικασθῆναι. πῶς οὖν ἄν τις 248 τὴν τοιαύτην αἰσχύνην ἐκφύγοι; ἐὰν τοὺς προκαταλαμβάνοντας τὰ κοινὰ καὶ φιλάνθρωπα τῶν ὀνομάτων, ἀπίστους ὄντας τοῖς ἤθεσι, φυλάξησθε. ἡ γὰρ εὔνοια καὶ τὸ τῆς δημοκρατίας ὄνομα κεῖται μὲν ἐν μέσῳ, φθάνουσι δ' ἐπ' αὐτὰ καταφεύγοντες τῷ λόγῳ ὡς ἐπὶ πολὺ οἱ τοῖς ἔργοις πλεῖστον ἀπέχοντες. Ὅταν οὖν λάβητε ῥήτορα ξενικῶν στεφάνων καὶ 249 κηρυγμάτων ἐν τοῖς Ἕλλησιν ἐπιθυμοῦντα, ἐπανάγειν αὐτὸν κελεύετε τῶν λόγων, ὥσπερ καὶ τὰς

βεβαιώσεις τῶν κτημάτων ὁ νόμος κελεύει ποιεῖσθαι, εἰς βίον ἀξιόχρεων καὶ τρόπον σώφρονα. ὅτῳ δὲ ταῦτα μὴ μαρτυρεῖται, μὴ βεβαιοῦτε αὐτῷ τοὺς ἐπαίνους, καὶ τῆς δημοκρατίας ἐπιμελήθητε ἤδη 250 διαφευγούσης ὑμᾶς. ἢ οὐ δεινὸν δοκεῖ ὑμῖν εἶναι εἰ τὸ μὲν βουλευτήριον καὶ ὁ δῆμος παρορᾶται, αἱ δ' ἐπιστολαὶ καὶ πρεσβεῖαι ἀφικνοῦνται εἰς ἰδιωτικὰς οἰκίας, οὐ παρὰ τῶν τυχόντων ἀνθρώπων ἀλλὰ παρὰ τῶν πρωτευόντων ἐν τῇ Ἀσίᾳ καὶ τῇ Εὐρώπῃ; καὶ ἐφ' οἷς ἐστιν ἐκ τῶν νόμων ζημία θάνατος, ταῦτά τινες οὐκ ἐξαρνοῦνται πράττειν ἀλλ' ὁμολογοῦσιν ἐν τῷ δήμῳ, καὶ τὰς ἐπιστολὰς ἀλλήλοις παραναγινώσκουσιν, καὶ παρακελεύονται ὑμῖν οἱ μὲν βλέπειν εἰς τὰ ἑαυτῶν πρόσωπα ὡς φύλακες τῆς δημοκρατίας, ἕτεροι δ' αἰτοῦσι δωρεὰς ὡς σωτῆρες 251 τῆς πόλεως ὄντες. ὁ δὲ δῆμος ἐκ τῆς ἀθυμίας τῶν συμβεβηκότων ὥσπερ παραγεγηρακὼς ἢ παρανοίας ἑαλωκὼς αὐτὸ μόνον τοὔνομα τῆς δημοκρατίας περιποιεῖται, τῶν δ' ἔργων ἑτέροις παρακεχώρηκεν. ἔπειτ' ἀπέρχεσθε ἐκ τῶν ἐκκλησιῶν οὐ βουλευσάμενοι, ἀλλ' ὥσπερ ἐκ τῶν ἐράνων, τὰ περιόντα νειμάμενοι. ὅτι δ' οὐ ληρῶ, ἐκεῖθεν τὸν λόγον θεω-
252 ρήσατε. ἐγένετό τις (ἄχθομαι δὲ πολλάκις μεμνημένος τὰς ἀτυχίας τῆς πόλεως) ἐνταῦθ' ἀνὴρ ἰδιώτης, ὃς ἐκπλεῖν εἰς Σάμον ἐπιχειρήσας ὡς προδότης τῆς πατρίδος αὐθημερὸν ὑπὸ τῆς ἐξ Ἀρείου πάγου βουλῆς θανάτῳ ἐζημιώθη. ἕτερος δ' ἐκπλεύσας ἰδιώτης εἰς Ῥόδον, ὅτι τὸν φόβον ἀνάνδρως ἤνεγκε, πρώην ποτὲ εἰσηγγέλθη καὶ ἴσαι αἱ ψῆφοι αὐτῷ ἐγένοντο· εἰ δὲ μία μόνον μετέπεσεν, ὑπερώριστ'

ἂν ἦ ἀπέθανεν. ἀντιθῶμεν δὴ τὸ νῦν γινόμενον. 253 ἀνὴρ ῥήτωρ, ὁ πάντων τῶν κακῶν αἴτιος, ἔλιπε μὲν τὴν ἀπὸ στρατοπέδου τάξιν, ἀπέδρα δ' ἐκ τῆς πόλεως· οὗτος στεφανοῦσθαι ἀξιοῖ καὶ κηρύττεσθαι οἴεται δεῖν. οὐκ ἀποπέμπετε τὸν ἄνθρωπον ὡς κοινὴν τῶν Ἑλλήνων συμφοράν; ἢ συλλαβόντες ὡς λῃστὴν τῶν πραγμάτων, ἐπ' ὀνομάτων διὰ τῆς πολιτείας πλέοντα, τιμωρήσεσθε; καὶ τὸν καιρὸν μέμνησθε 254 ἐν ᾧ τὴν ψῆφον φέρετε. ἡμερῶν μὲν ὀλίγων μέλλει τὰ Πύθια γίνεσθαι καὶ τὸ συνέδριον τὸ τῶν Ἑλλήνων συλλέγεσθαι· διαβέβληται δ' ἡ πόλις ἐκ τῶν Δημοσθένους πολιτευμάτων περὶ τοὺς νῦν καιρούς· δόξετε δ', ἐὰν μὲν τοῦτον στεφανώσητε, ὁμογνώμονες εἶναι τοῖς παραβαίνουσι τὴν κοινὴν εἰρήνην, ἐὰν δὲ τοὐναντίον τούτου πράξητε, ἀπολύσετε τὸν δῆμον τῶν αἰτιῶν.

Μὴ οὖν ὡς ὑπὲρ ἀλλοτρίας ἀλλ' ὡς ὑπὲρ οἰκείας 255 τῆς πόλεως βουλεύεσθε, καὶ τὰς φιλοτιμίας μὴ νέμετε ἀλλὰ κρίνετε, καὶ τὰς δωρεὰς εἰς βελτίω σώματα καὶ ἀξιολογωτέρους ἄνδρας ἀπόθεσθε. καὶ μὴ μόνον τοῖς ὠσὶν ἀλλὰ καὶ τοῖς ὄμμασι διαβλέψαντες εἰς ὑμᾶς αὐτοὺς βουλεύσασθε, τίνες ὑμῶν εἰσιν οἱ βοηθήσοντες Δημοσθένει, πότερον οἱ συγκυνηγέται ἢ οἱ συγγυμνασταὶ αὐτοῦ, ὅτ' ἦν ἐν ἡλικίᾳ. ἀλλὰ μὰ τὸν Δία τὸν Ὀλύμπιον, οὐχ ὗς ἀγρίους κυνηγετῶν οὐδὲ τῆς τοῦ σώματος εὐεξίας ἐπιμελόμενος, ἀλλ' ἐπασκῶν τέχνας ἐπὶ τοὺς τὰς οὐσίας κεκτημένους διαγεγένηται. ἀλλ' εἰς τὴν ἀλαζονείαν ἀποβλέ- 256 ψαντες, ὅταν φῇ Βυζαντίους μὲν ἐκ τῶν χειρῶν

πρεσβεύσας ἐξελέσθαι τοῦ Φιλίππου, ἀποστῆσαι δὲ
Ἀκαρνᾶνας, ἐκπλῆξαι δὲ Θηβαίους δημηγορήσας·
οἴεται γὰρ ὑμᾶς εἰς τοσοῦτον εὐηθείας ἤδη προβεβηκέναι ὥστε καὶ ταῦτα ἀναπεισθήσεσθαι, ὥσπερ
Πειθὼ τρέφοντας ἀλλ' οὐ συκοφάντην ἄνθρωπον ἐν
257 τῇ πόλει. Ὅταν δ' ἐπὶ τελευτῆς ἤδη τοῦ λόγου συνηγόρους τοὺς κοινωνοὺς τῶν δωροδοκημάτων αὑτῷ
παρακαλῇ, ὑπολαμβάνετε ὁρᾶν ἐπὶ τοῦ βήματος, οὗ
νῦν ἑστηκὼς ἐγὼ λέγω, ἀντιπαρατεταγμένους πρὸς
τὴν τούτων ἀσέλγειαν τοὺς τῆς πόλεως εὐεργέτας,
Σόλωνα μὲν τὸν καλλίστοις νόμοις κοσμήσαντα τὴν
δημοκρατίαν, ἄνδρα φιλόσοφον καὶ νομοθέτην ἀγαθόν,
σωφρόνως, ὡς προσῆκεν αὐτῷ, δεόμενον ὑμῶν μηδενὶ τρόπῳ τοὺς Δημοσθένους λόγους περὶ πλείονος
258 ποιήσασθαι τῶν ὅρκων καὶ τῶν νόμων, Ἀριστείδην
δὲ τὸν τοὺς φόρους τάξαντα τοῖς Ἕλλησιν, οὗ τελευτήσαντος τὰς θυγατέρας ἐξέδωκεν ὁ δῆμος, σχετλιάζοντα ἐπὶ τῷ τῆς δικαιοσύνης προπηλακισμῷ, καὶ
ἐπερωτῶντα εἰ οὐκ αἰσχύνεσθε εἰ οἱ μὲν πατέρες
ὑμῶν Ἄρθμιον τὸν Ζελείτην κομίσαντα εἰς τὴν Ἑλλάδα τὸ ἐκ Μήδων χρυσίον, ἐπιδημήσαντα εἰς τὴν
πόλιν, πρόξενον ὄντα τοῦ δήμου τῶν Ἀθηναίων,
παρ' οὐδὲν μὲν ἦλθον ἀποκτεῖναι, ἐξεκήρυξαν δ' ἐκ
τῆς πόλεως καὶ ἐξ ἁπάσης ἧς Ἀθηναῖοι ἄρχουσιν,
259 ὑμεῖς δὲ Δημοσθένην, οὐ κομίσαντα τὸ ἐκ Μήδων
χρυσίον ἀλλὰ δωροδοκήσαντα καὶ ἔτι καὶ νῦν κεκτημένον, χρυσῷ στεφάνῳ μέλλετε στεφανοῦν. Θεμιστοκλέα δὲ καὶ τοὺς ἐν Μαραθῶνι τελευτήσαντας
καὶ τοὺς ἐν Πλαταιαῖς καὶ αὐτοὺς τοὺς τάφους τοὺς

τῶν προγόνων οὐκ ἂν οἴεσθε στενάξαι, εἰ ὁ μετὰ τῶν βαρβάρων ὁμολογῶν τοῖς Ἕλλησιν ἀντιπράττειν στεφανωθήσεται;

Ἐγὼ μὲν οὖν, ὦ γῆ καὶ ἥλιε καὶ ἀρετὴ καὶ σύνε- 260 σις καὶ παιδεία, ᾗ διαγινώσκομεν τὰ καλὰ καὶ τὰ αἰσχρά, βεβοήθηκα καὶ εἴρηκα. καὶ εἰ μὲν καλῶς καὶ ἀξίως τοῦ ἀδικήματος κατηγόρηκα, εἶπον ὡς ἐβουλόμην, εἰ δὲ ἐνδεεστέρως, ὡς ἐδυνάμην. ὑμεῖς δὲ καὶ ἐκ τῶν εἰρημένων λόγων καὶ ἐκ τῶν παραλελειμμένων αὐτοὶ τὰ δίκαια καὶ τὰ συμφέροντα ὑπὲρ τῆς πόλεως ψηφίσασθε.

DEMOSTHENES DE CORONA.

ΥΠΕΡ ΚΤΗΣΙΦΩΝΤΟΣ ΠΕΡΙ ΤΟΥ ΣΤΕΦΑΝΟΥ.

ΛΙΒΑΝΙΟΥ ΥΠΟΘΕΣΙΣ.

Τειχας μὲν ὁ ῥήτωρ ὑπὲρ Ἀθηναίων προὐβάλετο τῶν συνήθων τούτων καὶ χειροποιήτων ἀρραγέστερόν τε καὶ βέλτιον, τήν τε εἰς τὴν πόλιν εὔνοιαν καὶ περὶ λόγους δεινότητα, ὡς αὐτὸς εἴρηκεν "οὐ λίθοις καὶ πλίνθοις τὰς Ἀθήνας ὠχύρωσα, ἀλλὰ μεγάλαις δυνάμεσι καὶ πολλῇ 5 τινὶ συμμαχίᾳ, τῇ μὲν ἐκ γῆς τῇ δὲ ἐκ θαλάττης." οὐ μὴν ἀλλὰ καὶ εἰς τὸν χειροποίητον περίβολον οὐ μικρὰ τῇ πόλει συνεβάλετο. πεπονηκότος γὰρ κατὰ πολλὰ μέρη τοῦ τείχους τοῖς Ἀθηναίοις, ἐπειδὴ ἔδοξεν ἀνορθοῦν αὐτό, ᾑρέθησαν ἐπὶ τὸ ἔργον ἄνδρες δέκα, φυλῆς ἑκάστης 10 εἷς, οὓς ἔδει τὴν ἐπιμέλειαν παρέχεσθαι ψιλήν· τὸ γὰρ ἀνάλωμα δημόσιον. εἷς τοίνυν τούτων καὶ ὁ ῥήτωρ γενόμενος οὐχ ὁμοίως τοῖς ἄλλοις τὴν ἐπιμέλειαν μόνην εἰσήνεγκε τῇ χρείᾳ, ἀλλὰ τὸ μὲν ἔργον ἀμέμπτως ἀπετέλεσε, τὰ δὲ χρήματα ἔδωκεν οἴκοθεν τῇ πόλει. ἐπῄνεσεν 15 αὐτοῦ τὴν εὔνοιαν ταύτην ἡ βουλή, καὶ τὴν προθυμίαν ἠμείψατο στεφάνῳ χρυσῷ· ἕτοιμοι γὰρ Ἀθηναῖοι πρὸς τὰς χάριτας τῶν εὖ ποιούντων. Κτησιφῶν δὲ ἦν ὁ τὴν γνώμην εἰπὼν ὡς δεῖ στεφανῶσαι τὸν Δημοσθένην, ἐν μὲν καιρῷ τοῖς Διονυσίοις, ἐν δὲ τόπῳ τῷ τοῦ Διονύσου 20 θεάτρῳ, ἐν δὲ θεαταῖς πᾶσι τοῖς Ἕλλησιν, οὓς ἡ πανήγυρις συνήγαγε· καὶ τούτων ἐναντίον ἀνειπεῖν τὸν κήρυκα ὅτι στεφανοῖ Δημοσθένην Δημοσθένους Παιανιέα ἡ πόλις ἀρετῆς συμπάσης ἕνεκα καὶ εὐνοίας τῆς πρὸς αὐτήν. ἦν οὖν πανταχόθεν ἡ τιμὴ θαυμαστή· διὸ καὶ φθόνος αὐτῆς ἥψατο, καὶ τοῦ ψηφίσματος ἀπηνέχθη παρανόμων γραφή. Αἰσχίνης γὰρ ἐχθρὸς ὢν τοῦ Δημοσθένους ἀγῶνα παρανόμων ἐπήγγειλε Κτησιφῶντι, λέγων ἄρχοντα γεγονότα τὸν Δημοσθένην καὶ μὴ δόντα λόγον ὑπεύθυνον εἶναι, νόμον δὲ κελεύειν τοὺς ὑπευθύνους μὴ στεφανοῦν, καὶ πάλιν νόμον παρεχόμενος τὸν κελεύοντα, ἐὰν μέν τινα ὁ δῆμος ὁ Ἀθηναίων στεφανοῖ, ἐν τῇ ἐκκλησίᾳ τὸν στέφανον ἀναγορεύεσθαι, ἐὰν δὲ ἡ βουλή, ἐν τῷ βουλευτηρίῳ, ἀλλαχόθι δὲ μὴ ἐξεῖναι. φησὶ δὲ καὶ τοὺς ἐπαίνους εἶναι τοὺς ἐπὶ τῷ Δημοσθένει ψευδεῖς· μὴ γὰρ πεπολιτεῦσθαι καλῶς τὸν ῥήτορα, ἀλλὰ καὶ δωροδόκον εἶναι καὶ πολλῶν κακῶν αἴτιον τῇ πόλει. καὶ τάξει γε ταύτῃ τῆς κατηγορίας Αἰσχίνης κέχρηται· πρῶτον εἰπὼν περὶ τοῦ τῶν ὑπευθύνων νόμου καὶ δεύτερον περὶ τοῦ τῶν κηρυγμάτων καὶ τρίτον περὶ τῆς πολιτείας· ἠξίωσε δὲ καὶ τὸν Δημοσθένην τὴν αὐτὴν τάξιν ποιήσασθαι. ὁ δὲ ῥήτωρ καὶ ἀπὸ τῆς πολιτείας τὴν ἀρχὴν ἐποιήσατο καὶ πάλιν εἰς ταύτην τὸν λόγον κατέστρεψε, τεχνικῶς ποιῶν· δεῖ γὰρ ἄρχεσθαί τε ἀπὸ τῶν ἰσχυροτέρων καὶ λήγειν εἰς ταῦτα· μέσα δὲ τέθεικε τὰ περὶ τῶν νόμων, καὶ τῷ μὲν περὶ τῶν ὑπευθύνων ἀντιτίθησι διανοίας, τῷ δὲ περὶ τῶν κηρυγμάτων νόμον ἕτερον ἤτοι νόμου μέρος, ὥς φησιν αὐτός, ἐν ᾧ συγκεχώρηται καὶ ἐν τῷ θεάτρῳ κηρύττειν, ἐὰν ὁ δῆμος ἢ ἡ βουλὴ τοῦτο ψηφίσηται.

ΕΤΕΡΑ ΥΠΟΘΕΣΙΣ.

Ἀθηναῖοι καὶ Θηβαῖοι πολεμοῦντες πρὸς Φίλιππον ἐν Χαιρωνείᾳ, πόλει τῆς Βοιωτίας, ἡττήθησαν· ἐπικρατήσας οὖν ὁ Μακεδὼν φρουρὰν μὲν εἰς τὰς Θήβας ἐνέβαλε, καὶ εἶχεν ὑπὸ χεῖρα δουλεύουσαν. ἐλπίσαντες οὖν τὸ αὐτὸ

παθεῖν Ἀθηναῖοι καὶ ὅσον οὐδέπω κατ᾽ αὐτῶν ἥξειν
προσδοκῶντες τὸν τύραννον, ἐσκέψαντο τὰ πεπονηκότα
μέρη τῷ χρόνῳ τοῦ τείχους ἐπανορθώσασθαι, καὶ δὴ
ἀφ᾽ ἑκάστης φυλῆς τειχοποιοὶ προεβλήθησαν. τοιόνδε
καὶ ἡ Πανδιονὶς ἐξ ἑαυτῆς εἵλετο πρὸς τὴν χρείαν τὸν
ῥήτορα. τῆς τοίνυν ἐργασίας ἐν χερσὶν οὔσης, προσ-
δεηθεὶς ἔτι χρημάτων μετὰ τὰ δεδομένα ὑπὸ τῆς πόλεως
ὁ ῥήτωρ ἐκ τῶν ἰδίων ἐδαπάνησε, καὶ οὐκ ἐλογίσατο
αὐτὰ τῇ πόλει, ἀλλὰ κατεχαρίσατο. ταύτην ἀφορμὴν ὁ
Κτησιφῶν, εἷς τῶν πολιτευομένων, δεξάμενος εἰσήνεγκε
γνώμην ἐν τῇ βουλῇ περὶ αὐτοῦ τοιαύτην, "ἐπειδὴ
διατελεῖ Δημοσθένης ὁ Δημοσθένους παρ᾽ ὅλον τὸν βίον
εὔνοιαν εἰς τὴν πόλιν ἐπιδεικνύμενος, καὶ νῦν δὲ τειχο-
ποιὸς ὢν καὶ προσδεηθεὶς χρημάτων οἴκοθεν παρέσχε καὶ
ἐχαρίσατο, διὰ τοῦτο δεδόχθω τῇ βουλῇ καὶ τῷ δήμῳ
στεφανοῦσθαι αὐτὸν χρυσέῳ στεφάνῳ, ἐν τῷ θεάτρῳ,
τραγῳδιῶν ἀγομένων καινῶν," ἴσως ὅτε πλήθη συντρέχει
ἐπιθυμοῦντα καινὰ δράματα βλέπειν. εἰσαγομένου τοίνυν
καὶ εἰς τὸν δῆμον τοῦ προβουλεύματος, ἐφίσταται τοῦ
Κτησιφῶντος κατήγορος Αἰσχίνης, ἐκ τῆς πολιτείας
ὑπάρχων ἐχθρός, παράνομον εἶναι φάσκων πρὸς τρεῖς
νόμους τὸ ψήφισμα, ἕνα μὲν τὸν κελεύοντα τὸν ὑπεύθυνον
μὴ στεφανοῦσθαι, πρὶν ἂν δῷ τὰς εὐθύνας· οὔπω δὲ
ταύτας, φησίν, ὁ Δημοσθένης ἐδεδώκει καὶ τὰ θεωρικὰ
διοικῶν καὶ τειχοποιῶν, καὶ ἔδει ἀναμεῖναι καὶ ἐπισχεῖν
τὸ γέρας, ἕως ἂν ὀφθῇ καθαρὸς ἐξετασθείς. δεύτερον δὲ
ἀναγινώσκει νόμον τὸν κελεύοντα ἐν Πυκνὶ στεφανοῦσθαι,
ἐν τῇ ἐκκλησίᾳ, διαβάλλων τοὺς πολίτας τοὺς δεξαμένους
ἐν τῷ θεάτρῳ ἀναγορευθῆναι τοῦ Δημοσθένους τὸν στέ-
φανον· ὁ δὲ τρίτος νόμος εἰς τὴν ὅλην ὁρᾷ τοῦ βίου καὶ
τῆς πολιτείας ἐξέτασιν· κελεύει γὰρ μηδέποτε ψευδῆ
γράμματα εἰς τὸ Μητρῷον εἰσάγειν, ἔνθα ἐστὶν ὅλα τὰ

δημόσια γράμματα. ἐψεύσατο δέ, φησίν, εὔνοιαν καὶ σπουδὴν μαρτυρήσας τῷ Δημοσθένει· κακόνους γὰρ μᾶλλον καὶ πολέμιος εὑρίσκεται τῇ πατρίδι. τούτου τοῦ νόμου χρησίμου τυγχάνοντος, τοῦ τρίτου, ἀντιλαβόμενος ὥς πέρ τινος ἀγκύρας ὁ ῥήτωρ κατεπάλαισε τὸν ἀντίδικον, μεθόδῳ δεινοτάτῃ καὶ σοφωτάτῃ τῇ περὶ τοῦ κατηγόρου χρησάμενος· ἐκεῖθεν γὰρ ἔσχε λαβὴν ἑλεῖν καὶ καταγωνίσασθαι τὸν πολέμιον. τοὺς μὲν γὰρ ἄλλους δύο νόμους, τόν τε τῶν ὑπευθύνων καὶ τὸν τοῦ κηρύγματος, εἰς τὸ μέσον τοῦ λόγου ἀπέρριψε, στρατηγικῶς κακοὺς δ' εἰς μέσον ἐλάσας, τῷ δὲ ἰσχυροτάτῳ εἰς τὰ ἄκρα προσκέχρηται, τὸ σαθρὸν τῶν ἄλλων ἐξ ἑκατέρου ῥωννύς. ἔοικε δὲ καὶ διοικεῖν πρὸς τὸ συμφέρον τὸν λόγον, καὶ οὐ σφόδρα ἀναιδῶς τὴν τέχνην ἐπιδεικνύμενος. δοκῶν γὰρ ἐν πρώτοις ὑπερβαίνειν τὸ νόμιμον, ἑτέρῳ τρόπῳ τῷ νομίμῳ προσκέχρηται· καὶ γὰρ νόμον ἀνέγνω Αἰσχίνης τὸν περὶ τῶν στεφάνων ψευδῆ, πρὸς ὃν ὁ ῥήτωρ ἀποκρινόμενος εὗρε καιρὸν εἰς μέσον ἀγαγεῖν τὰ ἑαυτοῦ πολιτεύματα, ὡς νομίμῳ μαχόμενος. καὶ ἡ μὲν διοίκησις τοῦ λόγου τοιαύτη, κεφάλαιον δὲ ἰσχυρὸν τῷ μὲν Αἰσχίνῃ τὸ νόμιμον, τῷ δὲ ῥήτορι τὸ δίκαιον, κοινὸν δὲ ἀπὸ τοῦ ἴσου τὸ συμφέρον, οὐκ ἔχον φανερὰν τὴν ἐξέτασιν. ἡ στάσις ἔγγραφος πραγματική· περὶ ῥητοῦ γὰρ τὸ ψήφισμα.

Τῆς δὲ γραφῆς ἔτι Φιλίππου ζῶντος ἀποτεθείσης, ἐπὶ Ἀλεξάνδρου διαδεξαμένου τὴν ἀρχὴν ὁ λόγος ἐστὶ καὶ ἡ κρίσις. ὡς γὰρ ἀπέθανε Φίλιππος καὶ τὴν φρουρὰν οἱ Θηβαῖοι τεθαρσηκότες ἐξέβαλον, ὁ μὲν Ἀλέξανδρος ὡς καταφρονηθεὶς τὰς Θήβας κατέσκαψεν, εἶτα μεταγνοὺς ἐπὶ τῷ πεπραγμένῳ ἐξεχώρησε τῆς Ἑλλάδος αἰσχυνόμενος καὶ κατὰ τῶν βαρβάρων ἐστράτευσεν, οἱ δὲ Ἀθηναῖοι καιρὸν ἔχειν ἐνόμισαν κρίσει παραδοῦναι τοὺς προδότας τοὺς τὴν Ἑλλάδα ἀδικήσαντας, καὶ οὕτω συνεκροτήθη τὸ δικαστήριον.

Πρῶτον μὲν ὦ ἄνδρες Ἀθηναῖοι τοῖς θεοῖς εὔχομαι πᾶσι καὶ πάσαις, ὅσην εὔνοιαν ἔχων ἐγὼ διατελῶ τῇ τε πόλει καὶ πᾶσιν ὑμῖν, τοσαύτην ὑπάρξαι μοι παρ' ὑμῶν εἰς τουτονὶ τὸν ἀγῶνα, ἔπειθ' ὅ πέρ ἐστι μάλισθ' ὑπὲρ ὑμῶν καὶ τῆς ὑμετέρας εὐσεβείας τε καὶ δόξης, τοῦτο παραστῆσαι τοὺς θεοὺς ὑμῖν, μὴ τὸν ἀντίδικον σύμβουλον ποιήσασθαι περὶ τοῦ πῶς ἀκούειν ὑμᾶς ἐμοῦ δεῖ (σχέτλιον γὰρ ἂν εἴη τοῦτό γε) ἀλλὰ τοὺς νόμους καὶ τὸν ὅρκον, ἐν ᾧ πρὸς ἅπασι τοῖς ἄλλοις δικαίοις καὶ τοῦτο γέγραπται τὸ ὁμοίως ἀμφοῖν ἀκροάσασθαι. τοῦτο δ' ἐστὶν οὐ μόνον τὸ μὴ προκατεγνωκέναι μηδέν, οὐδὲ τὸ τὴν εὔνοιαν ἴσην ἀποδοῦναι, ἀλλὰ καὶ τὸ τῇ τάξει καὶ τῇ ἀπολογίᾳ, ὡς βεβούληται καὶ προῄρηται τῶν ἀγωνιζομένων ἕκαστος, οὕτως ἐᾶσαι χρήσασθαι.

Πολλὰ μὲν οὖν ἔγωγ' ἐλαττοῦμαι κατὰ τουτονὶ τὸν ἀγῶνα Αἰσχίνου, δύο δ' ὦ ἄνδρες Ἀθηναῖοι καὶ μεγάλα, ἓν μὲν ὅτι οὐ περὶ τῶν ἴσων ἀγωνίζομαι· οὐ γάρ ἐστιν ἴσον νῦν ἐμοὶ τῆς παρ' ὑμῶν εὐνοίας διαμαρτεῖν καὶ τούτῳ μὴ ἑλεῖν τὴν γραφήν, ἀλλ' ἐμοὶ μέν—οὐ βούλομαι δυσχερὲς εἰπεῖν οὐδὲν ἀρχόμενος τοῦ λόγου, οὗτος δ' ἐκ περιουσίας μου κατηγορεῖ. ἕτερον δ', ὃ φύσει πᾶσιν ἀνθρώποις ὑπάρχει, τῶν μὲν λοιδοριῶν καὶ τῶν κατηγοριῶν ἀκούειν ἡδέως, τοῖς ἐπαινοῦσι δ' αὐτοὺς ἄχθεσθαι· τούτων τοίνυν ὃ μέν ἐστι πρὸς ἡδονήν, τούτῳ δέδοται, ὃ δὲ πᾶσιν ὡς ἔπος εἰπεῖν ἐνοχλεῖ, λοιπὸν ἐμοί. κἂν μὲν εὐλαβούμενος τοῦτο μὴ λέγω τὰ πεπραγμένα ἐμαυτῷ, οὐκ ἔχειν ἀπολύσασθαι τὰ κατηγορημένα δόξω οὐδ' ἐφ' οἷς ἀξιῶ τιμᾶσθαι δεικνύναι· ἐὰν δ' ἐφ' ἃ καὶ πεποίηκα καὶ πεπολίτευμαι βαδίζω, πολλάκις λέγειν ἀναγκασθήσομαι περὶ ἐμαυτοῦ· πειράσομαι μὲν οὖν ὡς μετριώτατα τοῦτο ποιεῖν· ὅ τι δ' ἂν τὸ πρᾶγμα αὐτὸ ἀναγκάζῃ, τούτου τὴν αἰτίαν οὗτός ἐστι δίκαιος ἔχειν ὁ τοιοῦτον ἀγῶνα ἐνστησάμενος.

5 Οἶμαι δ' ὑμᾶς πάντας ὦ ἄνδρες Ἀθηναῖοι ἂν ὁμολογῆσαι κοινὸν εἶναι τουτονὶ τὸν ἀγῶνα ἐμοὶ καὶ Κτησιφῶντι καὶ οὐδὲν ἐλάττονος ἄξιον σπουδῆς ἐμοί· πάντων μὲν γὰρ ἀποστερεῖσθαι λυπηρόν ἐστι καὶ χαλεπόν, ἄλλως τε κἂν ὑπ' ἐχθροῦ τῷ τοῦτο συμβαίνῃ, μάλιστα δὲ τῆς παρ' ὑμῶν εὐνοίας καὶ φιλανθρωπίας, ὅσῳ περ καὶ τὸ τυχεῖν τούτων μέ-
6 γιστόν ἐστιν. περὶ τούτων δ' ὄντος τουτουὶ τοῦ ἀγῶνος, ἀξιῶ καὶ δέομαι πάντων ὁμοίως ὑμῶν ἀκοῦσαί μου περὶ τῶν κατηγορημένων ἀπολογουμένου δικαίως, ὥσπερ οἱ νόμοι κελεύουσιν, οὓς ὁ τιθεὶς ἐξ ἀρχῆς Σόλων, εὔνους ὢν ὑμῖν καὶ δημοτικός, οὐ μόνον τῷ γράψαι κυρίους ᾤετο δεῖν εἶναι, ἀλλὰ καὶ
7 τῷ τοὺς δικάζοντας ὀμωμοκέναι, οὐκ ἀπιστῶν ὑμῖν, ὥς γ' ἐμοὶ φαίνεται, ἀλλ' ὁρῶν ὅτι τὰς αἰτίας καὶ τὰς διαβολάς, αἷς ἐκ τοῦ πρότερος λέγειν ὁ διώκων ἰσχύει, οὐκ ἔνι τῷ φεύγοντι παρελθεῖν, εἰ μὴ τῶν δικαζόντων ἕκαστος ὑμῶν τὴν πρὸς τοὺς θεοὺς εὐσέβειαν φυλάττων καὶ τὰ τοῦ λέγοντος ὕστερον δίκαια εὐνοϊκῶς προσδέξεται, καὶ παρασχὼν ἑαυτὸν ἴσον καὶ κοινὸν ἀμφοτέροις ἀκροατήν, οὕτω τὴν διάγνωσιν ποιήσεται περὶ ἁπάντων.

Μέλλων δὲ τοῦ τε ἰδίου βίου παντός, ὡς ἔοικε, 8 λόγον διδόναι τήμερον καὶ τῶν κοινῇ πεπολιτευμένων, [βούλομαι] πάλιν τοὺς θεοὺς παρακαλέσαι, καὶ ἐναντίον ὑμῶν εὔχομαι πρῶτον μέν, ὅσην εὔνοιαν ἔχων ἐγὼ διατελῶ τῇ τε πόλει καὶ πᾶσιν ὑμῖν, τοσαύτην ὑπάρξαι μοι εἰς τουτονὶ τὸν ἀγῶνα, ἔπειθ᾽ ὅ τι μέλλει συνοίσειν καὶ πρὸς εὐδοξίαν κοινῇ καὶ πρὸς εὐσέβειαν ἑκάστῳ, τοῦτο παραστῆσαι πᾶσιν ὑμῖν περὶ ταυτησὶ τῆς γραφῆς γνῶναι.

Εἰ μὲν οὖν περὶ ὧν ἐδίωκε μόνον κατηγόρησεν 9 Αἰσχίνης, κἀγὼ περὶ αὐτοῦ τοῦ προβουλεύματος εὐθὺς ἂν ἀπελογούμην· ἐπειδὴ δ᾽ οὐκ ἐλάττω λόγον τἆλλα διεξιὼν ἀνήλωκε καὶ τὰ πλεῖστα κατεψεύσατό μου, ἀναγκαῖον εἶναι νομίζω καὶ δίκαιον ἅμα βραχέα, ὦ ἄνδρες Ἀθηναῖοι, περὶ τούτων εἰπεῖν πρῶτον, ἵνα μηδεὶς ὑμῶν τοῖς ἔξωθεν λόγοις ἠγμένος ἀλλοτριώτερον τῶν ὑπὲρ τῆς γραφῆς δικαίων ἀκούῃ μου.

Περὶ μὲν δὴ τῶν ἰδίων ὅσα λοιδορούμενος βε- 10 βλασφήμηκε περὶ ἐμοῦ, θεάσασθε ὡς ἁπλᾶ καὶ δίκαια λέγω. εἰ μὲν ἴστε μὲ τοιοῦτον οἷον οὗτος ᾐτιᾶτο (οὐ γὰρ ἄλλοθί που βεβίωκα ἢ παρ᾽ ὑμῖν), μηδὲ φωνὴν ἀνάσχησθε, μηδ᾽ εἰ πάντα τὰ κοινὰ ὑπέρευ πεπολίτευμαι, ἀλλ᾽ ἀναστάντες καταψηφίσασθε ἤδη· εἰ δὲ πολλῷ βελτίω τούτου καὶ ἐκ βελτιόνων, καὶ μηδενὸς τῶν μετρίων, ἵνα μηδὲν ἐπαχθὲς λέγω, χείρονα καὶ ἐμὲ καὶ τοὺς ἐμοὺς ὑπειλήφατε καὶ γιγνώσκετε, τούτῳ μὲν μηδ᾽ ὑπὲρ τῶν ἄλλων πιστεύετε (δῆλον γὰρ ὡς ὁμοίως ἅπαντ᾽

ἐπλάττετο), ἐμοὶ δ᾽, ἦν παρὰ πάντα τὸν χρόνον εὔνοιαν ἐνδέδειχθε ἐπὶ πολλῶν ἀγώνων τῶν πρότερον,
11 καὶ νυνὶ παράσχεσθε. κακοήθης δ᾽ ὤν, Αἰσχίνη, τοῦτο παντελῶς εὔηθες ᾠήθης, τοὺς περὶ τῶν πεπραγμένων καὶ πεπολιτευμένων λόγους ἀφέντα με πρὸς τὰς λοιδορίας τὰς παρὰ σοῦ τρέψεσθαι. οὐ δὴ ποιήσω τοῦτο· οὐχ οὕτω τετύφωμαι· ἀλλ᾽ ὑπὲρ μὲν τῶν πεπολιτευμένων ἃ κατεψεύδου καὶ διέβαλλες, ἐξετάσω, τῆς δὲ πομπείας ταύτης τῆς ἀνέδην γεγενημένης ὕστερον, ἂν βουλομένοις ἀκούειν ᾖ τουτοισί, μνησθήσομαι.
12 Τὰ μὲν οὖν κατηγορημένα πολλά, καὶ περὶ ὧν ἐνίων μεγάλας καὶ τὰς ἐσχάτας οἱ νόμοι διδόασι τιμωρίας· τοῦ δὲ παρόντος ἀγῶνος ἡ προαίρεσις αὕτη· ἐχθροῦ μὲν ἐπήρειαν ἔχει καὶ ὕβριν καὶ λοιδορίαν καὶ προπηλακισμὸν ὁμοῦ καὶ πάντα τὰ τοιαῦτα, τῶν μέντοι κατηγοριῶν καὶ τῶν αἰτιῶν τῶν εἰρημένων, εἴ περ ἦσαν ἀληθεῖς, οὐκ ἔνι τῇ πόλει
13 δίκην ἀξίαν λαβεῖν, οὐδ᾽ ἐγγύς. οὐ γὰρ ἀφαιρεῖσθαι δεῖ τὸ προσελθεῖν τῷ δήμῳ καὶ λόγου τυχεῖν, οὐδ᾽ ἐν ἐπηρείας τάξει καὶ φθόνου τοῦτο ποιεῖν· οὔτε μὰ τοὺς θεοὺς ὀρθῶς ἔχον οὔτε πολιτικὸν οὔτε δίκαιόν ἐστιν, ὦ ἄνδρες Ἀθηναῖοι· ἀλλ᾽ ἐφ᾽ οἷς ἀδικοῦντά με ἑώρα τὴν πόλιν, οὐσί γε τηλικούτοις ἡλίκα νῦν ἐτραγῴδει καὶ διεξῄει, ταῖς ἐκ τῶν νόμων τιμωρίαις παρ᾽ αὐτὰ τἀδικήματα χρῆσθαι, εἰ μὲν εἰσαγγελίας ἄξια πράττοντά με ἑώρα, εἰσαγγέλλοντα καὶ τοῦτον τὸν τρόπον εἰς κρίσιν καθιστάντα παρ᾽ ὑμῖν, εἰ δὲ γράφοντα παράνομα, παρανόμων γραφόμενον· οὐ γὰρ δήπου Κτησιφῶντα μὲν δύναται διώκειν δι᾽ ἐμέ,

ἐμὲ δέ, εἴ περ ἐξελέγχειν ἐνόμιζεν, αὐτὸν οὐκ ἂν ἐγράψατο. καὶ μὴν εἴ τι τῶν ἄλλων ὧν νυνὶ διέ- 14 βαλλε καὶ διεξῄει ἢ καὶ ἄλλ' ὁτιοῦν ἀδικοῦντά με ὑμᾶς ἑώρα, εἰσὶ νόμοι περὶ πάντων καὶ τιμωρίαι καὶ ἀγῶνες καὶ κρίσεις, καὶ τούτοις ἐξῆν ἅπασι χρῆσθαι, καὶ ὁπηνίκα ἐφαίνετο ταῦτα πεποιηκὼς καὶ τοῦτον τὸν τρόπον κεχρημένος τοῖς πρὸς ἐμέ, ὡμολογεῖτο ἂν ἡ κατηγορία τοῖς ἔργοις αὐτοῦ. νῦν δ' ἐκστὰς 15 τῆς ὀρθῆς καὶ δικαίας ὁδοῦ καὶ φυγὼν τοὺς παρ' αὐτὰ τὰ πράγματα ἐλέγχους, τοσούτοις ὕστερον χρόνοις αἰτίας καὶ σκώμματα καὶ λοιδορίας συμφορήσας ὑποκρίνεται. εἶτα κατηγορεῖ μὲν ἐμοῦ, κρίνει δὲ τουτονί, καὶ τοῦ μὲν ἀγῶνος ὅλου τὴν πρὸς ἐμὲ ἔχθραν προΐσταται, οὐδαμοῦ δ' ἐπὶ ταύτην ἀπηντηκὼς ἐμοὶ τὴν ἑτέρου ζητῶν ἐπιτιμίαν ἀφελέσθαι φαίνεται. καίτοι πρὸς ἅπασιν, ὦ ἄνδρες Ἀθηναῖοι, 16 τοῖς ἄλλοις οἷς ἂν εἰπεῖν τις ὑπὲρ Κτησιφῶντος ἔχοι, καὶ τοῦτ' ἔμοιγε δοκεῖ καὶ μάλ' εἰκότως ἂν λέγειν, ὅτι τῆς ἡμετέρας ἔχθρας ἡμᾶς ἐφ' ἡμῶν αὐτῶν δίκαιον ἦν τὸν ἐξετασμὸν ποιεῖσθαι, οὐ τὸ μὲν πρὸς ἀλλήλους ἀγωνίζεσθαι παραλείπειν, ἑτέρῳ δ' ὅτῳ κακόν τι δώσομεν ζητεῖν· ὑπερβολὴ γὰρ ἀδικίας τοῦτό γε.

Πάντα μὲν τοίνυν τὰ κατηγορημένα ὁμοίως ἐκ 17 τούτων ἄν τις ἴδοι οὔτε δικαίως οὔτ' ἐπ' ἀληθείας οὐδεμιᾶς εἰρημένα· βούλομαι δὲ καὶ καθ' ἓν ἕκαστον αὐτῶν ἐξετάσαι, καὶ μάλισθ' ὅσα ὑπὲρ τῆς εἰρήνης καὶ τῆς πρεσβείας κατεψεύσατό μου, τὰ πεπραγμένα ἑαυτῷ μετὰ Φιλοκράτους ἀνατιθεὶς ἐμοί. ἔστι δ' ἀναγκαῖον ὦ ἄνδρες Ἀθηναῖοι καὶ προσῆκον ἴσως, ὡς κατ' ἐκείνους τοὺς χρόνους εἶχε τὰ πράγματα ἀναμνῆσαι, ἵνα πρὸς τὸν ὑπάρχοντα καιρὸν ἕκαστα θεωρῆτε.

18 Τοῦ γὰρ Φωκικοῦ συστάντος πολέμου, οὐ δι' ἐμέ (οὐ γὰρ δὴ ἔγωγε ἐπολιτευόμην πω τότε), πρῶτον μὲν ὑμεῖς οὕτω διέκεισθε ὥστε Φωκέας μὲν βούλεσθαι σωθῆναι, καίπερ οὐ δίκαια ποιοῦντας ὁρῶντες, Θηβαίοις δ' ὁτιοῦν ἂν ἐφησθῆναι παθοῦσιν, οὐκ ἀλόγως οὐδ' ἀδίκως αὐτοῖς ὀργιζόμενοι· οἷς γὰρ εὐτυχήκεσαν ἐν Λεύκτροις, οὐ μετρίως ἐκέχρηντο· ἔπειθ' ἡ Πελοπόννησος ἅπασα διειστήκει, καὶ οὔθ' οἱ μισοῦντες Λακεδαιμονίους οὕτως ἴσχυον ὥστε ἀνελεῖν αὐτούς, οὔθ' οἱ πρότερον δι' ἐκείνων ἄρχοντες κύριοι τῶν πόλεων ἦσαν, ἀλλά τις ἦν ἄκριτος καὶ παρὰ τούτοις καὶ παρὰ τοῖς ἄλλοις ἅπασιν ἔρις 19 καὶ ταραχή. ταῦτα δ' ὁρῶν ὁ Φίλιππος (οὐ γὰρ ἦν ἀφανῆ) τοῖς παρ' ἑκάστοις προδόταις χρήματα ἀναλίσκων πάντας συνέκρουε καὶ πρὸς αὐτοὺς ἐτάραττεν· εἶτ' ἐν οἷς ἡμάρτανον ἄλλοι καὶ κακῶς ἐφρόνουν, αὐτὸς παρεσκευάζετο καὶ κατὰ πάντων ἐφύετο. ὡς δὲ ταλαιπωρούμενοι τῷ μήκει τοῦ πολέμου οἱ τότε μὲν βαρεῖς νῦν δ' ἀτυχεῖς Θηβαῖοι φανεροὶ πᾶσιν ἦσαν ἀναγκασθησόμενοι καταφεύγειν ἐφ' ὑμᾶς, Φίλιππος, ἵνα μὴ τοῦτο γένοιτο μηδὲ συνέλθοιεν αἱ πόλεις, ὑμῖν μὲν εἰρήνην ἐκείνοις δὲ βοήθειαν ἐπηγ- 20 γείλατο. τί οὖν συνηγωνίσατο αὐτῷ πρὸς τὸ λαβεῖν ὀλίγου δεῖν ὑμᾶς ἑκόντας ἐξαπατωμένους; ἡ τῶν ἄλλων Ἑλλήνων, εἴτε χρὴ κακίαν εἴτ' ἄγνοιαν εἴτε καὶ ἀμφότερα ταῦτ' εἰπεῖν, οἳ πόλεμον συνεχῆ καὶ μακρὸν πολεμούντων ὑμῶν, καὶ τοῦτον ὑπὲρ τῶν

πᾶσι συμφερόντων, ὡς ἔργῳ φανερὸν γέγονεν, οὔτε χρήμασιν οὔτε σώμασιν οὔτ' ἄλλῳ οὐδενὶ τῶν ἁπάντων συνελάμβανον ὑμῖν· οἷς καὶ δικαίως καὶ προσηκόντως ὀργιζόμενοι ἑτοίμως ὑπηκούσατε τῷ Φιλίππῳ. ἡ μὲν οὖν τότε συγχωρηθεῖσα εἰρήνη διὰ ταῦτ', οὐ δι' ἐμέ, ὡς οὗτος διέβαλλεν, ἐπράχθη· τὰ δὲ τούτων ἀδικήματα καὶ δωροδοκήματα ἐν αὐτῇ τῶν νυνὶ παρόντων πραγμάτων, ἄν τις ἐξετάζῃ δικαίως, αἴτια εὑρήσει. καὶ ταυτὶ πάνθ' ὑπὲρ τῆς ἀληθείας 21 ἀκριβολογοῦμαι καὶ διεξέρχομαι. εἰ γὰρ εἶναί τι δοκοίη τὰ μάλιστα ἐν τούτοις ἀδίκημα, οὐδέν ἐστι δήπου πρὸς ἐμέ, ἀλλ' ὁ μὲν πρῶτος εἰπὼν καὶ μνησθεὶς ὑπὲρ τῆς εἰρήνης Ἀριστόδημος ἦν ὁ ὑποκριτής, ὁ δ' ἐκδεξάμενος καὶ γράψας καὶ ἑαυτὸν μετὰ τούτου μισθώσας ἐπὶ ταῦτα Φιλοκράτης ὁ Ἁγνούσιος, ὁ σὸς Αἰσχίνη κοινωνός, οὐχ ὁ ἐμός, οὐδ' ἂν σὺ διαρραγῇς ψευδόμενος, οἱ δὲ συνειπόντες ὅτου δήποτε ἕνεκα (ἐῶ γὰρ τοῦτό γ' ἐν τῷ παρόντι) Εὔβουλος καὶ Κηφισοφῶν· ἐγὼ δ' οὐδὲν οὐδαμοῦ. ἀλλ' ὅμως, τούτων τοιούτων ὄντων καὶ ἐπ' αὐτῆς 22 τῆς ἀληθείας οὕτω δεικνυμένων, εἰς τοῦθ' ἧκεν ἀναιδείας, ὥστ' ἐτόλμα λέγειν ὡς ἄρα ἐγὼ πρὸς τῷ τῆς εἰρήνης αἴτιος γεγενῆσθαι καὶ κεκωλυκὼς εἴην τὴν πόλιν μετὰ κοινοῦ συνεδρίου τῶν Ἑλλήνων ταύτην ποιήσασθαι. εἶτ' ὦ—τί ἂν εἰπών σέ τις ὀρθῶς προσείποι; ἔστιν ὅπου σὺ παρών, τηλικαύτην πρᾶξιν καὶ συμμαχίαν, ἡλίκην νυνὶ διεξῄεις, ὁρῶν ἀφαιρούμενόν με τῆς πόλεως ἠγανάκτησας ἢ παρελθὼν ταῦτα ἃ νυνὶ κατηγορεῖς ἐδίδαξας καὶ διεξῆλθες; καὶ 23 μὴν εἰ τὸ κωλῦσαι τὴν τῶν Ἑλλήνων κοινωνίαν ἐπεπράκειν ἐγὼ Φιλίππῳ σοὶ τὸ μὴ σιγῆσαι λοιπὸν ἦν, ἀλλὰ βοᾶν καὶ διαμαρτύρεσθαι καὶ δηλοῦν τουτοισί. οὐ τοίνυν ἐποίησας οὐδαμοῦ τοῦτο, οὐδ᾽ ἤκουσέ σου ταύτην τὴν φωνὴν οὐδείς· οὔτε γὰρ ἦν πρεσβεία πρὸς οὐδένα ἀπεσταλμένη τότε τῶν Ἑλλήνων, ἀλλὰ πάλαι πάντες ἦσαν ἐξεληλεγμένοι, οὔθ᾽ οὗτος ὑγιὲς περὶ τούτων εἴρηκεν οὐδέν.

24 χωρὶς δὲ τούτων καὶ διαβάλλει τὴν πόλιν τὰ μέγιστα ἐν οἷς ψεύδεται· εἰ γὰρ ὑμεῖς ἅμα τοὺς μὲν Ἕλληνας εἰς πόλεμον παρεκαλεῖτε, αὐτοὶ δὲ πρὸς Φίλιππον περὶ τῆς εἰρήνης πρέσβεις ἐπέμπετε, Εὐρυβάτου πρᾶγμα, οὐ πόλεως ἔργον οὐδὲ χρηστῶν ἀνθρώπων διεπράττεσθε. ἀλλ᾽ οὐκ ἔστι ταῦτα, οὐκ ἔστιν· τί γὰρ καὶ βουλόμενοι μετεπέμπεσθ᾽ ἂν αὐτοὺς ἐν τούτῳ τῷ καιρῷ; ἐπὶ τὴν εἰρήνην; ἀλλ᾽ ὑπῆρχεν ἅπασιν. ἀλλ᾽ ἐπὶ τὸν πόλεμον; ἀλλ᾽ αὐτοῦ περὶ εἰρήνης ἐβουλεύεσθε. Οὔκουν οὔτε τῆς ἐξ ἀρχῆς εἰρήνης ἡγεμὼν οὐδ᾽ αἴτιος ὢν ἐγὼ φαίνομαι, οὔτε τῶν ἄλλων ὧν κατεψεύσατό μου οὐδὲν ἀληθὲς ὂν δείκνυται.

25 Ἐπειδὴ τοίνυν ἐποιήσατο τὴν εἰρήνην ἡ πόλις, ἐνταῦθα πάλιν σκέψασθε τί ἡμῶν ἑκάτερος προείλετο πράττειν· καὶ γὰρ ἐκ τούτων εἴσεσθε τίς ἦν ὁ Φιλίππῳ πάντα συναγωνιζόμενος, καὶ τίς ὁ πράττων ὑπὲρ ὑμῶν καὶ τὸ τῇ πόλει συμφέρον ζητῶν. ἐγὼ μὲν τοίνυν ἔγραψα βουλεύων ἀποπλεῖν τὴν ταχίστην τοὺς πρέσβεις ἐπὶ τοὺς τόπους, ἐν οἷς ἂν ὄντα Φίλιππον πυνθάνωνται, καὶ τοὺς ὅρκους ἀπολαμβάνειν· οὗτοι δὲ οὐδὲ γράψαντος ἐμοῦ ταῦτα ποιεῖν 26 ἠθέλησαν. τί δὲ τοῦτ᾽ ἠδύνατο, ὦ ἄνδρες Ἀθηναῖοι;

ἐγὼ διδάξω. Φιλίππῳ μὲν ἦν συμφέρον ὡς πλεῖστον τὸν μεταξὺ χρόνον γενέσθαι τῶν ὅρκων, ὑμῖν δ' ὡς ἐλάχιστον. διὰ τί; ὅτι ὑμεῖς μὲν οὐκ ἀφ' ἧς ὠμόσατε ἡμέρας μόνον, ἀλλ' ἀφ' ἧς ἠλπίσατε τὴν εἰρήνην ἔσεσθαι, πάσας ἐξελύσατε τὰς παρασκευὰς τὰς τοῦ πολέμου, ὁ δὲ τοῦτο ἐκ παντὸς τοῦ χρόνου μάλιστα ἐπραγματεύετο, νομίζων, ὅπερ ἦν ἀληθές, ὅσα τῆς πόλεως προλάβοι πρὸ τοῦ τοὺς ὅρκους ἀποδοῦναι, πάντα ταῦτα βεβαίως ἕξειν· οὐδένα γὰρ τὴν εἰρήνην λύσειν τούτων ἕνεκα. ἃ ἐγὼ προορώ- 27 μενος ἄνδρες Ἀθηναῖοι καὶ λογιζόμενος τὸ ψήφισμα τοῦτο γράφω, πλεῖν ἐπὶ τοὺς τόπους ἐν οἷς ἂν ᾖ Φίλιππος, καὶ τοὺς ὅρκους τὴν ταχίστην ἀπολαμβάνειν, ἵν' ἐχόντων τῶν Θρᾳκῶν, τῶν ὑμετέρων συμμάχων, ταῦτα τὰ χωρία ἃ νῦν οὗτος διέσυρε, τὸ Σέρριον καὶ τὸ Μυρτηνὸν καὶ τὴν Ἐργίσκην, οὕτω γίγνοινθ' οἱ ὅρκοι, καὶ μὴ προλαβὼν ἐκεῖνος τοὺς ἐπικαίρους τῶν τόπων κύριος τῆς Θρᾴκης κατασταίη, μηδὲ πολλῶν μὲν χρημάτων πολλῶν δὲ στρατιωτῶν εὐπορήσας ἐκ τούτων ῥᾳδίως τοῖς λοιποῖς ἐπιχειροίη πράγμασιν. εἶτα τοῦτο μὲν οὐχὶ λέγει τὸ 28 ψήφισμα, οὐδ' ἀναγιγνώσκει· εἰ δὲ βουλεύων ἐγὼ προσάγειν τοὺς πρέσβεις ᾤμην δεῖν, τοῦτό μου διαβάλλει. ἀλλὰ τί ἐχρῆν με ποιεῖν; μὴ προσάγειν γράψαι τοὺς ἐπὶ τοῦθ' ἥκοντας, ἵν' ὑμῖν διαλεχθῶσιν; ἢ θέαν μὴ κατανεῖμαι τὸν ἀρχιτέκτονα αὐτοῖς κελεῦσαι; ἀλλ' ἐν τοῖν δυοῖν ὀβολοῖν ἐθεώρουν ἄν, εἰ μὴ τοῦτ' ἐγράφη. τὰ συμφέροντα τῆς πόλεως ἔδει με φυλάττειν, τὰ δ' ὅλα, ὥσπερ οὗτοι, πεπρακέναι; οὐ δήπου. Λέγε τοίνυν μοι τὸ ψήφισμα τουτὶ λαβών, ὃ σαφῶς οὗτος εἰδὼς παρέβη. λέγε.

29 ΨΗΦΙΣΜΑ. [Ἐπὶ ἄρχοντος Μνησιφίλου, ἑκατομβαιῶνος ἕνῃ καὶ νέᾳ, φυλῆς πρυτανευούσης Πανδιονίδος, Δημοσθένης Δημοσθένους Παιανιεὺς εἶπεν, ἐπειδὴ Φίλιππος ἀποστείλας πρέσβεις περὶ τῆς εἰρήνης ὁμολογουμένας πεποίηται συνθήκας, δεδόχθαι τῇ βουλῇ καὶ τῷ δήμῳ τῷ Ἀθηναίων, ὅπως ἂν ἡ εἰρήνη ἐπιτελεσθῇ ἡ ἐπιχειροτονηθεῖσα ἐν τῇ πρώτῃ ἐκκλησίᾳ, πρέσβεις ἑλέσθαι ἐκ πάντων Ἀθηναίων ἤδη πέντε, τοὺς δὲ χειροτονηθέντας ἀποδημεῖν μηδεμίαν ὑπερβολὴν ποιουμένους, ὅπου ἂν ὄντα πυνθάνωνται τὸν Φίλιππον, καὶ τοὺς ὅρκους λαβεῖν τε παρ' αὐτοῦ καὶ δοῦναι τὴν ταχίστην ἐπὶ ταῖς ὡμολογημέναις συνθήκαις αὐτῷ πρὸς τὸν Ἀθηναίων δῆμον, συμπεριλαμβάνοντας καὶ τοὺς ἑκατέρων συμμάχους. πρέσβεις ᾑρέθησαν Εὔβουλος Ἀναφλύστιος, Αἰσχίνης Κοθωκίδης, Κηφισοφῶν Ῥαμνούσιος, Δημοκράτης Φλυεύς, Κλέων Κοθωκίδης.]

30 Ταῦτα γράψαντος ἐμοῦ τότε, καὶ τὸ τῇ πόλει συμφέρον, οὐ τὸ Φιλίππῳ ζητοῦντος, βραχὺ φροντίσαντες οἱ χρηστοὶ πρέσβεις οὗτοι καθῆντο ἐν Μακεδονίᾳ τρεῖς ὅλους μῆνας, ἕως ἦλθε Φίλιππος ἐκ Θρᾴκης πάντα καταστρεψάμενος, ἐξὸν ἡμερῶν δέκα, μᾶλλον δὲ τριῶν ἢ τεττάρων, εἰς τὸν Ἑλλήσποντον ἀφῖχθαι καὶ τὰ χωρία σῶσαι, λαβόντας τοὺς ὅρκους πρὶν ἐκεῖνον ἐξελεῖν αὐτά· οὐ γὰρ ἂν ἥψατ' αὐτῶν παρόντων ἡμῶν, ἢ οὐκ ἂν ὡρκίζομεν αὐτόν, ὥστε τῆς εἰρήνης ἂν διημαρτήκει καὶ οὐκ ἂν ἀμφότερα εἶχε, καὶ τὴν εἰρήνην καὶ τὰ χωρία.

Τὸ μὲν τοίνυν ἐν τῇ πρεσβείᾳ πρῶτον κλέμμα 31
μὲν Φιλίππου δωροδόκημα δὲ τῶν ἀδίκων τούτων
ἀνθρώπων τοιοῦτον ἐγένετο· ὑπὲρ οὗ καὶ τότε καὶ
νῦν καὶ ἀεὶ ὁμολογῶ καὶ πολεμεῖν καὶ διαφέρεσθαι
τούτοις· ἕτερον δ' εὐθὺς ἐφεξῆς ἔτι τούτου μεῖζον
κακούργημα θεάσασθε. ἐπειδὴ γὰρ ὤμοσε τὴν 32
εἰρήνην ὁ Φίλιππος προλαβὼν τὴν Θρᾴκην διὰ
τούτους οὐχὶ πεισθέντας τῷ ἐμῷ ψηφίσματι, πάλιν
ὠνεῖται παρ' αὐτῶν ὅπως μὴ ἀπίωμεν ἐκ Μακε-
δονίας, ἕως τὰ τῆς στρατείας τῆς ἐπὶ τοὺς Φωκέας
εὐτρεπῆ ποιήσαιτο, ἵνα μή, δεῦρ' ἀπαγγειλάντων
ἡμῶν ὅτι μέλλει καὶ παρασκευάζεται πορεύεσθαι,
ἐξέλθοιτε ὑμεῖς καὶ περιπλεύσαντες ταῖς τριήρεσιν
εἰς Πύλας ὥσπερ πρότερον κλείσαιτε τὸν τόπον,
ἀλλ' ἅμ' ἀκούοιτε ταῦτα ἀπαγγελλόντων ἡμῶν
κἀκεῖνος ἐντὸς εἴη Πυλῶν καὶ μηδὲν ἔχοιθ' ὑμεῖς
ποιῆσαι. οὕτω δ' ἦν ὁ Φίλιππος ἐν φόβῳ καὶ 33
πολλῇ ἀγωνίᾳ μὴ καὶ ταῦτα προειληφότος αὐτοῦ,
εἰ πρὸ τοῦ τοὺς Φωκέας ἀπολέσθαι ψηφίσαισθε
βοηθεῖν, ἐκφύγοι τὰ πράγματ' αὐτόν, ὥστε μισ-
θοῦται τὸν κατάπτυστον τουτονί, οὐκέτι κοινῇ μετὰ
τῶν ἄλλων πρέσβεων ἀλλ' ἰδίᾳ καθ' αὑτόν, τοιαῦτα
πρὸς ὑμᾶς εἰπεῖν καὶ ἀπαγγεῖλαι, δι' ὧν ἅπαντ'
ἀπώλετο. ἀξιῶ δέ, ὦ ἄνδρες Ἀθηναῖοι, καὶ δέομαι 34
τοῦτο μεμνῆσθαι παρ' ὅλον τὸν ἀγῶνα, ὅτι μὴ
κατηγορήσαντος Αἰσχίνου μηδὲν ἔξω τῆς γραφῆς
οὐδ' ἂν ἐγὼ λόγον οὐδένα ἐποιούμην ἕτερον, πάσαις
δ' αἰτίαις καὶ βλασφημίαις ἅμα τούτου κεχρη-
μένου ἀνάγκη κἀμοὶ πρὸς ἕκαστα τῶν κατηγο-
ρουμένων μικρὰ ἀποκρίνασθαι. τίνες οὖν ἦσαν 35

οἱ παρὰ τούτου λόγοι τότε ῥηθέντες, καὶ δι' οὓς ἅπαντ' ἀπώλετο; ὡς οὐ δεῖ θορυβεῖσθαι τῷ παρεληλυθέναι Φίλιππον εἴσω Πυλῶν· ἔσται γὰρ ἅπανθ' ὅσα βούλεσθ' ὑμεῖς, ἐὰν ἔχηθ' ἡσυχίαν, καὶ ἀκούσεσθε δυοῖν ἢ τριῶν ἡμερῶν, οἷς μὲν ἐχθρὸς ἥκει, φίλον αὐτὸν γεγενημένον, οἷς δὲ φίλος, τοὐναντίον ἐχθρόν. οὐ γὰρ τὰ ῥήματα τὰς οἰκειότητας ἔφη βεβαιοῦν, μάλα σεμνῶς ὀνομάζων, ἀλλὰ τὸ ταὐτὰ συμφέρειν· συμφέρειν δὲ Φιλίππῳ καὶ Φωκεῦσι καὶ ὑμῖν ὁμοίως ἅπασι τῆς ἀναλγησίας καὶ τῆς βαρύτητος ἐπαλλαγῆναι τῆς τῶν Θηβαίων.

36 ταῦτα δ' ἀσμένως τινὲς ἤκουον αὐτοῦ διὰ τὴν τόθ' ὑποῦσαν ἀπέχθειαν πρὸς τοὺς Θηβαίους. τί οὖν συνέβη μετὰ ταῦτ' εὐθύς, οὐκ εἰς μακράν; τοὺς μὲν Φωκέας ἀπολέσθαι καὶ κατασκαφῆναι τὰς πόλεις αὐτῶν, ὑμᾶς δ' ἡσυχίαν ἀγαγόντας καὶ τούτῳ πεισθέντας μικρὸν ὕστερον σκευαγωγεῖν ἐκ τῶν ἀγρῶν, τοῦτον δὲ χρυσίον λαβεῖν, καὶ ἔτι πρὸς τούτοις τὴν μὲν ἀπέχθειαν τὴν πρὸς Θηβαίους καὶ Θετταλοὺς τῇ πόλει γενέσθαι, τὴν δὲ χάριν τὴν

37 ὑπὲρ τῶν πεπραγμένων Φιλίππῳ. ὅτι δ' οὕτω ταῦτ' ἔχει, λέγε μοι τό τε τοῦ Καλλισθένους ψήφισμα καὶ τὴν ἐπιστολὴν τοῦ Φιλίππου, ἐξ ὧν ἀμφοτέρων ταῦθ' ἅπανθ' ὑμῖν ἔσται φανερά. λέγε.

ΨΗΦΙΣΜΑ. [Ἐπὶ Μνησιφίλου ἄρχοντος, συγκλήτου ἐκκλησίας ὑπὸ στρατηγῶν, καὶ πρυτάνεων καὶ βουλῆς γνώμῃ, μαιμακτηριῶνος δεκάτῃ ἀπιόντος, Καλλισθένης Ἐτεονίκου Φαληρεὺς εἶπε, μηδένα Ἀθηναίων μηδεμιᾷ παρευρέσει ἐν τῇ χώρᾳ κοιταῖον γίγνεσθαι ἀλλ' ἐν ἄστει καὶ Πειραιεῖ, ὅσοι μὴ ἐν τοῖς φρουρίοις εἰσὶν ἀποτεταγμένοι· τούτων δ᾽ ἑκάστους, ἣν παρέλαβον τάξιν, διατηρεῖν μήτε ἀφημερεύοντας μήτε ἀποκοιτοῦντας. ὃς ἂν δὲ ἀπειθήσῃ τῷδε τῷ ψηφίσματι, ἔνοχος 38 ἔστω τοῖς τῆς προδοσίας ἐπιτιμίοις, ἐὰν μή τι ἀδύνατον ἐπιδεικνύῃ περὶ ἑαυτόν· περὶ δὲ τοῦ ἀδυνάτου ἐπικρινέτω ὁ ἐπὶ τῶν ὅπλων στρατηγὸς καὶ ὁ ἐπὶ τῆς διοικήσεως καὶ ὁ γραμματεὺς τῆς βουλῆς. κατακομίζειν δὲ καὶ τὰ ἐκ τῶν ἀγρῶν πάντα τὴν ταχίστην, τὰ μὲν ἐντὸς σταδίων ἑκατὸν εἴκοσι εἰς ἄστυ καὶ Πειραιᾶ, τὰ δὲ ἐκτὸς σταδίων ἑκατὸν εἴκοσι Ἐλευσῖνα καὶ Φυλὴν καὶ Ἀφιδναν καὶ Ῥαμνοῦντα καὶ Σούνιον.]

Ἆρ᾽ ἐπὶ ταύταις ταῖς ἐλπίσι τὴν εἰρήνην ἐποιεῖσθε, ἢ ταῦτ᾽ ἐπηγγέλλεθ᾽ ὑμῖν οὗτος ὁ μισθωτός;

Λέγε δὴ τὴν ἐπιστολὴν ἣν ἔπεμψε Φίλιππος 39 μετὰ ταῦτα.

ΕΠΙΣΤΟΛΗ ΦΙΛΙΠΠΟΥ. [Βασιλεὺς Μακεδόνων Φίλιππος Ἀθηναίων τῇ βουλῇ καὶ τῷ δήμῳ χαίρειν. ἴστε ἡμᾶς παρεληλυθότας εἴσω Πυλῶν καὶ τὰ κατὰ τὴν Φωκίδα ὑφ᾽ ἑαυτοὺς πεποιημένους, καὶ ὅσα μὲν ἑκουσίως προσετίθετο τῶν πολισμάτων, φρουρὰς εἰσαγηοχότας εἰς αὐτά, τὰ δὲ μὴ ὑπακούοντα κατὰ κράτος λαβόντες καὶ ἐξανδραποδισάμενοι κατεσκάψαμεν. ἀκούων δὲ καὶ ὑμᾶς παρασκευάζεσθαι βοηθεῖν αὐτοῖς γέγραφα ὑμῖν, ἵνα μὴ πλεῖον ἐνοχλῆσθε περὶ τούτων· τοῖς μὲν γὰρ ὅλοις οὐδὲν μέτριόν μοι δοκεῖτε ποιεῖν, τὴν εἰρήνην συνθέμενοι καὶ ὁμοίως ἀντιπαρεξάγοντες, καὶ ταῦτα οὐδὲ συμπεριειλημμένων τῶν Φωκέων ἐν ταῖς κοιναῖς ἡμῶν συνθήκαις. ὥστε ἐὰν μὴ ἐμμένητε τοῖς ὡμολογημένοις οὐδὲν προτερήσετε ἔξω τοῦ ἐφθακέναι ἀδικοῦντες.]

40 Ἀκούετε ὡς σαφῶς δηλοῖ καὶ διορίζεται ἐν τῇ πρὸς ὑμᾶς ἐπιστολῇ πρὸς τοὺς ἑαυτοῦ συμμάχους ὅτε "ἐγὼ ταῦτα πεποίηκα ἀκόντων Ἀθηναίων καὶ λυπουμένων, ὥστ' εἴ περ εὖ φρονεῖτε, ὦ Θηβαῖοι καὶ Θετταλοί, τούτους μὲν ἐχθροὺς ὑπολήψεσθε, ἐμοὶ δὲ πιστεύσετε," οὐ τούτοις τοῖς ῥήμασι γράψας, ταῦτα δὲ βουλόμενος δεικνύναι· τοιγαροῦν ἐκ τούτων ᾤχετο ἐκείνους λαβὼν εἰς τὸ μηδ' ὁτιοῦν προορᾶν τῶν μετὰ ταῦτα μηδ' αἰσθάνεσθαι, ἀλλ' ἐᾶσαι πάντα τὰ πράγματα ἐκεῖνον ὑφ' ἑαυτῷ ποιήσασθαι· ἐξ ὧν ταῖς παρούσαις
41 συμφοραῖς οἱ ταλαίπωροι κέχρηνται. ὁ δὲ ταύτης τῆς πίστεως αὐτῷ συνεργὸς καὶ συναγωνιστὴς καὶ ὁ δεῦρ' ἀπαγγείλας τὰ ψευδῆ καὶ φενακίσας ὑμᾶς οὗτός ἐστιν ὁ τὰ Θηβαίων ὀδυρόμενος νῦν πάθη καὶ διεξιὼν ὡς οἰκτρά, καὶ τούτων καὶ τῶν ἐν Φωκεῦσι κακῶν καὶ ὅσ' ἄλλα πεπόνθασιν οἱ Ἕλληνες ἁπάντων αὐτὸς ὢν αἴτιος. δῆλον γὰρ ὅτι σὺ μὲν ἀλγεῖς ἐπὶ τοῖς συμβεβηκόσιν, Αἰσχίνη, καὶ τοὺς Θηβαίους ἐλεεῖς, κτῆμ' ἔχων ἐν τῇ Βοιωτίᾳ καὶ γεωργῶν τὰ ἐκείνων, ἐγὼ δὲ χαίρω, ὃς εὐθὺς ἐξῃτούμην ὑπὸ τοῦ ταῦτα πράξαντος.
42 Ἀλλὰ γὰρ ἐμπέπτωκα εἰς λόγους, οὓς αὐτίκα μᾶλλον ἴσως ἁρμόσει λέγειν. ἐπάνειμι δὴ πάλιν ἐπὶ τὰς ἀποδείξεις, ὡς τὰ τούτων ἀδικήματα τῶν νυνὶ παρόντων πραγμάτων γέγονεν αἴτια.

Ἐπειδὴ γὰρ ἐξηπάτησθε μὲν ὑμεῖς ὑπὸ τοῦ Φιλίππου διὰ τούτων τῶν ἐν ταῖς πρεσβείαις μισθωσάντων ἑαυτοὺς τῷ Φιλίππῳ καὶ οὐδὲν ἀληθὲς ὑμῖν ἀπαγγειλάντων, ἐξηπάτηντο δὲ οἱ ταλαίπωροι Φωκεῖς καὶ ἀνῄρηντο αἱ πόλεις αὐτῶν, τί ἐγένετο; οἱ μὲν κατάπτυστοι Θετταλοὶ καὶ ἀναίσθητοι Θηβαῖοι φίλον εὐεργέτην σωτῆρα τὸν Φίλιππον ἡγοῦντο· πάντ' ἐκεῖνος ἦν αὐτοῖς· οὐδὲ φωνὴν ἤκουον, εἴ τις ἄλλο τι βούλοιτο λέγειν. ὑμεῖς δὲ ὑφορώμενοι τὰ πεπραγμένα καὶ δυσχεραίνοντες ἤγετε τὴν εἰρήνην ὅμως· οὐ γὰρ ἦν ὅ τι ἂν ἐποιεῖτε. καὶ οἱ ἄλλοι δὲ Ἕλληνες, ὁμοίως ὑμῖν πεφενακισμένοι καὶ διημαρτηκότες ὧν ἤλπισαν, ἦγον τὴν εἰρήνην, αὐτοὶ τρόπον τινὰ ἐκ πολλοῦ πολεμούμενοι. ὅτε γὰρ περιιὼν Φίλιππος Ἰλλυριοῖς καὶ Τριβαλλοὺς, τινὰς δὲ καὶ τῶν Ἑλλήνων κατεστρέφετο, καὶ δυνάμεις πολλὰς καὶ μεγάλας ἐποιεῖθ' ὑφ' ἑαυτῷ, καί τινες τῶν ἐκ τῶν πόλεων ἐπὶ τῇ τῆς εἰρήνης ἐξουσίᾳ βαδίζοντες ἐκεῖσε διεφθείροντο, ὧν εἷς οὗτος ἦν, τότε πάντες, ἐφ' οὓς ταῦτα παρεσκευάζετ' ἐκεῖνος, ἐπολεμοῦντο. εἰ δὲ μὴ ᾐσθάνοντο, ἕτερος ὁ λόγος οὗτος, οὐ πρὸς ἐμέ. ἐγὼ μὲν γὰρ προὔλεγον καὶ διεμαρτυρόμην καὶ παρ' ὑμῖν ἀεὶ καὶ ὅποι πεμφθείην· αἱ δὲ πόλεις ἐνόσουν τῶν μὲν ἐν τῷ πολιτεύεσθαι καὶ πράττειν δωροδοκούντων καὶ διαφθειρομένων ἐπὶ χρήμασι, τῶν δὲ ἰδιωτῶν καὶ πολλῶν τὰ μὲν οὐ προορωμένων, τὰ δὲ τῇ καθ' ἡμέραν ῥᾳστώνῃ καὶ σχολῇ δελεαζομένων, καὶ τοιουτονί τι πάθος πεπονθότων ἁπάντων, πλὴν οὐκ ἐφ' ἑαυτοὺς ἑκάστων οἰομένων τὸ δεινὸν ἥξειν, καὶ διὰ τῶν ἑτέρων κινδύνων τὰ ἑαυτῶν ἀσφαλῶς σχήσειν, ὅταν βούλωνται. εἶτ' οἶμαι συμβέβηκε τοῖς μὲν πλήθεσιν ἀντὶ τῆς πολλης και ακαίρου ραθυμίας την ελευθερίαν απολωλεκέναι, τοις δε προεστηκόσι και τάλλα πλην εαυτούς οιομένοις πωλεῖν πρώτους εαυτούς πεπρακόσιν αισθέσθαι· αντί γαρ φίλων και ξένων, α τότε ωνομάζοντο ηνίκα εδωροδόκουν, νῦν κόλακες και θεοῖς 47 εχθροί και τάλλ' α προσήκει πάντ' ακούουσιν. ουδείς γαρ, άνδρες Αθηναίοι, το του προδιδόντος συμφέρον ζητῶν χρήματ' αναλίσκει, ουδ' επειδάν ων αν πρίηται κύριος γένηται, τω προδότη συμβούλω περί των λοιπών έτι χρήται· ουδέν γαρ αν ην ευδαιμονέστερον προδότου. αλλ' ουκ έστι ταύτα· πόθεν; πολλού γε και δει. αλλ' επειδάν των πραγμάτων εγκρατής ο ζητῶν άρχειν καταστῇ, και τῶν ταῦτα αποδομένων δεσπότης εστί, την δε πονηρίαν ειδώς, τότε δή, τότε και μισεῖ και απιστεῖ και 48 προπηλακίζει. σκοπεῖτε δέ· και γαρ ει παρελήλυθεν ο τῶν πραγμάτων καιρός, ο του γε ειδέναι τα τοιαύτα καιρός αεί πάρεστι τοις ευ φρονούσιν. μέχρι τούτου Λασθένης φίλος ωνομάζετο, έως προύδωκεν Όλυνθον· μέχρι τούτου Τιμόλαος, έως απώλεσε Θήβας· μέχρι τούτου Εύδικος και Σίμος ο Λαρισαίος, έως Θετταλίαν υπό Φιλίππω εποίησαν. είτ' ελαυνομένων και υβριζομένων και τί κακών ουχί πασχόντων πάσα η οικουμένη μεστή γέγονεν. τί δ' Αρίστρατος εν Σικυώνι, και τί Περίλαος εν Με-49 γάροις; ουκ απερριμμένοι; εξ ων και σαφέστατ' αν τις ίδοι ότι ο μάλιστα φυλάττων την εαυτού πατρίδα και πλείστα αντιλέγων τούτοις, ούτος υμίν Αισχίνη τοις προδιδούσι και μισθαρνούσι το έχειν εφ' ότω δωροδοκήσετε περιποιεί, και διά τους πολλοὺς τουτωνὶ καὶ τοὺς ἀνθισταμένους τοῖς ὑμετέροις βουλήμασιν ὑμεῖς ἐστε σῷοι καὶ ἔμμισθοι, ἐπεὶ διά γε ὑμᾶς αὐτοὺς πάλαι ἂν ἀπολώλειτε.

Καὶ περὶ μὲν τῶν τότε πραχθέντων ἔχων ἔτι 50 πολλὰ λέγειν, καὶ ταῦτα ἡγοῦμαι πλείω τῶν ἱκανῶν εἰρῆσθαι· αἴτιος δ' οὗτος, ὥσπερ ἑωλοκρασίαν τινά μου τῆς πονηρίας τῆς ἑαυτοῦ καὶ τῶν ἀδικημάτων κατασκεδάσας, ἣν ἀναγκαῖον ἦν πρὸς τοὺς νεωτέρους τῶν πεπραγμένων ἀπολύσασθαι. παρηνώχλησθε δὲ ἴσως, οἱ καὶ πρὶν ἐμὲ εἰπεῖν ὁτιοῦν εἰδότες τὴν τούτου τότε μισθαρνίαν. καίτοι φιλίαν 51 γε καὶ ξενίαν αὐτὴν ὀνομάζει, καὶ νῦν εἶπέ που λέγων " ὁ τὴν Ἀλεξάνδρου ξενίαν ὀνειδίζων ἐμοί." ἐγώ σοι ξενίαν Ἀλεξάνδρου; πόθεν λαβόντι ἢ πῶς ἀξιωθέντι; οὔτε Φιλίππου ξένον οὔτ' Ἀλεξάνδρου φίλον εἴποιμ' ἂν ἐγώ σε, οὐχ οὕτω μαίνομαι, εἰ μὴ καὶ τοὺς θεριστὰς καὶ τοὺς ἄλλο τι μισθοῦ πράττοντας φίλους καὶ ξένους δεῖ καλεῖν τῶν μισθωσαμένων. ἀλλ' οὐκ ἔστι ταῦτα· πόθεν; πολ- 52 λοῦ γε καὶ δεῖ· ἀλλὰ μισθωτὸν ἐγώ σε Φιλίππου πρότερον καὶ νῦν Ἀλεξάνδρου καλῶ, καὶ οὗτοι πάντες. εἰ δ' ἀπιστεῖς, ἐρώτησον αὐτούς. μᾶλλον δ' ἐγὼ τοῦθ' ὑπὲρ σοῦ ποιήσω. πότερον ὑμῖν, ὦ ἄνδρες Ἀθηναῖοι, δοκεῖ μισθωτὸς Αἰσχίνης ἢ ξένος εἶναι Ἀλεξάνδρου; ἀκούεις ἃ λέγουσιν.

Βούλομαι τοίνυν ἤδη καὶ περὶ τῆς γραφῆς αὐ- 53 τῆς ἀπολογήσασθαι καὶ διεξελθεῖν τὰ πεπραγμέν' ἐμαυτῷ, ἵνα καίπερ εἰδὼς Αἰσχίνης ὅμως ἀκούσῃ δι' ἅ φημι καὶ τούτων τῶν προβεβουλευμένων καὶ πολλῷ μειζόνων ἔτι τούτων δωρεῶν δίκαιος εἶναι τυγχάνειν. Καί μοι λέγε τὴν γραφὴν αὐτὴν λαβών.

54 ΓΡΑΦΗ. [Ἐπὶ Χαιρώνδου ἄρχοντος, ἐλαφηβολιῶνος ἕκτῃ ἱσταμένου, Αἰσχίνης Ἀτρομήτου Κοθωκίδης ἀπήνεγκε πρὸς τὸν ἄρχοντα παρανόμων κατὰ Κτησιφῶντος τοῦ Λεωσθένους Ἀναφλυστίου, ὅτι ἔγραψε παράνομον ψήφισμα, ὡς ἄρα δεῖ στεφανῶσαι Δημοσθένην Δημοσθένους Παιανιέα χρυσῷ στεφάνῳ, καὶ ἀναγορεῦσαι ἐν τῷ θεάτρῳ Διονυσίοις τοῖς μεγάλοις, τραγῳδοῖς καινοῖς, ὅτι στεφανοῖ ὁ δῆμος Δημοσθένην Δημοσθένους Παιανιέα χρυσῷ στεφάνῳ ἀρετῆς ἕνεκα, καὶ εὐνοίας ἧς ἔχων διατελεῖ εἴς τε τοὺς Ἕλληνας ἅπαντας καὶ τὸν δῆμον τῶν Ἀθηναίων, καὶ ἀνδραγαθίας, καὶ διότι διατελεῖ πράττων καὶ λέγων τὰ βέλτιστα τῷ δήμῳ καὶ πρόθυμός ἐστι ποιεῖν ὅ τι ἂν δύνηται ἀγαθόν, πάντα ταῦτα ψευδῆ

55 γράψας καὶ παράνομα, τῶν νόμων οὐκ ἐώντων πρῶτον μὲν ψευδεῖς γραφὰς εἰς τὰ δημόσια γράμματα καταβάλλεσθαι, εἶτα τὸν ὑπεύθυνον στεφανοῦν (ἔστι Δημοσθένης τειχοποιὸς καὶ ἐπὶ τῶν θεωρικῶν τεταγμένος), ἔτι δὲ μὴ ἀναγορεύειν τὸν στέφανον ἐν τῷ θεάτρῳ Διονυσίοις τραγῳδῶν τῇ καινῇ, ἀλλ' ἐὰν μὲν ἡ βουλὴ στεφανοῖ, ἐν τῷ βουλευτηρίῳ ἀνειπεῖν, ἐὰν δὲ ἡ πόλις, ἐν Πυκνὶ ἐν τῇ ἐκκλησίᾳ. τίμημα τάλαντα πεντήκοντα. κλήτορες Κηφισοφῶν Κηφισοφῶντος Ῥαμνούσιος, Κλέων Κλέωνος Κοθωκίδης.]

56 Ἃ μὲν διώκει τοῦ ψηφίσματος, ὦ ἄνδρες Ἀθηναῖοι, ταῦτ' ἐστίν. ἐγὼ δ' ἀπ' αὐτῶν τούτων πρῶτον οἶμαι δῆλον ὑμῖν ποιήσειν ὅτι πάντα δικαίως ἀπολογήσομαι· τὴν γὰρ αὐτὴν τούτῳ ποιησάμενος τῶν γεγραμμένων τάξιν περὶ πάντων ἐρῶ καθ' ἕκα-

στον ἐφεξῆς καὶ οὐδὲν ἑκὼν παραλείψω. τοῦ μὲν 57
οὖν γράψαι πράττοντα καὶ λέγοντα τὰ βέλτιστά
με τῷ δήμῳ διατελεῖν καὶ πρόθυμον εἶναι ποιεῖν
ὅ τι δύναμαι ἀγαθόν, καὶ ἐπαινεῖν ἐπὶ τούτοις, ἐν
τοῖς πεπολιτευμένοις τὴν κρίσιν εἶναι νομίζω· ἀπὸ
γὰρ τούτων ἐξεταζομένων εὑρεθήσεται εἴτε ἀληθῆ
περὶ ἐμοῦ γέγραφε Κτησιφῶν ταῦτα καὶ προσή-
κοντα εἴτε καὶ ψευδῆ· τὸ δὲ μὴ προσγράψαντα 58
"ἐπειδὰν τὰς εὐθύνας δῷ" στεφανοῦν, καὶ ἀνειπεῖν
ἐν τῷ θεάτρῳ τὸν στέφανον κελεῦσαι, κοινωνεῖν μὲν
ἡγοῦμαι καὶ τοῦτο τοῖς πεπολιτευμένοις, εἴτε ἄξιός
εἰμι τοῦ στεφάνου καὶ τῆς ἀναρρήσεως τῆς ἐν τού-
τοις εἴτε καὶ μή, ἔτι μέντοι καὶ τοὺς νόμους δεικτέον
εἶναί μοι δοκεῖ, καθ' οὓς ταῦτα γράφειν ἐξῆν τούτῳ.
οὑτωσὶ μὲν ὦ ἄνδρες Ἀθηναῖοι δικαίως καὶ ἁπλῶς
τὴν ἀπολογίαν ἔγνωκα ποιεῖσθαι, βαδιοῦμαι δ' ἐπ'
αὐτὰ ἃ πέπρακταί μοι. καί με μηδεὶς ὑπολάβῃ 59
ἀπαρτᾶν τὸν λόγον τῆς γραφῆς, ἐὰν εἰς Ἑλληνικὰς
πράξεις καὶ λόγους ἐμπέσω· ὁ γὰρ διώκων τοῦ ψη-
φίσματος τὸ λέγειν καὶ πράττειν τὰ ἄριστά με
καὶ γεγραμμένος ταῦτα ὡς οὐκ ἀληθῆ, οὗτός ἐστιν
ὁ τοὺς περὶ ἁπάντων τῶν ἐμοὶ πεπολιτευμένων λό-
γους οἰκείους καὶ ἀναγκαίους τῇ γραφῇ πεποιηκώς.
εἶτα καὶ πολλῶν προαιρέσεων οὐσῶν τῆς πολιτείας
τὴν περὶ τὰς Ἑλληνικὰς πράξεις εἱλόμην ἐγώ,
ὥστε καὶ τὰς ἀποδείξεις ἐκ τούτων δίκαιός εἰμι
ποιεῖσθαι.

Ἃ μὲν οὖν πρὸ τοῦ πολιτεύεσθαι καὶ δημηγορεῖν 60
ἐμὲ προὔλαβε καὶ κατέσχε Φίλιππος, ἐάσω· οὐδὲν
γὰρ ἡγοῦμαι τούτων εἶναι πρὸς ἐμέ· ἃ δ' ἀφ' ἧς

ἡμέρας ἐπὶ ταῦτα ἐπέστην ἐγὼ καὶ διεκωλύθη, ταῦτα ἀναμνήσω καὶ τούτων ὑφέξω λόγων, τοσοῦτον ὑπειπών. πλεονέκτημα ᾧ ἄνδρες Ἀθηναῖοι μέγα 61 ὑπῆρξε Φιλίππῳ. παρὰ γὰρ τοῖς Ἕλλησιν, οὐ τισὶν ἀλλ' ἅπασιν ὁμοίως, φορὰν προδοτῶν καὶ δωροδόκων καὶ θεοῖς ἐχθρῶν ἀνθρώπων συνέβη γενέσθαι τοσαύτην, ὅσην οὐδείς πω πρότερον μέμνηται γεγονυῖαν· οὓς συναγωνιστὰς καὶ συνεργοὺς λαβὼν καὶ πρότερον κακῶς τοὺς Ἕλληνας ἔχοντας πρὸς ἑαυτοὺς καὶ στασιαστικῶς ἔτι χεῖρον διέθηκε, τοὺς μὲν ἐξαπατῶν, τοῖς δὲ διδούς, τοὺς δὲ πάντα τρόπον διαφθείρων, καὶ διέστησεν εἰς μέρη πολλὰ ἑνὸς τοῦ συμφέροντος ἅπασιν ὄντος, κωλύειν ἐκεῖνον 62 μέγαν γίγνεσθαι. ἐν τοιαύτῃ δὲ καταστάσει καὶ ἔτι ἀγνοίᾳ τοῦ συνισταμένου καὶ φυρομένου κακοῦ τῶν ἁπάντων Ἑλλήνων ὄντων δεῖ σκοπεῖν ὑμᾶς, ἄνδρες Ἀθηναῖοι, τί προσῆκον ἦν ἑλέσθαι πράττειν καὶ ποιεῖν τὴν πόλιν, καὶ τούτων λόγον παρ' ἐμοῦ λαβεῖν· ὁ γὰρ ἐνταῦθα ἑαυτὸν τάξας τῆς πολιτείας 63 εἰμὶ ἐγώ. πότερον αὐτὴν ἐχρῆν, Αἰσχίνη, τὸ φρόνημα ἀφεῖσαν καὶ τὴν ἀξίαν τὴν αὑτῆς, ἐν τῇ Θετταλῶν καὶ Δολόπων τάξει συγκατακτᾶσθαι Φιλίππῳ τὴν τῶν Ἑλλήνων ἀρχὴν καὶ τὰ τῶν προγόνων καλὰ καὶ δίκαια ἀναιρεῖν; ἢ τοῦτο μὲν μὴ ποιεῖν, δεινὸν γὰρ ὡς ἀληθῶς, ἃ δ' ἑώρα συμβησόμενα, εἰ μηδεὶς κωλύσει, καὶ προῃσθάνεθ', ὡς ἔοικεν, ἐκ πολλοῦ, 64 ταῦτα περιιδεῖν γιγνόμενα; ἀλλὰ νῦν ἔγωγε τὸν μάλιστα ἐπιτιμῶντα τοῖς πεπραγμένοις ἡδέως ἂν ἐροίμην, τῆς ποίας μερίδος γενέσθαι τὴν πόλιν ἐβούλετ' ἄν, πότερον τῆς συναιτίας τῶν συμβεβηκότων τοῖς Ἕλλησι κακῶν καὶ αἰσχρῶν, ἧς ἂν Θετταλοὺς καὶ τοὺς μετὰ τούτων εἴποι τις, ἢ τῆς περιεωρακυίας ταῦτα γιγνόμενα ἐπὶ τῇ τῆς ἰδίας πλεονεξίας ἐλπίδι, ἧς ἂν Ἀρκάδας καὶ Μεσσηνίους καὶ Ἀργείους θείημεν. ἀλλὰ καὶ τούτων πολλοί, μᾶλλον δὲ πάντες, 65 χεῖρον ἡμῶν ἀπηλλάχασιν. καὶ γὰρ εἰ μὲν ὡς ἐκράτησε Φίλιππος ᾤχετ᾽ εὐθέως ἀπιὼν καὶ μετὰ ταῦτ᾽ ἦγεν ἡσυχίαν, μήτε τῶν αὐτοῦ συμμάχων μήτε τῶν ἄλλων Ἑλλήνων μηδένα μηδὲν λυπήσας, ἦν ἄν τις κατὰ τῶν ἐναντιωθέντων οἷς ἔπραττεν ἐκεῖνος μέμψις καὶ κατηγορία· εἰ δὲ ὁμοίως ἁπάντων τὸ ἀξίωμα, τὴν ἡγεμονίαν, τὴν ἐλευθερίαν περιείλετο, μᾶλλον δὲ καὶ τὰς πολιτείας, ὅσων ἠδύνατο, πῶς οὐχ ἁπάντων ἐνδοξότατα ὑμεῖς ἐβουλεύσασθε ἐμοὶ πεισθέντες;

Ἀλλ᾽ ἐκεῖσε ἐπανέρχομαι. τί τὴν πόλιν, Αἰ- 66 σχίνη, προσῆκε ποιεῖν ἀρχὴν καὶ τυραννίδα τῶν Ἑλλήνων ὁρῶσαν ἑαυτῷ κατασκευαζόμενον Φίλιππον; ἢ τί τὸν σύμβουλον ἔδει λέγειν ἢ γράφειν, τὸν Ἀθήνησι (καὶ γὰρ τοῦτο πλεῖστον διαφέρει), ὃς συνῄδειν μὲν ἐκ παντὸς τοῦ χρόνου μέχρι τῆς ἡμέρας, ἀφ᾽ ἧς αὐτὸς ἐπὶ τὸ βῆμα ἀνέβην, ἀεὶ περὶ πρωτείων καὶ τιμῆς καὶ δόξης ἀγωνιζομένην τὴν πατρίδα, καὶ πλείω καὶ χρήματα καὶ σώματα ἀνηλωκυῖαν ὑπὲρ φιλοτιμίας καὶ τῶν πᾶσι συμφερόντων ἢ τῶν ἄλλων Ἑλλήνων ὑπὲρ αὐτῶν ἀνηλώκασιν ἕκαστοι, ἑώρων 67 δ᾽ αὐτὸν τὸν Φίλιππον, πρὸς ὃν ἦν ἡμῖν ὁ ἀγών, ὑπὲρ ἀρχῆς καὶ δυναστείας τὸν ὀφθαλμὸν ἐκκεκομμένον, τὴν κλεῖν κατεαγότα, τὴν χεῖρα, τὸ σκέλος πεπηρωμένον, πᾶν ὅ τι βουληθείη μέρος ἡ τύχη τοῦ

σώματος παρελέσθαι, τοῦτο προϊέμενον, ὥστε τῷ
68 λοιπῷ μετὰ τιμῆς καὶ δόξης ζῆν; καὶ μὴν οὐδὲ τοῦτό
γε οὐδεὶς ἂν εἰπεῖν τολμήσαι, ὡς τῷ μὲν ἐν Πέλλῃ
τραφέντι, χωρίῳ ἀδόξῳ τότε γε ὄντι καὶ μικρῷ,
τοσαύτην μεγαλοψυχίαν προσῆκεν ἐγγενέσθαι, ὥστε
τῆς τῶν Ἑλλήνων ἀρχῆς ἐπιθυμῆσαι καὶ τοῦτ' εἰς
τὸν νοῦν ἐμβαλέσθαι, ὑμῖν δ' οὖσιν Ἀθηναίοις καὶ
κατὰ τὴν ἡμέραν ἑκάστην ἐν πᾶσι καὶ λόγοις καὶ
θεωρήμασι τῆς τῶν προγόνων ἀρετῆς ὑπόμνημα
θεωροῦσι τοσαύτην κακίαν ὑπάρξαι, ὥστε τῆς ἐλ-
ευθερίας αὐτεπαγγέλτους ἐθελοντὰς παραχωρῆσαι
69 Φιλίππῳ. οὐδ' ἂν εἷς ταῦτα φήσειεν. λοιπὸν
τοίνυν ἦν καὶ ἀναγκαῖον ἅμα πᾶσιν οἷς ἐκεῖνος
ἔπραττεν ἀδικῶν ὑμᾶς ἐναντιοῦσθαι δικαίως. τοῦτ'
ἐποιεῖτε μὲν ὑμεῖς ἐξ ἀρχῆς, εἰκότως καὶ προση-
κόντως, ἔγραφον δὲ καὶ συνεβούλευον καὶ ἐγὼ καθ'
οὓς ἐπολιτευόμην χρόνους. ὁμολογῶ. ἀλλὰ τί ἐχ-
ρῆν με ποιεῖν; ἤδη γάρ σ' ἐρωτῶ, πάντα τἄλλ'
ἀφείς, Ἀμφίπολιν, Πύδναν, Ποτίδαιαν, Ἁλόννησον·
70 οὐδενὸς τούτων μέμνημαι· Σέρριον δὲ καὶ Δορίσκον
καὶ τὴν Πεπαρήθου πόρθησιν καὶ ὅσ' ἄλλα ἡ πόλις
ἠδικεῖτο, οὐδ' εἰ γέγονεν οἶδα. καίτοι σύ γ' ἔφησθά
με ταῦτα λέγοντα εἰς ἔχθραν ἐμβαλεῖν τουτουσί,
Εὐβούλου καὶ Ἀριστοφῶντος καὶ Διοπείθους τῶν
περὶ τούτων ψηφισμάτων ὄντων, οὐκ ἐμῶν, ὦ λέγων
71 εὐχερῶς ὅ τι ἂν βουληθῇς. οὐδὲ νῦν περὶ τούτων
ἐρῶ. ἀλλ' ὁ τὴν Εὔβοιαν ἐκεῖνος σφετεριζόμενος
καὶ κατασκευάζων ἐπιτείχισμα ἐπὶ τὴν Ἀττικήν,
καὶ Μεγάροις ἐπιχειρῶν, καὶ καταλαμβάνων Ὠρεόν,
καὶ κατασκάπτων Πορθμόν, καὶ καθιστὰς ἐν μὲν

Ώρεῷ Φιλιστίδην τύραννον ἐν δ' Ἐρετρίᾳ Κλείταρχον, καὶ τὸν Ἑλλήσποντον ὑφ' ἑαυτῷ ποιούμενος, καὶ Βυζάντιον πολιορκῶν, καὶ πόλεις Ἑλληνίδας ἃς μὲν ἀναιρῶν, εἰς ἃς δὲ τοὺς φυγάδας κατάγων, πότερον ταῦτα πάντα ποιῶν ἠδίκει καὶ παρεσπόνδει καὶ ἔλυε τὴν εἰρήνην ἢ οὔ; καὶ πότερον φανῆναί τινα τῶν Ἑλλήνων τὸν ταῦτα κωλύσοντα ποιεῖν αὐτὸν ἐχρῆν ἢ μή; εἰ μὲν γὰρ μὴ ἐχρῆν, ἀλλὰ τὴν 72 Μυσῶν λείαν καλουμένην τὴν Ἑλλάδα οὖσαν ὀφθῆναι ζώντων καὶ ὄντων Ἀθηναίων, περιείργασμαι μὲν ἐγὼ περὶ τούτων εἰπών, περιείργασται δ' ἡ πόλις ἡ πεισθεῖσα ἐμοί, ἔστω δὲ ἀδικήματα πάντα ἃ πέπρακται καὶ ἁμαρτήματα ἐμά. εἰ δὲ ἔδει τινὰ τούτων κωλυτὴν φανῆναι, τίνα ἄλλον ἢ τὸν Ἀθηναίων δῆμον προσῆκε γενέσθαι; ταῦτα τοίνυν ἐπολιτευόμην ἐγώ, καὶ ὁρῶν καταδουλούμενον πάντας ἀνθρώπους ἐκεῖνον ἠναντιούμην, καὶ προλέγων καὶ διδάσκων μὴ προΐεσθαι διετέλουν.

Καὶ μὴν τὴν εἰρήνην γ' ἐκεῖνος ἔλυσε τὰ πλοῖα 73 λαβών, οὐχ ἡ πόλις, Αἰσχίνη. Φέρε δὲ αὐτὰ τὰ ψηφίσματα καὶ τὴν ἐπιστολὴν τὴν τοῦ Φιλίππου, καὶ λέγε ἐφεξῆς· ἀπὸ γὰρ τούτων, τίς τίνος αἴτιός ἐστι, γενήσεται φανερόν.

ΨΗΦΙΣΜΑ. [Ἐπὶ ἄρχοντος Νεοκλέους, μηνὸς βοηδρομιῶνος, ἐκκλησία σύγκλητος ὑπὸ στρατηγῶν, Εὔβουλος Μνησιθέου Κόπριος εἶπεν, ἐπειδὴ προσήγγειλαν οἱ στρατηγοὶ ἐν τῇ ἐκκλησίᾳ ὡς ἄρα Λεωδάμαντα τὸν ναύαρχον καὶ τὰ μετ' αὐτοῦ ἀποσταλέντα σκάφη εἴκοσι ἐπὶ τὴν τοῦ σίτου παραπομπὴν εἰς Ἑλλήσποντον ὁ παρὰ Φιλίππου στρατηγὸς Ἀμύντας καταγήοχεν εἰς

Μακεδονίαν καὶ ἐν φυλακῇ ἔχει, ἐπιμεληθῆναι τοὺς πρυτάνεις καὶ τοὺς στρατηγοὺς ὅπως ἡ βουλὴ συναχθῶσι

74 καὶ αἱρεθῶσι πρέσβεις πρὸς Φίλιππον, οἳ παραγενόμενοι διαλέξονται πρὸς αὐτὸν περὶ τοῦ ἀφεθῆναι τὸν ναύαρχον καὶ τὰ πλοῖα καὶ τοὺς στρατιώτας. καὶ εἰ μὲν δι᾽ ἄγνοιαν ταῦτα πεποίηκεν ὁ Ἀμύντας, ὅτι οὐ μεμψιμοιρεῖ ὁ δῆμος οὐδέν· εἰ δέ τι πλημμελοῦντα παρὰ τὰ ἐπεσταλμένα λαβών, ὅτι ἐπισκεψάμενοι Ἀθηναῖοι ἐπιτιμήσουσι κατὰ τὴν τῆς ὀλιγωρίας ἀξίαν. εἰ δὲ μηδέτερον τούτων ἐστίν, ἀλλ᾽ ἰδίᾳ ἀγνωμονοῦσιν ἢ ὁ ἀποστείλας ἢ ὁ ἀπεσταλμένος, καὶ λέγειν, ἵνα αἰσθανόμενος ὁ δῆμος βουλεύσηται τί δεῖ ποιεῖν.]

75 Τοῦτο μὲν τοίνυν τὸ ψήφισμα Εὔβουλος ἔγραψεν, οὐκ ἐγώ, τὸ δ᾽ ἐφεξῆς Ἀριστοφῶν, εἶθ᾽ Ἡγήσιππος, εἶτ᾽ Ἀριστοφῶν πάλιν, εἶτα Φιλοκράτης, εἶτα Κηφισοφῶν, εἶτα πάντες· ἐγὼ δ᾽ οὐδὲν περὶ τούτων. Λέγε.

ΨΗΦΙΣΜΑΤΑ. [Ἐπὶ Νεοκλέους ἄρχοντος, βοηδρομιῶνος ἕνῃ καὶ νέᾳ, βουλῆς γνώμῃ, πρυτάνεις καὶ στρατηγοὶ ἐχρημάτισαν τὰ ἐκ τῆς ἐκκλησίας ἀνενεγκόντες, ὅτι ἔδοξε τῷ δήμῳ πρέσβεις ἑλέσθαι πρὸς Φίλιππον περὶ τῆς τῶν πλοίων ἀνακομιδῆς καὶ ἐντολὰς δοῦναι κατὰ τὰ ἐκ τῆς ἐκκλησίας ψηφίσματα. καὶ εἵλοντο τούσδε, Κηφισοφῶντα Κλέωνος Ἀναφλύστιον, Δημόκριτον Δημοφῶντος Ἀναγυράσιον, Πολύκριτον Ἀπημάντου Κοθωκίδην. πρυτανεία φυλῆς Ἱπποθοωντίδος, Ἀριστοφῶν Κολυττεὺς πρόεδρος εἶπεν.]

76 Ὥσπερ τοίνυν ἐγὼ ταῦτα δεικνύω τὰ ψηφίσματα, οὕτω σὺ δεῖξον, Αἰσχίνη, ὁποῖον ἐγὼ γράψας ψήφισμα αἴτιός εἰμι τοῦ πολέμου. ἀλλ᾽ οὐκ ἂν

ἔχοις· εἰ γὰρ εἶχες, οὐδὲν ἂν αὐτοῦ πρότερον νυνὶ παρέσχου. καὶ μὴν οὐδ' ὁ Φίλιππος οὐδὲν αἰτιᾶται ἐμὲ ὑπὲρ τοῦ πολέμου, ἑτέροις ἐγκαλῶν. Λέγε δ' αὐτὴν τὴν ἐπιστολὴν τὴν τοῦ Φιλίππου.

ΕΠΙΣΤΟΛΗ ΦΙΛΙΠΠΟΥ. [Βασιλεὺς Μακεδόνων 77 Φίλιππος Ἀθηναίων τῇ βουλῇ καὶ τῷ δήμῳ χαίρειν. παραγενόμενοι πρὸς ἐμὲ οἱ παρ' ὑμῶν πρεσβευταί, Κηφισοφῶν καὶ Δημόκριτος καὶ Πολύκριτος, διελέγοντο περὶ τῆς τῶν πλοίων ἀφέσεως ὧν ἐναυάρχει Λαομέδων. καθ' ὅλου μὲν οὖν ἔμοιγε φαίνεσθε ἐν μεγάλῃ εὐηθείᾳ ἔσεσθαι, εἴ γ' οἴεσθ' ἐμὲ λανθάνειν ὅτι ἐξαπεστάλη ταῦτα τὰ πλοῖα πρόφασιν μὲν ὡς τὸν σῖτον παραπέμψοντα ἐκ τοῦ Ἑλλησπόντου εἰς Λῆμνον, βοηθήσοντα δὲ Σηλυμβριανοῖς τοῖς ὑπ' ἐμοῦ μὲν πολιορκουμένοις, οὐ συμπεριειλημμένοις δὲ ἐν ταῖς τῆς φιλίας κοινῇ κειμέναις ἡμῖν συνθήκαις. καὶ ταῦτα συνετάχθη τῷ ναυάρχῳ ἄνευ μὲν 78 τοῦ δήμου τοῦ Ἀθηναίων, ὑπὸ δέ τινων ἀρχόντων καὶ ἑτέρων ἰδιωτῶν μὲν νῦν ὄντων, ἐκ παντὸς δὲ τρόπου βουλομένων τὸν δῆμον ἀντὶ τῆς νῦν ὑπαρχούσης πρὸς ἐμὲ φιλίας τὸν πόλεμον ἀναλαβεῖν, πολλῷ μᾶλλον φιλοτιμουμένων τοῦτο συντετελέσθαι ἢ τοῖς Σηλυμβριανοῖς βοηθῆσαι. καὶ ὑπολαμβάνουσιν αὐτοῖς τὸ τοιοῦτο πρόσοδον ἔσεσθαι· οὐ μέντοι μοι δοκεῖ τοῦτο χρήσιμον ὑπάρχειν οὔθ' ὑμῖν οὔτ' ἐμοί. διόπερ τά τε νῦν καταχθέντα πλοῖα πρὸς ἡμᾶς ἀφίημι ὑμῖν, καὶ τοῦ λοιποῦ, ἐὰν βούλησθε μὴ ἐπιτρέπειν τοῖς προεστηκόσιν ὑμῶν κακοήθως πολιτεύεσθαι, ἀλλ' ἐπιτιμᾶτε, πειράσομαι κἀγὼ διαφυλάττειν τὴν εἰρήνην. εὐτυχεῖτε.]

Ἐνταῦθ' οὐδαμοῦ Δημοσθένην γέγραφεν, οὐδ' 79 αἰτίαν οὐδεμίαν κατ' ἐμοῦ. τί ποτ' οὖν τοῖς ἄλλοις

ἐγκαλῶν τῶν ἐμοὶ πεπραγμένων οὐχὶ μέμνηται; ὅτι τῶν ἀδικημάτων ἂν ἐμέμνητο τῶν αὑτοῦ, εἴ τι περὶ ἐμοῦ γεγράφει· τούτων γὰρ εἰχόμην ἐγὼ καὶ τούτοις ἠναντιούμην. καὶ πρῶτον μὲν τὴν εἰς Πελοπόννησον πρεσβείαν ἔγραψα, ὅτε πρῶτον ἐκεῖνος εἰς Πελοπόννησον παρεδύετο, εἶτα τὴν εἰς Εὔβοιαν, ἡνίκ᾽ Εὐβοίας ἥπτετο, εἶτα τὴν ἐπ᾽ Ὠρεὸν ἔξοδον, οὐκέτι πρεσβείαν, καὶ τὴν εἰς Ἐρέτριαν, ἐπειδὴ τυράννους ἐκεῖνος ἐν ταύταις ταῖς πόλεσι κατέστη-
80 σεν. μετὰ ταῦτα δὲ τοὺς ἀποστόλους ἅπαντας ἀπέστειλα, καθ᾽ οὓς Χερρόνησος ἐσώθη καὶ Βυζάντιον καὶ πάντες οἱ σύμμαχοι. ἐξ ὧν ὑμῖν μὲν τὰ κάλλιστα, ἔπαινοι δόξαι τιμαὶ στέφανοι χάριτες, παρὰ τῶν εὖ πεπονθότων ὑπῆρχον, τῶν δ᾽ ἀδικουμένων τοῖς μὲν ὑμῖν τότε πεισθεῖσιν ἡ σωτηρία περιεγένετο, τοῖς δ᾽ ὀλιγωρήσασι τὸ πολλάκις ὧν ὑμεῖς προείπατε μεμνῆσθαι, καὶ νομίζειν ὑμᾶς μὴ μόνον εὔνους ἑαυτοῖς ἀλλὰ καὶ φρονίμους ἀνθρώπους καὶ μάντεις
81 εἶναι· πάντα γὰρ ἐκβέβηκεν ἃ προείπατε. καὶ μὴν ὅτι πολλὰ μὲν ἂν χρήματα ἔδωκε Φιλιστίδης ὥστ᾽ ἔχειν Ὠρεόν, πολλὰ δὲ Κλείταρχος ὥστ᾽ ἔχειν Ἐρέτριαν, πολλὰ δ᾽ αὐτὸς ὁ Φίλιππος ὥστε ταῦθ᾽ ὑπάρχειν ἐφ᾽ ὑμᾶς αὐτῷ καὶ περὶ τῶν ἄλλων μηδὲν ἐξελέγχεσθαι μηδ᾽ ἃ ποιῶν ἠδίκει μηδένα ἐξετάζειν
82 πανταχοῦ, οὐδεὶς ἀγνοεῖ, καὶ πάντων ἥκιστα σύ· οἱ γὰρ παρὰ τοῦ Κλειτάρχου καὶ τοῦ Φιλιστίδου τότε πρέσβεις δεῦρ᾽ ἀφικνούμενοι παρὰ σοὶ κατέλυον, Αἰσχίνη, καὶ σὺ προὐξένεις αὐτῶν· οὓς ἡ μὲν πόλις ὡς ἐχθροὺς καὶ οὔτε δίκαια οὔτε συμφέροντα λέγοντας ἀπήλασε, σοὶ δ᾽ ἦσαν φίλοι· οὐ τοίνυν ἐπράχθη

τούτων οὐδέν, ὦ βλασφημῶν περὶ ἐμοῦ καὶ λέγων ὡς σιωπῶ μὲν λαβών, βοῶ δ' ἀναλώσας. ἀλλ' οὐ σύ, ἀλλὰ βοᾷς μὲν ἔχων, παύσει δὲ οὐδέποτ', ἐὰν μή σε οὗτοι παύσωσιν ἀτιμώσαντες τήμερον. στε- 83 φανωσάντων τοίνυν ὑμῶν ἐμὲ ἐπὶ τούτοις τότε, καὶ γράψαντος Ἀριστονίκου τὰς αὐτὰς συλλαβὰς ἅσπερ οὑτοσὶ Κτησιφῶν νῦν γέγραφε, καὶ ἀναρρηθέντος ἐν τῷ θεάτρῳ τοῦ στεφάνου, καὶ δευτέρου κηρύγματος ἤδη μοι τούτου γιγνομένου, οὔτ' ἀντεῖπεν Αἰσχίνης παρὼν οὔτε τὸν εἰπόντα ἐγράψατο. Καί μοι λέγε καὶ τοῦτο τὸ ψήφισμα λαβών.

ΨΗΦΙΣΜΑ. [Ἐπὶ Χαιρώνδου Ἡγέμονος ἄρχοντος, 84 γαμηλιῶνος ἕκτῃ ἀπιόντος, φυλῆς πρυτανευούσης Λεοντίδος, Ἀριστόνικος Φρεάρριος εἶπεν, ἐπειδὴ Δημοσθένης Δημοσθένους Παιανιεὺς πολλὰς καὶ μεγάλας χρείας παρέσχηται τῷ δήμῳ τῷ Ἀθηναίων καὶ πολλοῖς τῶν συμμάχων καὶ πρότερον, καὶ ἐν τῷ παρόντι καιρῷ βεβοήθηκε διὰ τῶν ψηφισμάτων καί τινας τῶν ἐν τῇ Εὐβοίᾳ πόλεων ἠλευθέρωκε, καὶ διατελεῖ εὔνους ὢν τῷ δήμῳ τῷ Ἀθηναίων, καὶ λέγει καὶ πράττει ὅ τι ἂν δύνηται ἀγαθὸν ὑπέρ τε αὐτῶν Ἀθηναίων καὶ τῶν ἄλλων Ἑλλήνων, δεδόχθαι τῇ βουλῇ καὶ τῷ δήμῳ τῷ Ἀθηναίων ἐπαινέσαι Δημοσθένην Δημοσθένους Παιανιέα καὶ στεφανῶσαι χρυσῷ στεφάνῳ, καὶ ἀναγορεῦσαι τὸν στέφανον ἐν τῷ θεάτρῳ τραγῳδοῖς καινοῖς, τῆς δὲ ἀναγορεύσεως τοῦ στεφάνου ἐπιμεληθῆναι τὴν πρυτανεύουσαν φυλὴν καὶ τὸν ἀγωνοθέτην. εἶπεν Ἀριστόνικος Φρεάρριος.]

Ἔστιν οὖν ὅστις ὑμῶν οἶδέ τινα αἰσχύνην τῇ 85 πόλει συμβᾶσαν διὰ τοῦτο τὸ ψήφισμα ἢ χλευασμὸν ἢ γέλωτα, ἃ νῦν οὗτος ἔφη συμβήσεσθαι, ἐὰν ἐγὼ στεφανῶμαι; καὶ μὴν ὅταν ᾖ νέα καὶ γνώριμα πᾶσι τὰ πράγματα, ἐάν τε καλῶς ἔχῃ, χάριτος τυγχάνει, ἐάν θ᾽ ὡς ἑτέρως, τιμωρίας. φαίνομαι τοίνυν ἐγὼ χάριτος τετυχηκὼς τότε, καὶ οὐ μέμψεως οὐδὲ τιμωρίας.

86 Οὐκοῦν μέχρι μὲν τῶν χρόνων ἐκείνων, ἐν οἷς ταῦτ᾽ ἐπράχθη, πάντας ἀνωμολόγημαι τὰ ἄριστα πράττειν τῇ πόλει, τῷ νικᾶν, ὅτ᾽ ἐβουλεύεσθε, λέγων καὶ γράφων, τῷ καταπραχθῆναι τὰ γραφέντα καὶ στεφάνους ἐξ αὐτῶν τῇ πόλει καὶ ἐμοὶ καὶ πᾶσι γενέσθαι, τῷ θυσίας τοῖς θεοῖς καὶ προσόδους ὡς ἀγαθῶν τούτων ὄντων ὑμᾶς πεποιῆσθαι.

87 Ἐπειδὴ τοίνυν ἐκ τῆς Εὐβοίας ὁ Φίλιππος ὑφ᾽ ὑμῶν ἐξηλάθη, τοῖς μὲν ὅπλοις, τῇ δὲ πολιτείᾳ καὶ τοῖς ψηφίσμασι, κἂν διαρραγῶσί τινες τούτων, ὑπ᾽ ἐμοῦ, ἕτερον κατὰ τῆς πόλεως ἐπιτειχισμὸν ἐζήτει. ὁρῶν δ᾽ ὅτι σίτῳ πάντων ἀνθρώπων πλείστῳ χρώμεθ᾽ ἐπεισάκτῳ, βουλόμενος τῆς σιτοπομπίας κύριος γενέσθαι, παρελθὼν ἐπὶ Θρᾴκης Βυζαντίους συμμάχους ὄντας αὐτῷ τὸ μὲν πρῶτον ἠξίου συμπολεμεῖν τὸν πρὸς ὑμᾶς πόλεμον, ὡς δ᾽ οὐκ ἤθελον οὐδ᾽ ἐπὶ τούτοις ἔφασαν τὴν συμμαχίαν πεποιῆσθαι, λέγοντες ἀληθῆ, χάρακα βαλόμενος πρὸς τῇ πόλει

88 καὶ μηχανήματ᾽ ἐπιστήσας ἐπολιόρκει. τούτων δὲ γιγνομένων ὅ τι μὲν προσῆκε ποιεῖν ὑμᾶς, οὐκ ἐπερωτήσω· δῆλον γάρ ἐστιν ἅπασιν. ἀλλὰ τίς ἦν ὁ βοηθήσας τοῖς Βυζαντίοις καὶ σώσας αὐτούς; τίς ὁ κωλύσας τὸν Ἑλλήσποντον ἀλλοτριωθῆναι κατ᾽ ἐκείνους τοὺς χρόνους; ὑμεῖς, ὦ ἄνδρες Ἀθηναῖοι. τὸ δ᾽ ὑμεῖς ὅταν λέγω, τὴν πόλιν λέγω. τίς δ᾽ ὁ τῇ

πόλει λέγων καὶ γράφων καὶ πράττων καὶ ἁπλῶς ἑαυτὸν εἰς τὰ πράγματα ἀφειδῶς δούς; ἐγώ. ἀλλὰ 89 μὴν ἡλίκα ταῦτα ὠφέλησεν ἅπαντας, οὐκέτ' ἐκ τοῦ λόγου δεῖ μαθεῖν, ἀλλ' ἔργῳ πεπείρασθε· ὁ γὰρ τότε ἐνστὰς πόλεμος ἄνευ τοῦ καλὴν δόξαν ἐνεγκεῖν, ἐν πᾶσι τοῖς κατὰ τὸν βίον ἀφθονωτέροις καὶ εὐωνοτέροις διῆγεν ὑμᾶς τῆς νῦν εἰρήνης, ἣν οὗτοι κατὰ τῆς πατρίδος τηροῦσιν οἱ χρηστοὶ ἐπὶ ταῖς μελλούσαις ἐλπίσιν, ὧν διαμάρτοιεν, καὶ μετάσχοιεν ὧν ὑμεῖς οἱ τὰ βέλτιστα βουλόμενοι τοὺς θεοὺς αἰτεῖτε, μὴ μεταδοῖεν ὑμῖν ὧν αὐτοὶ προῄρηνται. Λέγε δ' αὐτοῖς καὶ τοὺς τῶν Βυζαντίων στεφάνους καὶ τοὺς τῶν Περινθίων, οἷς ἐστεφάνουν ἐκ τούτων τὴν πόλιν.

ΨΗΦΙΣΜΑ ΒΥΖΑΝΤΙΩΝ. [Ἐπὶ ἱερομνάμονος Βοσ- 90 πορίχω Δαμάγητος ἐν τᾷ ἁλίᾳ ἔλεξεν, ἐκ τᾶς βωλᾶς λαβὼν ῥήτραν. Ἐπειδὴ ὁ δᾶμος ὁ Ἀθηναίων ἔν τε τοῖς προγεγεναμένοις καιροῖς εὐνοέων διατελεῖ Βυζαντίοις καὶ τοῖς συμμάχοις καὶ συγγενέσι Περινθίοις καὶ πολλὰς καὶ μεγάλας χρείας παρέσχηται, ἔν τε τῷ παρεστακότι καιρῷ Φιλίππῳ τῷ Μακεδόνος ἐπιστρατεύσαντος ἐπὶ τὰν χώραν καὶ τὰν πόλιν ἐπ' ἀναστάσει Βυζαντίων καὶ Περινθίων καὶ τὰν χώραν δαίοντος καὶ δενδροκοπέοντος, βοηθήσας πλοίοις ἑκατὸν καὶ εἴκοσι καὶ σίτῳ καὶ βέλεσι καὶ ὁπλίταις ἐξείλετο ἀμὲ ἐκ τῶν μεγάλων κινδύνων καὶ ἀποκατέστατε τὰν πάτριον πολιτείαν καὶ τὼς νόμως καὶ τὼς τάφως, δεδόχθω τῷ δάμῳ τῷ Βυζαντίων καὶ Περινθίων 91 Ἀθηναίοις δόμεν ἐπιγαμίαν, πολιτείαν, ἔγκτασιν γᾶς καὶ οἰκιᾶν, προεδρίαν ἐν τοῖς ἀγῶσι, πόθοδον ποτὶ τὰν βωλὰν καὶ τὸν δᾶμον πράτοις μετὰ τὰ ἱερά, καὶ τοῖς κατοικεῖν ἐθέλουσι τὰν πόλιν ἀλειτουργήτοις ἦμεν πασᾶν τᾶν

λειτουργιᾶν· στᾶσαι δὲ καὶ εἰκόνας τρεῖς ἑκκαιδεκαπή-
χεις ἐν τῷ Βοσπορίῳ, στεφανούμενον τὸν δᾶμον τὸν
Ἀθηναίων ὑπὸ τῶ δάμω τῶ Βυζαντίων καὶ Περινθίων·
ἀποστεῖλαι δὲ καὶ θεωρίας ἐς τὰς ἐν τᾷ Ἑλλάδι πανη-
γύριας, Ἴσθμια καὶ Νέμεα καὶ Ὀλύμπια καὶ Πύθια, καὶ
ἀνακαρῦξαι τὼς στεφάνως ὣς ἐστεφάνωται ὁ δᾶμος ὁ
Ἀθηναίων ὑφ' ἡμῶν, ὅπως ἐπιστέωνται οἱ Ἕλλανες
πάντες Ἀθηναίων ἀρετὰν καὶ τὰν Βυζαντίων καὶ Περιν-
θίων εὐχαριστίαν.]

92   Λέγε καὶ τοὺς παρὰ τῶν ἐν Χερρονήσῳ στε-
φάνους.

ΨΗΦΙΣΜΑ ΧΕΡΡΟΝΗΣΙΤΩΝ. [Χερρονησιτῶν οἱ
κατοικοῦντες Σηστὸν Ἐλεοῦντα Μάδυτον Ἀλωπεκόν-
νησον στεφανοῦσιν Ἀθηναίων τὴν βουλὴν καὶ τὸν δῆ-
μον χρυσῷ στεφάνῳ ἀπὸ ταλάντων ἑξήκοντα, καὶ Χάρι-
τος βωμὸν ἱδρύονται καὶ Δήμου Ἀθηναίων, ὅτι πάντων
μεγίστου ἀγαθῶν παραίτιος γέγονε Χερρονησίταις, ἐξ-
ελόμενος ἐκ τῆς Φιλίππου καὶ ἀποδοὺς τὰς πατρίδας,
τοὺς νόμους, τὴν ἐλευθερίαν, τὰ ἱερά. καὶ ἐν τῷ μετὰ
ταῦτα αἰῶνι παντὶ οὐκ ἐλλείψει εὐχαριστῶν καὶ ποιῶν ὅ
τι ἂν δύνηται ἀγαθόν. ταῦτα ἐψηφίσαντο ἐν τῷ κοινῷ
βουλευτηρίῳ.]

93   Οὐκοῦν οὐ μόνον τὸ Χερρόνησον καὶ Βυζάντιον
σῶσαι, οὐδὲ τὸ κωλῦσαι τὸν Ἑλλήσποντον ὑπὸ
Φιλίππῳ γενέσθαι τότε, οὐδὲ τὸ τιμᾶσθαι τὴν πόλιν
ἐκ τούτων ἡ προαίρεσις ἡ ἐμὴ καὶ ἡ πολιτεία διε-
πράξατο, ἀλλὰ καὶ πᾶσιν ἔδειξεν ἀνθρώποις τήν τε
τῆς πόλεως καλοκαγαθίαν καὶ τὴν Φιλίππου κακίαν.
ὁ μὲν γὰρ σύμμαχος ὢν τοῖς Βυζαντίοις πολιορκῶν
αὐτοὺς ἑωρᾶτο ὑπὸ πάντων, οὗ τί γένοιτ' ἂν αἴσχιον

ἢ μιαρώτερον; ὑμεῖς δ' οἱ καὶ μεμψάμενοι πολλὰ 94
καὶ δίκαια ἂν ἐκείνοις εἰκότως περὶ ὧν ἠγνωμονήκεσαν εἰς ὑμᾶς ἐν τοῖς ἔμπροσθεν χρόνοις, οὐ μόνον
οὐ μνησικακοῦντες οὐδὲ προϊέμενοι τοὺς ἀδικουμένους
ἀλλὰ καὶ σώζοντες ἐφαίνεσθε, ἐξ ὧν δόξαν καὶ εὔνοιαν παρὰ πάντων ἐκτᾶσθε. καὶ μὴν ὅτι μὲν πολλοὺς ἐστεφανώκατ' ἤδη τῶν πολιτευομένων, ἅπαντες ἴσασι· δι' ὅντινα δ' ἄλλον ἡ πόλις ἐστεφάνωται,
σύμβουλον λέγω καὶ ῥήτορα, πλὴν δι' ἐμέ, οὐδ' ἂν
εἷς εἰπεῖν ἔχοι.

Ἵνα τοίνυν καὶ τὰς βλασφημίας, ἃς κατὰ τῶν 95
Εὐβοέων καὶ τῶν Βυζαντίων ἐποιήσατο, εἴ τι δυσχερὲς αὐτοῖς ἐπέπρακτο πρὸς ὑμᾶς ὑπομιμνήσκων,
συκοφαντίας οὔσας ἐπιδείξω μὴ μόνον τῷ ψευδεῖς
εἶναι (τοῦτο μὲν γὰρ ὑπάρχειν ὑμᾶς εἰδότας ἡγοῦμαι) ἀλλὰ καὶ τῷ, εἰ τὰ μάλιστ' ἦσαν ἀληθεῖς,
οὕτως ὡς ἐγὼ κέχρημαι τοῖς πράγμασι συμφέρειν
χρήσασθαι, ἐν ᾗ δύο βούλομαι τῶν καθ' ὑμᾶς πεπραγμένων καλῶν τῇ πόλει διεξελθεῖν, καὶ ταῦτ'
ἐν βραχέσιν· καὶ γὰρ ἄνδρα ἰδίᾳ καὶ πόλιν κοινῇ
πρὸς τὰ κάλλιστα τῶν ὑπαρχόντων ἀεὶ δεῖ πειρᾶσθαι τὰ λοιπὰ πράττειν. ὑμεῖς τοίνυν, ἄνδρες 96
Ἀθηναῖοι, Λακεδαιμονίων γῆς καὶ θαλάττης ἀρχόντων καὶ τὰ κύκλῳ τῆς Ἀττικῆς κατεχόντων ἁρμοσταῖς καὶ φρουραῖς, Εὔβοιαν, Τάναγραν, τὴν Βοιωτίαν ἅπασαν, Μέγαρα, Αἴγιναν, Κλεωνάς, ἄλλας
νήσους, οὐ ναῦς, οὐ τείχη τῆς πόλεως τότε κτησαμένης, ἐξήλθετε εἰς Ἁλίαρτον καὶ πάλιν οὐ πολλαῖς
ἡμέραις ὕστερον εἰς Κόρινθον, τῶν τότε Ἀθηναίων
πόλλ' ἂν ἐχόντων μνησικακῆσαι καὶ Κορινθίοις καὶ

Θηβαίοις τῶν περὶ τὸν Δεκελεικὸν πόλεμον πραχ-
θέντων· ἀλλ' οὐκ ἐποίουν τοῦτο, οὐδ' ἐγγύς. καίτοι
τότε ταῦτα ἀμφότερα, Αἰσχίνη, οὔθ' ὑπὲρ εὐεργετῶν ἐποίουν οὔτ' ἀκίνδυνα ἑώρων. ἀλλ' οὐ διὰ ταῦτα προΐεντο τοὺς καταφεύγοντας ἐφ' ἑαυτούς, ἀλλ'
ὑπὲρ εὐδοξίας καὶ τιμῆς ἤθελον τοῖς δεινοῖς αὐτοὺς
διδόναι, ὀρθῶς καὶ καλῶς βουλευόμενοι. πέρας μὲν
γὰρ ἅπασιν ἀνθρώποις ἐστὶ τοῦ βίου θάνατος, κἂν
ἐν οἰκίσκῳ τις αὑτὸν καθείρξας τηρῇ· δεῖ δὲ τοὺς
ἀγαθοὺς ἄνδρας ἐγχειρεῖν μὲν ἅπασιν ἀεὶ τοῖς
καλοῖς, τὴν ἀγαθὴν προβαλλομένους ἐλπίδα, φέρειν
δ' ὅ τι ἂν ὁ θεὸς διδῷ γενναίως. ταῦτ' ἐποίουν οἱ
ὑμέτεροι πρόγονοι, ταῦθ' ὑμεῖς οἱ πρεσβύτεροι, οἳ
Λακεδαιμονίους οὐ φίλους ὄντας οὐδ' εὐεργέτας, ἀλλὰ
πολλὰ τὴν πόλιν ἡμῶν ἠδικηκότας καὶ μεγάλα,
ἐπειδὴ Θηβαῖοι κρατήσαντες ἐν Λεύκτροις ἀνελεῖν
ἐπεχείρουν, διεκωλύσατε, οὐ φοβηθέντες τὴν τότε
Θηβαίοις ῥώμην καὶ δόξαν ὑπάρχουσαν, οὐδ' ὑπὲρ
οἷα πεποιηκότων ἀνθρώπων κινδυνεύσετε διαλογισάμενοι. καὶ γάρ τοι πᾶσι τοῖς Ἕλλησιν ἐδείξατε
ἐκ τούτων ὅτι κἂν ὁτιοῦν τις εἰς ὑμᾶς ἐξαμάρτῃ,
τούτων τὴν ὀργὴν εἰς τἆλλα ἔχετε, ἂν δ' ὑπὲρ
σωτηρίας ἢ ἐλευθερίας κίνδυνός τις αὐτοὺς καταλαμβάνῃ, οὔτε μνησικακήσετε οὔθ' ὑπολογιεῖσθε.
καὶ οὐκ ἐπὶ τούτων μόνον οὕτως ἐσχήκατε, ἀλλὰ
πάλιν σφετεριζομένων Θηβαίων τὴν Εὔβοιαν οὐ
περιείδετε, οὐδ' ὧν ὑπὸ Θεμίσωνος καὶ Θεοδώρου
περὶ Ὠρωπὸν ἠδίκησθε ἀνεμνήσθητε, ἀλλ' ἐβοηθήσατε καὶ τούτοις, τῶν ἐθελοντῶν τότε τριηράρχων πρῶτον γενομένων τῇ πόλει, ὧν εἷς ἦν ἐγώ.

ἀλλ' οὔπω περὶ τούτων. καὶ καλὸν μὲν ἐποιήσατε 100
καὶ τὸ σῶσαι τὴν νῆσον, πολλῷ δ' ἔτι τούτου κάλ-
λιον τὸ καταστάντες κύριοι καὶ τῶν σωμάτων καὶ
τῶν πόλεων ἀποδοῦναι ταῦτα δικαίως αὐτοῖς τοῖς
ἐξημαρτηκόσιν εἰς ὑμᾶς, μηδὲν ὧν ἠδίκησθε ὑπο-
λογισάμενοι. μυρία τοίνυν ἕτερα εἰπεῖν ἔχων πα-
ραλείπω, ναυμαχίας, ἐξόδους πεζάς, στρατείας καὶ
πάλαι γεγονυίας καὶ νῦν ἐφ' ἡμῶν αὐτῶν, ἃς ἁπά-
σας ἡ πόλις τῆς τῶν ἄλλων Ἑλλήνων ἐλευθερίας
καὶ σωτηρίας πεποίηται. εἶτ' ἐγὼ τεθεωρηκὼς ἐν 101
τοσούτοις καὶ τοιούτοις τὴν πόλιν ὑπὲρ τῶν τοῖς
ἄλλοις συμφερόντων ἐθέλουσαν ἀγωνίζεσθαι, ὑπὲρ
αὐτῆς τρόπον τινὰ τῆς βουλῆς οὔσης τί ἔμελλον
κελεύσειν ἢ τί συμβουλεύσειν αὐτῇ ποιεῖν; μνησι-
κακεῖν νὴ Δία πρὸς τοὺς βουλομένους σώζεσθαι,
καὶ προφάσεις ζητεῖν δι' ἃς ἅπαντα προησόμεθα;
καὶ τίς οὐκ ἂν ἀπέκτεινέ με δικαίως, εἴ τι τῶν
ὑπαρχόντων τῇ πόλει καλῶν λόγῳ μόνον καταισ-
χύνειν ἐπεχείρησα; ἐπεὶ τό γε ἔργον οὐκ ἂν ἐποιή-
σαθ' ὑμεῖς, ἀκριβῶς οἶδ' ἐγώ· εἰ γὰρ ἠβούλεσθε, τί
ἦν ἐμποδών; οὐκ ἐξῆν; οὐχ ὑπῆρχον οἱ ταῦτ'
ἐροῦντες οὗτοι;

Βούλομαι τοίνυν ἐπανελθεῖν ἐφ' ἃ τούτων ἑξῆς 102
ἐπολιτευόμην· καὶ σκοπεῖτε ἐν τούτοις πάλιν αὖ,
τί τὸ τῇ πόλει βέλτιστον ἦν. ὁρῶν γὰρ ὦ ἄνδρες
Ἀθηναῖοι τὸ ναυτικὸν ὑμῶν καταλυόμενον, καὶ τοὺς
μὲν πλουσίους ἀτελεῖς ἀπὸ μικρῶν ἀναλωμάτων
γιγνομένους, τοὺς δὲ μέτρια ἢ μικρὰ κεκτημένους
τῶν πολιτῶν ἀπολλύοντας, ἔτι δ' ὑστερίζουσαν ἐκ
τούτων τὴν πόλιν τῶν καιρῶν, ἔθηκα νόμον καθ'

ὃν μὲν τὰ δίκαια ποιεῖν ἠνάγκασα τοὺς πλουσίους, τοὺς δὲ πένητας ἔπαυσ᾽ ἀδικουμένους, τῇ πόλει δ᾽ ὅπερ ἦν χρησιμώτατον, ἐν καιρῷ γίγνεσθαι τὰς 103 παρασκευὰς ἐποίησα. καὶ γραφεὶς τὸν ἀγῶνα τοῦτον εἰς ὑμᾶς εἰσῆλθον καὶ ἀπέφυγον, καὶ τὸ μέρος τῶν ψήφων ὁ διώκων οὐκ ἔλαβεν. καίτοι πόσα χρήματα τοὺς ἡγεμόνας τῶν συμμοριῶν ἢ τοὺς δευτέρους καὶ τρίτους οἴεσθέ μοι διδόναι, ὥστε μάλιστα μὲν μὴ θεῖναι τὸν νόμον τοῦτον, εἰ δὲ μή, καταβάλλοντα ἐᾶν ἐν ὑπωμοσίᾳ; τοσαῦτ᾽, ὦ ἄνδρες 104 Ἀθηναῖοι, ὅσα ὀκνήσαιμ᾽ ἂν πρὸς ὑμᾶς εἰπεῖν. καὶ ταῦτ᾽ εἰκότως ἔπραττον ἐκεῖνοι. ἦν γὰρ αὐτοῖς ἐκ μὲν τῶν προτέρων νόμων συνεκκαίδεκα λειτουργεῖν, αὐτοῖς μὲν μικρὰ καὶ οὐδὲν ἀναλίσκουσι, τοὺς δ᾽ ἀπόρους τῶν πολιτῶν ἐπιτρίβουσιν, ἐκ δὲ τοῦ ἐμοῦ νόμου τὸ γιγνόμενον κατὰ τὴν οὐσίαν ἕκαστον τιθέναι, καὶ δυοῖν ἐφάνη τριήραρχος ὁ τῆς μιᾶς ἕκτος καὶ δέκατος πρότερον συντελής· οὐδὲ γὰρ τριηράρχους ἔτι ὠνόμαζον ἑαυτούς, ἀλλὰ συντελεῖς. ὥστε δὴ ταῦτα λυθῆναι καὶ μὴ τὰ δίκαια ποιεῖν ἀναγκα-105 σθῆναι, οὐκ ἔσθ᾽ ὅ τι οὐκ ἐδίδοσαν. Καί μοι λέγε πρῶτον μὲν τὸ ψήφισμα καθ᾽ ὃ εἰσῆλθον τὴν γραφήν, εἶτα τοὺς καταλόγους, τόν τ᾽ ἐκ τοῦ προτέρου νόμου καὶ τὸν κατὰ τὸν ἐμόν. λέγε.

ΨΗΦΙΣΜΑ. [Ἐπὶ ἄρχοντος Πολυκλέους, μηνὸς βοηδρομιῶνος ἕκτῃ ἐπὶ δέκα, φυλῆς πρυτανευούσης Ἱπποθοωντίδος, Δημοσθένης Δημοσθένους Παιανιεὺς εἰσήνεγκε νόμον εἰς τὸ τριηραρχικὸν ἀντὶ τοῦ πρότερον, καθ᾽ ὃν αἱ συντέλειαι ἦσαν τῶν τριηράρχων· καὶ ἐπεχειροτόνησεν ἡ βουλὴ καὶ ὁ δῆμος· καὶ ἀπήνεγκε παρανόμων Δημοσθένει Πατροκλῆς Φλυεύς, καὶ τὸ μέρος τῶν ψήφων οὐ λαβὼν ἀπέτισε τὰς πεντακοσίας δραχμάς.]

Φέρε δὴ καὶ τὸν καλὸν κατάλογον. 106

ΚΑΤΑΛΟΓΟΣ. [Τοὺς τριηράρχους καλεῖσθαι ἐπὶ τὴν τριήρη συνεκκαίδεκα ἐκ τῶν ἐν τοῖς λόχοις συντελειῶν, ἀπὸ εἴκοσι καὶ πέντε ἐτῶν εἰς τετταράκοντα, ἐπὶ ἴσον τῇ χορηγίᾳ χρωμένους.]

Φέρε δὴ παρὰ τοῦτον τὸν ἐκ τοῦ ἐμοῦ νόμου κατάλογον.

ΚΑΤΑΛΟΓΟΣ. [Τοὺς τριηράρχους αἱρεῖσθαι ἐπὶ τὴν τριήρη ἀπὸ τῆς οὐσίας κατὰ τίμησιν, ἀπὸ ταλάντων δέκα· ἐὰν δὲ πλειόνων ἡ οὐσία ἀποτετιμημένη ᾖ χρημάτων, κατὰ τὸν ἀναλογισμὸν ἕως τριῶν πλοίων καὶ ὑπηρετικοῦ ἡ λειτουργία ἔστω. κατὰ τὴν αὐτὴν δὲ ἀναλογίαν ἔστω καὶ οἷς ἐλάττων οὐσία ἐστὶ τῶν δέκα ταλάντων, εἰς συντέλειαν συναγομένοις εἰς τὰ δέκα τάλαντα.]

Ἆρα μικρὰ βοηθῆσαι τοῖς πένησιν ὑμῶν δοκῶ, 107 ἢ μικρὰ ἀναλῶσαι ἂν τοῦ μὴ τὰ δίκαια ποιεῖν ἐθέλειν οἱ πλούσιοι; οὐ τοίνυν μόνον τῷ μὴ καθυφεῖναι ταῦτα σεμνύνομαι, οὐδὲ τῷ γραφεὶς ἀποφεύγειν, ἀλλὰ καὶ τῷ συμφέροντα θεῖναι τὸν νόμον καὶ τῷ πεῖραν ἔργῳ δεδωκέναι. πάντα γὰρ τὸν πόλεμον τῶν ἀποστόλων γιγνομένων κατὰ τὸν νόμον τὸν ἐμὸν οὐχ ἱκετηρίαν ἔθηκε τριήραρχος οὐδεὶς πώποτ' ἀδικούμενος παρ' ὑμῖν, οὐκ ἐν Μουνυχίᾳ ἐκαθέζετο, οὐχ ὑπὸ τῶν ἀποστολέων ἐδέθη, οὐ τριήρης οὔτ' ἔξω καταλειφθεῖσα ἀπώλετο τῇ πόλει, οὔτ' αὐτοῦ ἀπελείφθη οὐ δυναμένη ἀνάγεσθαι. καίτοι κατὰ τοὺς προτέρους νόμους ἅπαντα ταῦτα ἐγίγνετο. τὸ δ' αἴτιον, ἐν τοῖς πένησιν ἦν τὸ λειτουργεῖν· πολλὰ δὴ τὰ ἀδύνατα συνέβαινεν. ἐγὼ δ' ἐκ τῶν ἀπόρων εἰς τοὺς εὐπόρους μετήνεγκα τὰς τριηραρχίας· πάντ' οὖν τὰ δέοντα ἐγίγνετο. καὶ μὴν καὶ κατ' αὐτὸ τοῦτο ἄξιός εἰμι ἐπαίνου τυχεῖν, ὅτι πάντα τὰ τοιαῦτα προῃρούμην πολιτεύματα ἀφ' ὧν ἅμα δόξαι καὶ τιμαὶ καὶ δυνάμεις συνέβαινον τῇ πόλει, βάσκανον δὲ καὶ πικρὸν καὶ κακόηθες οὐδέν ἐστι πολίτευμα ἐμόν, οὐδὲ ταπεινόν, οὐδὲ τῆς πόλεως ἀνάξιον. ταὐτὸ τοίνυν ἦθος ἔχων ἔν τε τοῖς κατὰ τὴν πόλιν πολιτεύμασι καὶ ἐν τοῖς Ἑλληνικοῖς φανήσομαι· οὔτε γὰρ ἐν τῇ πόλει τὰς παρὰ τῶν πλουσίων χάριτας μᾶλλον ἢ τὰ τῶν πολλῶν δίκαια εἱλόμην, οὔτ' ἐν τοῖς Ἑλληνικοῖς τὰ Φιλίππου δῶρα καὶ τὴν ξενίαν ἠγάπησα ἀντὶ τῶν κοινῇ πᾶσι τοῖς Ἕλλησι συμφερόντων.

Ἡγοῦμαι τοίνυν λοιπὸν εἶναί μοι περὶ τοῦ κηρύγματος εἰπεῖν καὶ τῶν εὐθυνῶν· τὸ γὰρ ὡς τὰ ἄριστά τε ἔπραττον καὶ διὰ παντὸς εὔνους εἰμὶ καὶ πρόθυμος εὖ ποιεῖν ὑμᾶς ἱκανῶς ἐκ τῶν εἰρημένων δεδηλῶσθαί μοι νομίζω. καίτοι τὰ μέγιστά γε τῶν πεπολιτευμένων καὶ πεπραγμένων ἐμαυτῷ παραλείπω, ὑπολαμβάνων πρῶτον μὲν ἐφεξῆς τοὺς περὶ αὐτοῦ τοῦ παρανόμου λόγους ἀποδοῦναί με δεῖν, εἶτα, κἂν μηδὲν εἴπω περὶ τῶν λοιπῶν πολιτευμάτων, ὁμοίως παρ' ὑμῶν ἑκάστῳ τὸ συνειδὸς ὑπάρχειν μοι.

Τῶν μὲν οὖν λόγων, οὓς οὗτος ἄνω καὶ κάτω 111
διακυκῶν ἔλεγε περὶ τῶν παραγεγραμμένων νόμων,
οὔτε μὰ τοὺς θεοὺς οἶμαι ὑμᾶς μανθάνειν οὔτ' αὐτὸς
ἠδυνάμην συνεῖναι τοὺς πολλούς· ἁπλῶς δὲ τὴν
ὀρθὴν περὶ τῶν δικαίων διαλέξομαι. τοσούτου γὰρ
δέω λέγειν ὡς οὐκ εἰμὶ ὑπεύθυνος, ὃ νῦν οὗτος διέ-
βαλλε καὶ διωρίζετο, ὥσθ' ἅπαντα τὸν βίον ὑπεύθυ-
νος εἶναι ὁμολογῶ ὧν ἡ διακεχείρικα ἢ πεπολίτευμαι
παρ' ὑμῖν. ὧν μέντοι γε ἐκ τῆς ἰδίας οὐσίας ἐπαγ- 112
γειλάμενος δέδωκα τῷ δήμῳ, οὐδεμίαν ἡμέραν ὑπεύ-
θυνος εἶναί φημι (ἀκούεις Αἰσχίνη;) οὐδ' ἄλλον
οὐδένα, οὐδ' ἂν τῶν ἐννέα ἀρχόντων τις ὢν τύχῃ.
τίς γάρ ἐστι νόμος τοσαύτης ἀδικίας καὶ μισαν-
θρωπίας μεστός, ὥστε τὸν δόντα τι τῶν ἰδίων καὶ
ποιήσαντα πρᾶγμα φιλάνθρωπον καὶ φιλόδωρον
τῆς χάριτος μὲν ἀποστερεῖν, εἰς τοὺς συκοφάντας
δὲ ἄγειν, καὶ τούτους ἐπὶ τὰς εὐθύνας ὧν ἔδωκεν
ἐφιστάναι; οὐδὲ εἷς. εἰ δέ φησιν οὗτος, δειξάτω,
κἀγὼ στέρξω καὶ σιωπήσομαι. ἀλλ' οὐκ ἔστιν, 113
ἄνδρες Ἀθηναῖοι, ἀλλ' οὗτος συκοφαντῶν, ὅτι ἐπὶ
τῷ θεωρικῷ τότε ὢν ἐπέδωκα τὰ χρήματα, ἐπῄνεσεν
αὐτόν φησιν ὑπεύθυνον ὄντα. οὐ περὶ τούτων γε
οὐδενός, ὧν ὑπεύθυνος ἦν, ἀλλ' ἐφ' οἷς ἐπέδωκα, ὦ
συκοφάντα· ἀλλὰ καὶ τειχοποιὸς ἦσθα. καὶ διά γε
τοῦτο ὀρθῶς ἐπηνούμην, ὅτι τἀνηλωμένα ἔδωκα καὶ
οὐκ ἐλογιζόμην. ὁ μὲν γὰρ λογισμὸς εὐθυνῶν καὶ
τῶν ἐξετασόντων προσδεῖται, ἡ δὲ δωρεὰ χάριτος
καὶ ἐπαίνου δικαία ἐστὶ τυγχάνειν· διόπερ ταῦτ'
ἔγραψεν ὁδὶ περὶ ἐμοῦ. ὅτι δ' οὕτω ταῦτα οὐ μόνον 114
ἐν τοῖς νόμοις ἀλλὰ καὶ ἐν τοῖς ὑμετέροις ἤθεσιν

ὥρισται, ἐγὼ ῥᾳδίως πολλαχόθεν δείξω. πρῶτον μὲν γὰρ Ναυσικλῆς στρατηγῶν, ἐφ᾽ οἷς ἀπὸ τῶν ἰδίων προεῖτο, πολλάκις ἐστεφάνωται ὑφ᾽ ὑμῶν· εἶθ᾽ ὅτε τὰς ἀσπίδας Διότιμος ἔδωκε καὶ πάλιν Χαρίδημος, ἐστεφανοῦντο· εἶθ᾽ οὗτος Νεοπτόλεμος πολλῶν ἔργων ἐπιστάτης ὤν, ἐφ᾽ οἷς ἐπέδωκε, τετίμηται. σχέτλιον γὰρ ἂν εἴη τοῦτό γε, εἰ τῷ τινα ἀρχὴν ἄρχοντι ἢ διδόναι τῇ πόλει τὰ ἑαυτοῦ διὰ τὴν ἀρχὴν μὴ ἐξέσται, ἢ τῶν δοθέντων ἀντὶ τοῦ 115 κομίσασθαι χάριν εὐθύνας ὑφέξει. Ὅτι τοίνυν ταῦτ᾽ ἀληθῆ λέγω, λέγε τὰ ψηφίσματά μοι τὰ τούτοις γεγενημένα αὐτὰ λαβών. λέγε.

ΨΗΦΙΣΜΑΤΑ.

[Ἄρχων Δημόνικος Φλυεύς, βοηδρομιῶνος ἕκτῃ μετ᾽ εἰκάδα, γνώμῃ βουλῆς καὶ δήμου, Καλλίας Φρεάρριος εἶπεν ὅτι δοκεῖ τῇ βουλῇ καὶ τῷ δήμῳ στεφανῶσαι Ναυσικλέα τὸν ἐπὶ τῶν ὅπλων, ὅτι Ἀθηναίων ὁπλιτῶν δισχιλίων ὄντων ἐν Ἴμβρῳ καὶ βοηθούντων τοῖς κατοικοῦσιν Ἀθηναίων τὴν νῆσον, οὐ δυναμένου Φίλωνος τοῦ ἐπὶ τῆς διοικήσεως κεχειροτονημένου διὰ τοὺς χειμῶνας πλεῦσαι καὶ μισθοδοτῆσαι τοὺς ὁπλίτας, ἐκ τῆς ἰδίας οὐσίας ἔδωκε καὶ οὐκ εἰσέπραξε τὸν δῆμον, καὶ ἀναγορεῦσαι τὸν στέφανον Διονυσίοις τραγῳδοῖς καινοῖς.

116 ΕΤΕΡΟΝ ΨΗΦΙΣΜΑ. Εἶπε Καλλίας Φρεάρριος, πρυτάνεων λεγόντων βουλῆς γνώμῃ, ἐπειδὴ Χαρίδημος ὁ ἐπὶ τῶν ὁπλιτῶν, ἀποσταλεὶς εἰς Σαλαμῖνα, καὶ Διότιμος ὁ ἐπὶ τῶν ἱππέων, ἐν τῇ ἐπὶ τοῦ ποταμοῦ μάχῃ τῶν στρατιωτῶν τινῶν ὑπὸ τῶν πολεμίων σκυλευθέντων, ἐκ τῶν ἰδίων ἀναλωμάτων καθώπλισαν τοὺς νεανίσκους ἀσπίσιν ὀκτακοσίαις, δεδόχθαι τῇ βουλῇ καὶ τῷ δήμῳ

στεφανῶσαι Χαρίδημον καὶ Διότιμον χρυσῷ στεφάνῳ, καὶ ἀναγορεῦσαι Παναθηναίοις τοῖς μεγάλοις ἐν τῷ γυμνικῷ ἀγῶνι καὶ Διονυσίοις τραγῳδοῖς καινοῖς· τῆς δὲ ἀναγορεύσεως ἐπιμεληθῆναι θεσμοθέτας, πρυτάνεις, ἀγωνοθέτας.]

Τούτων ἕκαστος, Αἰσχίνη, τῆς μὲν ἀρχῆς ἧς 117 ἦρχεν ὑπεύθυνος ἦν, ἐφ' οἷς δ' ἐστεφανοῦτο, οὐχ ὑπεύθυνος. οὐκοῦν οὐδ' ἐγώ· ταὐτὰ γὰρ δίκαιά ἐστί μοι περὶ τῶν αὐτῶν τοῖς ἄλλοις δήπου. ἐπέδωκα; ἐπαινοῦμαι διὰ ταῦτα, οὐκ ὢν ὧν ἔδωκα ὑπεύθυνος. ἦρχον; ' καὶ δέδωκά γε εὐθύνας ἐκείνων, οὐχ ὧν ἐπέδωκα. νὴ Δί', ἀλλ' ἀδίκως ἦρξα; εἶτα παρών, ὅτε με εἰσῆγον οἱ λογισταί, οὐ κατηγόρεις;

"Ινα τοίνυν ἴδητε ὅτι αὐτὸς οὗτός μοι μαρτυρεῖ 118 ἐφ' οἷς οὐχ ὑπεύθυνος ἦν ἐστεφανῶσθαι, λαβὼν ἀνάγνωθι τὸ ψήφισμα ὅλον τὸ γραφέν μοι. οἷς γὰρ οὐκ ἐγράψατο τοῦ προβουλεύματος, τούτοις, ἃ διώκει, συκοφαντῶν φανήσεται. λέγε.

ΨΗΦΙΣΜΑ. [Ἐπὶ ἄρχοντος Εὐθυκλέους, πυανεψιῶνος ἐνάτῃ ἀπιόντος, φυλῆς πρυτανευούσης Οἰνηίδος, Κτησιφῶν Λεωσθένους Ἀναφλύστιος εἶπεν, ἐπειδὴ Δημοσθένης Δημοσθένους Παιανιεὺς γενόμενος ἐπιμελητὴς τῆς τῶν τειχῶν ἐπισκευῆς καὶ προσαναλώσας εἰς τὰ ἔργα ἀπὸ τῆς ἰδίας οὐσίας τρία τάλαντα ἐπέδωκε ταῦτα τῷ δήμῳ, καὶ ἐπὶ τοῦ θεωρικοῦ κατασταθεὶς ἐπέδωκε τοῖς ἐκ πασῶν τῶν φυλῶν θεωρικοῖς ἑκατὸν μνᾶς εἰς θυσίας, δεδόχθαι τῇ βουλῇ καὶ τῷ δήμῳ τῷ Ἀθηναίων ἐπαινέσαι Δημοσθένην Δημοσθένους Παιανιᾶ ἀρετῆς ἕνεκα καὶ καλοκαγαθίας ἧς ἔχων διατελεῖ ἐν παντὶ καιρῷ εἰς τὸν δῆμον τὸν Ἀθηναίων, καὶ στεφανῶσαι χρυσῷ στεφάνῳ, καὶ ἀναγορεῦσαι τὸν στέφανον ἐν τῷ θεάτρῳ Διονυσίοις τραγῳδοῖς καινοῖς· τῆς δὲ ἀναγορεύσεως ἐπιμεληθῆναι τὸν ἀγωνοθέτην.]

119 Οὐκοῦν ἃ μὲν ἐπέδωκα, ταῦτ' ἐστίν, ὧν οὐδὲν σὺ γέγραψαι· ἃ δέ φησιν ἡ βουλὴ δεῖν ἀντὶ τούτων γενέσθαι μοι, ταῦτ' ἔσθ' ἃ διώκεις. τὸ λαβεῖν οὖν τὰ διδόμενα ὁμολογῶν ἔννομον εἶναι, τὸ χάριν τούτων ἀποδοῦναι παρανόμων γράφῃ. ὁ δὲ παμπόνηρος ἄνθρωπος καὶ θεοῖς ἐχθρὸς καὶ βάσκανος ὄντως ποῖός τις ἂν εἴη πρὸς θεῶν; οὐχ ὁ τοιοῦτος;

120 Καὶ μὴν περὶ τοῦ γ' ἐν τῷ θεάτρῳ κηρύττεσθαι, τὸ μὲν μυριάκις μυρίους κεκηρῦχθαι παραλείπω καὶ τὸ πολλάκις αὐτὸς ἐστεφανῶσθαι πρότερον. ἀλλὰ πρὸς θεῶν οὕτω σκαιὸς εἶ καὶ ἀναίσθητος, Αἰσχίνη, ὥστ' οὐ δύνασαι λογίσασθαι ὅτι τῷ μὲν στεφανουμένῳ τὸν αὐτὸν ἔχει ζῆλον ὁ στέφανος, ὅπου ἂν ἀναρρηθῇ, τοῦ δὲ τῶν στεφανούντων ἕνεκα συμφέροντος ἐν τῷ θεάτρῳ γίγνεται τὸ κήρυγμα; οἱ γὰρ ἀκούσαντες ἅπαντες εἰς τὸ ποιεῖν εὖ τὴν πόλιν προτρέπονται, καὶ τοὺς ἀποδιδόντας τὴν χάριν μᾶλλον ἐπαινοῦσι τοῦ στεφανουμένου· διόπερ τὸν νόμον τοῦτον ἡ πόλις γέγραφεν. Λέγε δ' αὐτόν μοι τὸν νόμον λαβών.

ΝΟΜΟΣ. [Ὅσους στεφανοῦσί τινες τῶν δήμων, τὰς ἀναγορεύσεις τῶν στεφάνων ποιεῖσθαι ἐν αὐτοῖς ἑκάστους τοῖς ἰδίοις δήμοις, ἐὰν μή τινας ὁ δῆμος ὁ τῶν Ἀθηναίων ἢ ἡ βουλὴ στεφανοῖ· τούτους δ' ἐξεῖναι ἐν τῷ θεάτρῳ Διονυσίοις (ἀναγορεύεσθαι).]

121 Ἀκούεις, Αἰσχίνη, τοῦ νόμου λέγοντος σαφῶς, πλὴν ἐάν τινας ὁ δῆμος ἢ ἡ βουλὴ ψηφίσηται·

τούτους δὲ ἀναγορευέτω. τί οὖν, ὦ ταλαίπωρε, συκοφαντεῖς; τί λόγους πλάττεις; τί σαυτὸν οὐκ ἐλλεβορίζεις ἐπὶ τούτοις; ἀλλ' οὐδ' αἰσχύνῃ φθόνου δίκην εἰσάγειν, οὐκ ἀδικήματος οὐδενός, καὶ νόμους μεταποιῶν, τῶν δ' ἀφαιρῶν μέρη, οὓς ὅλους δίκαιον ἦν ἀναγιγνώσκεσθαι τοῖς γε ὀμωμοκόσι κατὰ τοὺς νόμους ψηφιεῖσθαι; ἔπειτα τοιαῦτα ποιῶν λέγεις ἃ 122 δεῖ προσεῖναι τῷ δημοτικῷ, ὥσπερ ἀνδριάντα ἐκδεδωκὼς κατὰ συγγραφήν, εἶτ' οὐκ ἔχοντα ἃ προσῆκεν ἐκ τῆς συγγραφῆς κομιζόμενος, ἢ λόγῳ τοὺς δημοτικοὺς ἀλλ' οὐ τοῖς πράγμασι καὶ τοῖς πολιτεύμασι γιγνωσκομένους. βοᾷς ῥητὰ καὶ ἄρρητα ὀνομάζων, ὥσπερ ἐξ ἁμάξης, ἃ σοὶ καὶ τῷ σῷ γένει πρόσεστιν, οὐκ ἐμοί. καίτοι καὶ τοῦτο, ὦ ἄνδρες Ἀθηναῖοι. 123 ἐγὼ λοιδορίαν κατηγορίας τούτῳ διαφέρειν ἡγοῦμαι, τῷ τὴν μὲν κατηγορίαν ἀδικήματ' ἔχειν, ὧν ἐν τοῖς νόμοις εἰσὶν αἱ τιμωρίαι, τὴν δὲ λοιδορίαν βλασφημίας, ἃς κατὰ τὴν αὐτῶν φύσιν τοῖς ἐχθροῖς περὶ ἀλλήλων συμβαίνει λέγειν. οἰκοδομῆσαι δὲ τοὺς προγόνους ταυτὶ τὰ δικαστήρια ὑπείληφα οὐχ ἵνα συλλέξαντες ὑμᾶς εἰς ταῦτα ἀπὸ τῶν ἰδίων κακῶς τὰ ἀπόρρητα λέγωμεν ἀλλήλους, ἀλλ' ἵνα ἐξελέγχωμεν, ἐάν τις ἠδικηκώς τι τυγχάνῃ τὴν πόλιν. ταῦτα 124 τοίνυν εἰδὼς Αἰσχίνης οὐδὲν ἧττον ἐμοῦ πομπεύειν ἀντὶ τοῦ κατηγορεῖν εἵλετο. οὐ μὴν οὐδ' ἐνταῦθα ἔλαττον ἔχων δίκαιός ἐστιν ἀπελθεῖν. ἤδη δ' ἐπὶ ταῦτα πορεύσομαι, τοσοῦτον αὐτὸν ἐρωτήσας. πότερόν σέ τις, Αἰσχίνη, τῆς πόλεως ἐχθρὸν ἢ ἐμὸν εἶναι φῇ; ἐμὸν δῆλον ὅτι. εἶτα οὐ μὲν ἦν παρ' ἐμοῦ δίκην κατὰ τοὺς νόμους ὑπὲρ τούτων λαβεῖν, εἴ περ

ἠδίκουν, ἐξέλειπες, ἐν ταῖς εὐθύναις, ἐν ταῖς γραφαῖς,
125 ἐν ταῖς ἄλλαις κρίσεσιν· οὐ δ' ἐγὼ μὲν ἀθῷος ἅπασι,
τοῖς νόμοις, τῷ χρόνῳ, τῇ προθεσμίᾳ, τῷ κεκρίσθαι
περὶ πάντων πολλάκις πρότερον, τῷ μηδεπώποτε
ἐξελεγχθῆναι μηδὲν ὑμᾶς ἀδικῶν, τῇ πόλει δ' ἢ
πλέον ἢ ἔλαττον ἀνάγκη τῶν γε δημοσίᾳ πεπραγ
μένων μετεῖναι τῆς δόξης, ἐνταῦθα ἀπήντηκας; ὅρα
μὴ τούτων μὲν ἐχθρὸς ᾖς, ἐμοὶ δὲ προσποιῇ.

126 Ἐπειδὴ τοίνυν ἡ μὲν εὐσεβὴς καὶ δικαία ψῆφος
ἅπασι δέδεικται, δεῖ δέ με, ὡς ἔοικε, καίπερ οὐ φι
λολοίδορον ὄντα, διὰ τὰς ὑπὸ τούτου βλασφημίας
εἰρημένας ἀντὶ πολλῶν καὶ ψευδῶν αὐτὰ τἀναγκαιό
τατ' εἰπεῖν περὶ αὐτοῦ, καὶ δεῖξαι τίς ὢν καὶ τίνων
ῥᾳδίως οὕτως ἄρχει τοῦ κακῶς λέγειν, καὶ λόγους
τίνας διασύρει, αὐτὸς εἰρηκὼς ἃ τίς οὐκ ἂν ὤκνησε
127 τῶν μετρίων ἀνθρώπων φθέγξασθαι;—εἰ γὰρ Αἰα
κὸς ἢ Ῥαδάμανθυς ἢ Μίνως ἦν ὁ κατηγορῶν ἀλλὰ
μὴ σπερμολόγος, περίτριμμα ἀγορᾶς, ὄλεθρος γραμ
ματεύς, οὐκ ἂν αὐτὸν οἶμαι ταῦτ' εἰπεῖν οὐδ' ἂν
οὕτως ἐπαχθεῖς λόγους πορίσασθαι, ὥσπερ ἐν τρα
γῳδίᾳ βοῶντα ὦ γῆ καὶ ἥλιε καὶ ἀρετὴ καὶ τὰ
τοιαῦτα, καὶ πάλιν σύνεσιν καὶ παιδείαν ἐπικαλούμε
νον, ᾗ τὰ καλὰ καὶ τὰ αἰσχρὰ διαγιγνώσκεται· ταῦτα
128 γὰρ δήπουθεν ἠκούετ' αὐτοῦ λέγοντος· σοὶ δὲ ἀρε
τῆς, ὦ κάθαρμα, ἢ τοῖς σοῖς τίς μετουσία; ἢ καλῶν
ἢ μὴ τοιούτων τίς διάγνωσις; πόθεν ἢ πῶς ἀξιω
θέντι; ποῦ δὲ παιδείας σοι θέμις μνησθῆναι, ἧς τῶν
μὲν ὡς ἀληθῶς τετυχηκότων οὐδ' ἂν εἷς εἴποι περὶ
αὐτοῦ τοιοῦτον οὐδέν, ἀλλὰ κἂν ἑτέρου λέγοντος
ἐρυθριάσειεν, τοῖς δ' ἀπολειφθεῖσι μὲν ὥσπερ σύ,

προσποιουμένοις δ' ὑπ' ἀναισθησίας τὸ τοὺς ἀκούοντας ἀλγεῖν ποιεῖν, ὅταν λέγωσιν, οὐ τὸ δοκεῖν τοιούτοις εἶναι περίεστιν.

Οὐκ ἀπορῶν δ' ὅ τι χρὴ περὶ σοῦ καὶ τῶν σῶν 129 εἰπεῖν, ἀπορῶ τοῦ πρώτου μνησθῶ, πότερ' ὡς ὁ πατήρ σου Τρόμης ἐδούλευε παρ' Ἐλπίᾳ τῷ πρὸς τῷ Θησείῳ διδάσκοντι γράμματα, χοίνικας παχείας ἔχων καὶ ξύλον, ἢ ὡς ἡ μήτηρ τοῖς μεθημερινοῖς γάμοις ἐν τῷ κλεισίῳ τῷ πρὸς τῷ Καλαμίτῃ ἥρωι χρωμένη τὸν καλὸν ἀνδριάντα καὶ τριταγωνιστὴν ἄκρον ἐξέθρεψέ σε; ἀλλ' ὡς ὁ τριηραύλης Φορμίων, ὁ Δίωνος τοῦ Φρεαρρίου δοῦλος, ἀνέστησεν αὐτὴν ἀπὸ ταύτης τῆς καλῆς ἐργασίας; ἀλλὰ νὴ τὸν Δία καὶ τοὺς θεοὺς ὀκνῶ μὴ περὶ σοῦ τὰ προσήκοντα λέγων αὐτὸς οὐ προσήκοντας ἐμαυτῷ δόξω προῃρῆσθαι λόγους. ταῦτα μὲν οὖν ἐάσω, ἀπ' αὐτῶν δὲ 130 ὧν αὐτὸς βεβίωκεν ἄρξομαι· οὐδὲ γὰρ ὧν ἔτυχεν ἦν, ἀλλ' οἷς ὁ δῆμος καταρᾶται. ὀψὲ γάρ ποτε—, ὀψὲ λέγω; χθὲς μὲν οὖν καὶ πρώην ἅμ' Ἀθηναῖος καὶ ῥήτωρ γέγονε, καὶ δύο συλλαβὰς προσθεὶς τὸν μὲν πατέρα ἀντὶ Τρόμητος ἐποίησεν Ἀτρόμητον, τὴν δὲ μητέρα σεμνῶς πάνυ Γλαυκοθέαν, ἣν Ἔμπουσαν ἅπαντες ἴσασι καλουμένην, ἐκ τοῦ πάντα ποιεῖν καὶ πάσχειν καὶ γίγνεσθαι δηλονότι ταύτης τῆς ἐπωνυμίας τυχοῦσαν· πόθεν γὰρ ἄλλοθεν; ἀλλ' ὅμως 131 οὕτως ἀχάριστος εἶ καὶ πονηρὸς φύσει, ὥστ' ἐλεύθερος ἐκ δούλου καὶ πλούσιος ἐκ πτωχοῦ διὰ τουτουσὶ γεγονὼς οὐχ ὅπως χάριν αὐτοῖς ἔχεις, ἀλλὰ μισθώσας σαυτὸν κατὰ τουτωνὶ πολιτεύῃ. καὶ περὶ ὧν μέν ἐστί τις ἀμφισβήτησις, ὡς ἄρα ὑπὲρ τῆς πόλεως εἴρηκεν, ἐάσω· ἃ δ' ὑπὲρ τῶν ἐχθρῶν φανερῶς ἀπεδείχθη πράττων ταῦτα ἀναμνήσω.

132 Τίς γὰρ ὑμῶν οὐκ οἶδε τὸν ἀποψηφισθέντα Ἀντιφῶντα, ὃς ἐπαγγειλάμενος Φιλίππῳ τὰ νεώρια ἐμπρήσειν εἰς τὴν πόλιν ἦλθεν; ὃν λαβόντος ἐμοῦ κεκρυμμένον ἐν Πειραιεῖ καὶ καταστήσαντος εἰς τὴν ἐκκλησίαν βοῶν ὁ βάσκανος οὗτος καὶ κεκραγώς, ὡς ἐν δημοκρατίᾳ δεινὰ ποιῶ τοὺς ἠτυχηκότας τῶν πολιτῶν ὑβρίζων καὶ ἐπ' οἰκίας βαδί-
133 ζων ἄνευ ψηφίσματος, ἀφεθῆναι ἐποίησεν. καὶ εἰ μὴ ἡ βουλὴ ἡ ἐξ Ἀρείου πάγου τὸ πρᾶγμα αἰσθομένη καὶ τὴν ὑμετέραν ἄγνοιαν ἐν οὐ δέοντι συμβεβηκυῖαν ἰδοῦσα ἐπεζήτησε τὸν ἄνθρωπον καὶ συλλαβοῦσα ἐπανήγαγεν ὡς ὑμᾶς, ἐξήρπαστ' ἂν ὁ τοιοῦτος καὶ τὸ δίκην δοῦναι διαδὺς ἐξεπέμπετ' ἂν ὑπὸ τοῦ σεμνολόγου τουτουί· νῦν δ' ὑμεῖς στρεβλώσαντες αὐτὸν ἀπεκτείνατε, ὡς ἔδει γε καὶ τοῦτον.
134 τοιγαροῦν εἰδυῖα ταῦτα ἡ βουλὴ ἡ ἐξ Ἀρείου πάγου τότε τούτῳ πεπραγμένα, χειροτονησάντων αὐτὸν ὑμῶν σύνδικον ὑπὲρ τοῦ ἱεροῦ τοῦ ἐν Δήλῳ ἀπὸ τῆς αὐτῆς ἀγνοίας ἧσπερ πολλὰ προΐεσθε τῶν κοινῶν, ὡς προείλεσθε κἀκείνην καὶ τοῦ πράγματος κυρίαν ἐποιήσατε, τοῦτον μὲν εὐθὺς ἀπήλασεν ὡς προδότην, Ὑπερείδῃ δὲ λέγειν προσέταξεν· καὶ ταῦτα ἀπὸ τοῦ βωμοῦ φέρουσα τὴν ψῆφον ἔπραξε, καὶ οὐδεμία
135 ψῆφος ἠνέχθη τῷ μιαρῷ τούτῳ. Καὶ ὅτι ταῦτ' ἀληθῆ λέγω, κάλει τούτων τοὺς μάρτυρας.

ΜΑΡΤΥΡΕΣ. [Μαρτυροῦσι Δημοσθένει ὑπὲρ ἁπάντων οἵδε, Καλλίας Σουνιεύς, Ζήνων Φλυεύς, Κλέων Φαληρεύς, Δημόνικος Μαραθώνιος, ὅτι τοῦ δήμου ποτὲ χειροτονήσαντος Αἰσχίνην σύνδικον ὑπὲρ τοῦ ἱεροῦ τοῦ ἐν Δήλῳ εἰς τοὺς Ἀμφικτύονας συνεδρεύσαντες ἡμεῖς ἐκρίναμεν Ὑπερείδην ἄξιον εἶναι μᾶλλον ὑπὲρ τῆς πόλεως λέγειν, καὶ ἀπεστάλη Ὑπερείδης.]

Οὐκοῦν ὅτε τούτου μέλλοντος ἀπήλασεν ἡ βουλὴ καὶ προσέταξεν ἑτέρῳ, τότε καὶ προδότην εἶναι καὶ κακόνουν ὑμῖν ἀπέφηνεν.

Ἓν μὲν τοίνυν τοῦτο τοιοῦτο πολίτευμα τοῦ 136 νεανίου τούτου, ὅμοιόν γε, οὐ γάρ; οἷς ἐμοῦ κατηγορεῖ· ἕτερον δὲ ἀναμιμνήσκεσθε. ὅτε γὰρ Πύθωνα Φίλιππος ἔπεμψε τὸν Βυζάντιον καὶ παρὰ τῶν αὑτοῦ συμμάχων πάντων συνέπεμψε πρέσβεις, ὡς ἐν αἰσχύνῃ ποιήσων τὴν πόλιν καὶ δείξων ἀδικοῦσαν, τότε ἐγὼ μὲν τῷ Πύθωνι θρασυνομένῳ καὶ πυλλῷ ῥέοντι καθ᾽ ὑμῶν οὐχ ὑπεχώρησα, ἀλλ᾽ ἀναστὰς ἀντεῖπον καὶ τὰ τῆς πόλεως δίκαια οὐχὶ προὔδωκα, ἀλλ᾽ ἀδικοῦντα Φίλιππον ἐξήλεγξα φανερῶς οὕτως ὥστε τοὺς ἐκείνου συμμάχους αὐτοὺς ἀνισταμένους ὁμολογεῖν· οὗτος δὲ συνηγωνίζετο καὶ τἀναντία ἐμαρτύρει τῇ πατρίδι, καὶ ταῦτα ψευδῆ.

Καὶ οὐκ ἀπέχρη ταῦτα, ἀλλὰ πάλιν μετὰ ταῦθ᾽ 137 ὕστερον Ἀναξίνῳ τῷ κατασκόπῳ συνιὼν εἰς τὴν Θράσωνος οἰκίαν ἐλήφθη. καίτοι ὅστις τῷ ὑπὸ τῶν πολεμίων πεμφθέντι μόνος μόνῳ συνῄει καὶ ἐκοινολογεῖτο, οὗτος αὐτὸς ὑπῆρχε τῇ φύσει κατάσκοπος καὶ πολέμιος τῇ πατρίδι. Καὶ ὅτι ταῦτ᾽ ἀληθῆ λέγω, κάλει μοι τούτων τοὺς μάρτυρας.

ΜΑΡΤΥΡΕΣ. [Τελέδημος Κλέωνος, Ὑπερείδης Καλλαίσχρου, Νικόμαχος Διοφάντου μαρτυροῦσι Δημοσθένει καὶ ἐπωμόσαντο ἐπὶ τῶν στρατηγῶν εἰδέναι Αἰσχίνην Ἀτρομήτου Κοθωκίδην συνερχόμενον νυκτὸς εἰς τὴν Θράσωνος οἰκίαν καὶ κοινολογούμενον Ἀναξίνῳ, ὃς ἐκρίθη εἶναι κατάσκοπος παρὰ Φιλίππου. αὗται ἀπεδόθησαν αἱ μαρτυρίαι ἐπὶ Νικίου, ἑκατομβαιῶνος τρίτῃ ἱσταμένου.]

138 Μυρία τοίνυν ἕτερ' εἰπεῖν ἔχων περὶ αὐτοῦ παραλείπω. καὶ γὰρ οὕτω πως ἔχει. πολλὰ ἂν ἐγὼ ἔτι τούτων ἔχοιμι δεῖξαι, ὧν οὗτος κατ' ἐκείνους τοὺς χρόνους τοῖς μὲν ἐχθροῖς ὑπηρετῶν ἐμοὶ δ' ἐπηρεάζων εὑρέθη. ἀλλ' οὐ τίθεται ταῦτα παρ' ὑμῖν εἰς ἀκριβῆ μνήμην οὐδ' ἣν προσῆκεν ὀργήν, ἀλλὰ δεδώκατε ἔθει τινὶ φαύλῳ πολλὴν ἐξουσίαν τῷ βουλομένῳ τὸν λέγοντά τι τῶν ὑμῖν συμφερόντων ὑποσκελίζειν καὶ συκοφαντεῖν, τῆς ἐπὶ ταῖς λοιδορίαις ἡδονῆς καὶ χάριτος τὸ τῆς πόλεως συμφέρον ἀνταλλαττόμενοι· διόπερ ῥᾷόν ἐστι καὶ ἀσφαλέστερον ἀεὶ τοῖς ἐχθροῖς ὑπηρετοῦντα μισθαρνεῖν ἢ τὴν ὑπὲρ ὑμῶν ἑλόμενον τάξιν πολιτεύεσθαι.

139 Καὶ τὸ μὲν δὴ πρὸ τοῦ πολεμεῖν φανερῶς συναγωνίζεσθαι Φιλίππῳ δεινὸν μέν, ὦ γῆ καὶ θεοί, πῶς γὰρ οὔ; κατὰ τῆς πατρίδος· δότε δ', εἰ βούλεσθε, δότε αὐτῷ τοῦτο. ἀλλ' ἐπειδὴ φανερῶς ἤδη τὰ πλοῖα ἐσεσύλητο, Χερρόνησος ἐπορθεῖτο, ἐπὶ τὴν Ἀττικὴν ἐπορεύεθ' ἄνθρωπος, οὐκέτ' ἐν ἀμφισβητησίμῳ τὰ πράγματα ἦν ἀλλ' ἐνεστήκει πόλεμος, ὅ τι μὲν πώποτ' ἔπραξεν ὑπὲρ ὑμῶν ὁ βάσκανος οὑτοσὶ ἰαμβειοφάγος, οὐκ ἂν ἔχοι δεῖξαι, οὐδ' ἔστιν οὔτε μεῖζον οὔτ' ἔλαττον ψήφισμα οὐδὲν Αἰσχίνῃ ὑπὲρ τῶν συμφερόντων τῇ πόλει· εἰ δέ φησι, νῦν δειξάτω ἐν τῷ ἐμῷ ὕδατι. ἀλλ' οὐκ ἔστιν οὐδέν.

καίτοι δυοῖν αὐτὸν ἀνάγκη θάτερον ἢ μηδὲν τοῖς πραττομένοις ὑπ' ἐμοῦ τότ' ἔχοντ' ἐγκαλεῖν μὴ γράφειν παρὰ ταῦθ' ἕτερα, ἢ τὸ τῶν ἐχθρῶν συμφέρον ζητοῦντα μὴ φέρειν εἰς μέσον τὰ τούτων ἀμείνω.

Ἆρ' οὖν οὐδ' ἔλεγεν, ὥσπερ οὐδ' ἔγραφεν, ἡνίκα 140 ἐργάσασθαί τι δέοι κακόν; οὐ μὲν οὖν ἦν εἰπεῖν ἑτέρῳ. καὶ τὰ μὲν ἄλλα καὶ φέρειν ἠδύναθ', ὡς ἔοικεν, ἡ πόλις καὶ ποιῶν οὗτος λανθάνειν· ἐν δ' ἐπεξειργάσατο ἄνδρες Ἀθηναῖοι τοιοῦτον, ὃ πᾶσι τοῖς προτέροις ἐπέθηκε τέλος· περὶ οὗ τοὺς πολλοὺς ἀνάλωσε λόγους, τὰ τῶν Ἀμφισσέων τῶν Λοκρῶν διεξιὼν δόγματα, ὡς διαστρέψων τἀληθές. τὸ δ' οὐ τοιοῦτόν ἐστι· πόθεν; οὐδέποτ' ἐκνίψῃ σὺ τἀκεῖ πεπραγμένα σαυτῷ· οὐχ οὕτω πολλὰ ἐρεῖς.

Καλῶ δ' ἐναντίον ὑμῶν ὦ ἄνδρες Ἀθηναῖοι τοὺς 141 θεοὺς ἅπαντας καὶ πάσας, ὅσοι τὴν χώραν ἔχουσι τὴν Ἀττικήν, καὶ τὸν Ἀπόλλω τὸν Πύθιον, ὃς πατρῷός ἐστι τῇ πόλει, καὶ ἐπεύχομαι πᾶσι τούτοις, εἰ μὲν ἀληθῆ πρὸς ὑμᾶς εἴποιμι καὶ εἶπον καὶ τότ' εὐθὺς ἐν τῷ δήμῳ, ὅτε πρῶτον εἶδον τουτονὶ τὸν μιαρὸν τούτου τοῦ πράγματος ἁπτόμενον (ἔγνων γάρ, εὐθέως ἔγνων), εὐτυχίαν μοι δοῦναι καὶ σωτηρίαν, εἰ δὲ πρὸς ἔχθραν ἢ φιλονεικίας ἰδίας ἕνεκ' αἰτίαν ἐπάγω τούτῳ ψευδῆ, πάντων τῶν ἀγαθῶν ἀνόνητόν με ποιῆσαι.

Τί οὖν ταῦτ' ἐπήραμαι καὶ διετεινάμην οὑτωσὶ 142 σφοδρῶς; ὅτι γράμματ' ἔχων ἐν τῷ δημοσίῳ κείμενα ἐξ ὧν ταῦτ' ἐπιδείξω σαφῶς, καὶ ὑμᾶς εἰδὼς τὰ πεπραγμένα μνημονεύσοντας, ἐκεῖνο φοβοῦμαι, μὴ τῶν εἰργασμένων αὐτῷ κακῶν ὑποληφθῇ οὗτος

ἐλάττων· ὅπερ πρότερον συνέβη, ὅτε τοὺς ταλαιπώρους Φωκέας ἐποίησεν ἀπολέσθαι τὰ ψευδῆ δεῦρ'
143 ἀπαγγείλας. τὸν γὰρ ἐν Ἀμφίσσῃ πόλεμον, δι' ὃν εἰς Ἐλάτειαν ἦλθε Φίλιππος καὶ δι' ὃν ᾑρέθη τῶν Ἀμφικτυόνων ἡγεμών, ὃς ἅπαντ' ἀνέτρεψε τὰ τῶν Ἑλλήνων, οὗτός ἐστιν ὁ συγκατασκευάσας καὶ πάντων εἷς ἀνὴρ τῶν μεγίστων αἴτιος κακῶν. καὶ τότ' εὐθὺς ἐμοῦ διαμαρτυρομένου καὶ βοῶντος ἐν τῇ ἐκκλησίᾳ "πόλεμον εἰς τὴν Ἀττικὴν εἰσάγεις, Αἰσχίνη, πόλεμον Ἀμφικτυονικόν" οἱ μὲν ἐκ παρακλήσεως συγκαθήμενοι οὐκ εἴων με λέγειν, οἱ δ' ἐθαύμαζον καὶ κενὴν αἰτίαν διὰ τὴν ἰδίαν ἔχθραν ἐπάγειν
144 με ὑπελάμβανον αὐτῷ. ἥτις δ' ἡ φύσις ὦ ἄνδρες Ἀθηναῖοι γέγονε τούτων τῶν πραγμάτων, καὶ τίνος εἵνεκα ταῦτα συνεσκευάσθη καὶ πῶς ἐπράχθη, νῦν ὑπακούσατε, ἐπειδὴ τότε ἐκωλύθητε· καὶ γὰρ εὖ πρᾶγμα συντεθὲν ὄψεσθε, καὶ μεγάλα ὠφελήσεσθε πρὸς ἱστορίαν τῶν κοινῶν, καὶ ὅση δεινότης ἦν ἐν τῷ Φιλίππῳ, θεάσεσθε.
145 Οὐκ ἦν τοῦ πρὸς ὑμᾶς πολέμου πέρας οὐδ' ἀπαλλαγὴ Φιλίππῳ, εἰ μὴ Θηβαίους καὶ Θετταλοὺς ἐχθροὺς ποιήσειε τῇ πόλει· ἀλλὰ καίπερ ἀθλίως καὶ κακῶς τῶν στρατηγῶν τῶν ὑμετέρων πολεμούντων αὐτῷ ὅμως ὑπ' αὐτοῦ τοῦ πολέμου καὶ τῶν λῃστῶν μυρία ἔπασχε κακά. οὔτε γὰρ ἐξήγετο τῶν ἐκ τῆς χώρας γιγνομένων οὐδέν, οὔτ'
146 εἰσήγετο ὧν ἐδεῖτ' αὐτῷ· ἦν δὲ οὔτ' ἐν τῇ θαλάττῃ τότε κρείττων ὑμῶν, οὔτ' εἰς τὴν Ἀττικὴν ἐλθεῖν δυνατὸς μήτε Θετταλῶν ἀκολουθούντων μήτε Θηβαίων διιέντων· συνέβαινε δὲ αὐτῷ τῷ πολέμῳ κρα-

τοῦντι τοὺς ὁποιουσδήποθ' ὑμεῖς ἐξεπέμπετε στρατηγούς (ἐῶ γὰρ τοῦτό γε) αὐτῇ τῇ φύσει τοῦ τόπου καὶ τῶν ὑπαρχόντων ἑκατέροις κακοπαθεῖν. εἰ μὲν 147 οὖν τῆς ἰδίας ἕνεκ' ἔχθρας ἢ τοὺς Θετταλοὺς ἢ τοὺς Θηβαίους συμπείθοι βαδίζειν ἐφ' ὑμᾶς, οὐδέν' ἂν ἡγεῖτο προσέξειν αὐτῷ τὸν νοῦν· ἂν δὲ τὰς ἐκείνων κοινὰς προφάσεις λαβὼν ἡγεμὼν αἱρεθῇ ῥᾷον ἤλπιζε τὰ μὲν παρακρούσεσθαι τὰ δὲ πείσειν. τί οὖν; ἐπιχειρεῖ, θεάσασθ' ὡς εὖ, πόλεμον ποιῆσαι τοῖς Ἀμφικτύοσι καὶ περὶ τὴν Πυλαίαν ταραχήν· εἰς γὰρ ταῦθ' εὐθὺς αὐτοὺς ὑπελάμβανεν αὐτοῦ δεήσεσθαι. εἰ μὲν τοίνυν τοῦτο ἢ τῶν παρ' ἑαυτοῦ πεμπομένων 148 ἱερομνημόνων ἢ τῶν ἐκείνου συμμάχων εἰσηγοῖτό τις, ὑπόψεσθαι τὸ πρᾶγμα ἐνόμιζε καὶ τοὺς Θηβαίους καὶ τοὺς Θετταλοὺς καὶ πάντας φυλάξεσθαι, ἂν δ' Ἀθηναῖος ᾖ καὶ παρ' ὑμῶν τῶν ὑπεναντίων ὁ τοῦτο ποιῶν, εὐπόρως λήσειν· ὅπερ συνέβη. πῶς οὖν ταῦτ' ἐποίησεν; μισθοῦται τουτονί. οὐδενὸς δὲ 149 προειδότος, οἶμαι, τὸ πρᾶγμα οὐδὲ φυλάττοντος, ὥσπερ εἴωθε τὰ τοιαῦτα παρ' ὑμῖν γίγνεσθαι, προβληθεὶς πυλάγορος οὗτος καὶ τριῶν ἢ τεττάρων χειροτονησάντων αὐτὸν ἀνερρήθη. ὡς δὲ τὸ τῆς πόλεως ἀξίωμα λαβὼν ἀφίκετο εἰς τοὺς Ἀμφικτύονας, πάντα τἆλλ' ἀφεὶς καὶ παριδὼν ἐπέραινεν ἐφ' οἷς ἐμισθώθη, καὶ λόγους εὐπροσώπους καὶ μύθους, ὅθεν ἡ Κιρραία χώρα καθιερώθη, συνθεὶς καὶ διεξελθὼν ἀνθρώπους ἀπείρους λόγων καὶ τὸ μέλλον οὐ προορωμένους, τοὺς ἱερομνήμονας, πείθει 150 ψηφίσασθαι περιελθεῖν τὴν χώραν ἣν οἱ μὲν Ἀμφισσεῖς σφῶν αὐτῶν οὖσαν γεωργεῖν ἔφασαν, οὗτος δὲ τῆς ἱερᾶς χώρας ᾐτιᾶτο εἶναι, οὐδεμίαν δίκην τῶν Λοκρῶν ἐπαγόντων ἡμῖν, οὐδ' ἃ νῦν οὗτος προφασίζεται, λέγων οὐκ ἀληθῆ. γνώσεσθε δ' ἐκεῖθεν. οὐκ ἐνῆν ἄνευ τοῦ προσκαλέσασθαι δήπου τοῖς Λοκροῖς δίκην κατὰ τῆς πόλεως τελέσασθαι. τίς οὖν ἐκλήτευσεν ἡμᾶς; ἀπὸ ποίας ἀρχῆς; εἰπὲ τὸν εἰδότα, δεῖξον. ἀλλ' οὐκ ἂν ἔχοις, ἀλλὰ κενῇ προφάσει 151 ταύτῃ κατεχρῶ καὶ ψευδεῖ. περιιόντων τοίνυν τὴν χώραν τῶν Ἀμφικτυόνων κατὰ τὴν ὑφήγησιν τὴν τούτου, προσπεσόντες οἱ Λοκροὶ μικροῦ κατηκόντισαν ἅπαντας, τινὰς δὲ καὶ συνήρπασαν τῶν ἱερομνημόνων. ὡς δ' ἅπαξ ἐκ τούτων ἐγκλήματα καὶ πόλεμος πρὸς τοὺς Ἀμφισσεῖς ἐταράχθη, τὸ μὲν πρῶτον ὁ Κόττυφος αὐτῶν τῶν Ἀμφικτυόνων ἤγαγε στρατιάν, ὡς δ' οἱ μὲν οὐκ ἦλθον, οἱ δ' ἐλθόντες οὐδὲν ἐποίουν, εἰς τὴν ἐπιοῦσαν Πυλαίαν ἐπὶ τὸν Φίλιππον εὐθὺς ἡγεμόνα ἦγον οἱ κατεσκευασμένοι καὶ πάλαι πονηροὶ τῶν Θετταλῶν καὶ τῶν ἐν ταῖς 152 ἄλλαις πόλεσιν. καὶ προφάσεις εὐλόγους εἰλήφεσαν· ἢ γὰρ αὐτοὺς εἰσφέρειν καὶ ξένους τρέφειν ἔφασαν δεῖν καὶ ζημιοῦν τοὺς μὴ ταῦτα ποιοῦντας, ἢ ἐκεῖνον αἱρεῖσθαι. τί δεῖ τὰ πολλὰ λέγειν; ᾑρέθη γὰρ ἐκ τούτων ἡγεμών. καὶ μετὰ ταῦτ' εὐθέως δύναμιν συλλέξας καὶ παρελθὼν ὡς ἐπὶ τὴν Κιρραίαν, ἐρρῶσθαι φράσας πολλὰ Κιρραίοις καὶ Λο- 153 κροῖς, τὴν Ἐλάτειαν καταλαμβάνει. εἰ μὲν οὖν μὴ μετέγνωσαν εὐθέως, ὡς τοῦτ' εἶδον, οἱ Θηβαῖοι καὶ μεθ' ἡμῶν ἐγένοντο, ὥσπερ χείμαρρους ἂν ἅπαν τοῦτο τὸ πρᾶγμα εἰς τὴν πόλιν εἰσέπεσεν· νῦν δὲ τό γ' ἐξαίφνης ἐπέσχον αὐτὸν ἐκεῖνοι, μάλιστα μὲν ὦ ἄνδρες Ἀθηναῖοι θεῶν τινὸς εὐνοίᾳ πρὸς ὑμᾶς, εἶτα μέντοι, καὶ ὅσον καθ' ἕνα ἄνδρα, καὶ δι' ἐμέ· Δός δέ μοι τὰ δόγματα ταῦτα καὶ τοὺς χρόνους ἐν οἷς ἕκαστα πέπρακται, ἵν' εἰδῆτε ἡλίκα πράγματα ἡ μιαρὰ κεφαλὴ ταράξασα αὕτη δίκην οὐκ ἔδωκεν· λέγε μοι τὰ δόγματα. 154

ΔΟΓΜΑΤΑ ΑΜΦΙΚΤΥΟΝΩΝ. [Ἐπὶ ἱερέως Κλειναγόρου, ἐαρινῆς Πυλαίας, ἔδοξε τοῖς πυλαγόροις καὶ τοῖς συνέδροις τῶν Ἀμφικτυόνων καὶ τῷ κοινῷ τῶν Ἀμφικτυόνων, ἐπειδὴ Ἀμφισσεῖς ἐπιβαίνουσιν ἐπὶ τὴν ἱερὰν χώραν καὶ σπείρουσι καὶ βοσκήμασι κατανέμουσιν, ἐπελθεῖν τοὺς πυλαγόρους καὶ τοὺς συνέδρους, καὶ στήλαις διαλαβεῖν τοὺς ὅρους, καὶ ἀπειπεῖν τοῖς Ἀμφισσεῦσι τοῦ λοιποῦ μὴ ἐπιβαίνειν.

ΕΤΕΡΟΝ ΔΟΓΜΑ. Ἐπὶ ἱερέως Κλειναγόρου, ἐα- 155 ρινῆς Πυλαίας, ἔδοξε τοῖς πυλαγόροις καὶ τοῖς συνέδροις τῶν Ἀμφικτυόνων καὶ τῷ κοινῷ τῶν Ἀμφικτυόνων, ἐπειδὴ οἱ ἐξ Ἀμφίσσης τὴν ἱερὰν χώραν κατανειμάμενοι γεωργοῦσι καὶ βοσκήματα νέμουσι, καὶ κωλυόμενοι τοῦτο ποιεῖν, ἐν τοῖς ὅπλοις παραγενόμενοι, τὸ κοινὸν τῶν Ἑλλήνων συνέδριον κεκωλύκασι μετὰ βίας, τινὰς δὲ καὶ τετραυματίκασιν, τὸν στρατηγὸν τὸν ᾑρημένον τῶν Ἀμφικτυόνων Κόττυφον τὸν Ἀρκάδα πρεσβεῦσαι πρὸς Φίλιππον τὸν Μακεδόνα, καὶ ἀξιοῦν ἵνα βοηθήσῃ τῷ τε Ἀπόλλωνι καὶ τοῖς Ἀμφικτύοσιν, ὅπως μὴ περιίδῃ ὑπὸ τῶν ἀσεβῶν Ἀμφισσέων τὸν θεὸν πλημμελούμενον· καὶ διότι αὐτὸν στρατηγὸν αὐτοκράτορα αἱροῦνται οἱ Ἕλληνες οἱ μετέχοντες τοῦ συνεδρίου τῶν Ἀμφικτυόνων.]

Λέγε δὴ καὶ τοὺς χρόνους ἐν οἷς ταῦτ' ἐγίγνετο· εἰσὶ γὰρ καθ' οὓς ἐπυλαγόρησεν οὗτος. λέγε.

ΧΡΟΝΟΙ. ["Αρχων Μνησιθείδης, μηνὸς ἀνθεστηριῶνος ἕκτῃ ἐπὶ δεκάτῃ.]

156 Δὸς δὴ τὴν ἐπιστολὴν ἥν, ὡς οὐχ ὑπήκουσαν οἱ Θηβαῖοι, πέμπει πρὸς τοὺς ἐν Πελοποννήσῳ συμμάχους ὁ Φίλιππος, ἵν᾽ εἰδῆτε καὶ ἐκ ταύτης σαφῶς ὅτι τὴν μὲν ἀληθῆ πρόφασιν τῶν πραγμάτων, τὸ ταῦτ᾽ ἐπὶ τὴν Ἑλλάδα καὶ τοὺς Θηβαίους καὶ ὑμᾶς πράττειν, ἀπεκρύπτετο, κοινὰ δὲ καὶ τοῖς Ἀμφικτύοσι δόξαντα ποιεῖν προσεποιεῖτο· ὁ δὲ τὰς ἀφορμὰς ταύτας καὶ τὰς προφάσεις αὐτῷ παρασχὼν οὗτος ἦν. λέγε.

157 ΕΠΙΣΤΟΛΗ. [Βασιλεὺς Μακεδόνων Φίλιππος Πελοποννησίων τῶν ἐν τῇ συμμαχίᾳ τοῖς δημιουργοῖς καὶ τοῖς συνέδροις καὶ τοῖς ἄλλοις συμμάχοις πᾶσι χαίρειν. ἐπειδὴ Λοκροὶ οἱ καλούμενοι Ὀζόλαι, κατοικοῦντες ἐν Ἀμφίσσῃ, πλημμελοῦσιν εἰς τὸ ἱερὸν τοῦ Ἀπόλλωνος τοῦ ἐν Δελφοῖς καὶ τὴν ἱερὰν χώραν ἐρχόμενοι μεθ᾽ ὅπλων λεηλατοῦσι, βούλομαι τῷ θεῷ μεθ᾽ ὑμῶν βοηθεῖν καὶ ἀμύνασθαι τοὺς παραβαίνοντάς τι τῶν ἐν ἀνθρώποις εὐσεβῶν· ὥστε συναντᾶτε μετὰ τῶν ὅπλων εἰς τὴν Φωκίδα, ἔχοντες ἐπισιτισμὸν ἡμερῶν τεσσαράκοντα, τοῦ ἐνεστῶτος μηνὸς λῴου, ὡς ἡμεῖς ἄγομεν, ὡς δὲ Ἀθηναῖοι, βοηδρομιῶνος, ὡς δὲ Κορίνθιοι, πανέμου. τοῖς δὲ μὴ συναντήσασι πανδημεὶ χρησόμεθα, τοῖς δὲ συμβούλοις ἡμῖν κειμένοις ἐπιζημίοις. εὐτυχεῖτε.]

158 Ὁρᾶθ᾽ ὅτι φεύγει τὰς ἰδίας προφάσεις, εἰς δὲ τὰς Ἀμφικτυονικὰς καταφεύγει. τίς οὖν ὁ ταῦτα συμπαρασκευάσας αὐτῷ; τίς ὁ τὰς προφάσεις ταύτας ἐνδούς; τίς ὁ τῶν κακῶν τῶν γεγενημένων μάλιστα αἴτιος; οὐχ οὗτος; μὴ τοίνυν λέγετε, ὦ

ἄνδρες Ἀθηναῖοι, περιιόντες ὡς ὑφ' ἑνός τοιαῦτα πέπονθεν ἡ Ἑλλὰς ἀνθρώπου. οὐχ ὑφ' ἑνός, ἀλλ' ὑπὸ πολλῶν καὶ πονηρῶν παρ' ἑκάστοις, ὦ γῆ καὶ θεοί· ὧν εἷς οὑτοσί, ὅν, εἰ μηδὲν εὐλαβηθέντα τἀ- 159 ληθὲς εἰπεῖν δέοι, οὐκ ἂν ὀκνήσαιμι ἔγωγε κοινὸν ἀλιτήριον τῶν μετὰ ταῦτα ἀπολωλότων ἁπάντων εἰπεῖν, ἀνθρώπων, τόπων, πόλεων· ὁ γὰρ τὸ σπέρμα παρασχών, οὗτος τῶν φύντων κακῶν αἴτιος. ὃν ὅπως ποτὲ οὐκ εὐθὺς ἰδόντες ἀπεστράφητε, θαυμάζω· πλὴν πολύ τι σκότος, ὡς ἔοικεν, ἐστὶ παρ' ὑμῖν πρὸ τῆς ἀληθείας.

Συμβέβηκε τοίνυν μοι τῶν κατὰ τῆς πατρίδος 160 τούτῳ πεπραγμένων ἁψαμένῳ εἰς ἃ τούτοις ἐναντιούμενος αὐτὸς πεπολίτευμαι ἀφῖχθαι· ἃ πολλῶν μὲν ἕνεκ' ἂν εἰκότως ἀκούσαιτέ μου, μάλιστα δ' ὅτι αἰσχρόν ἐστιν, ὦ ἄνδρες Ἀθηναῖοι, εἰ ἐγὼ μὲν τὰ ἔργα τῶν ὑπὲρ ὑμῶν πόνων ὑπέμεινα, ὑμεῖς δὲ μηδὲ τοὺς λόγους αὐτῶν ἀνέξεσθε. ὁρῶν γὰρ ἐγὼ Θη- 161 βαίους, σχεδὸν δὲ καὶ ὑμᾶς ὑπὸ τῶν τὰ Φιλίππου φρονούντων καὶ διεφθαρμένων παρ' ἑκατέροις ὃ μὲν ἦν ἀμφοτέροις φοβερὸν καὶ φυλακῆς πολλῆς δεόμενον, τὸ τὸν Φίλιππον ἐᾶν αὐξάνεσθαι, παρορῶντας καὶ οὐδὲ καθ' ἓν φυλαττομένους, εἰς ἔχθραν δὲ καὶ τὸ προσκρούειν ἀλλήλοις ἑτοίμως ἔχοντας, ὅπως τοῦτο μὴ γένοιτο παρατηρῶν διετέλουν, οὐκ ἀπὸ τῆς ἐμαυτοῦ γνώμης μόνον ταῦτα συμφέρειν ὑπολαμβάνων, ἀλλ' εἰδὼς Ἀριστοφῶντα καὶ πάλιν 162 Εὔβουλον πάντα τὸν χρόνον βουλομένους πρᾶξαι ταύτην τὴν φιλίαν, καὶ περὶ τῶν ἄλλων πολλάκις ἀντιλέγοντας τοῦθ' ὁμογνωμονοῦντας ἀεί. οὓς σὺ ζῶντας μέν, ὦ κίναδος, κολακεύων παρηκολούθεις, τεθνεώτων δ' οὐκ αἰσθάνει κατηγορῶν· ἃ γὰρ περὶ Θηβαίων ἐπιτιμᾷς ἐμοί, ἐκείνων πολὺ μᾶλλον ἢ ἐμοῦ κατηγορεῖς, τῶν πρότερον ἢ ἐγὼ ταύτην τὴν 163 συμμαχίαν δοκιμασάντων. ἀλλ' ἐκεῖσε ἐπάνειμι, ὅτι τὸν ἐν Ἀμφίσσῃ πόλεμον τούτου μὲν ποιήσαντος, συμπεραναμένων δὲ τῶν ἄλλων τῶν συνεργῶν αὐτῷ τὴν πρὸς Θηβαίους ἔχθραν, συνέβη τὸν Φίλιππον ἐλθεῖν ἐφ' ἡμᾶς, οὗπερ ἕνεκα τὰς πόλεις οὗτοι συνέκρουον· καὶ εἰ μὴ προεξανέστημεν μικρόν, οὐδ' ἀναλαβεῖν ἂν ἠδυνήθημεν· οὕτω μέχρι πόρρω προήγαγον οὗτοι τὴν ἔχθραν. ἐν οἷς δ' ἦτε ἤδη τὰ πρὸς ἀλλήλους, τουτωνὶ τῶν ψηφισμάτων ἀκούσαντες καὶ τῶν ἀποκρίσεων εἴσεσθε. Καί μοι λέγε ταῦτα λαβών.

164 ΨΗΦΙΣΜΑΤΑ. [Ἐπὶ ἄρχοντος Ἡροπύθου, μηνὸς ἐλαφηβολιῶνος ἕκτῃ φθίνοντος, φυλῆς πρυτανευούσης Ἐρεχθηΐδος, βουλῆς καὶ στρατηγῶν γνώμῃ, ἐπειδὴ Φίλιππος ἃς μὲν κατείληφε πόλεις τῶν ἀστυγειτόνων, τινὰς δὲ πορθεῖ, κεφαλαίῳ δὲ ἐπὶ τὴν Ἀττικὴν παρασκευάζεται παραγίγνεσθαι, παρ' οὐδὲν ἡγούμενος τὰς ἡμετέρας συνθήκας, καὶ τοὺς ὅρκους λύειν ἐπιβάλλεται καὶ τὴν εἰρήνην, παραβαίνων τὰς κοινὰς πίστεις, δεδόχθαι τῇ βουλῇ καὶ τῷ δήμῳ πέμπειν πρὸς αὐτὸν πρέσβεις, οἵτινες αὐτῷ διαλέξονται καὶ παρακαλέσουσιν αὐτὸν μάλιστα μὲν τὴν πρὸς ἡμᾶς ὁμόνοιαν διατηρεῖν καὶ τὰς συνθήκας, εἰ δὲ μή, πρὸς τὸ βουλεύσασθαι δοῦναι χρόνον τῇ πόλει καὶ τὰς ἀνοχὰς ποιήσασθαι μέχρι τοῦ θαργηλιῶνος μηνός. ᾑρέθησαν ἐκ βουλῆς Σῖμος Ἀναγυράσιος, Εὐθύδημος Φλυάσιος, Βουλαγόρας Ἀλωπεκῆθεν.

ΨΗΦΙΣΜΑ. Ἐπὶ ἄρχοντος Ἡροπύθου, μηνὸς μού- 165
νυχιῶνος ἕνῃ καὶ νέᾳ, πολεμάρχου γνώμῃ, ἐπειδὴ Φίλιππος εἰς ἀλλοτριότητα Θηβαίους πρὸς ἡμᾶς ἐπιβάλλεται καταστῆσαι, παρεσκεύασται δὲ καὶ παντὶ τῷ στρατεύματι πρὸς τοὺς ἔγγιστα τῆς Ἀττικῆς παραγίγνεσθαι τόπους, παραβαίνων τὰς πρὸς ἡμᾶς ὑπαρχούσας αὐτῷ συνθήκας, δεδόχθαι τῇ βουλῇ καὶ τῷ δήμῳ πέμψαι πρὸς αὐτὸν κήρυκα καὶ πρέσβεις, οἵτινες ἀξιώσουσι καὶ παρακαλέσουσιν αὐτὸν ποιήσασθαι τὰς ἀνοχάς, ὅπως ἐνδεχομένως ὁ δῆμος βουλεύσηται· καὶ γὰρ νῦν οὐ κέκρικε βοηθεῖν ἐν οὐδενὶ τῶν μετρίων. ᾑρέθησαν ἐκ βουλῆς Νέαρχος Σωσινόμου, Πολυκράτης Ἐπίφρονος, καὶ κῆρυξ Εὔνομος Ἀναφλύστιος ἐκ τοῦ δήμου.]

Λέγε δὴ καὶ τὰς ἀποκρίσεις. 166

ΑΠΟΚΡΙΣΕΙΣ. [ΑΘΗΝΑΙΟΙΣ. Βασιλεὺς Μακεδόνων Φίλιππος Ἀθηναίων τῇ βουλῇ καὶ τῷ δήμῳ χαίρειν. ἣν μὲν ἀπ' ἀρχῆς εἴχετε πρὸς ἡμᾶς αἵρεσιν, οὐκ ἀγνοῶ, καὶ τίνα σπουδὴν ποιεῖσθε προσκαλέσασθαι βουλόμενοι Θετταλοὺς καὶ Θηβαίους, ἔτι δὲ καὶ Βοιωτούς· βέλτιον δ' αὐτῶν φρονούντων καὶ μὴ βουλομένων ἐφ' ὑμῖν ποιήσασθαι τὴν ἑαυτῶν αἵρεσιν, ἀλλὰ κατὰ τὸ συμφέρον ἱσταμένων, νῦν ἐξ ὑποστροφῆς ἀποστείλαντες ὑμεῖς πρός με πρέσβεις καὶ κήρυκα συνθηκῶν μνημονεύετε καὶ τὰς ἀνοχὰς αἰτεῖσθε, κατ' οὐδὲν ὑφ' ἡμῶν πεπλημμελημένοι. ἐγὼ μέντοι ἀκούσας τῶν πρεσβευτῶν συγκατατίθεμαι τοῖς παρακαλουμένοις καὶ ἕτοιμός εἰμι ποιεῖσθαι τὰς ἀνοχάς, ἄν περ τοὺς οὐκ ὀρθῶς συμβουλεύοντας ὑμῖν παραπέμψαντες τῆς προσηκούσης ἀτιμίας ἀξιώσητε. ἔρρωσθε.

ΑΠΟΚΡΙΣΙΣ ΘΗΒΑΙΟΙΣ. Βασιλεὺς Μακεδόνων 167 Φίλιππος Θηβαίων τῇ βουλῇ καὶ τῷ δήμῳ χαίρειν.

ἐκομισάμην τὴν παρ' ὑμῶν ἐπιστολήν, δι' ἧς μοι τὴν ὁμόνοιαν καὶ τὴν εἰρήνην ἀνανεοῦσθε. πυνθάνομαι μέντοι διότι πᾶσαν ὑμῖν Ἀθηναῖοι προσφέρονται φιλοτιμίαν βουλόμενοι ὑμᾶς συγκαταίνους γενέσθαι τοῖς ὑπ' αὐτῶν παρακαλουμένοις. πρότερον μὲν οὖν ὑμῶν κατεγίγνωσκον ἐπὶ τῷ μέλλειν πείθεσθαι ταῖς ἐκείνων ἐλπίσι καὶ ἐπακολουθεῖν αὐτῶν τῇ προαιρέσει. νῦν δ' ἐπιγνοὺς ὑμᾶς τὰ πρὸς ἡμᾶς ἐζητηκότας ἔχειν εἰρήνην μᾶλλον ἢ ταῖς ἑτέρων ἐπακολουθεῖν γνώμαις, ἥσθην καὶ μᾶλλον ὑμᾶς ἐπαινῶ κατὰ πολλά, μάλιστα δ' ἐπὶ τῷ βουλεύσασθαι περὶ τούτων ἀσφαλέστερον ' καὶ τὰ πρὸς ἡμᾶς ἔχειν ἐν εὐνοίᾳ· ὅπερ οὐ μικρὰν ὑμῖν οἴσειν ἐλπίζω ῥοπήν, ἐάν περ ἐπὶ ταύτης μένητε τῆς προθέσεως. ἔρρωσθε.]

168 Οὕτω διαθεὶς ὁ Φίλιππος τὰς πόλεις πρὸς ἀλλήλας διὰ τούτων, καὶ τούτοις ἐπαρθεὶς τοῖς ψηφίσμασι καὶ ταῖς ἀποκρίσεσιν, ἦκεν ἔχων τὴν δύναμιν καὶ τὴν Ἐλάτειαν κατέλαβεν, ὡς οὐδ' ἂν εἴ τι γένοιτο ἔτι συμπνευσάντων ἂν ἡμῶν καὶ τῶν Θηβαίων. ἀλλὰ μὴν τὸν τότε συμβάντα ἐν τῇ πόλει θόρυβον ἴστε μὲν ἅπαντες, μικρὰ δ' ἀκούσατε ὅμως, αὐτὰ τἀναγκαιότατα.

169 Ἑσπέρα μὲν γὰρ ἦν, ἧκε δ' ἀγγέλλων τις ὡς τοὺς πρυτάνεις ὡς Ἐλάτεια κατείληπται. καὶ μετὰ ταῦτα οἱ μὲν εὐθὺς ἐξαναστάντες μεταξὺ δειπνοῦντες τούς τ' ἐκ τῶν σκηνῶν τῶν κατὰ τὴν ἀγορὰν ἐξεῖργον καὶ τὰ γέρρα ἐνεπίμπρασαν, οἱ δὲ τοὺς στρατηγοὺς μετεπέμποντο καὶ τὸν σαλπιγκτὴν ἐκάλουν, καὶ θορύβου πλήρης ἦν ἡ πόλις. τῇ δ' ὑστεραίᾳ ἅμα τῇ ἡμέρᾳ οἱ μὲν πρυτάνεις τὴν βουλὴν ἐκάλουν εἰς

τὸ βουλευτήριον, ὑμεῖς δ᾽ εἰς τὴν ἐκκλησίαν ἐπορεύεσθε, καὶ πρὶν ἐκείνην χρηματίσαι καὶ προβουλεῦσαι πᾶς ὁ δῆμος ἄνω καθῆτο. καὶ μετὰ ταῦτα 170 ὡς ἦλθεν ἡ βουλὴ καὶ ἀπήγγειλαν οἱ πρυτάνεις τὰ προσηγγελμένα ἑαυτοῖς καὶ τὸν ἥκοντα παρήγαγον κἀκεῖνος εἶπεν, ἠρώτα μὲν ὁ κῆρυξ "τίς ἀγορεύειν βούλεται;" παρῄει δ᾽ οὐδείς. πολλάκις δὲ τοῦ κήρυκος ἐρωτῶντος οὐδὲν μᾶλλον ἀνίστατ᾽ οὐδείς, ἁπάντων μὲν τῶν στρατηγῶν παρόντων, ἁπάντων δὲ τῶν ῥητόρων, καλούσης δὲ τῆς κοινῆς πατρίδος φωνῆς τὸν ἐροῦνθ᾽ ὑπὲρ σωτηρίας· ἣν γὰρ ὁ κῆρυξ κατὰ τοὺς νόμους φωνὴν ἀφίησι, ταύτην κοινὴν τῆς πατρίδος δίκαιόν ἐστιν ἡγεῖσθαι· καίτοι εἰ μὲν τοὺς 171 σωθῆναι τὴν πόλιν βουλομένους παρελθεῖν ἔδει, πάντες ἂν ὑμεῖς καὶ οἱ ἄλλοι Ἀθηναῖοι ἀναστάντες ἐπὶ τὸ βῆμα ἐβαδίζετε· πάντες γὰρ οἶδ᾽ ὅτι σωθῆναι αὐτὴν ἐβούλεσθε· εἰ δὲ τοὺς πλουσιωτάτους, οἱ τριακόσιοι· εἰ δὲ τοὺς ἀμφότερα ταῦτα, καὶ εὔνους τῇ πόλει καὶ πλουσίους, οἱ μετὰ ταῦτα τὰς μεγάλας ἐπιδόσεις ἐπιδόντες· καὶ γὰρ εὐνοίᾳ καὶ πλούτῳ τοῦτ᾽ ἐποίησαν. ἀλλ᾽ ὡς ἔοικεν, ἐκεῖνος ὁ καιρὸς καὶ ἡ 172 ἡμέρα ἐκείνη οὐ μόνον εὔνουν καὶ πλούσιον ἄνδρα ἐκάλει, ἀλλὰ καὶ παρηκολουθηκότα τοῖς πράγμασιν ἐξ ἀρχῆς, καὶ συλλελογισμένον ὀρθῶς τίνος ἕνεκα ταῦτ᾽ ἔπραττεν ὁ Φίλιππος καὶ τί βουλόμενος· ὁ γὰρ μὴ ταῦτ᾽ εἰδὼς μηδ᾽ ἐξητακὼς πόρρωθεν, οὔτ᾽ εἰ εὔνους ἦν οὔτ᾽ εἰ πλούσιος, οὐδὲν μᾶλλον ἤμελλεν ὅ τι χρὴ ποιεῖν εἴσεσθαι οὐδ᾽ ὑμῖν ἕξειν συμβουλεύειν. ἐφάνην τοίνυν οὗτος ἐν ἐκείνῃ τῇ ἡμέρᾳ ἐγώ, 173 καὶ παρελθὼν εἶπον εἰς ὑμᾶς, ἅ μου δυοῖν ἕνεκ᾽

ἀκούσατε προσσχόντες τὸν νοῦν, ἑνὸς μέν, ἵν' εἰδῆτε
ὅτι μόνος τῶν λεγόντων καὶ πολιτευομένων ἐγὼ τὴν
τῆς εὐνοίας τάξιν ἐν τοῖς δεινοῖς οὐκ ἔλιπον, ἀλλὰ
καὶ λέγων καὶ γράφων ἐξηταζόμην τὰ δέονθ' ὑπὲρ
ὑμῶν ἐν αὐτοῖς τοῖς φοβεροῖς, ἑτέρου δέ, ὅτι μικρὸν
ἀναλώσαντες χρόνον πολλῷ πρὸς τὰ λοιπὰ τῆς
174 πάσης πολιτείας ἔσεσθ' ἐμπειρότεροι. εἶπον τοίνυν
ὅτι "τοὺς μὲν ὡς ὑπαρχόντων Θηβαίων Φιλίππῳ
λίαν θορυβουμένους ἀγνοεῖν τὰ παρόντα πράγμαθ'
ἡγοῦμαι· εὖ γὰρ οἶδ' ὅτι, εἰ τοῦθ' οὕτως ἐτύγχανεν
ἔχον, οὐκ ἂν αὐτὸν ἠκούομεν ἐν Ἐλατείᾳ ὄντα, ἀλλ'
ἐπὶ τοῖς ἡμετέροις ὁρίοις. ὅτι μέντοι ἵν' ἕτοιμα
ποιήσηται τὰ ἐν Θήβαις ἥκει, σαφῶς ἐπίσταμαι.
175 ὡς δ' ἔχει" ἔφην "ταῦτα, ἀκούσατέ μου. ἐκεῖνος
ὅσους ἢ πεῖσαι χρήμασι Θηβαίων ἢ ἐξαπατῆσαι
ἐνῆν, ἅπαντας εὐτρέπισται, τοὺς δ' ἀπ' ἀρχῆς ἀνθεστηκότας
αὐτῷ καὶ νῦν ἐναντιουμένους οὐδαμῶς
πεῖσαι δύναται. τί οὖν βούλεται, καὶ τίνος ἕνεκα
τὴν Ἐλάτειαν κατείληφεν; πλησίον δύναμιν δείξας
καὶ παραστήσας τὰ ὅπλα τοὺς μὲν ἑαυτοῦ φίλους
ἐπᾶραι καὶ θρασεῖς ποιῆσαι, τοὺς δ' ἐναντιουμένους
καταπλῆξαι, ἵν' ἢ συγχωρήσωσι φοβηθέντες ἃ νῦν
176 οὐκ ἐθέλουσιν, ἢ βιασθῶσιν. εἰ μὲν τοίνυν προαιρησόμεθ'
ἡμεῖς" ἔφην "ἐν τῷ παρόντι, εἴ τι δύσκολον
πέπρακται Θηβαίοις πρὸς ἡμᾶς, τούτου μεμνῆσθαι
καὶ ἀπιστεῖν αὐτοῖς ὡς ἐν τῇ τῶν ἐχθρῶν οὖσι
μερίδι, πρῶτον μὲν ἃ ἂν εὔξαιτο Φίλιππος ποιήσομεν,
εἶτα φοβοῦμαι μὴ προσδεξαμένων τῶν νῦν ἀνθεστηκότων
αὐτῷ καὶ μιᾷ γνώμῃ πάντων φιλιππισάντων
εἰς τὴν Ἀττικὴν ἔλθωσιν ἀμφότεροι. ἂν

μέντοι πεισθῆτ' ἐμοὶ καὶ πρὸς τῷ σκοπεῖν ἀλλὰ μὴ φιλονεικεῖν περὶ ὧν ἂν λέγω γένησθε, οἶμαι καὶ τὰ δέοντα λέγειν δόξειν καὶ τὸν ἐφεστηκότα κίνδυνον τῇ πόλει διαλύσειν. τί οὖν φημι δεῖν; πρῶτον μὲν τὸν 177 παρόντα ἐπανεῖναι φόβον, εἶτα μεταθέσθαι καὶ φοβεῖσθαι πάντας ὑπὲρ Θηβαίων· πολὺ γὰρ τῶν δεινῶν εἰσιν ἡμῶν ἐγγυτέρω, καὶ προτέροις αὐτοῖς ἐστιν ὁ κίνδυνος· ἔπειτ' ἐξελθόντας Ἐλευσῖνάδε τοὺς ἐν ἡλικίᾳ καὶ τοὺς ἱππέας δεῖξαι πᾶσιν ὑμᾶς αὐτοὺς ἐν τοῖς ὅπλοις ὄντας, ἵνα τοῖς ἐν Θήβαις φρονοῦσι τὰ ὑμέτερα ἐξ ἴσου γένηται τὸ παρρησιάζεσθαι περὶ τῶν δικαίων, ἰδοῦσιν ὅτι, ὥσπερ τοῖς πωλοῦσι Φιλίππῳ τὴν πατρίδα πάρεσθ' ἡ βοηθήσουσα δύναμις ἐν Ἐλατείᾳ, οὕτω τοῖς ὑπὲρ τῆς ἐλευθερίας ἀγωνίζεσθαι βουλομένοις ὑπάρχεθ' ὑμεῖς ἕτοιμοι καὶ βοηθήσετ', ἐάν τις ἐπ' αὐτοὺς ἴῃ. μετὰ ταῦτα χειροτο- 178 νῆσαι κελεύω δέκα πρέσβεις, καὶ ποιῆσαι τούτους κυρίους μετὰ τῶν στρατηγῶν καὶ τοῦ πότε δεῖ βαδίζειν ἐκεῖσε καὶ τῆς ἐξόδου. ἐπειδὰν δ' ἔλθωσιν οἱ πρέσβεις εἰς Θήβας, πῶς χρήσασθαι τῷ πράγματι παραινῶ; τούτῳ πάνυ μοι προσέχετε τὸν νοῦν. μὴ δεῖσθαι Θηβαίων μηδέν (αἰσχρὸς γὰρ ὁ καιρός) ἀλλ' ἐπαγγέλλεσθαι βοηθήσειν, ἐὰν κελεύωσιν, ὡς ἐκείνων ὄντων ἐν τοῖς ἐσχάτοις, ἡμῶν δὲ ἄμεινον ἢ 'κεῖνοι προορωμένων, ἵν' ἐὰν μὲν δέξωνται ταῦτα καὶ πεισθῶσιν ἡμῖν, καὶ ἃ βουλόμεθα ὦμεν διῳκημένοι καὶ μετὰ προσχήματος ἀξίου τῆς πόλεως ταῦτα πράξωμεν, ἐὰν δ' ἄρα μὴ συμβῇ κατατυχεῖν, ἐκεῖνοι μὲν ἑαυτοῖς ἐγκαλῶσιν, ἄν τι νῦν ἐξαμαρτάνωσιν, ἡμῖν δὲ μηδὲν αἰσχρὸν μηδὲ ταπεινὸν ᾖ

179 πεπραγμένον." Ταῦτα καὶ παραπλήσια τούτοις εἰπὼν κατέβην. συνεπαινεσάντων δὲ πάντων καὶ οὐδενὸς εἰπόντος ἐναντίον οὐδὲν οὐκ εἶπον μὲν ταῦτα, οὐκ ἔγραψα δέ, οὐδ' ἔγραψα μέν, οὐκ ἐπρέσβευσα δέ, οὐδ' ἐπρέσβευσα μέν, οὐκ ἔπεισα δὲ Θηβαίους· ἀλλ' ἀπὸ τῆς ἀρχῆς ἄχρι τῆς τελευτῆς διεξῆλθον, καὶ ἔδωκ' ἐμαυτὸν ὑμῖν ἁπλῶς εἰς τοὺς περιεστηκότας τῇ πόλει κινδύνους. Καί μοι φέρε τὸ ψήφισμα τὸ τότε γενόμενον.

180 Καίτοι τίνα βούλει σέ, Αἰσχίνη, καὶ τίνα ἐμαυτὸν ἐκείνην τὴν ἡμέραν εἶναι θῶ; βούλει ἐμαυτὸν μέν, ὃν ἂν σὺ λοιδορούμενος καὶ διασύρων καλέσαις, Βάτταλον, σὲ δὲ μηδ' ἥρωα τὸν τυχόντα ἀλλὰ τούτων τινὰ τῶν ἀπὸ τῆς σκηνῆς, Κρεσφόντην ἢ Κρέοντα ἢ ὃν ἐν Κολλυτῷ ποτε Οἰνόμαον κακῶς ἐπέτριψας; τότε τοίνυν κατ' ἐκεῖνον τὸν καιρὸν ὁ Παιανιεὺς ἐγὼ Βάτταλος Οἰνομάου τοῦ Κοθωκίδου σοῦ πλείονος ἄξιος ὢν ἐφάνην τῇ πατρίδι. σὺ μέν γε οὐδὲν οὐδαμοῦ χρήσιμος ἦσθα· ἐγὼ δὲ πάντα, ὅσα προσῆκε τὸν ἀγαθὸν πολίτην, ἔπραττον. Λέγε τὸ ψήφισμά μοι.

181 ΨΗΦΙΣΜΑ [ΔΗΜΟΣΘΕΝΟΥΣ. Ἐπὶ ἄρχοντος Ναυσικλέους, φυλῆς πρυτανευούσης Αἰαντίδος, σκιροφοριῶνος ἕκτῃ ἐπὶ δέκα, Δημοσθένης Δημοσθένους Παιανιεὺς εἶπεν, ἐπειδὴ Φίλιππος ὁ Μακεδόνων βασιλεὺς ἔν τε τῷ παρεληλυθότι χρόνῳ παραβαίνων φαίνεται τὰς γεγενημένας αὐτῷ συνθήκας πρὸς τὸν Ἀθηναίων δῆμον περὶ τῆς εἰρήνης, ὑπεριδὼν τοὺς ὅρκους καὶ τὰ παρὰ πᾶσι τοῖς Ἕλλησι νομιζόμενα εἶναι δίκαια, καὶ πόλεις παραιρεῖται οὐδὲν αὐτῷ προσηκούσας, τινὰς δὲ καὶ Ἀθη-

ναίων οὔσας δοριαλώτους πεποίηκεν οὐδὲν προαδικηθεὶς
ὑπὸ τοῦ δήμου τοῦ Ἀθηναίων, ἔν τε τῷ παρόντι ἐπὶ πολὺ
προάγει τῇ τε βίᾳ καὶ τῇ ὠμότητι· καὶ γὰρ Ἑλληνίδας 182
πόλεις ἃς μὲν ἐμφρούρους ποιεῖ καὶ τὰς πολιτείας κατα-
λύει τινὰς δὲ καὶ ἐξανδραποδιζόμενος κατασκάπτει, εἰς
ἐνίας δὲ καὶ ἀντὶ Ἑλλήνων βαρβάρους κατοικίζει ἐπὶ τὰ
ἱερὰ καὶ τοὺς τάφους ἐπάγων, οὐδὲν ἀλλότριον ποιῶν
οὔτε τῆς ἑαυτοῦ πατρίδος οὔτε τοῦ τρόπου, καὶ τῇ νῦν αὐτῷ
παρούσῃ τύχῃ κατακόρως χρώμενος, ἐπιλελησμένος ἑαυ-
τοῦ ὅτι ἐκ μικροῦ καὶ τοῦ τυχόντος γέγονεν ἀνελπίστως
μέγας. καὶ ἕως μὲν πόλεις ἑώρα παραιρούμενον αὐτὸν 183
βαρβάρους καὶ ἰδίας, ὑπελάμβανεν ἔλαττον εἶναι ὁ δῆμος
ὁ Ἀθηναίων τὸ εἰς αὐτὸν πλημμελεῖσθαι· νῦν δὲ ὁρῶν
Ἑλληνίδας πόλεις τὰς μὲν ὑβριζομένας τὰς δὲ ἀναστά-
τους γιγνομένας, δεινὸν ἡγεῖται εἶναι καὶ ἀνάξιον τῆς
τῶν προγόνων δόξης τὸ περιορᾶν τοὺς Ἕλληνας κατα-
δουλουμένους. διὸ δέδοκται τῇ βουλῇ καὶ τῷ δήμῳ τῷ 184
Ἀθηναίων, εὐξαμένους καὶ θύσαντας τοῖς θεοῖς καὶ ἥρωσι
τοῖς κατέχουσι τὴν πόλιν καὶ τὴν χώραν τὴν Ἀθηναίων,
καὶ ἐνθυμηθέντας τῆς τῶν προγόνων ἀρετῆς, διότι περὶ
πλείονος ἐποιοῦντο τὴν τῶν Ἑλλήνων ἐλευθερίαν δια-
τηρεῖν ἢ τὴν ἰδίαν πατρίδα, διακοσίας ναῦς καθέλκειν εἰς
τὴν θάλατταν καὶ τὸν ναύαρχον ἀναπλεῖν ἐντὸς Πυλῶν,
καὶ τὸν στρατηγὸν καὶ τὸν ἵππαρχον τὰς πεζὰς καὶ τὰς
ἱππικὰς δυνάμεις Ἐλευσῖνάδε ἐξάγειν, πέμψαι δὲ καὶ
πρέσβεις πρὸς τοὺς ἄλλους Ἕλληνας, πρῶτον δὲ πάντων
πρὸς Θηβαίους διὰ τὸ ἐγγυτάτω εἶναι τὸν Φίλιππον τῆς
ἐκείνων χώρας, παρακαλεῖν δὲ αὐτοὺς μηδὲν καταπλα- 185
γέντας τὸν Φίλιππον ἀντέχεσθαι τῆς ἑαυτῶν καὶ τῆς τῶν
ἄλλων Ἑλλήνων ἐλευθερίας, καὶ ὅτι ὁ Ἀθηναίων δῆμος,
οὐδὲν μνησικακῶν εἴ τι πρότερον γέγονεν ἀλλότριον ταῖς
πόλεσι πρὸς ἀλλήλας, βοηθήσει καὶ δυνάμεσι καὶ χρή-

μασι καὶ βέλεσι καὶ ὅπλοις, εἰδὼς ὅτι αὐτοῖς μὲν πρὸς ἀλλήλους διαμφισβητεῖν περὶ τῆς ἡγεμονίας οὖσιν Ἕλλησι καλόν, ὑπὸ δὲ ἀλλοφύλου ἀνθρώπου ἄρχεσθαι καὶ τῆς ἡγεμονίας ἀποστερεῖσθαι ἀνάξιον εἶναι καὶ τῆς τῶν Ἑλλήνων δόξης καὶ τῆς τῶν προγόνων ἀρετῆς. ἔτι
186 δὲ οὐδὲ ἀλλότριον ἡγεῖται εἶναι ὁ Ἀθηναίων δῆμος τὸν Θηβαίων δῆμον οὔτε τῇ συγγενείᾳ οὔτε τῷ ὁμοφύλῳ. ἀναμιμνῄσκεται δὲ καὶ τὰς τῶν προγόνων τῶν ἑαυτοῦ εἰς τοὺς Θηβαίων προγόνους εὐεργεσίας· καὶ γὰρ τοὺς Ἡρακλέους παῖδας ἀποστερουμένους ὑπὸ Πελοποννησίων τῆς πατρῴας ἀρχῆς κατήγαγον, τοῖς ὅπλοις κρατήσαντες τοὺς ἀντιβαίνειν πειρωμένους τοῖς Ἡρακλέους ἐκγόνοις, καὶ τὸν Οἰδίπουν καὶ τοὺς μετ' ἐκείνου ἐκπεσόντας ὑπεδεξάμεθα, καὶ ἕτερα πολλὰ ἡμῖν ὑπάρχει φιλάνθρωπα καὶ ἔνδοξα
187 πρὸς Θηβαίους· διόπερ οὐδὲ νῦν ἀποστήσεται ὁ Ἀθηναίων δῆμος τῶν Θηβαίοις τε καὶ τοῖς ἄλλοις Ἕλλησι συμφερόντων. συνθέσθαι δὲ πρὸς αὐτοὺς καὶ συμμαχίαν καὶ ἐπιγαμίαν ποιήσασθαι καὶ ὅρκους δοῦναι καὶ λαβεῖν. πρέσβεις Δημοσθένης Δημοσθένους Παιανιεύς, Ὑπερείδης Κλεάνδρου Σφήττιος, Μνησιθείδης Ἀντιφάνους Φρεάρριος, Δημοκράτης Σωφίλου Φλυεύς, Κάλλαισχρος Διοτίμου Κοθωκίδης.]

188 Αὕτη τῶν περὶ Θήβας ἐγίγνετο πραγμάτων ἀρχὴ καὶ κατάστασις πρώτη, τὰ πρὸ τούτων εἰς ἔχθραν καὶ μῖσος καὶ ἀπιστίαν τῶν πόλεων ὑπηγμένων ὑπὸ τούτων. τοῦτο τὸ ψήφισμα τὸν τότε τῇ πόλει περιστάντα κίνδυνον παρελθεῖν ἐποίησεν ὥσπερ νέφος. ἦν μὲν τοίνυν τοῦ δικαίου πολίτου τότε δεῖξαι πᾶσιν, εἴ τι τούτων εἶχεν ἄμεινον, μὴ
189 νῦν ἐπιτιμᾶν. ὁ γὰρ σύμβουλος καὶ ὁ συκοφάντης, οὐδὲ τῶν ἄλλων οὐδὲν ἐοικότες, ἐν τούτῳ πλεῖστον

ἀλλήλων διαφέρουσιν· ὁ μέν γε πρὸ τῶν πραγμάτων γνώμην ἀποφαίνεται, καὶ δίδωσιν αὐτὸν ὑπεύθυνον τοῖς πεισθεῖσι, τῇ τύχῃ, τῷ καιρῷ, τῷ βουλομένῳ· ὁ δὲ σιγήσας ἡνίκ' ἔδει λέγειν, ἄν τι δύσκολον συμβῇ, τοῦτο βασκαίνει. ἦν μὲν οὖν, ὅπερ 190 εἶπον, ἐκεῖνος ὁ καιρὸς τοῦ γε φροντίζοντος ἀνδρὸς τῆς πόλεως καὶ τῶν δικαίων λόγων· ἐγὼ δὲ τοσαύτην ὑπερβολὴν ποιοῦμαι, ὥστε ἂν νῦν ἔχῃ τις δεῖξαί τι βέλτιον, ἢ ὅλως εἴ τι ἄλλο ἐνῆν πλὴν ὧν ἐγὼ προειλόμην, ἀδικεῖν ὁμολογῶ. εἰ γὰρ ἔσθ' ὅ τι τις νῦν ἑώρακεν, ὃ συνήνεγκεν ἂν τότε πραχθέν, τοῦτ' ἐγώ φημι δεῖν ἐμὲ μὴ λαθεῖν. εἰ δὲ μήτ' ἔστι μήτε ἦν μήτ' ἂν εἰπεῖν ἔχοι μηδεὶς μηδέπω καὶ τήμερον, τί τὸν σύμβουλον ἐχρῆν ποιεῖν; οὐ τῶν φαινομένων καὶ ἐνόντων τὰ κράτιστα ἑλέσθαι; τοῦ- 191 το τοίνυν ἐποίησα, τοῦ κήρυκος ἐρωτῶντος, Αἰσχίνη, "τίς ἀγορεύειν βούλεται;" οὐ "τίς αἰτιᾶσθαι περὶ τῶν παρεληλυθότων," οὐδὲ "τίς ἐγγυᾶσθαι τὰ μέλλοντ' ἔσεσθαι." σοῦ δ' ἀφώνου κατ' ἐκείνους τοὺς χρόνους ἐν ταῖς ἐκκλησίαις καθημένου ἐγὼ παριὼν ἔλεγον. ἐπειδὴ δ' οὐ τότε, ἀλλὰ νῦν δεῖξον. εἰπὲ τίς ἢ λόγος, ὅντιν' ἐχρῆν εὐπορεῖν, ἢ καιρὸς συμφέρων ὑπ' ἐμοῦ παρελείφθη τῇ πόλει; τίς δὲ συμμαχία, τίς πρᾶξις, ἐφ' ἣν μᾶλλον ἔδει με ἀγαγεῖν τουτουσί;

Ἀλλὰ μὴν τὸ μὲν παρεληλυθὸς ἀεὶ παρὰ πᾶσιν 192 ἀφεῖται, καὶ οὐδεὶς περὶ τούτου προτίθησιν οὐδαμοῦ βουλήν· τὸ δὲ μέλλον ἢ τὸ παρὸν τὴν τοῦ συμβούλου τάξιν ἀπαιτεῖ. τότε τοίνυν τὰ μὲν ἤμελλεν, ὡς ἐδόκει, τῶν δεινῶν, τὰ δ' ἤδη παρῆν, ἐν οἷς τὴν προαίρεσίν μου σκόπει της πολιτείας, μη τα συμβάντα συκοφάντει. το μεν γαρ πέρας, ως αν ο δαίμων βουληθῇ, πάντων γίγνεται· ή δε προαίρεσις 193 αυτή την του συμβούλου διάνοιαν δηλοῖ. μη δη τούτο ως αδίκημα εμον θῇς, ει κρατῆσαι συνέβη Φιλίππῳ τῇ μάχῃ· εν γαρ τῷ θεῷ το τούτου τέλος ην, ουκ εμοί. αλλ' ως ουχ άπαντα όσα ενην κατ' ανθρώπινον λογισμον ειλόμην, και δικαίως ταύτα και επιμελώς έπραξα και φιλοπόνως υπέρ δύναμιν, ή ως ου καλά και της πόλεως άξια πράγματα ενεστησάμην και αναγκαία, ταυτά μοι δείξον, και τότ' 194 ήδη κατηγόρει μου. ει δ' ο συμβας σκηπτος μη μόνον ημών αλλά και πάντων των άλλων Ελλήνων μείζων γέγονε, τί χρη ποιείν; ώσπερ αν εί τις ναύκληρον πάντ' επι σωτηρία πράξαντα και κατασκευάσαντα το πλοίον αφ' ων υπελάμβανε σωθήσεσθαι, είτα χειμώνι χρησάμενον και πονησάντων αυτώ των σκευών ή και συντριβέντων όλως, της ναυαγίας αιτιώτο. αλλ' ούτ' εκυβέρνων την ναύν, φήσειεν αν, ώσπερ ουδ' εστρατήγουν εγώ, ούτε της 195 τύχης κύριος ην, αλλ' εκείνη των πάντων. αλλ' εκείνο λογίζου και όρα· ει μετά Θηβαίων ημίν αγωνιζομένοις ούτως είμαρτο πράξαι, τί χρην προσδοκάν ει μηδε τούτους έσχομεν συμμάχους αλλά Φιλίππῳ προσέθεντο, υπερ ου τότ' εκείνος πάσας αφήκε φωνάς; και ει νυν τριών ημερών από της Αττικής οδον της μάχης γενομένης τοσούτος κίνδυνος και φόβος περιέστη την πόλιν, τί αν, εί που της χώρας ταυτο τούτο πάθος συνέβη, προσδοκήσαι χρήν; άρ' οίσθ' ότι νυν μεν στήναι συνελθείν αναπνεῦσαι, πολλὰ μία ἡμέρα καὶ δύο καὶ τρεῖς ἔδοσαν τῶν εἰς σωτηρίαν τῇ πόλει, τότε δ' —, οὐκ ἄξιον εἰπεῖν, ἅ γε μηδὲ πεῖραν ἔδωκε θεῶν τινος εὐνοίᾳ καὶ τῷ προβάλλεσθαι τὴν πόλιν ταύτην τὴν συμμαχίαν, ἧς σὺ κατηγορεῖς.

Ἔστι δὲ ταυτὶ πάντα μοι τὰ πολλὰ πρὸς ὑμᾶς, 196 ἄνδρες δικασταί, καὶ τοὺς περιεστηκότας ἔξωθεν καὶ ἀκροωμένους, ἐπεὶ πρός γε τοῦτον τὸν κατάπτυστον βραχὺς καὶ σαφὴς ἐξήρκει λόγος. εἰ μὲν γὰρ ἦν σοι πρόδηλα τὰ μέλλοντα, Αἰσχίνη, μόνῳ τῶν ἄλλων, ὅτ' ἐβουλεύεθ' ἡ πόλις περὶ τούτων, τότ' ἔδει προλέγειν. εἰ δὲ μὴ προῄδεις, τῆς αὐτῆς ἀγνοίας ὑπεύθυνος εἶ τοῖς ἄλλοις, ὥστε τί μᾶλλον ἐμοῦ σὺ ταῦτα κατηγορεῖς ἢ ἐγὼ σοῦ; τοσοῦτον 197 γὰρ ἀμείνων ἐγὼ σοῦ πολίτης γέγονα εἰς αὐτὰ ταῦθ' ἃ λέγω (καὶ οὔπω περὶ τῶν ἄλλων διαλέγομαι), ὅσον ἐγὼ μὲν ἔδωκα ἐμαυτὸν εἰς τὰ πᾶσι δοκοῦντα συμφέρειν, οὐδένα κίνδυνον ὀκνήσας ἴδιον οὐδ' ὑπολογισάμενος, σὺ δὲ οὔθ' ἕτερα εἶπες βελτίω τούτων (οὐ γὰρ ἂν τούτοις ἐχρῶντο) οὔτ' εἰς ταῦτα χρήσιμον οὐδὲν σαυτὸν παρέσχες, ὅπερ δ' ἂν ὁ φαυλότατος καὶ δυσμενέστατος ἄνθρωπος τῇ πόλει, τοῦτο πεποιηκὼς ἐπὶ τοῖς συμβᾶσιν ἐξήτασαι, καὶ ἅμα Ἀρίστρατος ἐν Νάξῳ καὶ Ἀριστόλεως ἐν Θάσῳ, οἱ καθάπαξ ἐχθροὶ τῆς πόλεως, τοὺς Ἀθηναίων κρίνουσι φίλους καὶ Ἀθήνησιν Αἰσχίνης Δημοσθένους κατηγορεῖ. καίτοι ὅτῳ τὰ τῶν Ἑλλήνων ἀτυχή- 198 ματα ἐνευδοκιμεῖν ἀπέκειτο, ἀπολωλέναι μᾶλλον οὗτός ἐστι δίκαιος ἢ κατηγορεῖν ἑτέρου· καὶ ὅτῳ συνενηνόχασιν οἱ αὐτοὶ καιροὶ καὶ τοῖς τῆς πόλεως ἐχθροῖς, οὐκ ἔνι τοῦτον εὔνουν εἶναι τῇ πατρίδι. δηλοῖς δὲ καὶ ἐξ ὧν ζῇς καὶ ποιεῖς καὶ πολιτεύῃ καὶ πάλιν οὐ πολιτεύῃ. πράττεταί τι τῶν ὑμῖν δοκούντων συμφέρειν; ἄφωνος Αἰσχίνης. ἀντέκρουσέ τι καὶ γέγονεν οἷον οὐκ ἔδει; πάρεστιν Αἰσχίνης, ὥσπερ τὰ ῥήγματα καὶ τὰ σπάσματα, ὅταν τι κακὸν τὸ σῶμα λάβῃ, τότε κινεῖται.

199 Ἐπειδὴ δὲ πολὺς τοῖς συμβεβηκόσιν ἔγκειται, βούλομαί τι καὶ παράδοξον εἰπεῖν. καί μου πρὸς Διὸς καὶ θεῶν μηδεὶς τὴν ὑπερβολὴν θαυμάσῃ, ἀλλὰ μετ' εὐνοίας ὃ λέγω θεωρησάτω. εἰ γὰρ ἦν ἅπασι πρόδηλα τὰ μέλλοντα γενήσεσθαι, καὶ προῄδεσαν πάντες, καὶ σὺ προὔλεγες Αἰσχίνη καὶ διεμαρτύρου βοῶν καὶ κεκραγώς, ὃς οὐδ' ἐφθέγξω, οὐδ' οὕτως ἀποστατέον τῇ πόλει τούτων ἦν, εἴ περ ἢ δόξης ἢ προγόνων ἢ τοῦ μέλλοντος αἰῶνος εἶχε 200 λόγον. νῦν μέν γε ἀποτυχεῖν δοκεῖ τῶν πραγμάτων, ὃ πᾶσι κοινόν ἐστιν ἀνθρώποις, ὅταν τῷ θεῷ ταῦτα δοκῇ. τότε δ' ἀξιοῦσα προεστάναι τῶν ἄλλων, εἶτ' ἀποστᾶσα τούτου, Φιλίππῳ προδεδωκέναι πάντας ἂν ἔσχεν αἰτίαν. εἰ γὰρ ταῦτα προεῖτο ἀκονιτί, περὶ ὧν οὐδένα κίνδυνον ὄντιν' οὐχ ὑπέμειναν οἱ πρόγονοι, τίς οὐχὶ κατέπτυσεν ἂν σοῦ; 201 μὴ γὰρ τῆς πόλεώς γε, μηδ' ἐμοῦ. τίσι δ' ὀφθαλμοῖς πρὸς Διὸς ἑωρῶμεν ἂν τοὺς εἰς τὴν πόλιν ἀνθρώπους ἀφικνουμένους, εἰ τὰ μὲν πράγματ' εἰς ὅπερ νυνὶ περιέστη, ἡγεμὼν δὲ καὶ κύριος ᾑρέθη Φίλιππος ἁπάντων, τὸν δ' ὑπὲρ τοῦ μὴ γενέσθαι ταῦτ' ἀγῶνα ἕτεροι χωρὶς ἡμῶν ἦσαν πεποιημένοι, καὶ ταῦτα μηδεπώποτε τῆς πόλεως ἐν τοῖς ἔμπροσθε

χρόνοις ἀσφάλειαν ἄδοξον μᾶλλον ἢ τὸν ὑπὲρ τῶν
καλῶν κίνδυνον ᾑρημένης; τίς γὰρ οὐκ οἶδεν Ἑλλή- 202
νων, τίς δὲ βαρβάρων, ὅτι καὶ παρὰ Θηβαίων καὶ
παρὰ τῶν ἔτι τούτων πρότερον ἰσχυρῶν γενομένων
Λακεδαιμονίων καὶ παρὰ τοῦ Περσῶν βασιλέως
μετὰ πολλῆς χάριτος τοῦτ' ἂν ἀσμένως ἐδόθη τῇ
πόλει, ὅ τι βούλεται λαβούσῃ καὶ τὰ ἑαυτῆς ἐχούσῃ
τὸ κελευόμενον ποιεῖν καὶ ἐᾶν ἕτερον τῶν Ἑλλήνων
προεστάναι; ἀλλ' οὐκ ἦν ταῦθ', ὡς ἔοικε, τοῖς τότε 203
Ἀθηναίοις πάτρια οὐδ' ἀνεκτὰ οὐδ' ἔμφυτα, οὐδ'
ἠδυνήθη πώποτε τὴν πόλιν οὐδεὶς ἐκ παντὸς τοῦ
χρόνου πεῖσαι τοῖς ἰσχύουσι μὲν μὴ δίκαια δὲ
πράττουσι προσθεμένην ἀσφαλῶς δουλεύειν, ἀλλ'
ἀγωνιζομένη περὶ πρωτείων καὶ τιμῆς καὶ δόξης
κινδυνεύουσα πάντα τὸν αἰῶνα διατετέλεκεν. καὶ 204
ταῦθ' οὕτω σεμνὰ καὶ προσήκοντα τοῖς ὑμετέροις
ἤθεσιν ὑμεῖς ὑπολαμβάνετ' εἶναι, ὥστε καὶ τῶν
προγόνων τοὺς ταῦτα πράξαντας μάλιστ' ἐπαινεῖτε.
εἰκότως· τίς γὰρ οὐκ ἂν ἀγάσαιτο τῶν ἀνδρῶν ἐκεί-
νων τῆς ἀρετῆς, οἳ καὶ τὴν χώραν καὶ τὴν πόλιν
ἐκλιπεῖν ὑπέμειναν εἰς τὰς τριήρεις ἐμβάντες ὑπὲρ
τοῦ μὴ τὸ κελευόμενον ποιῆσαι, τὸν μὲν ταῦτα συμ-
βουλεύσαντα Θεμιστοκλέα στρατηγὸν ἑλόμενοι,
τὸν δ' ὑπακούειν ἀποφηνάμενον τοῖς ἐπιταττομένοις
Κυρσίλον καταλιθώσαντες, οὐ μόνον αὐτόν, ἀλλὰ
καὶ αἱ γυναῖκες αἱ ὑμέτεραι τὴν γυναῖκα αὐτοῦ.
οὐ γὰρ ἐζήτουν οἱ τότ' Ἀθηναῖοι οὔτε ῥήτορα οὔτε 205
στρατηγὸν δι' ὅτου δουλεύσουσιν, ἀλλ' οὐδὲ ζῆν
ἠξίουν, εἰ μὴ μετ' ἐλευθερίας ἐξέσται τοῦτο ποιεῖν.
ἡγεῖτο γὰρ αὐτῶν ἕκαστος οὐχὶ τῷ πατρὶ καὶ τῇ

μητρὶ μόνον γεγενῆσθαι, ἀλλὰ καὶ τῇ πατρίδι. διαφέρει δὲ τί; ὅτι ὁ μὲν τοῖς γονεῦσι μόνον γεγενῆσθαι νομίζων τὸν τῆς εἱμαρμένης καὶ τὸν αὐτόματον θάνατον περιμένει, ὁ δὲ καὶ τῇ πατρίδι ὑπὲρ τοῦ μὴ ταύτην ἐπιδεῖν δουλεύουσαν ἀποθνήσκειν ἐθελήσει, καὶ φοβερωτέρας ἡγήσεται τὰς ὕβρεις καὶ τὰς ἀτιμίας, ἃς ἐν δουλευούσῃ τῇ πόλει φέρειν ἀνάγκη, τοῦ θανάτου.

206 Εἰ μὲν τοίνυν τοῦτ' ἐπεχείρουν λέγειν, ὡς ἐγὼ προήγαγον ὑμᾶς ἄξια τῶν προγόνων φρονεῖν, οὐκ ἔσθ' ὅστις οὐκ ἂν εἰκότως ἐπιτιμήσειέ μοι. νῦν δ' ἐγὼ μὲν ὑμετέρας τὰς τοιαύτας προαιρέσεις ἀποφαίνω, καὶ δείκνυμι ὅτι καὶ πρὸ ἐμοῦ τοῦτ' εἶχε τὸ φρόνημα ἡ πόλις, τῆς μέντοι διακονίας τῆς ἐφ' ἑκάστοις τῶν πεπραγμένων καὶ ἐμαυτῷ μετεῖναί
207 φημι, οὗτος δὲ τῶν ὅλων κατηγορῶν, καὶ κελεύων ὑμᾶς ἐμοὶ πικρῶς ἔχειν ὡς φόβων καὶ κινδύνων αἰτίῳ τῇ πόλει, τῆς μὲν εἰς τὸ παρὸν τιμῆς ἐμὲ ἀποστερῆσαι γλίχεται, τὰ δ' εἰς ἅπαντα τὸν λοιπὸν χρόνον ἐγκώμια ὑμῶν ἀφαιρεῖται. εἰ γὰρ ὡς οὐ τὰ βέλτιστα ἐμοῦ πολιτευσαμένου τουδὶ καταψηφιεῖσθε, ἡμαρτηκέναι δόξετε, οὐ τῇ τῆς τύχης ἀγνω-
208 μοσύνῃ τὰ συμβάντα παθεῖν. ἀλλ' οὐκ ἔστιν, οὐκ ἔστιν ὅπως ἡμάρτετε, ἄνδρες Ἀθηναῖοι, τὸν ὑπὲρ τῆς ἁπάντων ἐλευθερίας καὶ σωτηρίας κίνδυνον ἀράμενοι, μὰ τοὺς Μαραθῶνι προκινδυνεύσαντας τῶν προγόνων καὶ τοὺς ἐν Πλαταιαῖς παραταξαμένους καὶ τοὺς ἐν Σαλαμῖνι ναυμαχήσαντας καὶ τοὺς ἐπ' Ἀρτεμισίῳ καὶ πολλοὺς ἑτέρους τοὺς ἐν τοῖς δημοσίοις μνήμασι κειμένους ἀγαθοὺς ἄνδρας,

οὓς ἅπαντας ὁμοίως ἡ πόλις τῆς αὐτῆς ἀξιώσασα τιμῆς ἔθαψεν, Αἰσχίνη, οὐχὶ τοὺς κατορθώσαντας αὐτῶν οὐδὲ τοὺς κρατήσαντας μόνους. δικαίως· ὃ μὲν γὰρ ἦν ἀνδρῶν ἀγαθῶν ἔργον, ἅπασι πέπρακται, τῇ τύχῃ δ', ἣν ὁ δαίμων ἔνειμεν ἑκάστοις, ταύτῃ κέχρηνται. ἔπειτ', ὦ κατάρατε καὶ γραμματοκύφων, 209 σὺ μὲν τῆς παρὰ τουτωνὶ τιμῆς καὶ φιλανθρωπίας ἔμ' ἀποστερῆσαι βουλόμενος τρόπαια καὶ μάχας καὶ παλαιὰ ἔργα ἔλεγες, ὧν τίνος προσεδεῖτο ὁ παρὼν ἀγὼν οὑτοσί; ἐμὲ δέ, ὦ τριταγωνιστά, περὶ τῶν πρωτείων σύμβουλον τῇ πόλει παριόντα τὸ τίνος φρόνημα λαβόντ' ἀναβαίνειν ἐπὶ τὸ βῆμ' ἔδει; τὸ τοῦ τούτων ἀνάξια ἐροῦντος; δικαίως μέντ' ἂν ἀπέθανον· ἐπεὶ οὐδ' ὑμᾶς, ἄνδρες Ἀθηναῖοι, ἀπὸ 210 τῆς αὐτῆς διανοίας δεῖ τάς τε ἰδίας δίκας καὶ τὰς δημοσίας κρίνειν, ἀλλὰ τὰ μὲν τοῦ καθ' ἡμέραν βίου συμβόλαια ἐπὶ τῶν ἰδίων νόμων καὶ ἔργων σκοποῦντας, τὰς δὲ κοινὰς προαιρέσεις εἰς τὰ τῶν προγόνων ἀξιώματα ἀποβλέποντας. καὶ παραλαμβάνειν γε ἅμα τῇ βακτηρίᾳ καὶ τῷ συμβόλῳ τὸ φρόνημα τὸ τῆς πόλεως νομίζειν ἕκαστον ὑμῶν δεῖ, ὅταν τὰ δημόσια εἰσίητε κρινοῦντες, εἴ περ ἄξια ἐκείνων πράττειν οἴεσθε χρῆναι.

Ἀλλὰ γὰρ ἐμπεσὼν εἰς τὰ πεπραγμένα τοῖς 211 προγόνοις ὑμῶν ἔστιν ἃ τῶν ψηφισμάτων παρέβην καὶ τῶν πραχθέντων. ἐπανελθεῖν οὖν, ὁπόθεν ἐνταῦθ' ἐξέβην, βούλομαι.

Ὡς γὰρ ἀφικόμεθ' εἰς τὰς Θήβας, κατελαμβάνομεν Φιλίππου καὶ Θετταλῶν καὶ τῶν ἄλλων συμμάχων παρόντας πρέσβεις, καὶ τοὺς μὲν ἡμετέρους φίλους ἐν φόβῳ, τοὺς δ' ἐκείνου θρασεῖς. ὅτι δ' οὐ νῦν ταῦτα λέγω τοῦ συμφέροντος ἕνεκα ἐμαυτῷ, λέγε μοι τὴν ἐπιστολὴν ἣν τότ' ἐπέμψαμεν 212 εὐθὺς οἱ πρέσβεις. καίτοι τοσαύτῃ γ' ὑπερβολῇ συκοφαντίας οὗτος κέχρηται, ὥστ' εἰ μέν τι τῶν δεόντων ἐπράχθη, τὸν καιρόν, οὐκ ἐμέ φησιν αἴτιον γεγενῆσθαι, τῶν δ' ὡς ἑτέρως συμβάντων ἁπάντων ἐμὲ καὶ τὴν ἐμὴν τύχην αἰτίαν εἶναι, καὶ ὡς ἔοικεν, ὁ σύμβουλος καὶ ῥήτωρ ἐγὼ τῶν μὲν ἐκ λόγου καὶ τοῦ βουλεύσασθαι πραχθέντων οὐδὲν αὐτῷ συναίτιος εἶναι δοκῶ, τῶν δ' ἐν τοῖς ὅπλοις καὶ κατὰ τὴν στρατηγίαν ἀτυχηθέντων μόνος αἴτιος εἶναι. πῶς ἂν ὠμότερος συκοφάντης γένοιτ' ἢ καταρατότερος; Λέγε τὴν ἐπιστολήν.

ΕΠΙΣΤΟΛΗ.

213 Ἐπειδὴ τοίνυν ἐποιήσαντο τὴν ἐκκλησίαν, προσῆγον ἐκείνους προτέρους διὰ τὸ τὴν τῶν συμμάχων τάξιν ἐκείνους ἔχειν. καὶ παρελθόντες ἐδημηγόρουν πολλὰ μὲν Φίλιππον ἐγκωμιάζοντες, πολλὰ δ' ὑμῶν κατηγοροῦντες, πάνθ' ὅσα πώποτ' ἐναντία ἐπράξατε Θηβαίοις ἀναμιμνήσκοντες. τὸ δ' οὖν κεφάλαιον, ἠξίουν ὧν μὲν εὖ πεπόνθεσαν ὑπὸ Φιλίππου χάριν αὐτοὺς ἀποδοῦναι, ὧν δ' ὑφ' ὑμῶν ἠδίκηντο δίκην λαβεῖν, ὁποτέρως βούλονται, ἢ διέντας αὐτοὺς ἐφ' ὑμᾶς ἢ συνεμβαλόντας εἰς τὴν Ἀττικήν, καὶ ἐδείκνυσαν, ὡς ᾤοντο, ἐκ μὲν ὧν αὐτοὶ συνεβούλευον τὰ ἐκ τῆς Ἀττικῆς βοσκήματα καὶ ἀνδράποδα καὶ τἄλλ' ἀγαθὰ εἰς τὴν Βοιωτίαν ἥξοντα, ἐκ δὲ ὧν ἡμᾶς ἐρεῖν ἔφασαν τὰ ἐν τῇ Βοιωτίᾳ διαρπασ-

θησόμενα ὑπὸ τοῦ πολέμου. καὶ ἄλλα πολλὰ πρὸς τούτοις, εἰς ταὐτὰ δὲ πάντα συντείνοντ' ἔλεγον. ἃ δ' ἡμεῖς πρὸς ταῦτα, τὰ μὲν καθ' ἕκαστα ἐγὼ μὲν 214 ἀντὶ παντὸς ἂν τιμησαίμην εἰπεῖν τοῦ βίου, ὑμᾶς δὲ δέδοικα, μὴ παρεληλυθότων τῶν καιρῶν, ὥσπερ ἂν εἰ καὶ κατακλυσμὸν γεγενῆσθαι τῶν πραγμάτων ἡγούμενοι, μάταιον ὄχλον τοὺς περὶ τούτων λόγους νομίσητε· ὅ τι δ' οὖν ἐπείσαμεν ἡμεῖς καὶ ἡμῖν ἀπεκρίναντο, ἀκούσατε. Λέγε ταυτὶ λαβών.

ΑΠΟΚΡΙΣΙΣ ΘΗΒΑΙΩΝ.

Μετὰ ταῦτα τοίνυν ἐκάλουν ὑμᾶς καὶ μετεπέμ- 215 ποντο. ἐξῇτε, ἐβοηθεῖτε, ἵνα τἀν μέσῳ παραλείπω, οὕτως οἰκείως ὑμᾶς ἐδέχοντο, ὥστ' ἔξω τῶν ὁπλιτῶν καὶ τῶν ἱππέων ὄντων εἰς τὰς οἰκίας καὶ τὸ ἄστυ δέχεσθαι τὴν στρατιὰν ἐπὶ παῖδας καὶ γυναῖκας καὶ τὰ τιμιώτατα. καίτοι τρία ἐν ἐκείνῃ τῇ ἡμέρᾳ πᾶσιν ἀνθρώποις ἔδειξαν ἐγκώμια Θηβαῖοι καθ' ὑμῶν τὰ κάλλιστα, ἓν μὲν ἀνδρίας, ἕτερον δὲ δικαιοσύνης, τρίτον δὲ σωφροσύνης. καὶ γὰρ τὸν ἀγῶνα μᾶλλον μεθ' ὑμῶν ἢ πρὸς ὑμᾶς ἑλόμενοι ποιήσασθαι καὶ ἀμείνους εἶναι καὶ δικαιότερ' ἀξιοῦν ὑμᾶς ἔκριναν Φιλίππου· καὶ τὰ παρ' αὐτοῖς καὶ παρὰ πᾶσι δ' ἐν πλείστῃ φυλακῇ, παῖδας καὶ γυναῖκας, ἐφ' ὑμῖν ποιήσαντες σωφροσύνης πίστιν περὶ ὑμῶν ἔχοντες ἔδειξαν. ἐν οἷς πᾶσιν, ἄνδρες Ἀθηναῖοι, κατά γ' 216 ὑμᾶς ὀρθῶς ἐφάνησαν ἐγνωκότες. οὔτε γὰρ εἰς τὴν πόλιν εἰσελθόντος τοῦ στρατοπέδου οὐδεὶς οὐδὲν οὐδὲ ἀδίκως ὑμῖν ἐνεκάλεσεν· οὕτω σώφρονας παρέσχετε ὑμᾶς αὐτούς· δίς τε συμπαραταξάμενοι τὰς πρώτας, τήν τ᾽ ἐπὶ τοῦ ποταμοῦ καὶ τὴν χειμερινήν, οὐκ ἀμέμπτους μόνον ὑμᾶς αὐτοὺς ἀλλὰ καὶ θαυμαστοὺς ἐδείξατε τῷ κόσμῳ, ταῖς παρασκευαῖς, τῇ προθυμίᾳ. ἐφ᾽ οἷς παρὰ μὲν τῶν ἄλλων ὑμῖν ἐγίγνοντο ἔπαινοι, παρὰ δ᾽ ὑμῶν θυσίαι καὶ πομπαὶ τοῖς 217 θεοῖς. καὶ ἔγωγε ἡδέως ἂν ἐροίμην Αἰσχίνην, ὅτε ταῦτ᾽ ἐπράττετο καὶ ζήλου καὶ χαρᾶς καὶ ἐπαίνων ἡ πόλις ἦν μεστή, πότερον συνέθυε καὶ συνευφραίνετο τοῖς πολλοῖς, ἢ λυπούμενος καὶ στένων καὶ δυσμεναίνων τοῖς κοινοῖς ἀγαθοῖς οἴκοι καθῆτο. εἰ μὲν γὰρ παρῆν καὶ μετὰ τῶν ἄλλων ἐξητάζετο, πῶς οὐ δεινὰ ποιεῖ, μᾶλλον δ᾽ οὐδ᾽ ὅσια, εἰ ὧν ὡς ἀρίστων αὐτὸς τοὺς θεοὺς ἐποιήσατο μάρτυρας, ταῦθ᾽ ὡς οὐκ ἄριστα νῦν ὑμᾶς ἀξιοῖ ψηφίσασθαι, τοὺς ὀμωμοκότας τοὺς θεούς; εἰ δὲ μὴ παρῆν, πῶς οὐκ ἀπολωλέναι πολλάκις ἐστὶ δίκαιος, εἰ ἐφ᾽ οἷς ἔχαιρον οἱ ἄλλοι, ταῦτα ἐλυπεῖτο ὁρῶν; Λέγε δὴ καὶ ταῦτα τὰ ψηφίσματά μοι.

ΨΗΦΙΣΜΑΤΑ ΘΥΣΙΩΝ.

218 Οὐκοῦν ἡμεῖς μὲν ἐν θυσίαις ἦμεν τότε, Θηβαῖοι δ᾽ ἐν τῷ δι᾽ ἡμᾶς σεσῶσθαι νομίζειν, καὶ περιειστήκει τοῖς βοηθείας δεήσεσθαι νομίζουσιν ἀφ᾽ ὧν ἔπραττον οὗτοι, αὐτοὺς βοηθεῖν ἑτέροις ἐξ ὧν ἐπείσθητ᾽ ἐμοί. ἀλλὰ μὴν οἵας τότ᾽ ἠφίει φωνὰς ὁ Φίλιππος καὶ ἐν οἵαις ἦν ταραχαῖς ἐπὶ τούτοις, ἐκ τῶν ἐπιστολῶν τῶν ἐκείνου μαθήσεσθε ὧν εἰς Πελοπόννησον ἔπεμπεν. καί μοι λέγε ταύτας λαβών, ἵν᾽ εἰδῆτε, ἡ ἐμὴ συνέχεια καὶ πλάνοι καὶ ταλαιπωρίαι καὶ τὰ πολλὰ ψηφίσματα, ἃ νῦν οὗτος διέσυρε, τί ἀπειργάσατο.

Καίτοι πολλοὶ παρ' ὑμῖν, ἄνδρες Ἀθηναῖοι, γε- 219
γόνασι ῥήτορες ἔνδοξοι καὶ μεγάλοι πρὸ ἐμοῦ, Καλ
λίστρατος ἐκεῖνος, Ἀριστοφῶν, Κέφαλος, Θρασύ
βουλος, ἕτεροι μυρίοι· ἀλλ' ὅμως οὐδεὶς πώποτε
τούτων διὰ παντὸς ἔδωκεν ἑαυτὸν εἰς οὐδὲν τῇ πόλει,
ἀλλ' ὁ μὲν γράφων οὐκ ἂν ἐπρέσβευσεν, ὁ δὲ πρεσ
βεύων οὐκ ἂν ἔγραψεν. ὑπέλειπε γὰρ αὐτῶν ἕκα
στος ἑαυτῷ ἅμα μὲν ῥᾳστώνην, ἅμα δ', εἴ τι γένοιτ',
ἀναφοράν. τί οὖν; εἴποι τις ἄν, σὺ τοσοῦτον ὑπερ- 220
ῆρας ῥώμῃ καὶ τόλμῃ ὥστε πάντα ποιεῖν αὐτός; οὐ
ταῦτα λέγω, ἀλλ' οὕτως ἐπεπείσμην μέγαν εἶναι
τὸν κατειληφότα κίνδυνον τὴν πόλιν, ὥστ' οὐκ ἐδόκει
μοι χώραν οὐδὲ πρόνοιαν οὐδεμίαν τῆς ἰδίας ἀσφα
λείας διδόναι, ἀλλ' ἀγαπητὸν εἶναι, εἰ μηδὲν παρα
λείπων τις ἃ δεῖ πράξειεν. ἐπεπείσμην δ' ὑπὲρ 221
ἐμαυτοῦ, τυχὸν μὲν ἀναισθητῶν, ὅμως δ' ἐπεπείσ
μην μήτε γράφοντ' ἂν ἐμοῦ γράψαι βέλτιον μηδένα,
μήτε πράττοντα πρᾶξαι, μήτε πρεσβεύοντα πρεσ
βεῦσαι προθυμότερον μηδὲ δικαιότερον. διὰ ταῦτα
ἐν πᾶσιν ἐμαυτὸν ἔταττον. Λέγε τὰς ἐπιστολὰς
τὰς τοῦ Φιλίππου.

ΕΠΙΣΤΟΛΑΙ.

Εἰς ταῦτα κατέστησε Φίλιππον ἡ ἐμὴ πολιτεία, 222
Αἰσχίνη· ταύτην τὴν φωνὴν ἐκεῖνος ἀφῆκε, πολλοὺς
καὶ θρασεῖς τὰ πρὸ τούτων τῇ πόλει ἐπαιρόμενος
λόγους. ἀνθ' ὧν δικαίως ἐστεφανούμην ὑπὸ τού
τωνί, καὶ σὺ παρὼν οὐκ ἀντέλεγες, ὁ δὲ γραψάμενος
Διώνδας τὸ μέρος τῶν ψήφων οὐκ ἔλαβεν. Καί μοι
λαβὲ ταῦτα τὰ ψηφίσματα τὸ τότε μὲν ἀποπεφευ
γότα, ὑπὸ τούτου δ' οὐδὲ γραφέντα.

ΨΗΦΙΣΜΑΤΑ.

223 Ταυτὶ τὰ ψηφίσματ' ὦ ἄνδρες Ἀθηναῖοι τὰς αὐτὰς συλλαβὰς καὶ ταὐτὰ ῥήματ' ἔχει, ἅπερ πρότερον μὲν Ἀριστόνικος νῦν δὲ Κτησιφῶν γέγραφεν οὑτοσί. καὶ ταῦτ' Αἰσχίνης οὔτ' ἐδίωξεν αὐτὸς οὔτε τῷ γραψαμένῳ συγκατηγόρησεν. καίτοι τότε τὸν Δημομέλη τὸν ταῦτα γράφοντα καὶ τὸν Ὑπερείδην, εἴ περ ἀληθῆ μου νῦν κατηγορεῖ, μᾶλλον ἂν εἰκότως 224 ἢ τόνδ' ἐδίωκεν. διὰ τί; ὅτι τῷδε μὲν ἔστ' ἀνενεγκεῖν ἐπ' ἐκείνους καὶ τὰς τῶν δικαστηρίων γνώσεις καὶ τὸ τοῦτον αὐτὸν ἐκείνων μὴ κατηγορηκέναι ταὐτὰ γραψάντων ἅπερ οὗτος νῦν, καὶ τὸ τοὺς νόμους μηκέτ' ἐᾶν περὶ τῶν οὕτω πραχθέντων κατηγορεῖν, καὶ πολλὰ ἕτερα. τότε δ' αὐτὸ τὸ πρᾶγμ' ἂν ἐκρίνετο ἐφ' 225 αὑτοῦ, πρίν τι τούτων προλαβεῖν. ἀλλ' οὐκ ἦν οἶμαι τότε ὃ νυνὶ ποιεῖν, ἐκ παλαιῶν χρόνων καὶ ψηφισμάτων πολλῶν ἐκλέξαντα, ἃ μήτε προῄδει μηδεὶς μήτ' ἂν ᾠήθη τήμερον ῥηθῆναι, διαβάλλειν, καὶ μετενεγκόντα τοὺς χρόνους καὶ προφάσεις ἀντὶ τῶν ἀληθῶν ψευδεῖς μεταθέντα τοῖς πεπραγμένοις 226 δοκεῖν τι λέγειν. οὐκ ἦν τότε ταῦτα, ἀλλ' ἐπὶ τῆς ἀληθείας, ἐγγὺς τῶν ἔργων, ἔτι μεμνημένων ὑμῶν καὶ μόνον οὐκ ἐν ταῖς χερσὶν ἕκαστα ἐχόντων, πάντες ἐγίγνοντ' ἂν οἱ λόγοι. διόπερ τοὺς παρ' αὐτὰ τὰ πράγματ' ἐλέγχους φυγὼν νῦν ἥκει, ῥητόρων ἀγῶνα νομίζων, ὥς γ' ἐμοὶ δοκεῖ, καὶ οὐχὶ τῶν πεπολιτευμένων ἐξέτασιν ποιήσειν ὑμᾶς, καὶ λόγου κρίσιν, οὐχὶ τοῦ τῇ πόλει συμφέροντος ἔσεσθαι.
227 Εἶτα σοφίζεται, καὶ φησὶ προσήκειν ἧς μὲν οἴκοθεν ἥκετ' ἔχοντες δόξης περὶ ἡμῶν ἀμελῆσαι,

ὥσπερ δ᾽, ὅταν οἰόμενοι περιεῖναι χρήματά τῳ λογί-
ζησθε, ἂν καθαιρῶσιν αἱ ψῆφοι καὶ μηδὲν περιῇ,
συγχωρεῖτε, οὕτω καὶ νῦν τοῖς ἐκ τοῦ λόγου φαινο-
μένοις προσθέσθαι. θεάσασθε τοίνυν ὡς σαθρόν, ὡς
ἔοικεν, ἐστὶ φύσει πᾶν ὅ τι ἂν μὴ δικαίως ᾖ πε-
πραγμένον. ἐκ γὰρ αὐτοῦ τοῦ σοφοῦ τούτου παρα- 228
δείγματος ὡμολόγηκε νῦν γ᾽ ἡμᾶς ὑπάρχειν ἐγνωσ-
μένους ἐμὲ μὲν λέγειν ὑπὲρ τῆς πατρίδος, αὐτὸν δ᾽
ὑπὲρ Φιλίππου· οὐ γὰρ ἂν μεταπείθειν ὑμᾶς ἐζήτει
μὴ τοιαύτης οὔσης τῆς ὑπαρχούσης ὑπολήψεως περὶ
ἑκατέρου. καὶ μὴν ὅτι γε οὐ δίκαια λέγει μετα- 229
θέσθαι ταύτην τὴν δόξαν ἀξιῶν, ἐγὼ διδάξω ῥᾳδίως,
οὐ τιθεὶς ψήφους (οὐ γάρ ἐστιν ὁ τῶν πραγμάτων
οὗτος λογισμός) ἀλλ᾽ ἀναμιμνήσκων ἕκαστα ἐν βρα-
χέσι, λογισταῖς ἅμα καὶ μάρτυσι τοῖς ἀκούουσιν
ὑμῖν χρώμενος. ἡ γὰρ ἐμὴ πολιτεία, ἧς οὗτος κατ-
ηγορεῖ, ἀντὶ μὲν τοῦ Θηβαίους μετὰ Φιλίππου
συνεμβαλεῖν εἰς τὴν χώραν, ὃ πάντες ᾤοντο, μεθ᾽ 230
ἡμῶν παραταξαμένους ἐκεῖνον κωλύειν ἐποίησεν, ἀντὶ
δὲ τοῦ ἐν τῇ Ἀττικῇ τὸν πόλεμον εἶναι ἑπτακόσια
στάδια ἀπὸ τῆς πόλεως ἐπὶ τοῖς Βοιωτῶν ὁρίοις
γενέσθαι, ἀντὶ δὲ τοῦ τοὺς λῃστὰς ἡμᾶς φέρειν καὶ
ἄγειν ἐκ τῆς Εὐβοίας ἐν εἰρήνῃ τὴν Ἀττικὴν ἐκ
θαλάττης εἶναι πάντα τὸν πόλεμον, ἀντὶ δὲ τοῦ τὸν
Ἑλλήσποντον ἔχειν Φίλιππον, λαβόντα Βυζάντιον,
συμπολεμεῖν τοὺς Βυζαντίους μεθ᾽ ἡμῶν πρὸς ἐκεῖ-
νον. ἆρά σοι ψήφοις ὅμοιος ὁ τῶν ἔργων λογισμὸς 231
φαίνεται; ἢ δεῖν ἀντανελεῖν ταῦτα, ἀλλ᾽ οὐχ ὅπως
τὸν ἅπαντα χρόνον μνημονευθήσεται σκέψασθαι;
καὶ οὐκέτι προστίθημι ὅτι τῆς μὲν ὠμότητος, ἣν ἐν

οἷς καθάπαξ τινῶν κύριος κατέστη Φίλιππος ἔστιν ἰδεῖν, ἑτέροις πειραθῆναι συνέβη, τῆς δὲ φιλανθρωπίας, ἣν τὰ λοιπὰ τῶν πραγμάτων ἐκεῖνος περιβαλλόμενος ἐπλάττετο, ὑμεῖς καλῶς ποιοῦντες τοὺς καρποὺς κεκόμισθε. ἀλλ' ἐῶ ταῦτα.

232 Καὶ μὴν οὐδὲ τοῦτ' εἰπεῖν ὀκνήσω, ὅτι ὁ τὸν ῥήτορα βουλόμενος δικαίως ἐξετάζειν καὶ μὴ συκοφαντεῖν οὐκ ἂν οἷα σὺ νῦν ἔλεγες, τοιαῦτα κατηγόρει, παραδείγματα πλάττων καὶ ῥήματα καὶ σχήματα μιμούμενος (πάνυ γὰρ παρὰ τοῦτο, οὐχ ὁρᾷς; γέγονε τὰ τῶν Ἑλλήνων, εἰ τουτὶ τὸ ῥῆμα ἀλλὰ μὴ τουτὶ διελέχθην ἐγώ, ἢ δευρὶ τὴν χεῖρα ἀλλὰ μὴ δευρὶ
233 παρήνεγκα), ἀλλ' ἐπ' αὐτῶν τῶν ἔργων ἂν ἐσκόπει, τίνας εἶχεν ἀφορμὰς ἡ πόλις καὶ τίνας δυνάμεις, ὅτ' εἰς τὰ πράγματ' εἰσῄειν, καὶ τίνας συνήγαγον αὐτῇ μετὰ ταῦτ' ἐπιστὰς ἐγώ, καὶ πῶς εἶχε τὰ τῶν ἐναντίων. εἶτ' εἰ μὲν ἐλάττους ἐποίησα τὰς δυνάμεις, παρ' ἐμοὶ τἀδίκημ' ἂν ἐδείκνυεν ὄν, εἰ δὲ πολλῷ μείζους, οὐκ ἂν ἐσυκοφάντει. ἐπειδὴ δὲ σὺ τοῦτο πέφευγας, ἐγὼ ποιήσω· καὶ σκοπεῖτε εἰ δικαίως χρήσομαι τῷ λόγῳ.

234 Δύναμιν μὲν τοίνυν εἶχεν ἡ πόλις τοὺς νησιώτας, οὐχ ἅπαντας, ἀλλὰ τοὺς ἀσθενεστάτους· οὔτε γὰρ Χίος οὔτε Ῥόδος οὔτε Κέρκυρα μεθ' ἡμῶν ἦν· χρημάτων δὲ σύνταξιν εἰς πέντε καὶ τετταράκοντα τάλαντα, καὶ ταῦτ' ἦν προεξειλεγμένα· ὁπλίτην δ', ἱππέα πλὴν τῶν οἰκείων οὐδένα. ὃ δὲ πάντων καὶ φοβερώτατον καὶ μάλισθ' ὑπὲρ τῶν ἐχθρῶν, οὗτοι παρεσκευάκεισαν τοὺς περιχώρους πάντας ἔχθρας ἢ
235 φιλίας ἐγγυτέρω, Μεγαρεῖς, Θηβαίους, Εὐβοέας. τὰ

μὲν τῆς πόλεως οὕτως ὑπῆρχεν ἔχοντα, καὶ οὐδεὶς ἂν ἔχοι παρὰ ταῦτ' εἰπεῖν ἄλλο οὐδέν· τὰ δὲ τοῦ Φιλίππου, πρὸς ὃν ἦν ἡμῖν ὁ ἀγών, σκέψασθε πῶς. πρῶτον μὲν ἦρχε τῶν ἀκολουθούντων αὐτὸς αὐτοκράτωρ, ὃ τῶν εἰς τὸν πόλεμον μέγιστόν ἐστιν ἁπάντων· εἶθ' οὗτοι τὰ ὅπλα εἶχον ἐν ταῖς χερσὶν ἀεί· ἔπειτα χρημάτων εὐπόρει, καὶ ἔπραττεν, ἃ δόξειεν αὐτῷ, οὐ προλέγων ἐν τοῖς ψηφίσμασιν, οὐδ' ἐν τῷ φανερῷ βουλευόμενος, οὐδὲ γραφὰς φεύγων παρανόμων, οὐδ' ὑπεύθυνος ὢν οὐδενί, ἀλλ' ἁπλῶς αὐτὸς δεσπότης, ἡγεμών, κύριος πάντων. ἐγὼ δ' ὁ πρὸς τοῦ- 236 τον ἀντιτεταγμένος (καὶ γὰρ τοῦτ' ἐξετάσαι δίκαιον) τίνος κύριος ἦν; οὐδενός. αὐτὸ γὰρ τὸ δημηγορεῖν πρῶτον, οὗ μόνου μετεῖχον ἐγώ, ἐξ ἴσου προὐτίθεθ' ὑμεῖς τοῖς παρ' ἐκείνου μισθαρνοῦσι καὶ ἐμοί, καὶ ὅσα οὗτοι περιγένοιντο ἐμοῦ (πολλὰ· δ' ἐγίγνετο ταῦτα, δι' ἣν ἕκαστον τύχοι πρόφασιν), ταῦθ' ὑπὲρ τῶν ἐχθρῶν ἀπῇτε βεβουλευμένοι. ἀλλ' ὅμως ἐκ 237 τοιούτων ἐλαττωμάτων ἐγὼ συμμάχους μὲν ὑμῖν ἐποίησα Εὐβοέας, Ἀχαιούς, Κορινθίους, Θηβαίους, Μεγαρέας, Λευκαδίους, Κερκυραίους, ἀφ' ὧν μύριοι μὲν καὶ πεντακισχίλιοι ξένοι, δισχίλιοι δ' ἱππεῖς ἄνευ τῶν πολιτικῶν δυνάμεων συνήχθησαν· χρημάτων δέ, ὅσων ἠδυνήθην ἐγώ, πλείστην συντέλειαν ἐποίησα. εἰ δὲ λέγεις ἢ τὰ πρὸς Θηβαίους δίκαια, 238 Αἰσχίνη, ἢ τὰ πρὸς Βυζαντίους ἢ τὰ πρὸς Εὐβοέας, ἢ περὶ τῶν ἴσων νυνὶ διαλέγῃ, πρῶτον μὲν ἀγνοεῖς ὅτι καὶ πρότερον τῶν ὑπὲρ τῶν Ἑλλήνων ἐκείνων ἀγωνισαμένων τριήρων, τριακοσίων οὐσῶν τῶν πασῶν, τὰς διακοσίας ἡ πόλις παρέσχετο, καὶ οὐκ ἐλαττοῦσθαι νομίζουσα οὐδὲ κρίνουσα τοὺς ταῦτα συμβουλεύσαντας οὐδὲ ἀγανακτοῦσα ἐπὶ τούτοις ἑωρᾶτο (αἰσχρὸν γάρ), ἀλλὰ τοῖς θεοῖς ἔχουσα χάριν, εἰ κοινοῦ κινδύνου τοῖς Ἕλλησι περιστάντος αὐτὴ διπλάσια τῶν ἄλλων εἰς τὴν ἁπάντων σωτηρίαν 239 παρέσχετο. εἶτα κενὰς χαρίζῃ χάριτας τουτοισὶ συκοφαντῶν ἐμέ. τί γὰρ νῦν λέγεις οἷα ἐχρῆν πράττειν, ἀλλ' οὐ τότ' ὢν ἐν τῇ πόλει καὶ παρὼν ταῦτ' ἔγραφες, εἴ περ ἐνεδέχετο παρὰ τοὺς παρόντας καιρούς, ἐν οἷς οὐχ ὅσα ἠβουλόμεθα ἀλλ' ὅσα δοίη τὰ πράγματ' ἔδει δέχεσθαι· ὁ γὰρ ἀντωνούμενος καὶ ταχὺ τοὺς παρ' ἡμῶν ἀπελαυνομένους προσδεξόμενος καὶ χρήματα προσθήσων ὑπῆρχεν ἕτοιμος.

240 Ἀλλ' εἰ νῦν ἐπὶ τοῖς πεπραγμένοις κατηγορίας ἔχω, τί ἂν οἴεσθε, εἰ τότ' ἐμοῦ περὶ τούτου ἀκριβολογουμένου ἀπῆλθον αἱ πόλεις καὶ προσέθεντο Φιλίππῳ, καὶ ἅμα Εὐβοίας καὶ Θηβῶν καὶ Βυζαντίου κύριος κατέστη, τί ποιεῖν ἂν ἢ τί λέγειν 241 τοὺς ἀσεβεῖς ἀνθρώπους τουτουσί; οὐχ ὡς ἐξεδόθησαν, ἀπηλάθησαν, βουλόμενοι μεθ' ἡμῶν εἶναι; εἶτα τοῦ μὲν Ἑλλησπόντου διὰ Βυζαντίων ἐγκρατὴς καθέστηκε, καὶ τῆς σιτοπομπίας τῆς τῶν Ἑλλήνων κύριος, πόλεμος δ' ὅμορος καὶ βαρὺς εἰς τὴν Ἀττικὴν διὰ Θηβαίων κεκόμισται, ἄπλους δ' ἡ θάλαττα ὑπὸ τῶν ἐκ τῆς Εὐβοίας ὁρμωμένων λῃστῶν γέγονεν; οὐκ ἂν ταῦτ' ἔλεγον, καὶ πολλά γε πρὸς τούτοις 242 ἕτερα; πονηρόν, ὦ ἄνδρες Ἀθηναῖοι, πονηρὸν ὁ συκοφάντης ἀεὶ καὶ πανταχόθεν βάσκανον καὶ φιλαίτιον· τοῦτο δὲ καὶ φύσει κίναδος τἀνθρώπιόν ἐστιν, οὐδὲν ἐξ ἀρχῆς ὑγιὲς πεποιηκὸς οὐδ' ἐλεύθερον,

αὐτοτραγικὸς πίθηκος, ἀρουραῖος Οἰνόμαος, παράσημος ῥήτωρ. τί γὰρ ἡ σὴ δεινότης εἰς ὄνησιν ἥκει πατρίδι; νῦν ἡμῖν λέγεις περὶ τῶν παρεληλυθότων; ὥσπερ ἂν εἴ τις ἰατρὸς ἀσθενοῦσι μὲν τοῖς κάμνουσιν 243 εἰσιὼν μὴ λέγοι μηδὲ δεικνύοι δι' ὧν ἀποφεύξονται τὴν νόσον, ἐπειδὴ δὲ τελευτήσειέ τις αὐτῶν καὶ τὰ νομιζόμενα αὐτῷ φέροιτο, ἀκολουθῶν ἐπὶ τὸ μνῆμα διεξίοι "εἰ τὸ καὶ τὸ ἐποίησεν ἄνθρωπος οὑτοσί, οὐκ ἂν ἀπέθανεν." ἐμβρόντητε, εἶτα νῦν λέγεις;

Οὐ τοίνυν οὐδὲ τὴν ἧτταν, εἰ ταύτῃ γαυριᾷς ἐφ' 244 ᾗ στένειν σε ὦ κατάρατε προσῆκεν, ἐν οὐδενὶ τῶν παρ' ἐμοὶ γεγονυῖαν εὑρήσετε τῇ πόλει. οὑτωσὶ δὲ λογίζεσθε. οὐδαμοῦ πώποθ', ὅποι πρεσβευτὴς ἐπέμφθην ὑφ' ὑμῶν ἐγώ, ἡττηθεὶς ἀπῆλθον τῶν παρὰ Φιλίππου πρέσβεων, οὐκ ἐκ Θετταλίας, οὐκ ἐξ Ἀμβρακίας, οὐκ ἐξ Ἰλλυριῶν, οὐ παρὰ τῶν Θρᾳκῶν βασιλέων, οὐκ ἐκ Βυζαντίου, οὐκ ἄλλοθεν οὐδαμόθεν, οὐ τὰ τελευταῖα ἐκ Θηβῶν, ἀλλ' ἐν οἷς κρατηθεῖεν οἱ πρέσβεις αὐτοῦ τῷ λόγῳ, ταῦτα τοῖς ὅπλοις ἐπιὼν κατεστρέφετο. ταῦτ' οὖν ἀπαιτεῖς παρ' ἐμοῦ, 245 καὶ οὐκ αἰσχύνει τὸν αὐτὸν εἴς τε μαλακίαν σκώπτων καὶ τῆς Φιλίππου δυνάμεως ἀξιῶν ἕνα ὄντα κρείττω γενέσθαι; καὶ ταῦτα τοῖς λόγοις; τίνος γὰρ ἄλλου κύριος ἦν ἐγώ; οὐ γὰρ τῆς γε ἑκάστου ψυχῆς, οὐδὲ τῆς τύχης τῶν παραταξαμένων, οὐδὲ τῆς στρατηγίας ἧς ἔμ' ἀπαιτεῖς εὐθύνας· οὕτω σκαιὸς εἶ. ἀλλὰ μὴν ὧν γ' ἂν ὁ ῥήτωρ ὑπεύθυνος εἴη, πᾶσαν 246 ἐξέτασιν λαμβάνετε· οὐ παραιτοῦμαι. τίνα οὖν ἐστι ταῦτα; ἰδεῖν τὰ πράγματα ἀρχόμενα καὶ προαισθέσθαι καὶ προειπεῖν τοῖς ἄλλοις. ταῦτα

πέπρακταί μοι. καὶ ἔτι τὰς ἑκασταχοῦ βραδυτῆτας ὄκνους ἀγνοίας φιλονεικίας, ἃ πολιτικὰ ταῖς πόλεσι πρόσεστιν ἁπάσαις καὶ ἀναγκαῖα ἁμαρτήματα, ταῦθ' ὡς εἰς ἐλάχιστα συστεῖλαι, καὶ τοὐναντίον εἰς ὁμόνοιαν καὶ φιλίαν καὶ τοῦ τὰ δέοντα ποιεῖν ὁρμὴν προτρέψαι. καὶ ταῦτά μοι πάντα πεποίηται, καὶ
247 οὐδεὶς μή ποθ' εὕρῃ κατ' ἐμὲ οὐδὲν ἐλλειφθέν. εἰ τοίνυν τις ἔροιτο ὁντινοῦν, τίσι τὰ πλεῖστα Φίλιππος ὧν κατέπραξε διῳκήσατο, πάντες ἂν εἴποιεν τῷ στρατοπέδῳ καὶ τῷ διδόναι καὶ διαφθείρειν τοὺς ἐπὶ τῶν πραγμάτων. οὐκοῦν τῶν μὲν δυνάμεων οὔτε κύριος οὔθ' ἡγεμὼν ἦν ἐγώ, ὥστε οὐδ' ὁ λόγος τῶν κατὰ ταῦτα πραχθέντων πρὸς ἐμέ. καὶ μὴν τῷ διαφθαρῆναι χρήμασιν ἢ μὴ κεκράτηκα Φιλίππου· ὥσπερ γὰρ ὁ ὠνούμενος νενίκηκε τὸν λαβόντα, ἐὰν πρίηται, οὕτως ὁ μὴ λαβὼν καὶ διαφθαρεὶς νενίκηκε τὸν ὠνούμενον. ὥστε ἀήττητος ἡ πόλις τὸ κατ' ἐμέ.
248 Ἃ μὲν τοίνυν ἐγὼ παρεσχόμην εἰς τὸ δικαίως τοιαῦτα γράφειν τοῦτον περὶ ἐμοῦ, πρὸς πολλοῖς ἑτέροις ταῦτα καὶ παραπλήσια τούτοις ἐστίν, ἃ δ' οἱ πάντες ὑμεῖς, ταῦτ' ἤδη λέξω. μετὰ γὰρ τὴν μάχην εὐθὺς ὁ δῆμος, εἰδὼς καὶ ἑωρακὼς πάντα ὅσα ἔπραττον ἐγώ, ἐν αὐτοῖς τοῖς δεινοῖς καὶ φοβεροῖς ἐμβεβηκώς, ἡνίκ' οὐδ' ἀγνωμονῆσαί τι θαυμαστὸν ἦν τοὺς πολλοὺς πρὸς ἐμέ, πρῶτον μὲν περὶ σωτηρίας τῆς πόλεως τὰς ἐμὰς γνώμας ἐχειροτόνει, καὶ πάνθ' ὅσα τῆς φυλακῆς ἕνεκα ἐπράττετο, ἡ διάταξις τῶν φυλάκων, αἱ τάφροι, τὰ εἰς τὰ τείχη χρήματα, διὰ τῶν ἐμῶν ψηφισμάτων ἐγίγνετο· ἔπειθ' αἱρούμενος
249 σιτώνην ἐκ πάντων ἐμὲ ἐχειροτόνησεν ὁ δῆμος. καὶ

μετὰ ταῦτα συστάντων οἷς ἦν ἐπιμελὲς κακῶς ἐμὲ ποιεῖν, καὶ γραφὰς εὐθύνας, εἰσαγγελίας, πάντα ταῦτ᾽ ἐπαγόντων μοι, οὐ δι᾽ ἑαυτῶν τό γε πρῶτον, ἀλλὰ δι᾽ ὧν μάλισθ᾽ ὑπελάμβανον ἀγνοήσεσθαι (ἴστε γὰρ δήπου καὶ μέμνησθε ὅτι τοὺς πρώτους χρόνους κατὰ τὴν ἡμέραν ἑκάστην ἐκρινόμην ἐγώ, καὶ οὔτ᾽ ἀπόνοια Σωσικλέους οὔτε συκοφαντία Φιλοκράτους οὔτε Διώνδου καὶ Μελάντου μανία οὔτ᾽ ἄλλ᾽ οὐδὲν ἀπείρατον ἦν τούτους κατ᾽ ἐμοῦ), ἐν τοίνυν τούτοις πᾶσι μάλιστα μὲν διὰ τοὺς θεούς, δεύτερον δὲ δι᾽ ὑμᾶς καὶ τοὺς ἄλλους Ἀθηναίους ἐσωζόμην. δικαίως· τοῦτο γὰρ καὶ ἀληθές ἐστι καὶ ὑπὲρ τῶν ὀμωμοκότων καὶ γνόντων τὰ εὔορκα δικαστῶν. οὐκοῦν 250 ἐν μὲν οἷς εἰσηγγελλόμην, ὅτ᾽ ἀπεψηφίζεσθέ μου καὶ τὸ μέρος τῶν ψήφων τοῖς διώκουσιν οὐ μετεδίδοτε, τότ᾽ ἐψηφίζεσθε τὰ ἄριστά με πράττειν· ἐν οἷς δὲ τὰς γραφὰς ἀπέφευγον, ἔννομα καὶ γράφειν καὶ λέγειν ἀπεδεικνύμην· ἐν οἷς δὲ τὰς εὐθύνας ἐπεσημαίνεσθε, δικαίως καὶ ἀδωροδοκήτως πάντα πεπρᾶχθαί μοι προσωμολογεῖτε. τούτων οὖν οὕτως ἐχόντων τί προσῆκον ἢ τί δίκαιον ἦν τοῖς ὑπ᾽ ἐμοῦ πεπραγμένοις θέσθαι τὸν Κτησιφῶντα ὄνομα, οὐχ ὃ τὸν δῆμον ἑώρα τιθέμενον, οὐχ ὃ τοὺς ὀμωμοκότας δικαστάς, οὐχ ὃ τὴν ἀλήθειαν παρὰ πᾶσι βεβαιοῦσαν;

Ναί, φησίν, ἀλλὰ τὸ τοῦ Κεφάλου καλόν, τὸ 251 μηδεμίαν γραφὴν φεύγειν. καὶ νὴ Δί᾽ εὐδαιμόν γε. ἀλλὰ τί μᾶλλον ὁ πολλάκις μὲν φυγὼν μηδεπώποτε δ᾽ ἐξελεγχθεὶς ἀδικῶν ἐν ἐγκλήματι γίγνοιτ᾽ ἂν διὰ τοῦτο δικαίως; καίτοι πρός γε τοῦτον, ἄνδρες Ἀθηναῖοι, καὶ τὸ τοῦ Κεφάλου καλὸν εἰπεῖν ἔστι μοι· οὐδεμίαν γὰρ πώποτ᾽ ἐγράψατό με οὐδ᾽ ἐδίωξε γραφήν, ὥστε ὑπὸ σοῦ γε ὡμολόγημαι μηδὲν εἶναι τοῦ Κεφάλου χείρων πολίτης.

252 Πανταχόθεν μὲν τοίνυν ἄν τις ἴδοι τὴν ἀγνωμοσύνην αὐτοῦ καὶ τὴν βασκανίαν, οὐχ ἥκιστα δ᾽ ἀφ᾽ ὧν περὶ τῆς τύχης διελέχθη. ἐγὼ δ᾽ ὅλως μέν, ὅστις ἄνθρωπος ὢν ἀνθρώπῳ τύχην προφέρει, ἀνόητον ἡγοῦμαι· ἣν γὰρ ὁ βέλτιστα πράττειν νομίζων καὶ ἀρίστην ἔχειν οἰόμενος οὐκ οἶδεν, εἰ μενεῖ τοιαύτη μέχρι τῆς ἑσπέρας, πῶς χρὴ περὶ ταύτης λέγειν ἢ πῶς ὀνειδίζειν ἑτέρῳ; ἐπειδὴ δ᾽ οὗτος πρὸς πολλοῖς ἄλλοις καὶ περὶ τούτων ὑπερηφάνως χρῆται τῷ λόγῳ, σκέψασθ᾽ ὦ ἄνδρες Ἀθηναῖοι καὶ θεωρήσατε ὅσῳ καὶ ἀληθέστερον καὶ ἀνθρωπινώτερον ἐγὼ

253 περὶ τῆς τύχης τούτου διαλεχθήσομαι. ἐγὼ τὴν τῆς πόλεως τύχην ἀγαθὴν ἡγοῦμαι, καὶ ταῦθ᾽ ὁρῶ καὶ τὸν Δία τὸν Δωδωναῖον ὑμῖν μαντευόμενον, τὴν μέντοι τῶν πάντων ἀνθρώπων, ἣ νῦν ἐπέχει, χαλεπὴν καὶ δεινήν· τίς γὰρ Ἑλλήνων ἢ τίς βαρβάρων

254 οὐ πολλῶν κακῶν ἐν τῷ παρόντι πεπείραται; τὸ μὲν τοίνυν προελέσθαι τὰ κάλλιστα καὶ τὸ τῶν οἰηθέντων Ἑλλήνων, εἰ πρόοιντο ἡμᾶς, ἐν εὐδαιμονίᾳ διάξειν, αὐτῶν ἄμεινον πράττειν τῆς ἀγαθῆς τύχης τῆς πόλεως εἶναι τίθημι· τὸ δὲ προσκροῦσαι καὶ μὴ πάνθ᾽ ὡς ἠβουλόμεθ᾽ ἡμῖν συμβῆναι τῆς τῶν ἄλλων ἀνθρώπων τύχης τὸ ἐπιβάλλον ἐφ᾽ ἡμᾶς μέρος

255 μετειληφέναι νομίζω τὴν πόλιν. τὴν δ᾽ ἰδίαν τύχην τὴν ἐμὴν καὶ τὴν ἑνὸς ἡμῶν ἑκάστου ἐν τοῖς ἰδίοις ἐξετάζειν δίκαιον εἶναι νομίζω. ἐγὼ μὲν οὑτωσὶ

περὶ τῆς τύχης ἀξιῶ, ὀρθῶς καὶ δικαίως, ὡς ἐμαυτῷ δοκῶ, νομίζω δὲ καὶ ὑμῖν· ὁ δὲ τὴν ἰδίαν τύχην τὴν ἐμὴν τῆς κοινῆς τῆς πόλεως κυριωτέραν εἶναί φησι, τὴν μικρὰν καὶ φαύλην τῆς ἀγαθῆς καὶ μεγάλης. καὶ πῶς ἔνι τοῦτο γενέσθαι;

Καὶ μὴν εἴ γε τὴν ἐμὴν τύχην πάντας ἐξετάζειν 256 Αἰσχίνη προαιρεῖ, πρὸς τὴν σαυτοῦ σκόπει, κἂν εὕρῃς τὴν ἐμὴν βελτίω τῆς σῆς, παῦσαι λοιδορούμενος αὐτῇ. σκόπει τοίνυν εὐθὺς ἐξ ἀρχῆς, καί μου πρὸς Διὸς μηδεμίαν ψυχρότητα καταγνῷ μηδείς. ἐγὼ γὰρ οὔτ᾽ εἴ τις πενίαν προπηλακίζει, νοῦν ἔχειν ἡγοῦμαι, οὔτ᾽ εἴ τις ἐν ἀφθόνοις τραφεὶς ἐπὶ τούτῳ σεμνύνεται· ἀλλ᾽ ὑπὸ τῆς τουτουὶ τοῦ χαλεποῦ βλασφημίας καὶ συκοφαντίας εἰς τοιούτους λόγους ἐμπίπτειν ἀναγκάζομαι, οἷς ἐκ τῶν ἐνόντων ὡς ἂν δύνωμαι μετριώτατα χρήσομαι.

Ἐμοὶ μὲν τοίνυν ὑπῆρξεν, Αἰσχίνη, παιδὶ τὰ 257 προσήκοντα διδασκαλεῖα, καὶ ἔχειν ὅσα χρὴ τὸν μηδὲν αἰσχρὸν ποιήσοντα δι᾽ ἔνδειαν, ἐξελθόντι δὲ ἐκ παίδων ἀκόλουθα τούτοις πράττειν, χορηγεῖν, τριηραρχεῖν, εἰσφέρειν, μηδεμίας φιλοτιμίας μήτε ἰδίας μήτε δημοσίας ἀπολείπεσθαι, ἀλλὰ καὶ τῇ πόλει καὶ τοῖς φίλοις χρήσιμον εἶναι, ἐπειδὴ δὲ πρὸς τὰ κοινὰ προσελθεῖν ἔδοξέ μοι, τοιαῦτα πολιτεύματα ἑλέσθαι ὥστε καὶ ὑπὸ τῆς πατρίδος καὶ ὑπ᾽ ἄλλων Ἑλλήνων πολλῶν πολλάκις ἐστεφανῶσθαι, καὶ μηδὲ τοὺς ἐχθροὺς ὑμᾶς, ὡς οὐ καλά γ᾽ ἦν ἃ προειλόμην, ἐπιχειρεῖν λέγειν. ἐγὼ μὲν δὴ τοιαύτῃ συμ- 258 βεβίωκα τύχῃ, καὶ πόλλ᾽ ἂν ἔχων ἕτερ᾽ εἰπεῖν περὶ αὐτῆς παραλείπω, φυλαττόμενος τὸ λυπῆσαί τινα

ἐν οἷς σεμνύνομαι· σὺ δ᾽ ὁ σεμνυνόμενος ἀνὴρ καὶ διαπτύων τοὺς ἄλλους σκόπει πρὸς ταύτην ποίᾳ τινὶ κέχρησαι τύχῃ, δι᾽ ἣν παῖς μὲν ὢν μετὰ πολλῆς ἐνδείας ἐτράφης, ἅμα τῷ πατρὶ πρὸς τῷ διδασκαλείῳ προσεδρεύων, τὸ μέλαν τρίβων καὶ τὰ βάθρα σπογγίζων καὶ τὸ παιδαγωγεῖον κορῶν, οἰκέτου τάξιν, οὐκ
259 ἐλευθέρου παιδὸς ἔχων, ἀνὴρ δὲ γενόμενος τῇ μητρὶ τελούσῃ τὰς βίβλους ἀνεγίγνωσκες καὶ τἆλλα συνεσκευωροῦ, τὴν μὲν νύκτα νεβρίζων καὶ κρατηρίζων καὶ καθαίρων τοὺς τελουμένους καὶ ἀπομάττων τῷ πηλῷ καὶ τοῖς πιτύροις καὶ ἀνιστὰς ἀπὸ τοῦ καθαρμοῦ κελεύων λέγειν "ἔφυγον κακόν, εὗρον ἄμεινον," ἐπὶ τῷ μηδένα πώποτε τηλικοῦτ᾽ ὀλολύξαι
260 σεμνυνόμενος (καὶ ἔγωγε νομίζω· μὴ γὰρ οἴεσθ᾽ αὐτὸν φθέγγεσθαι μὲν οὕτω μέγα, ὀλολύζειν δ᾽ οὐχ ὑπέρλαμπρον), ἐν δὲ ταῖς ἡμέραις τοὺς καλοὺς θιάσους ἄγων διὰ τῶν ὁδῶν, τοὺς ἐστεφανωμένους τῷ μαράθῳ καὶ τῇ λεύκῃ, τοὺς ὄφεις τοὺς παρείας θλίβων καὶ ὑπὲρ τῆς κεφαλῆς αἰωρῶν, καὶ βοῶν εὐοῖ σαβοῖ, καὶ ἐπορχούμενος ὕης ἄττης ἄττης ὕης, ἔξαρχος καὶ προηγεμὼν καὶ κιττοφόρος καὶ λικνοφόρος καὶ τοιαῦτα ὑπὸ τῶν γρᾳδίων προσαγορευόμενος, μισθὸν λαμβάνων τούτων ἔνθρυπτα καὶ στρεπτοὺς καὶ νεήλατα, ἐφ᾽ οἷς τίς οὐκ ἂν ὡς ἀληθῶς
261 αὑτὸν εὐδαιμονίσειε καὶ τὴν αὑτοῦ τύχην; ἐπειδὴ δ᾽ εἰς τοὺς δημότας ἐνεγράφης ὁπωσδήποτε, ἐῶ γὰρ τοῦτο, ἐπειδή γ᾽ ἐνεγράφης, εὐθέως τὸ κάλλιστον ἐξελέξω τῶν ἔργων, γραμματεύειν καὶ ὑπηρετεῖν τοῖς ἀρχιδίοις. ὡς δ᾽ ἀπηλλάγης ποτὲ καὶ τούτου, πάνθ᾽ ἃ τῶν ἄλλων κατηγορεῖς αὐτὸς ποιήσας, οὐ

κατῄσχυνας μὰ Δί' οὐδὲν τῶν προϋπηργμένων τῷ μετὰ ταῦτα βίῳ, ἀλλὰ μισθώσας αὑτὸν τοῖς βαρυ- 262 στόνοις ἐπικαλουμένοις ἐκείνοις ὑποκριταῖς, Σιμύλῳ καὶ Σωκράτει, ἐτριταγωνίστεις, σῦκα καὶ βότρυς καὶ ἐλάας συλλέγων ὥσπερ ὀπωρώνης ἐκ τῶν ἀλλοτρίων χωρίων, πλείω λαμβάνων ἀπὸ τούτων ἢ τῶν ἀγώνων, οὓς ὑμεῖς περὶ τῆς ψυχῆς ἠγωνίζεσθε· ἦν γὰρ ἄσπονδος καὶ ἀκήρυκτος ὑμῖν πρὸς τοὺς θεατὰς πόλεμος, ὑφ' ὧν πολλὰ τραύματ' εἰληφὼς εἰκότως τοὺς ἀπείρους τῶν τοιούτων κινδύνων ὡς δειλοὺς σκώπτεις. ἀλλὰ γὰρ παρεὶς ὧν τὴν πενίαν αἰτι- 263 άσαιτ' ἄν τις, πρὸς αὐτὰ τὰ τοῦ τρόπου σου βαδιοῦμαι κατηγορήματα. τοιαύτην γὰρ εἵλου πολιτείαν, ἐπειδή ποτε καὶ τοῦτ' ἐπῆλθέ σοι ποιῆσαι, δι' ἢν εὐτυχούσης μὲν τῆς πατρίδος λαγὼ βίον ἔζης δεδιὼς καὶ τρέμων καὶ ἀεὶ πληγήσεσθαι προσδοκῶν ἐφ' οἷς σαυτῷ συνῄδεις ἀδικοῦντι, ἐν οἷς δ' ἠτύχησαν οἱ ἄλλοι, θρασὺς ὢν ὑφ' ἁπάντων ὦψαι. καίτοι ὅστις 264 χιλίων πολιτῶν ἀποθανόντων ἐθάρρησε, τί οὗτος παθεῖν ὑπὸ τῶν ζώντων δίκαιός ἐστιν; πολλὰ τοίνυν ἕτερ' εἰπεῖν ἔχων περὶ αὐτοῦ παραλείψω· οὐ γὰρ ὅσ' ἂν δείξαιμι προσόντ' αἰσχρὰ τούτῳ καὶ ὀνείδη, πάντ' οἶμαι δεῖν εὐχερῶς λέγειν, ἀλλ' ὅσα μηδὲν αἰσχρόν ἐστιν εἰπεῖν ἐμοί.

Ἐξέτασον τοίνυν παρ' ἄλληλα τὰ σοὶ κἀμοὶ 265 βεβιωμένα, πράως, μὴ πικρῶς, Αἰσχίνη· εἶτ' ἐρώτησον τουτουσὶ τὴν ποτέρου τύχην ἂν ἕλοιθ' ἕκαστος αὐτῶν. ἐδίδασκες γράμματα, ἐγὼ δ' ἐφοίτων. ἐτέλεις, ἐγὼ δ' ἐτελούμην. ἐγραμμάτευες, ἐγὼ δ' ἠκκλησίαζον. ἐτριταγωνίστεις, ἐγὼ δ' ἐθεώρουν.

ἐξέπιπτες, ἐγὼ δ' ἐσύριττον. ὑπὲρ τῶν ἐχθρῶν πε-
266 πολίτευσαι πάντα, ἐγὼ δ' ὑπὲρ τῆς πατρίδος. ἐῶ
τἆλλα, ἀλλὰ νυνὶ τήμερον ἐγὼ μὲν ὑπὲρ τοῦ στεφα-
νωθῆναι δοκιμάζομαι, τὸ δὲ μηδ' ὁτιοῦν ἀδικεῖν ἀνω-
μολόγημαι, σοὶ δὲ συκοφάντῃ μὲν εἶναι δοκεῖν ὑπ-
άρχει, κινδυνεύεις δὲ εἴτε δεῖ σ' ἔτι τοῦτο ποιεῖν, εἴτ'
ἤδη πεπαῦσθαι μὴ μεταλαβόντα τὸ πέμπτον μέρος
τῶν ψήφων. ἀγαθῇ γε, οὐχ ὁρᾷς; τύχῃ συμβεβιω-
κὼς τῆς ἐμῆς κατηγορεῖς.
267   Φέρε δὴ καὶ τὰς τῶν λειτουργιῶν μαρτυρίας ὧν
λελειτούργηκα, ὑμῖν ἀναγνῶ· παρ' ἃς παρανάγνωθι
καὶ σύ μοι τὰς ῥήσεις ἃς ἐλυμαίνου,

ἥκω νεκρῶν κευθμῶνα καὶ σκότου πύλας
καὶ

κακαγγελεῖν μὲν ἴσθι μὴ θέλοντά με,

καὶ κακὸν κακῶς σε μάλιστα μὲν οἱ θεοί, ἔπειτα
οὗτοι πάντες ἀπολέσειαν, πονηρὸν ὄντα καὶ πολίτην
καὶ τριταγωνιστήν.
Λέγε τὰς μαρτυρίας.

ΜΑΡΤΥΡΙΑΙ.

268   Ἐν μὲν τοίνυν τοῖς πρὸς τὴν πόλιν τοιοῦτος· ἐν
δὲ τοῖς ἰδίοις εἰ μὴ πάντες ἴστε ὅτι κοινὸς καὶ φιλ-
άνθρωπος καὶ τοῖς δεομένοις ἐπαρκῶν, σιωπῶ καὶ
οὐδὲν ἂν εἴποιμι οὐδὲ παρασχοίμην περὶ τούτων
οὐδεμίαν μαρτυρίαν, οὔτ' εἴ τινας ἐκ τῶν πολεμίων
ἐλυσάμην, οὔτ' εἴ τισι θυγατέρας συνεξέδωκα, οὔτε
τῶν τοιούτων οὐδέν. καὶ γὰρ οὕτω πως ὑπείληφα.
269 ἐγὼ νομίζω τὸν μὲν εὖ παθόντα δεῖν μεμνῆσθαι
πάντα τὸν χρόνον, τὸν δὲ ποιήσαντα εὐθὺς ἐπιλε-

λῆσθαι, εἰ δεῖ τὸν μὲν χρηστοῦ τὸν δὲ μὴ μικροψύχου ποιεῖν ἔργον ἀνθρώπου· τὸ δὲ τὰς ἰδίας εὐεργεσίας ὑπομιμνήσκειν καὶ λέγειν μικροῦ δεῖν ὅμοιόν ἐστὶ τῷ ὀνειδίζειν. οὐ δὴ ποιήσω τοιοῦτον οὐδέν, οὐδὲ προαχθήσομαι, ἀλλ' ὅπως ποθ' ὑπείλημμαι περὶ τούτων, ἀρκεῖ μοι.

Βούλομαι δὲ τῶν ἰδίων ἀπαλλαγεὶς ἔτι μικρὰ 270 πρὸς ὑμᾶς εἰπεῖν περὶ τῶν κοινῶν. εἰ μὲν γὰρ ἔχεις, Αἰσχίνη, τῶν ὑπὸ τοῦτον τὸν ἥλιον εἰπεῖν ἀνθρώπων ὅστις ἀθῷος τῆς Φιλίππου πρότερον καὶ νῦν τῆς Ἀλεξάνδρου δυναστείας γέγονεν, ἢ τῶν Ἑλλήνων ἢ τῶν βαρβάρων, ἔστω, συγχωρῶ σοι τὴν ἐμὴν εἴτε τύχην εἴτε δυστυχίαν ὀνομάζειν βούλει πάντων αἰτίαν γεγενῆσθαι. εἰ δὲ καὶ τῶν μηδε- 271 πώποτ' ἰδόντων ἐμὲ μηδὲ φωνὴν ἀκηκοότων ἐμοῦ πολλοὶ πολλὰ καὶ δεινὰ πεπόνθασι, μὴ μόνον κατ' ἄνδρα ἀλλὰ καὶ πόλεις ὅλαι καὶ ἔθνη, πόσῳ δικαιότερον καὶ ἀληθέστερον τὴν ἁπάντων, ὡς ἔοικεν, ἀνθρώπων τύχην κοινὴν καὶ φοράν τινα πραγμάτων χαλεπὴν καὶ οὐχ οἵαν ἔδει τούτων αἰτίαν ἡγεῖσθαι; σὺ τοίνυν ταῦτ' ἀφεὶς ἐμὲ τὸν παρὰ τουτοισὶ πεπο- 272 λιτευμένον αἰτιᾷ, καὶ ταῦτ' εἰδὼς ὅτι, καὶ εἰ μὴ τὸ ὅλον, μέρος γ' ἐπιβάλλει τῆς βλασφημίας ἅπασι, καὶ μάλιστα σοί. εἰ μὲν γὰρ ἐγὼ κατ' ἐμαυτὸν αὐτοκράτωρ περὶ τῶν πραγμάτων ἐβουλευόμην, ἦν ἂν τοῖς ἄλλοις ῥήτορσιν ὑμῖν ἐμὲ αἰτιᾶσθαι· εἰ δὲ 273 παρῆτε μὲν ἐν ταῖς ἐκκλησίαις ἁπάσαις, ἀεὶ δ' ἐν κοινῷ τὸ συμφέρον ἡ πόλις προὐτίθει σκοπεῖν, πᾶσι δὲ ταῦτ' ἐδόκει τότ' ἄριστ' εἶναι, καὶ μάλιστα σοί (οὐ γὰρ ἐπ' εὐνοίᾳ γ' ἐμοὶ παρεχώρεις ἐλπίδων

καὶ ζήλου καὶ τιμῶν, ἃ πάντα προσῆν τοῖς τότε πραττομένοις ὑπ' ἐμοῦ, ἀλλὰ τῆς ἀληθείας ἡττώμενος δηλονότι καὶ τῷ μηδὲν ἔχειν εἰπεῖν βέλτιον), πῶς οὐκ ἀδικεῖς καὶ δεινὰ ποιεῖς τούτοις νῦν ἐγκα-
274 λῶν, ὧν τότ' οὐκ εἶχες λέγειν βελτίω; παρὰ μὲν τοίνυν τοῖς ἄλλοις ἔγωγ' ὁρῶ πᾶσιν ἀνθρώποις διωρισμένα καὶ τεταγμένα πως τὰ τοιαῦτα. ἀδικεῖ τις ἑκών; ὀργὴν καὶ τιμωρίαν κατὰ τούτου. ἐξήμαρτέ τις ἄκων; συγγνώμην ἀντὶ τῆς τιμωρίας τούτῳ. οὔτ' ἀδικῶν τις οὔτ' ἐξαμαρτάνων, εἰς τὰ πᾶσι δοκοῦντα συμφέρειν ἑαυτὸν δοὺς οὐ κατώρθωσε μεθ' ἁπάντων; οὐκ ὀνειδίζειν οὐδὲ λοιδορεῖσθαι τοι-
275 ούτῳ δίκαιον, ἀλλὰ συνάχθεσθαι. φανήσεται ταῦτα πάντα οὕτως οὐ μόνον τοῖς νομίμοις, ἀλλὰ καὶ ἡ φύσις αὐτὴ τοῖς ἀγράφοις νόμοις καὶ τοῖς ἀνθρωπίνοις ἤθεσι διώρικεν. Αἰσχίνης τοίνυν τοσοῦτον ὑπερβέβληκεν ἅπαντας ἀνθρώπους ὠμότητι καὶ συκοφαντίᾳ, ὥστε καὶ ὧν αὐτὸς ὡς ἀτυχημάτων ἐμέμνητο, καὶ ταῦτ' ἐμοῦ κατηγορεῖ.
276 Καὶ πρὸς τοῖς ἄλλοις, ὥσπερ αὐτὸς ἁπλῶς καὶ μετ' εὐνοίας πάντας εἰρηκὼς τοὺς λόγους, φυλάττειν ἐμὲ καὶ τηρεῖν ἐκέλευεν, ὅπως μὴ παρακρούσομαι μηδ' ἐξαπατήσω, δεινὸν καὶ γόητα καὶ σοφιστὴν καὶ τὰ τοιαῦτ' ὀνομάζων, ὡς ἐὰν πρότερός τις εἴπῃ τὰ προσόνθ' ἑαυτῷ περὶ ἄλλου, καὶ δὴ ταῦθ' οὕτως ἔχοντα, καὶ οὐκέτι τοὺς ἀκούοντας σκεψομένους τίς ποτ' αὐτός ἐστιν ὁ ταῦτα λέγων. ἐγὼ δ' οἶδ' ὅτι γιγνώσκετε τοῦτον ἅπαντες, καὶ πολὺ τούτῳ μᾶλλον
277 ἢ ἐμοὶ νομίζετε ταῦτα προσεῖναι. κἀκεῖνο εὖ οἶδ', ὅτι τὴν ἐμὴν δεινότητα—ἔστω γάρ. καίτοι ἔγωγ'

ὁρῶ τῆς τῶν λεγόντων δυνάμεως τοὺς ἀκούοντας τὸ πλεῖστον κυρίους· ὡς γὰρ ἂν ὑμεῖς ἀποδέξησθε καὶ πρὸς ἕκαστον ἔχητ' εὐνοίας, οὕτως ὁ λέγων ἔδοξε φρονεῖν. εἰ δ' οὖν ἐστι καὶ παρ' ἐμοί τις ἐμπειρία τοιαύτη, ταύτην μὲν εὑρήσετε πάντες ἐν τοῖς κοινοῖς ἐξεταζομένην ὑπὲρ ὑμῶν ἀεὶ καὶ οὐδαμοῦ καθ' ὑμῶν· οὐδ' ἰδίᾳ, τὴν δὲ τούτου τοὐναντίον οὐ μόνον τῷ λέγειν ὑπὲρ τῶν ἐχθρῶν, ἀλλὰ καὶ εἴ τις ἐλύπησέ τι τοῦτον ἢ προσέκρουσέ που, κατὰ τούτων. οὐ γὰρ αὐτῇ δικαίως, οὐδ' ἐφ' ἃ συμφέρει τῇ πόλει, χρῆται. οὔτε γὰρ τὴν ὀργὴν οὔτε τὴν ἔχθραν οὔτ' 278 ἄλλο οὐδὲν τῶν τοιούτων τὸν καλὸν κἀγαθὸν πολίτην δεῖ τοὺς ὑπὲρ τῶν κοινῶν εἰσεληλυθότας δικαστὰς ἀξιοῦν αὑτῷ βεβαιοῦν, οὐδ' ὑπὲρ τούτων εἰς ὑμᾶς εἰσιέναι, ἀλλὰ μάλιστα μὲν μὴ ἔχειν ταῦτ' ἐν τῇ φύσει, εἰ δ' ἄρ' ἀνάγκη, πράως καὶ μετρίως διακείμεν' ἔχειν. ἐν τίσιν οὖν σφοδρὸν εἶναι τὸν πολιτευόμενον καὶ τὸν ῥήτορα δεῖ; ἐν οἷς τῶν ὅλων τι κινδυνεύεται τῇ πόλει, καὶ ἐν οἷς πρὸς τοὺς ἐναντίους ἐστὶ τῷ δήμῳ, ἐν τούτοις· ταῦτα γὰρ γενναίου καὶ ἀγαθοῦ πολίτου. μηδενὸς δὲ ἀδικήματος πώ- 279 ποτε δημοσίου, προσθήσω δὲ μηδ' ἰδίου, δίκην ἀξιώσαντα λαβεῖν παρ' ἐμοῦ μήθ' ὑπὲρ τῆς πόλεως μήθ' ὑπὲρ αὑτοῦ, στεφάνου καὶ ἐπαίνου κατηγορίαν ἥκειν συνεσκευασμένον, καὶ τοσουτουσὶ λόγους ἀνηλωκέναι ἰδίας ἔχθρας καὶ φθόνου καὶ μικροψυχίας ἐστὶ σημεῖον, οὐδενὸς χρηστοῦ. τὸ δὲ δὴ καὶ τοὺς πρὸς ἐμὲ αὐτὸν ἀγῶνας ἐάσαντα νῦν ἐπὶ τόνδ' ἥκειν καὶ πᾶσαν ἔχει κακίαν. καί μοι δοκεῖς ἐκ τούτων, 280 Αἰσχίνη, λόγων ἐπίδειξίν τινα καὶ φωνασκίας βου-

λόμενος ποιήσασθαι τοῦτον προελέσθαι τὸν ἀγῶνα, οὐκ ἀδικήματος οὐδενὸς λαβεῖν τιμωρίαν. ἔστι δ' οὐχ ὁ λόγος τοῦ ῥήτορος Αἰσχίνη τίμιον, οὐδ' ὁ τόνος τῆς φωνῆς, ἀλλὰ τὸ ταὐτὰ προαιρεῖσθαι τοῖς πολλοῖς καὶ τὸ τοὺς αὐτοὺς μισεῖν καὶ φιλεῖν οὕσ-
281 περ ἂν ἡ πατρίς. ὁ γὰρ οὕτως ἔχων τὴν ψυχήν, οὗτος ἐπ' εὐνοίᾳ πάντ' ἐρεῖ· ὁ δ' ἀφ' ὧν ἡ πόλις προορᾶταί τινα κίνδυνον ἑαυτῇ, τούτους θεραπεύων οὐκ ἐπὶ τῆς αὐτῆς ὁρμεῖ τοῖς πολλοῖς, οὔκουν οὐδὲ τῆς ἀσφαλείας τὴν αὐτὴν ἔχει προσδοκίαν. ἀλλ', ὁρᾷς; ἐγώ· ταὐτὰ γὰρ συμφέρονθ' εἱλόμην τουτοισί,
282 καὶ οὐδὲν ἐξαίρετον οὐδ' ἴδιον πεποίημαι. ἆρ' οὖν οὐδὲ σύ; καὶ πῶς; ὃς εὐθέως μετ' τὴν μάχην πρεσβευτὴς ἐπορεύου πρὸς Φίλιππον, ὃς ἦν τῶν ἐν ἐκείνοις τοῖς χρόνοις συμφορῶν αἴτιος τῇ πατρίδι, καὶ ταῦτ' ἀρνούμενος πάντα τὸν ἔμπροσθε χρόνον ταύτην τὴν χρείαν, ὡς πάντες ἴσασιν. καίτοι τίς ὁ τὴν πόλιν ἐξαπατῶν; οὐχ ὁ μὴ λέγων ἃ φρονεῖ; τῷ δ' ὁ κῆρυξ καταρᾶται δικαίως; οὐ τῷ τοιούτῳ; τί δὲ μεῖζον ἔχοι τις ἂν εἰπεῖν ἀδίκημα κατ' ἀνδρὸς ῥήτορος ἢ εἰ μὴ ταὐτὰ φρονεῖ καὶ λέγει; σὺ τοίνυν
283 οὗτος εὑρέθης. εἶτα σὺ φθέγγῃ καὶ βλέπειν εἰς τὰ τούτων πρόσωπα τολμᾷς; πότερ' οὐχ ἡγεῖ γιγνώσκειν αὐτοὺς ὅστις εἶ; ἢ τοσοῦτον ὕπνον καὶ λήθην ἅπαντας ἔχειν, ὥστ' οὐ μεμνῆσθαι τοὺς λόγους οὓς ἐδημηγόρεις ἐν τῷ πολέμῳ, καταρώμενος καὶ διομνύμενος μηδὲν εἶναι σοὶ καὶ Φιλίππῳ πρᾶγμα, ἀλλ' ἐμὲ τὴν αἰτίαν σοι ταύτην ἐπάγειν τῆς ἰδίας
284 ἕνεκ' ἔχθρας, οὐκ οὖσαν ἀληθῆ; ὡς δ' ἀπηγγέλθη τάχισθ' ἡ μάχη, οὐδὲν τούτων φροντίσας εὐθέως

ὡμολόγεις καὶ προσεποιοῦ φιλίαν καὶ ξενίαν εἶναί σοι πρὸς αὐτόν, τῇ μισθαρνίᾳ ταῦτα μετατιθέμενος τὰ ὀνόματα· ἐκ ποίας γὰρ ἴσης ἢ δικαίας προφάσεως Αἰσχίνη τῷ Γλαυκοθέας τῆς τυμπανιστρίας ξένος ἢ φίλος ἢ γνώριμος ἦν Φίλιππος; ἐγὼ μὲν οὐχ ὁρῶ, ἀλλ' ἐμισθώθης ἐπὶ τῷ τὰ τουτωνὶ συμφέροντα διαφθείρειν. ἀλλ' ὅμως οὕτω φανερῶς αὐτὸς εἰλημμένος προδότης καὶ κατὰ σαυτοῦ μηνυτὴς ἐπὶ τοῖς συμβᾶσι γεγονὼς ἐμοὶ λοιδορεῖ καὶ ὀνειδίζεις ταῦτα, ὧν παντας μᾶλλον αἰτίους εὑρήσεις.

Πολλὰ καὶ καλὰ καὶ μεγάλα ἡ πόλις, Αἰσχίνη, 285 καὶ προείλετο καὶ κατώρθωσε δι' ἐμοῦ, ὧν οὐκ ἠμνημόνησεν. σημεῖον δέ· χειροτονῶν γὰρ ὁ δῆμος τὸν ἐροῦντ' ἐπὶ τοῖς τετελευτηκόσι παρ' αὐτὰ τὰ συμβάντα οὐ σὲ ἐχειροτόνησε προβληθέντα, καίπερ εὔφωνον ὄντα, οὐδὲ Δημάδην, ἄρτι πεποιηκότα τὴν εἰρήνην, οὐδ' Ἡγήμονα, οὐδ' ἄλλον ὑμῶν οὐδένα, ἀλλ' ἐμέ. καὶ παρελθόντος σοῦ καὶ Πυθοκλέους ὠμῶς καὶ ἀναιδῶς, ὦ Ζεῦ καὶ θεοί, καὶ κατηγορούντων ἐμοῦ ταῦτα ἃ καὶ σὺ νυνί, καὶ λοιδορουμένων, ἔτ' ἄμεινον ἐχειροτόνησεν ἐμέ. τὸ δ' αἴτιον 286 οὐκ ἀγνοεῖς μέν, ὅμως δὲ φράσω σοι κἀγώ. ἀμφότερ' ᾔδεσαν αὐτοί, τήν τ' ἐμὴν εὔνοιαν καὶ προθυμίαν, μεθ' ἧς τὰ πράγματ' ἔπραττον, καὶ τὴν ὑμετέραν ἀδικίαν· ἃ γὰρ εὐθενούντων τῶν πραγμάτων ἠρνεῖσθε διομνύμενοι, ταῦτ' ἐν οἷς ἔπταισεν ἡ πόλις ὡμολογήσατε. τοὺς οὖν ἐπὶ τοῖς κοινοῖς ἀτυχήμασιν ὧν ἐφρόνουν λαβόντας ἄδειαν ἐχθροὺς μὲν πάλαι, φανεροὺς δὲ τόθ' ἡγήσαντο αὐτοῖς γεγενῆσθαι. εἶτα καὶ προσήκειν ὑπολαμβάνοντες τὸν 287 ἐροῦντ' ἐπὶ τοῖς τετελευτηκόσι καὶ τὴν ἐκείνων ἀρετὴν κοσμήσοντα μήθ' ὁμωρόφιον μήθ' ὁμόσπονδον γεγενημένον εἶναι τοῖς πρὸς ἐκείνους παραταξαμένοις, μηδ' ἐκεῖ μὲν κωμάζειν καὶ παιωνίζειν ἐπὶ ταῖς τῶν Ἑλλήνων συμφοραῖς μετὰ τῶν αὐτοχείρων τοῦ φόνου, δεῦρο δ' ἐλθόντα τιμᾶσθαι, μηδὲ τῇ φωνῇ δακρύειν ὑποκρινομένους τὴν ἐκείνων τύχην, ἀλλὰ τῇ ψυχῇ συναλγεῖν — τοῦτο δ' ἑώρων παρ' 288 ἑαυτοῖς καὶ παρ' ἐμοί, παρὰ δ' ὑμῖν οὔ. διὰ ταῦτ' ἐμὲ ἐχειροτόνησαν καὶ οὐχ ὑμᾶς. καὶ οὐχ ὁ μὲν δῆμος οὕτως, οἱ δὲ τῶν τετελευτηκότων πατέρες καὶ ἀδελφοὶ οἱ ὑπὸ τοῦ δήμου τόθ' αἱρεθέντες ἐπὶ τὰς ταφὰς ἄλλως πως, ἀλλὰ δέον ποιεῖν αὐτοὺς τὸ περίδειπνον ὡς παρ' οἰκειοτάτῳ τῶν τετελευτηκότων, ὥσπερ τἄλλ' εἴωθε γίγνεσθαι, τοῦτ' ἐποίησαν παρ' ἐμοί. εἰκότως· γένει μὲν γὰρ ἕκαστος ἑκάστῳ μᾶλλον οἰκεῖος ἦν ἐμοῦ, κοινῇ δὲ πᾶσιν οὐδεὶς ἐγγυτέρω· ᾧ γὰρ ἐκείνους σωθῆναι καὶ κατορθῶσαι μάλιστα διέφερεν, οὗτος καὶ παθόντων ἃ μή ποτ' ὤφελον τῆς ὑπὲρ ἁπάντων λύπης πλεῖστον μετεῖχεν.

289 Λέγε δ' αὐτῷ τουτὶ τὸ ἐπίγραμμα, ὃ δημοσίᾳ προείλετο ἡ πόλις αὐτοῖς ἐπιγράψαι, ἵν' εἰδῇς Αἰσχίνη καὶ ἐν αὐτῷ τούτῳ σαυτὸν ἀγνώμονα καὶ συκοφάντην ὄντα καὶ μιαρόν. Λέγε.

ΕΠΙΓΡΑΜΜΑ.

Οἵδε πάτρας ἕνεκα σφετέρας εἰς δῆριν ἔθεντο
ὅπλα, καὶ ἀντιπάλων ὕβριν ἀπεσκέδασαν.
μαρνάμενοι δ' ἀρετῆς καὶ λήματος οὐκ ἐσάωσαν
ψυχάς, ἀλλ' Ἀΐδην κοινὸν ἔθεντο βραβῆ
οὕνεκεν Ἑλλήνων, ὡς μὴ ζυγὸν αὐχένι θέντες
δουλοσύνης στυγερὰν ἀμφὶς ἔχωσιν ὕβριν.

γαῖα δὲ πατρὶς ἔχει κόλποις τῶν πλεῖστα καμόντων
σώματ', ἐπεὶ θνητοῖς ἐκ Διὸς ἥδε κρίσις·
μηδὲν ἁμαρτεῖν ἐστι θεῶν καὶ πάντα κατορθοῦν,
ἐν βιοτῇ μοῖραν δ' οὔ τι φυγεῖν ἔπορεν.

Ἀκούεις, Αἰσχίνη, καὶ ἐν αὐτῷ τούτῳ, τὸ μηδὲν 290
ἁμαρτεῖν ἐστι θεῶν καὶ πάντα κατορθοῦν· οὐ τῷ
συμβούλῳ τὴν τοῦ κατορθοῦν τοὺς ἀγωνιζομένους
ἀνέθηκε δύναμιν, ἀλλὰ τοῖς θεοῖς. τί οὖν, ὦ κα-
τάρατ', ἐμοὶ περὶ τούτων λοιδορεῖ, καὶ λέγεις ἃ σοὶ
καὶ τοῖς σοῖς οἱ θεοὶ τρέψειαν εἰς κεφαλήν;

Πολλὰ τοίνυν ὦ ἄνδρες Ἀθηναῖοι καὶ ἄλλα 291
κατηγορηκότος αὐτοῦ καὶ κατεψευσμένου, μάλιστ'
ἐθαύμασα πάντων, ὅτε τῶν συμβεβηκότων τότε
τῇ πόλει μνησθεὶς οὐχ ὡς ἂν εὔνους καὶ δίκαιος
πολίτης ἔσχε τὴν γνώμην, οὐδ' ἐδάκρυσεν, οὐδ'
ἔπαθε τοιοῦτον οὐδὲν τῇ ψυχῇ, ἀλλ' ἐπάρας τὴν
φωνὴν καὶ γεγηθὼς καὶ λαρυγγίζων ᾤετο μὲν ἐμοῦ
κατηγορεῖν δηλονότι, δεῖγμα δ' ἐξέφερε καθ' ἑαυτοῦ
ὅτι τοῖς γεγενημένοις ἀνιαροῖς οὐδὲν ὁμοίως ἔσχε
τοῖς ἄλλοις. καίτοι τὸν τῶν νόμων καὶ τῆς πολι- 292
τείας φάσκοντα φροντίζειν, ὥσπερ οὗτος νυνί, καὶ
εἰ μηδὲν ἄλλο, τοῦτό γ' ἔχειν δεῖ, ταὐτὰ λυπεῖσθαι
καὶ ταὐτὰ χαίρειν τοῖς πολλοῖς, καὶ μὴ τῇ προ-
αιρέσει τῶν κοινῶν ἐν τῷ τῶν ἐναντίων μέρει τε-
τάχθαι. ὃ σὺ νυνὶ πεποιηκὼς εἶ φανερός, ἐμὲ
πάντων αἴτιον καὶ δι' ἐμὲ εἰς πράγματα φάσκων
ἐμπεσεῖν τὴν πόλιν, οὐκ ἀπὸ τῆς ἐμῆς πολιτείας
οὐδὲ προαιρέσεως ἀρξαμένων ὑμῶν τοῖς Ἕλλησι
βοηθεῖν, ἐπεὶ ἔμοιγ' εἰ τοῦτο δοθείη παρ' ὑμῶν, δι' 293
ἐμὲ ὑμᾶς ἠναντιῶσθαι τῇ κατὰ τῶν Ἑλλήνων ἀρχῇ

πραττομένῃ, μείζων ἂν δοθείη δωρεὰ συμπασῶν ὧν τοῖς ἄλλοις δεδώκατε. ἀλλ' οὔτ' ἂν ἐγὼ ταῦτα φήσαιμι (ἀδικοίην γὰρ ἂν ὑμᾶς), οὔτ' ἂν ὑμεῖς εὖ οἶδ' ὅτι συγχωρήσαιτε· οὗτός τ' εἰ δίκαια ἐποίει, οὐκ ἂν ἕνεκα τῆς πρὸς ἐμὲ ἔχθρας τὰ μέγιστα τῶν ὑμετέρων καλῶν ἔβλαπτε καὶ διέβαλλεν.

294 Ἀλλὰ τί ταῦτ' ἐπιτιμῶ, πολλῷ σχετλιώτερα ἄλλα κατηγορηκότος αὐτοῦ καὶ κατεψευσμένου; ὃς γὰρ ἐμοῦ φιλιππισμόν, ὦ γῆ καὶ θεοί, κατηγορεῖ, τί οὗτος οὐκ ἂν εἴποι; καίτοι νὴ τὸν Ἡρακλέα καὶ πάντας θεούς, εἴ γ' ἐπ' ἀληθείας δέοι σκοπεῖσθαι, τὸ καταψεύδεσθαι καὶ δι' ἔχθραν τι λέγειν ἀνελόντας ἐκ μέσου, τίνες ὡς ἀληθῶς εἰσιν οἷς ἂν εἰκότως καὶ δικαίως τὴν τῶν γεγενημένων αἰτίαν ἐπὶ τὴν κεφαλὴν ἀναθεῖεν ἅπαντες, τοὺς ὁμοίους τούτῳ παρ' ἑκάστῃ 295 τῶν πόλεων εὕροιτ' ἄν, οὐ τοὺς ἐμοί· οἳ ὅτ' ἦν ἀσθενῆ τὰ Φιλίππου πράγματα καὶ κομιδῇ μικρά, πολλάκις προλεγόντων ἡμῶν καὶ παρακαλούντων καὶ διδασκόντων τὰ βέλτιστα, τῆς ἰδίας ἕνεκ' αἰσχροκερδείας τὰ κοινῇ συμφέροντα προΐεντο, τοὺς ὑπάρχοντας ἕκαστοι πολίτας ἐξαπατῶντες καὶ διαφθείροντες, ἕως δούλους ἐποίησαν, Θετταλοὺς Δάοχος Κινέας Θρασύδαος, Ἀρκάδας Κερκιδᾶς Ἱερώνυμος Εὐκαμπίδας, Ἀργείους Μύρτις Τελέδαμος Μνασέας, Ἠλείους Εὐξίθεος Κλεότιμος Ἀρίσταιχμος, Μεσσηνίους οἱ Φιλιάδου τοῦ θεοῖς ἐχθροῦ παῖδες Νέων καὶ Θρασύλοχος, Σικυωνίους Ἀρίστρατος Ἐπιχάρης, Κορινθίους Δείναρχος Δημάρατος, Μεγαρέας Πτοιόδωρος Ἕλιξος Περίλαος, Θηβαίους Τιμόλας Θεογείτων Ἀνεμοίτας, Εὐβοέας Ἵππαρχος

Κλείταρχος Σωσίστρατος. ἐπιλείψει με λέγοντα ἡ 296
ἡμέρα τὰ τῶν προδοτῶν ὀνόματα. οὗτοι πάντες
εἰσίν, ἄνδρες Ἀθηναῖοι, τῶν αὐτῶν βουλευμάτων ἐν
ταῖς αὑτῶν πατρίσιν ὧνπερ οὗτοι παρ' ὑμῖν, ἄνθρω-
ποι μιαροὶ καὶ κόλακες καὶ ἀλάστορες, ἠκρωτηρια-
σμένοι τὰς ἑαυτῶν ἕκαστοι πατρίδας, τὴν ἐλευθερίαν
προπεπωκότες πρότερον μὲν Φιλίππῳ νῦν δὲ Ἀλ-
εξάνδρῳ, τῇ γαστρὶ μετροῦντες καὶ τοῖς αἰσχίστοις
τὴν εὐδαιμονίαν, τὴν δ' ἐλευθερίαν καὶ τὸ μηδένα
ἔχειν δεσπότην αὑτῶν, ἃ τοῖς προτέροις Ἕλλησιν
ὅροι τῶν ἀγαθῶν ἦσαν καὶ κανόνες, ἀνατετραφότες.

Ταύτης τοίνυν τῆς οὕτως αἰσχρᾶς καὶ περιβοή- 297
του συστάσεως καὶ κακίας, μᾶλλον δ' ὦ ἄνδρες
Ἀθηναῖοι προδοσίας, εἰ δεῖ μὴ ληρεῖν, τῆς τῶν Ἑλ-
λήνων ἐλευθερίας, ἥ τε πόλις παρὰ πᾶσιν ἀνθρώποις
ἀναίτιος γέγονεν ἐκ τῶν ἐμῶν πολιτευμάτων καὶ
ἐγὼ παρ' ὑμῖν. εἶτά μ' ἐρωτᾷς ἀντὶ ποίας ἀρετῆς
ἀξιῶ τιμᾶσθαι; ἐγὼ δέ σοι λέγω, ὅτι τῶν πολιτευο-
μένων παρὰ τοῖς Ἕλλησι διαφθαρέντων ἁπάντων,
ἀρξαμένων ἀπὸ σοῦ, πρότερον μὲν ὑπὸ Φιλίππου
νῦν δ' ὑπ' Ἀλεξάνδρου, ἐμὲ οὔτε καιρὸς οὔτε φιλαν- 298
θρωπία λόγων οὔτ' ἐπαγγελιῶν μέγεθος οὔτ' ἐλπὶς
οὔτε φόβος οὔτ' ἄλλο οὐδὲν ἐπῆρεν οὐδὲ προηγάγετο
ὧν ἔκρινα δικαίων καὶ συμφερόντων τῇ πατρίδι οὐδὲν
προδοῦναι, οὐδ', ὅσα συμβεβούλευκα πώποτε του-
τοισί, ὁμοίως ὑμῖν ὥσπερ ἂν τρυτάνῃ ῥέπων ἐπὶ τὸ
λῆμμα συμβεβούλευκα, ἀλλ' ἀπ' ὀρθῆς καὶ δικαίας
καὶ ἀδιαφθόρου τῆς ψυχῆς, καὶ μεγίστων δὴ πραγ-
μάτων τῶν κατ' ἐμαυτὸν ἀνθρώπων προστὰς πάντα
ταῦτα ὑγιῶς καὶ δικαίως πεπολίτευμαι. διὰ ταῦτ' 299

ἀξιῶ τιμᾶσθαι. τὸν δὲ τειχισμὸν τοῦτον, ὃν σύ μου διέσυρες, καὶ τὴν ταφρείαν ἄξια μὲν χάριτος καὶ ἐπαίνου κρίνω, πῶς γὰρ οὔ; πόρρω μέντοι που τῶν ἐμαυτῷ πεπολιτευμένων τίθεμαι. οὐ λίθοις ἐτείχισα τὴν πόλιν οὐδὲ πλίνθοις ἐγώ, οὐδ' ἐπὶ τούτοις μέγιστον τῶν ἐμαυτοῦ φρονῶ· ἀλλ' ἐὰν τὸν ἐμὸν τειχισμὸν βούλῃ δικαίως σκοπεῖν, εὑρήσεις ὅπλα καὶ πόλεις καὶ τόπους καὶ λιμένας καὶ ναῦς καὶ πολλοὺς ἵππους καὶ τοὺς ὑπὲρ τούτων ἀμυνομέ-
300 νους. ταῦτα προὐβαλόμην ἐγὼ πρὸ τῆς Ἀττικῆς, ὅσον ἦν ἀνθρωπίνῳ λογισμῷ δυνατόν, καὶ τούτοις ἐτείχισα τὴν χώραν, οὐχὶ τὸν κύκλον τοῦ Πειραιῶς οὐδὲ τοῦ ἄστεως. οὐδέ γ' ἡττήθην ἐγὼ τοῖς λογισμοῖς Φιλίππου, πολλοῦ γε καὶ δεῖ, οὐδὲ ταῖς παρασκευαῖς, ἀλλ' οἱ τῶν συμμάχων στρατηγοὶ καὶ αἱ δυνάμεις τῇ τύχῃ. τίνες αἱ τούτων ἀποδείξεις; ἐναργεῖς καὶ φανεραί. σκοπεῖτε δέ.

301 Τί χρῆν τὸν εὔνουν πολίτην ποιεῖν, τί τὸν μετὰ πάσης προνοίας καὶ προθυμίας καὶ δικαιοσύνης ὑπὲρ τῆς πατρίδος πολιτευόμενον; οὐκ ἐκ μὲν θαλάττης τὴν Εὔβοιαν προβαλέσθαι πρὸ τῆς Ἀττικῆς, ἐκ δὲ τῆς μεσογείας τὴν Βοιωτίαν, ἐκ δὲ τῶν πρὸς Πελοπόννησον τόπων τοὺς ὁμόρους ταύτῃ; οὐ τὴν σιτοπομπίαν, ὅπως παρὰ πᾶσαν φιλίαν ἄχρι τοῦ Πει-
302 ραιῶς κομισθήσεται, προϊδέσθαι; καὶ τὰ μὲν σῶσαι τῶν ὑπαρχόντων ἐκπέμποντα βοηθείας καὶ λέγοντα καὶ γράφοντα τοιαῦτα, τὴν Προκόννησον, τὴν Χερρόνησον, τὴν Τένεδον, τὰ δ' ὅπως οἰκεῖα καὶ σύμμαχ' ὑπάρξει πρᾶξαι, τὸ Βυζάντιον, τὴν Ἄβυδον, τὴν Εὔβοιαν; καὶ τῶν μὲν τοῖς ἐχθροῖς ὑπαρχουσῶν

δυνάμεων τὰς μεγίστας ἀφελεῖν, ὧν δ' ἐνέλειπε τῇ
πόλει, ταῦτα προσθεῖναι; ταῦτα τοίνυν ἅπαντα
πέπρακται τοῖς ἐμοῖς ψηφίσμασι καὶ τοῖς ἐμοῖς
πολιτεύμασιν, ἃ καὶ βεβουλευμένα, ὦ ἄνδρες Ἀθη- 303
ναῖοι, ἐὰν ἄνευ φθόνου τις βούληται σκοπεῖν, ὀρθῶς
εὑρήσει καὶ πεπραγμένα πάσῃ δικαιοσύνῃ, καὶ τὸν
ἑκάστου καιρὸν οὐ παρεθέντα οὐδ' ἀγνοηθέντα οὐδὲ
προεθέντα ὑπ' ἐμοῦ, καὶ ὅσα εἰς ἑνὸς ἀνδρὸς δύναμιν
καὶ λογισμὸν ἧκεν, οὐδὲν ἐλλειφθέν. εἰ δὲ ἡ δαί-
μονός τινος ἢ τύχης ἰσχὺς ἢ στρατηγῶν φαυλότης
ἢ τῶν προδιδόντων τὰς πόλεις ὑμῶν κακία ἢ πάντα
ταῦτα ἐλυμαίνετο τοῖς ὅλοις, ἕως ἀνέτρεψαν, τί
Δημοσθένης ἀδικεῖ; εἰ δ' οἷος ἐγὼ παρ' ὑμῖν κατὰ 304.
τὴν ἐμαυτοῦ τάξιν, εἷς ἐν ἑκάστῃ τῶν Ἑλληνίδων
πόλεων ἀνὴρ ἐγένετο, μᾶλλον δ' εἰ ἕνα ἄνδρα μόνον
Θετταλία καὶ ἕνα ἄνδρα Ἀρκαδία ταὐτὰ φρονοῦντα
ἔσχεν ἐμοί, οὐδεὶς οὔτε τῶν ἔξω Πυλῶν Ἑλλήνων
οὔτε τῶν εἴσω τοῖς παροῦσι κακοῖς ἐκέχρητ' ἄν,
ἀλλὰ πάντες ἂν ὄντες ἐλεύθεροι καὶ αὐτόνομοι μετὰ 305
πάσης ἀδείας ἀσφαλῶς ἐν εὐδαιμονίᾳ τὰς ἑαυτῶν
ᾤκουν πατρίδας, τῶν τοσούτων καὶ τοιούτων ἀγαθῶν
ὑμῖν καὶ τοῖς ἄλλοις Ἀθηναίοις ἔχοντες χάριν δι'
ἐμέ. ἵνα δ' εἰδῆτε ὅτι πολλῷ τοῖς λόγοις ἐλάττοσι
χρῶμαι τῶν ἔργων, εὐλαβούμενος τὸν φθόνον, λέγε
μοι ταυτὶ καὶ ἀνάγνωθι λαβών.

ΨΗΦΙΣΜΑΤΑ.

Ταῦτα καὶ τοιαῦτα πράττειν, Αἰσχίνη, τὸν καλὸν 306
κἀγαθὸν πολίτην δεῖ, ὧν κατορθουμένων μὲν μεγίσ-
τοις ἀναμφισβητήτως ὑπῆρχεν εἶναι καὶ τὸ δικαίως

προσῆν, ὡς ἑτέρως δὲ συμβάντων τὸ γοῦν εὐδοκιμεῖν περίεστι καὶ τὸ μηδένα μέμφεσθαι τὴν πόλιν μηδὲ τὴν προαίρεσιν αὐτῆς, ἀλλὰ τὴν τύχην κακίζειν τὴν 307 οὕτω τὰ πράγματα κρίνασαν, οὐ μὰ Δί᾽ οὐκ ἀποστάντα τῶν συμφερόντων τῇ πόλει, μισθώσαντα δ᾽ αὑτὸν τοῖς ἐναντίοις, τοὺς ὑπὲρ τῶν ἐχθρῶν καιροὺς ἀντὶ τῶν τῆς πατρίδος θεραπεύειν, οὐδὲ τὸν μὲν πράγματα ἄξια τῆς πόλεως ὑποστάντα λέγειν καὶ γράφειν καὶ μένειν ἐπὶ τούτων βασκαίνειν, ἐὰν δέ τις ἰδίᾳ τι λυπήσῃ, τοῦτο μεμνῆσθαι καὶ τηρεῖν, οὐδέ γ᾽ ἡσυχίαν ἄγειν ἄδικον καὶ ὕπουλον, ὃ σὺ 308 ποιεῖς πολλάκις. ἔστι γάρ, ἔστιν ἡσυχία δικαία καὶ συμφέρουσα τῇ πόλει, ἣν οἱ πολλοὶ τῶν πολιτῶν ὑμεῖς ἁπλῶς ἄγετε. ἀλλ᾽ οὐ ταύτην οὗτος ἄγει τὴν ἡσυχίαν, πολλοῦ γε καὶ δεῖ, ἀλλ᾽ ἀποστὰς ὅταν αὐτῷ δόξῃ τῆς πολιτείας (πολλάκις δὲ δοκεῖ) φυλάττει πηνίκ᾽ ἔσεσθε μεστοὶ τοῦ συνεχῶς λέγοντος ἢ παρὰ τῆς τύχης τι συμβέβηκεν ἐναντίωμα ἢ ἄλλο τι δύσκολον γέγονε (πολλὰ δὲ τἀνθρώπινα)· εἶτ᾽ ἐπὶ τούτῳ τῷ καιρῷ ῥήτωρ ἐξαίφνης ἐκ τῆς ἡσυχίας ὥσπερ πνεῦμ᾽ ἐφάνη, καὶ πεφωνασκηκὼς καὶ συνειλοχὼς ῥήματα καὶ λόγοις συνείρει τούτους σαφῶς καὶ ἀπνευστί, ὄνησιν μὲν οὐδεμίαν φέροντας οὐδ᾽ ἀγαθοῦ κτῆσιν οὐδενός, συμφορὰν δὲ τῷ τυχόντι 309 τῶν πολιτῶν καὶ κοινὴν αἰσχύνην. καίτοι ταύτης τῆς μελέτης καὶ τῆς ἐπιμελείας, Αἰσχίνη, εἴ περ ἐκ ψυχῆς δικαίας ἐγίγνετο καὶ τὰ τῆς πατρίδος συμφέροντα προῃρημένης, τοὺς καρποὺς ἔδει γενναίους καὶ καλοὺς καὶ πᾶσιν ὠφελίμους εἶναι, συμμαχίας πόλεων, πόρους χρημάτων, ἐμπορίου κατασκευήν,

νόμων συμφερόντων θέσεις, τοῖς ἀποδειχθεῖσιν ἐχθροῖς ἐναντιώματα. τούτων γὰρ ἁπάντων ἦν ἐν 310
τοῖς ἄνω χρόνοις ἐξέτασις, καὶ ἔδωκεν ὁ παρελθὼν χρόνος πολλὰς ἀποδείξεις ἀνδρὶ καλῷ τε κἀγαθῷ, ἐν οἷς οὐδαμοῦ σὺ φανήσει γεγονώς, οὐ πρῶτος, οὐ δεύτερος, οὐ τρίτος, οὐ τέταρτος, οὐ πέμπτος, οὐχ ἕκτος, οὐχ ὁποστυσοῦν, οὔκουν ἐπί γ' οἷς ἡ πατρὶς ηὐξάνετο. τίς γὰρ συμμαχία σοῦ πράξαντος γέγονε 311 τῇ πόλει; τίς δὲ βοήθεια ἢ κτῆσις εὐνοίας ἢ δόξης; τίς δὲ πρεσβεία; τίς διακονία δι' ἣν ἡ πόλις ἐντιμοτέρα; τί τῶν οἰκείων ἢ τῶν Ἑλληνικῶν καὶ ξενικῶν, οἷς ἐπέστης, ἐπηνώρθωται διὰ σέ; ποῖαι τριήρεις; ποῖα βέλη; ποῖοι νεώσοικοι; τίς ἐπισκευὴ τειχῶν; ποῖον ἱππικόν; τί τῶν ἁπάντων σὺ χρήσιμος εἶ; τίς ἢ τοῖς εὐπόροις ἢ τοῖς ἀπόροις πολιτικὴ καὶ κοινὴ βοήθεια χρημάτων; οὐδεμία. ἀλλ', 312 ὦ τᾶν, εἰ μηδὲν τούτων, εὔνοιά γε καὶ προθυμία; ποῦ; πότε; ὅστις, ὦ πάντων ἀδικώτατε, οὐδ' ὅτε ἅπαντες, ὅσοι πώποτ' ἐφθέγξαντο ἐπὶ τοῦ βήματος, εἰς σωτηρίαν ἐπεδίδοσαν, καὶ τὸ τελευταῖον Ἀριστόνικος τὸ συνειλεγμένον εἰς τὴν ἐπιτιμίαν, οὐδὲ τότε οὔτε παρῆλθες οὔτ' ἐπέδωκας οὐδέν, οὐκ ἀπορῶν, πῶς γάρ; ὅς γε κεκληρονόμηκας μὲν τῶν Φίλωνος τοῦ κηδεστοῦ χρημάτων πλειόνων ἢ πεντεταλάντων, διτάλαντον δ' εἶχες ἔρανον δωρεὰν παρὰ τῶν ἡγεμόνων τῶν συμμοριῶν ἐφ' οἷς ἐλυμήνω τὸν τριηραρχικὸν νόμον. ἀλλ' ἵνα μὴ λόγον ἐκ λόγου λέγων 313 τοῦ παρόντος ἐμαυτὸν ἐκκρούσω, παραλείψω ταῦτα. ἀλλ' ὅτι γ' οὐχὶ δι' ἔνδειαν οὐκ ἐπέδωκας, ἐκ τούτων δῆλον, ἀλλὰ φυλάττων τὸ μηδὲν ἐναντίον γενέσθαι

παρὰ σοῦ τούτοις οἷς ἅπαντα πολιτεύῃ. ἐν τίσιν οὖν σὺ νεανίας καὶ πηνίκα λαμπρός; ἡνίκ᾽ ἂν κατὰ τούτων τι δέῃ, ἐν τούτοις λαμπροφωνότατος, μνημονικώτατος, ὑποκριτὴς ἄριστος, τραγικὸς Θεοκρίνης.

314 Εἶτα τῶν πρότερον γεγενημένων ἀγαθῶν ἀνδρῶν μέμνησαι. καὶ καλῶς ποιεῖς. οὐ μέντοι δίκαιόν ἐστιν, ἄνδρες Ἀθηναῖοι, τὴν πρὸς τοὺς τετελευτηκότας εὔνοιαν ὑπάρχουσαν προλαβόντα παρ᾽ ὑμῶν πρὸς ἐκείνους ἐξετάζειν καὶ παραβάλλειν· ἐμὲ τὸν 315 νῦν ζῶντα μεθ᾽ ὑμῶν. τίς γὰρ οὐκ οἶδε τῶν πάντων ὅτι τοῖς μὲν ζῶσι πᾶσιν ὕπεστί τις ἢ πλείων ἢ ἐλάττων φθόνος, τοὺς τεθνεῶτας δὲ οὐδὲ τῶν ἐχθρῶν οὐδεὶς ἔτι μισεῖ; οὕτως οὖν ἐχόντων τούτων τῇ φύσει, πρὸς τοὺς πρὸ ἐμαυτοῦ νῦν ἐγὼ κρίνωμαι καὶ θεωρῶμαι; μηδαμῶς· οὔτε γὰρ δίκαιον οὔτ᾽ ἴσον, Αἰσχίνη, ἀλλὰ πρὸς σὲ καὶ ἄλλον εἴ τινα βούλει τῶν ταὐτά σοι προῃρημένων καὶ ζώντων. 316 κἀκεῖνο σκόπει. πότερον κάλλιον καὶ ἄμεινον τῇ πόλει διὰ τὰς τῶν πρότερον εὐεργεσίας, οὔσας ὑπερμεγέθεις, οὐ μὲν οὖν εἴποι τις ἂν ἡλίκας, τὰς ἐπὶ τὸν παρόντα βίον γιγνομένας εἰς ἀχαριστίαν καὶ προπηλακισμὸν ἄγειν, ἢ πᾶσιν ὅσοι τι μετ᾽ εὐνοίας πράττουσι, τῆς τούτων τιμῆς καὶ φιλαν- 317 θρωπίας μετεῖναι; καὶ μὴν εἰ καὶ τοῦτ᾽ ἄρα δεῖ με εἰπεῖν, ἡ μὲν ἐμὴ πολιτεία καὶ προαίρεσις, ἄν τις ὀρθῶς σκοπῇ, ταῖς τῶν τότ᾽ ἐπαινουμένων ἀνδρῶν ὁμοία καὶ ταὐτὰ βουλομένη φανήσεται, ἡ δὲ σὴ ταῖς τῶν τοὺς τοιούτους τότε συκοφαντούντων· δῆλον γὰρ ὅτι καὶ κατ᾽ ἐκείνους ἦσάν τινες οἱ διασύροντες τοὺς ὄντας τότε, τοὺς δὲ πρότερον γεγενη-

μένους ἐπῄνουν, βάσκανον πρᾶγμα καὶ ταὐτὸ ποιοῦντες σοί. εἶτα λέγεις ὡς οὐδὲν ὅμοιός εἰμι ἐκείνους 318 ἐγώ; σὺ δ' ὅμοιος, Αἰσχίνη; ὁ δ' ἀδελφὸς ὁ σός; ἄλλος δέ τις τῶν νῦν ῥητόρων; ἐγὼ μὲν γὰρ οὐδένα φημί. ἀλλὰ πρὸς τοὺς ζῶντας, ὦ χρηστέ, ἵνα μηδὲν ἄλλ' εἴπω, τὸν ζῶντα ἐξέταζε καὶ τοὺς καθ' αὑτόν, ὥσπερ τἆλλα πάντα, τοὺς ποιητάς, τοὺς χορούς, τοὺς ἀγωνιστάς. ὁ Φιλάμμων οὐχ ὅτι Γλαύκου τοῦ 319 Καρυστίου καί τινων ἑτέρων πρότερον γεγενημένων ἀθλητῶν ἀσθενέστερος ἦν, ἀστεφάνωτος ἐκ τῆς Ὀλυμπίας ἀπῄει, ἀλλ' ὅτι τῶν εἰσελθόντων πρὸς αὐτὸν ἄριστα ἐμάχετο, ἐστεφανοῦτο καὶ νικῶν ἀνηγορεύετο. καὶ σὺ πρὸς τοὺς νῦν ὅρα με ῥήτορας, πρὸς σαυτόν, πρὸς ὅντινα βούλει τῶν ἁπάντων· οὐδένα ἐξίσταμαι. ὧν, ὅτε μὲν τῇ πόλει τὰ βέλτισ- 320 τα ἑλέσθαι παρῆν, ἐφαμίλλου τῆς εἰς τὴν πατρίδα εὐνοίας ἐν κοινῷ πᾶσι κειμένης, ἐγὼ κράτιστα λέγων ἐφαινόμην, καὶ τοῖς ἐμοῖς καὶ ψηφίσμασι καὶ νόμοις καὶ πρεσβείαις ἅπαντα διῳκεῖτο, ὑμῶν δὲ οὐδεὶς ἦν οὐδαμοῦ, πλὴν εἰ τούτοις ἐπηρεάσαι τι δέοι· ἐπειδὴ δὲ ἃ μή ποτ' ὤφελε συνέβη, καὶ οὐκέτι συμβούλων ἀλλὰ τῶν τοῖς ἐπιταττομένοις ὑπηρετούντων καὶ τῶν κατὰ τῆς πατρίδος μισθαρνεῖν ἑτοίμων καὶ τῶν κολακεύειν ἑτέρους βουλομένων ἐξέτασις, τηνικαῦτα σὺ καὶ τούτων ἕκαστος ἐν τάξει καὶ μέγας καὶ λαμπρὸς ἱπποτρόφος, ἐγὼ δ' ἀσθενής, ὁμολογῶ, ἀλλ' εὔνους μᾶλλον ὑμῶν τουτοισί. δύο δ', ἄνδρες Ἀθη- 321 ναῖοι, τὸν φύσει μέτριον πολίτην ἔχειν δεῖ (οὕτω γάρ μοι περὶ ἐμαυτοῦ λέγοντι ἀνεπιφθονώτατον εἰπεῖν)· ἐν μὲν ταῖς ἐξουσίαις τὴν τοῦ γενναίου καὶ

τοῦ πρωτείου τῇ πόλει προαίρεσιν διαφυλάττειν, ἐν παντὶ δὲ καιρῷ καὶ πράξει τὴν εὔνοιαν· τούτου γὰρ ἡ φύσις κυρία, τοῦ δύνασθαι δὲ καὶ ἰσχύειν ἕτερα. ταύτην τοίνυν παρ᾽ ἐμοὶ μεμενηκυῖαν εὑρή-
322 σετε ἁπλῶς. ὁρᾶτε δέ. οὐκ ἐξαιτούμενος, οὐκ Ἀμφικτυονικὰς δίκας ἐπαγόντων, οὐκ ἐπαγγελλομένων, οὐχὶ τοὺς καταράτους τούτους ὥσπερ θηρία μοι προσβαλλόντων, οὐδαμῶς ἐγὼ προδέδωκα τὴν εἰς ὑμᾶς εὔνοιαν. τὸ γὰρ ἐξ ἀρχῆς εὐθὺς ὀρθὴν καὶ δικαίαν τὴν ὁδὸν τῆς πολιτείας εἱλόμην, τὰς τιμάς, τὰς δυναστείας, τὰς εὐδοξίας τὰς τῆς πατρίδος
323 θεραπεύειν, ταύτας αὔξειν, μετὰ τούτων εἶναι. οὐκ ἐπὶ μὲν τοῖς ἑτέρων εὐτυχήμασι φαιδρὸς ἐγὼ καὶ γεγηθὼς κατὰ τὴν ἀγορὰν περιέρχομαι, τὴν δεξιὰν προτείνων καὶ εὐαγγελιζόμενος τούτοις οὓς ἂν ἐκεῖσε ἀπαγγέλλειν οἴωμαι, τῶν δὲ τῆς πόλεως ἀγαθῶν πεφρικὼς ἀκούω καὶ στένων καὶ κύπτων εἰς τὴν γῆν, ὥσπερ οἱ δυσσεβεῖς οὗτοι, οἳ τὴν μὲν πόλιν διασύρουσιν, ὥσπερ οὐχ αὑτοὺς διασύροντες, ὅταν τοῦτο ποιῶσιν, ἔξω δὲ βλέπουσι, καὶ ἐν οἷς ἀτυχησάντων τῶν Ἑλλήνων εὐτύχησεν ἕτερος, ταῦτ᾽ ἐπαινοῦσι καὶ ὅπως τὸν ἅπαντα χρόνον μενεῖ φασι δεῖν τηρεῖν.
324 Μὴ δῆτ᾽, ὦ πάντες θεοί, μηδεὶς ταῦθ᾽ ὑμῶν ἐπινεύσειεν, ἀλλὰ μάλιστα μὲν καὶ τούτοις βελτίω τινὰ νοῦν καὶ φρένας ἐνθείητε, εἰ δ᾽ ἄρ᾽ ἔχουσιν ἀνιάτως, τούτους μὲν αὐτοὺς καθ᾽ ἑαυτοὺς ἐξώλεις καὶ προώλεις ἐν τῇ καὶ θαλάττῃ ποιήσατε, ἡμῖν δὲ τοῖς λοιποῖς τὴν ταχίστην ἀπαλλαγὴν τῶν ἐπηρτημένων φόβων δότε καὶ σωτηρίαν ἀσφαλῆ.

NOTES

ON THE ORATIONS OF

ÆSCHINES AGAINST CTESIPHON

AND

DEMOSTHENES ON THE CROWN.

NOTES

ON THE ORATION OF

ÆSCHINES AGAINST CTESIPHON.

Ch. 1—9. Exordium: Deprecation of factious proceedings, and party influence, which tend to prevent the due execution of justice.

1. παρασκευὴν ... παράταξιν: "Vocabula desumta ex re militari," Bremi, = "The muster and array of partisans, and supporters of Demosthenes." παρασκευάζεσθαι is frequently used in the sense of "preparing or procuring for oneself persons as witnesses or partisans," so as to obtain a sentence by force or fraud; hence its combination with ῥήτορας, ψευδεῖς λόγους, μάρτυρας, συκοφάντας. The court, on the occasion of this great trial, was thronged by hearers, who ranged themselves on the side of Æschines or Demosthenes. The number of the jurymen in the Athenian courts gave great opportunity for the use of factious arts, δεήσεις. Comp. Liv. III. 14. ὑπὲρ τοῦ, κ. τ. λ. ὑπέρ with an infinitive denotes "for the purpose of." ἐγώ, emphatic, "I for my part," whatever others may do.

2. τὴν βουλὴν τοὺς πεντ. καὶ τὰς ἐκκλησίας, "the Council of Five Hundred, and the Popular Assemblies." The former was an executive and deliberative body appointed more especially to prepare measures for the latter. The members were chosen by lot from the whole body of the people, were required to be genuine citizens both on the father's and mother's side, and of the age of 30. Their term of office (called a Pytany) lasted a year, and at its expiration they were required to render an official account of their administration to the auditors. τῶν ἐφεστηκότων = "their presiding officers," i. e. the προέδροι and ἐπιστάτης. Comp. Soph. Ajax, 1072; Xen. Mem. I. i. 18.

3. ῥᾳδίως = temerè, "recklessly," "rashly." ἐπιψηφίζουσι, sententias perrogant, in suffragia mittunt, "put to the vote." ἐκ παρασκευῆς καθεζόμενοι = "obtaining their seats by intrigue." εἰσαγγέλλειν = "to accuse him by bill of indictment." An εἰσαγγελία is a "delatio," or "impeachment," laid before the Council, or the assembly of the people. See Dict. Antiq.

τοὺς ἰδιώτας. See Smith's *Dict. Antiq.* 994 b. "Although all citizens had the right of speaking in the ἐκκλησία, the privilege was of course exercised by a few only, who felt themselves competent to the task, and in the time of Demosthenes, when rhetoric was studied as a science, the debates were mostly confined to a few practised orators and statesmen, as they are generally elsewhere. Hence the ῥήτορες, or δημήγοροι, are distinguished from the ἰδιῶται, or general body of citizens, who took no part in the debates." C. R. Kennedy.

4. κήρυγμα, according to the institution of Solon, those who were above 50 years of age were first called upon to speak, and then the younger men. But this custom became obsolete. See Smith's *Dict. Antiq.* 442 a.

5. προλέγω ὑμῖν, κ. τ. λ. "I forewarn you a day will come when you will find that you have imperceptibly and little by little abandoned the constitution to a faction."

6. γρ. παρ. δικάσων="for the purpose of sitting as juryman in an action of γραφὴ παρανόμων." τὴν ψῆφον, "*the* vote he is about to give concerns his own freedom of speech." ὁ νομοθέτης, this word may be applied to any person who causes laws to be enacted, but "so high was the esteem in which Solon was held by the Athenians, as the founder of their social polity, that although many important reforms were effected at various periods, he still continued to be regarded as *the lawgiver* (ὁ νομοθέτης), and the whole body of laws passed under his name." See Smith's *Dict. Antiq.* διατηρηθῶσιν (διά in comp. *intensive*) = "thoroughly, or faithfully observed."

7. τῶν στρατηγῶν. The Strategi in the time of Demosthenes differed in many respects from those of the early times. Formerly the Strategus was general in the field and leader in the assembly. In later times the various parties into which the state was divided had each their orator (ῥήτωρ) and general. The Strategi, therefore, were often exposed to the malice and misrepresentations of unfriendly demagogues, and were often more engaged in political contests at home than in waging war abroad. λυμαίνονται, "are making havoc of the constitution." Comp. Acts viii. 3, Ὁ δὲ Σαῦλος ἐλυμαίνετο τὴν ἐκκλησίαν. ἀναβιβαζόμενοι used technically (1) of "bringing up a witness to the bar of a court of justice," (2) of a prisoner "bringing up his wife, and children, &c., to raise compassion." See Plat. *Apol.* xviii. D.

8. παρακαταθέμενοι, "entrusting to you as a deposit." The word is often used of depositing property with another on trust. Comp. παρακαταθήκη, 1 Tim. vi. 20; 2 Tim. i. 14.

9. Having introduced the general charge (ἡ ὅλη κατηγορία) Æschines proceeds to show, (1) (Chs. 9—13) that a most essential law of the State had without excuse been violated in proposing to crown Demosthenes before the accounts of his administration have been duly scrutinized; (2) (Chs. 13—16) that his appointment to an extraordinary office could not be justly pleaded in extenuation; (3) (Chs. 16—32) that the fact that the money he had spent was his own could not make him a whit the less amenable to the scrutiny. To that scrutiny all offices were amenable, and Demosthenes as holding two when the bill of Ctesiphon was proposed could not evade the law.

τῶν ὑπευθύνων. See Smith's *Dict. Antiq.* 478 a. παρ' οὗς, "in opposition, or in violation of which." "παρά signifies *præter*, when it is almost synonymous with *contra*, 'against,' as παρὰ δόξαν, *præter opinionem*, as if two contrary things were compared; by a similar transition we have in English, '*beside* the question,' for, 'out of,' or 'inconsistent with.' To this class belong the phrases παρὰ γνώμην, 'contrary to expectation;' παρὰ δύναμιν, 'beyond one's power;' παρὰ τὴν φύσιν, 'contrary to nature;' παρὰ τοὺς νόμος, 'in contravention of the laws,' whence παράνομος, &c.; and here we may compare ὑπερβαίνειν τοὺς νόμους, ὑπερβασία, and the like." Donaldson's *Greek Grammar*, p. 522.

10. ὁ δὲ αὐτὸς ἀνήρ... "and that the same man, after a short interval, should leave the court convicted of fraud and malversation," lit. "having failed in the scrutiny."

11. τίθησι νόμον... "Brings forward a law, and a very excellent one too, which forbids explicitly the crowning of any who have not passed the official scrutiny." τοὺς ὑπευ...στεφ. "those who are minded to, or bent on crowning." The present sometimes denotes the purpose, when the mind alone is employed upon an act, or the matter at best is only in preparation. οἱ μέν, answered by Κτησιφῶν δέ below. ἀλλ' οὖν, "but at any rate," followed after an interval by γοῦν, Plat. *Prot.* 327 c, or γε, Isoc. *Demon.* p. 10 E. Don. *Gr. Gram.* p. 567. προβάλλονται, "they put forward as a kind of pretext to conceal;" or "they place a sort of screen between themselves and the abuse." Comp. Thuc. II. lxxxvii. 3. But Ctesiphon disregards all qualifications of this sort.

13. αἱρετός, αἱρεταὶ ἀρχαί: "offices which went by election," and therefore extraordinary, were opposed to ἀρχαὶ κληρωταί, which were by lot and ordinary magistracies. ἐπιμέλειά τις, "but a kind of public commission and service." ἀρχὰς δέ... "but they will allege that these are strictly ἀρχαί, which the Thesmothetæ assign by lot in the temple of Theseus."

χειροτονεῖν, a show of hands (χειροτονεῖν) was employed in the election of those magistrates who were chosen in the public assemblies (ἀρχαιρεσίαι), and who were hence called χειροτονητοί. Smith's *Dict. Antiq.* 271 a.

14. ὑμεῖς, emphatic, "which you yourselves." ἐπιστάτας, the title of ἐπιστάτης was applied not only to the chairman of the Senate and assembly of the people, but also to the directors of the public works. "These directors had different names, as τειχοποιοί, the repairers of the walls (the most distinguished office); τριηροποιοί, the builders of the triremes; ταφροποιοί, the repairers of the trenches, &c., they were all elected by the tribes, one from each." Smith's *Dict. Antiq.* 469 a. Grote, *Hist. Gr.* XI. c. XC. p. 695. Thirlwall, VII. 56, 136.

τειχοποιός. See Smith's *Dict. Antiq.* 1099 a. "The τειχοποιοί were considered to hold a magisterial office (ἀρχή) and in that capacity had an ἡγεμονία δικαστηρίου, and attended to all the preliminary judicial proceedings within their several departments."

16. ὑμέτερον ἔργον... "It is your duty to remind them of the law (as it really stands), and therewith to confront their shameless impudence." ὑποβάλλειν=" to intimate to them in reply," lit. "to throw in a word *under* or *after* another." Comp. ὑπολαμβάνειν. ῥήμασι= "mere words, quibbles." οἰόμενον... ἀναιρήσειν. "In the infinitive the future is used after verbs of requesting, wishing, &c. where in English we are content to employ the present." Don. *Gr. Gram.* 408. τῷ τοῦ νόμου... in favorem legis suffragium ferre.

17. πρὸς δὲ δὴ τὸν ἄφυκτον λόγον... "But with regard now to the invincible argument which Demosthenes speaks of." It is supposed either that (1) Demosthenes had urged this plea in private circles, or (2) that the passage was added by Æschines after the delivery of the oration. See the argument made use of in Dem. *de Cor.* 106—114. ἐπιδέδωκα="I have freely contributed besides," ἐπιδοῦναι, *spontaneous*, opp. to εἰσφέρειν, used of *compulsory* gifts. μνᾶς ἑκατόν: as compared with the ψήφισμα, quoted by Dem. *de Cor.* 118, this seems to be either a mistake, or a misrepresentation ("num consulto commissus, an furtim subrepens, non decernam," Bremi). According to the ψήφισμα there quoted, Demosthenes contributed three talents, or one hundred and eighty minæ. Possibly Æschines confounded the sum with the ἑκατὸν μνᾶς, contributed εἰς τὰς θυσίας; or we have an instance of what Bremi calls "oratorum Atticorum flagitium, ut adversarii quæ fecerunt laudabilia consulto deminuant et corrumpant," a flagitium not peculiar to Athenian orators. καὶ ὁπωσοῦν..."who are in any public employment, be it what it may."

18. διδάξω δ'... "And this I will prove to you first of all by appealing to cases where it would not be expected." κατά σῶμα, "individually:" τοὺς τὰ γέρα... "though they receive only honorary stipends," i. e. the contributions presented at the temples. "Reditus et vectigalia et emolumenta ipsi vi sacerdotii, quo fungebantur, propria." Reiske. τὰ γένη = "the families" in which the priesthood was hereditary. "Familiæ duæ sacerdotum in sacris Eleusiniis, quarum illa ab Eumolpo, hæc a Ceryce genus duxit." Bremi. See Smith's *Dict. Antiq.* 477 a.

19. ὑφαιρουμένους..."and are not in the habit either of filching away in an underhand manner large portions of your revenues, while they expend but little; or of professing to be giving away of their own means, (ἐπί = 'besides' what might be legally required of them,) while they are but making restitution to you of what is your own; but on the contrary who have *bona fide* expended," &c. A hit at Demosthenes. "ἐπιδιδόναι et ἀποδιδόντας consulto videntur ob paronomasiam opposita." Bremi.

20. πρῶτον... ψῆφον. The reading varies here. . Bekker reads καὶ τὴν ἐκεῖ σκυθρωπὸν...κυρίαν ἄγει, i. e. "and brings the august tribunal there, arbiter though it be in the weightiest matters, under your jurisdiction." Orellius proposed the reading adopted in the text, explaining it thus, "unumquemque Areopagitarum, qui ibi (ἐν 'Αρείῳ πάγῳ) tam tristes sunt et severi iidemque maximarum rerum arbitri, nihilominus lex vestris sententiis subjicit." οὐκ ἄρα...τρυφῶσι. "Shall not, then, the council of the Areopagus be rewarded with a crown? No: for it is not customary with them. What? are they not then ambitious of deserving one? Most undoubtedly: but they are not content, that one of their number should barely abstain from injustice; on the contrary, if he but commit an error, they punish him: but your orators give themselves airs, and run riot in the pursuit of public honours." ἐξαμαρτάνειν is a general term for "errors, mistakes, failures, or sins."

21. εὐθέως ἀρχόμενος... "in the very preamble of the laws." μὴ ἀποδημήσω, aor. conjunc. deliberative. "What! am I not to go abroad? No." "Since μή forbids or negatives an assumption, its appearance in an interrogation presumes a negative reply." Don. *Gr. Gram.* p. 559. προλαβών somewhat harshly is construed, per zeugma, both with χρήματα and πράξεις. As applied to the former, it means "*occupare pecuniam*, non illi usui impendere, cui dicata est;" with the latter, "opera ut perfecta et absoluta deserere, si sunt imperfecta nec absoluta." Bremi. τὴν οὐσίαν καθιεροῦν = "to dedicate his private fortune to sacred purposes." He was not allowed to call it Corban, and so escape, as the Jews did. ἐκποίητον γ. "nor to be adopted." See

Smith's *Dict. Antiq.* 14 b. A person was said ἐκποιεῖσθαι in reference to the family he left, εἰσποιεῖσθαι in reference to the family he entered.

23. μηδ' ἔμπροσθεν... " let not your administration supersede (or go before) the laws, but follow them."

24. οὗτοι, "Ctesiphon and Demosthenes." ἄρχων μέν... "presiding at the time over the management of the theoric fund, and being superintendent of the repair of the walls." The fund here spoken of was devoted to defraying the expenses of theatrical and other entertainments. See Smith's *Dict. Antiq.* 1126.

25. ἀντιγραφεύς, "one who keeps a counter-reckoning," "a check-clerk," Lat. *contrarotulator.* See Smith's *Dict. Antiq.* 578 a. ἀπελογίζετο... "was wont to give in an account of the revenues," "to deliver a financial statement." Lat. *"rationes reddere."* Εὔβουλον: a distinguished orator and statesman, one of the most formidable opponents of Demosthenes. With him Æschines served as secretary in the earlier portion of his life. His well-known law concerning the theoric fund, and his distribution of the money, won him great popular favour. 'Ηγήμονος, another popular orator, a hireling of Philip. ἀποδεκτῶν, see Smith's *Dict. Antiq.* 103 a, for the functions of these officers.

27. ἦρχεν... observe the imperfect tenses in this sentence.

θαργηλιῶνος... "on the 29th day of the month Thargelion." The Greek months were divided into periods (three decades) according to the increase and decrease of the moon: from the 1st to the 10th (ἱσταμένου μηνός), from the 10th to the 20th (ἐπὶ δέκα or μεσοῦντος), from the 20th to the 29th or 30th (φθίνοντος, παυομένου, &c.): during the last decade it was more usual to count backwards from the last day of the month." See Smith's *Dict. Antiq.* 223 b.

28. ἀντιδιαπλέκει, "he makes this tortuous reply."

30. αἱ τριττύες, a third of the φυλή, "ratione δημοσίων χρημάτων et eorum, quæ præstanda erant nummis, ut ex nostro loco patet et ex Demosthene περὶ συμμοριῶν, p. 184." Bremi.

32—35. Ctesiphon, in proposing to crown Demosthenes in the theatre, has been guilty of a further violation of the law which commands that crowns be conferred either in the Senate-house or in the Pnyx.

32. τοίνυν in Att. often used to resume or continue a speech = "further," "moreover."

33. σεμνύνεσθαι (σεμνός being used both in a good and a bad sense) = to "assume airs," "magnify himself in the presence of strangers." ἀλλ' ἀγαπᾶν... "but be content to be honoured in the city itself by the people, and not try to make

NOTES. 209

a profit by the decrees." ἐργολάβος = Lat. conductor, redemptor, "a contractor;" ἐργολαβεῖν is found in Xen. *Mem.* III. i. 2, with ἀνδριάντας, "statuas conducere faciendas." Hence it means generally, "to do or think for lucre," "seek personal advantage."

34. κελεύει... "The lawgiver requires, that in the presence of the people, in the Pnyx, in a full assembly shall proclamation be made." See Smith's *Dict. Antiq.* 440 b. The Pnyx, or place of assembly of the Athenian people, formed part of the surface of a low rocky hill, at the distance of a quarter of a mile from the centre of the Areiopagus hill. It may be described as an area formed by a semicircle (very nearly), the radius of which varies from about 60 to 80 yards, containing about 12,000 square yards. In the middle point of the wall of rock, which forms the chord of this semicircle, was the celebrated Bema (βῆμα) or pulpit, often called "the stone" (ὁ λίθος), commanding a view of the Propylæa, and the other magnificent edifices of the Acropolis: from it the orators addressed the multitude in the semicircular area before them. The Pnyx appears to have been under the special protection of Zeus. See Art. "Athenæ" in Smith's *Dict. Geog.*

35—49. It will be pleaded that there is another law allowing crowns to be bestowed in the theatre; but this plea too is inadmissible.

36. τὸν Διονυσιακὸν νόμον. A fragment of this law is given by Demosthenes in his reply, Ch. 120. "Whensoever any of the townships bestow crowns, proclamations thereof shall be made by them in their several townships, unless where any are crowned by the people of Athens or the Council; and it shall be lawful for these to be proclaimed in the theatre at the Dionysian festival." "It seems doubtful," says Thirlwall (*Hist. Greece,* VII. 135), "whether the law on which the prosecution rested had not been modified by another, which declared, that proclamation might be made, as Ctesiphon proposed, if the people should so decree; though Æschines specially contended, that this exception was only meant to relate to crowns bestowed on citizens, not by the people, but by foreign states."

37. διατελῶ σπουδάζων, a participle is often added to this verb, and then it bears the meaning of *continuing* so and so. Thus we have διατελεῖν καθεύδων, πρόθυμος ὤν, ἀχίτων, ἐλεύθερος. Here it means, "which I continually aim at, or strive after, throughout the whole of my accusation."

38. μήτε προβαίητε. "Μή is used in all those dependent sentences which are virtually or formally hypothetical, and therefore in all expressions of a wish." A familiar instance of

the difference between οὐ and μή with an optative occurs in Soph. *Antig*. 676:

ἐγὼ δ' ὅπως σὺ μὴ λέγεις ὀρθῶς τάδε
οὔτ' ἂν δυναίμην μήτ' ἐπισταίμην λέγειν.

"I neither could be able, nor may I know how to say, in what way you are not right in what you say." See Don. *Gr. Gram.* 553. ἀναγέγραπται. "Id est, κεῖται, ἔστιν: verbum proprium de legislatione." Bremi.

39. σανίσιν...πρόσθεν τῶν ἐπωνύμων, "it requires that they inscribe them on tablets, and hang them up to public view before the statues of the Eponymi," or tutelary heroes after whom the Attic φυλαί had their names. See Smith's *Dict. Antiq*. 470 b. They stood in the Ceramicus near the Tholos. σανίσιν, "wooden tablets covered with gypsum on which were all public notices, affecting the introduction, revision, &c. of the laws, &c."

νομοθέταις. Bekker and Bremi read νομοθέτας. Baiter and Sauppe, as in text, νομοθέταις. If we retain the former, the sense appears to be, "having inscribed on the notice '*Nomothetæ;*'" if the latter, "having inscribed on the notice '*for the Nomothetæ*.'" "Nullo sensu H. Wolfius vertit *inscriptis legum latoribus*." Bremi. Cf. Dem. *Fals. Leg.* 185. τὸν δ' ἐπ... "And that the President of the proedri put the question (about the laws) to the people for a show of hands, and that they (the people) annul some, and retain in force others."

40. ἤτοι...ἤ. "Ἤ, 'either, or,' and that too either in the disjunctive sentence like *vel*, or the interrogative like *an*, is sometimes coupled with τοι, as in Thuc. ii. 40." Don. *Gr. Gram.* p. 569. δή που, "of course."

41. γιγνομένων γάρ... This is an unusual expression. The sense seems to be, "During the exhibition of the city-tragedies (i. e. those exhibited at the Διονύσια τὰ ἐν ἄστει) it was customary with certain persons to make public proclamation, without the assent of the people." ὑποκηρυξάμενοι διὰ κήρυκος ἀφέντες: ἐβόα γὰρ ὁ κῆρυξ· ὁ δεῖνα τὸν δεῖνα ἠλευθέρωσεν, quoted by Bremi.

42. καταθέμενοι, this verb is often used in the mid. voice with χάριν in the sense of "laying up for oneself a large store of gratitude," "deserving well of," "præclare meriti de Republica, multis officiis id consecuti."

44. ἢ ἄτιμον, "on pain of the herald being degraded," punished with ἀτιμία, Lat. *capite imminutus*, ærarius.

45. ὅταν, it will be observed, connects itself with ἀποδείξῃ ...ἀπείπῃ...προσαπείπῃ. ἐρανίζων, from ἔρανος, "a subscription, or contribution," Lat. *symbola*, means "to ask for contributions, or subscriptions," "to beg." Observe always the distinction between κτᾶσθαι here = "to acquire, obtain," and κεκτῆ-

NOTES. 211

σθαι, "to retain," "possess," as infra, § 47, ἀλλ' ἔξεστι κεκτῆσθαι. προσαπείπῃ δέ,..."Since it furthermore (πρός) enacts in the law that no proclamation be made by any other, except, or besides ('ἀπούσης si desit senatus, i. e. si excipiatur senatus, præter senatum: hæc significatio ex primaria verbi notione sponte enascitur,' Bremi) the senate, the people, and the members of the individual's own tribe or borough."

46. ἱερὸν εἶναι..."The law takes from the person crowned, and ordains its dedication to Athena." τίς ἂν τολμήσειε... "Which of you would venture to charge the people of Athens with such illiberality? For I am sure no city, nay, no private person, no not even one, would be so mean, as to present any one with a crown, at the same time proclaim it, then deprive him of it, and finally consecrate it." μὴ γὰρ ὅτι. There must be an ellipsis here: μὴ ὑπολαμβάνετε, ὅτι ἂν γένοιτο πόλις. Bremi.

47. μεῖζω...ὑμῖν..."that more gratitude is due to you than to the donors of the crown."

48. προσγέγραπται... "That a clause is annexed (πρός) to the law which makes it lawful to confer a crown." τὸ γάρ... "For respecting the meaning of the expression, 'and no where else,' you may argue all day long, if you like, for you will never prove that your motion is in accordance with law."

Here ends the argument on the second count in the indictment—"The illegality to proclaim the crown in the theatre."

49. Æschines now enters on the third count, "The illegality of the decree of Ctesiphon, on account of its false statement of the merits of Demosthenes."

50. οἱ κατὰ Δημοσθένους ἔπαινοι. This is rather an uncommon use of κατά. κατά cum genitivo = de vel potius deorsum a in loco, rarius de vel super (i. e. περί) in re. Wordsworth's *Gr. Gram.* p. 202: we have, however, τὸ καθ' ὑμῶν ἐγκώμιον, "the eulogium upon you." (Don. *Gr. Gram.* p. 512.) Comp. also ταῦτα κατὰ πάντων Περσῶν ἔχομεν λέγειν. Xen. *Cyr.* I. ii. 16; Dem. *de Cor.* 215. τρία ἔδειξαν ἐγκώμια Θηβαῖοι καθ' ὑμῶν κάλλιστα, "The Thebans passed upon you before all men three of the most noble commendations." See also infra, § 59. ἅπαντες γάρ, "for the laws, one and all, distinctly forbid." τῷ ἀπολ., "the defendant."

51. Æschines first touches on the private life of Demosthenes (51—54). But though affording many subjects for animadversion, he quickly passes it by. ταῦτα, i. e. what follows: τὴν κ. τ. φ. γραφήν, "about this indictment for assault nothing is known. Such causes were tried before the Areiopagus, and

14—2

required that purpose or forethought (πρόνοια) should be proved." Cephisodotus was an Athenian general sent out with a squadron to the Hellespont, 359 B. C., for the purpose of re-annexing the Chersonesus to the Athenian dominion. He was charged with sacrificing the Athenian interests to Charidemus, of Eubœa, and brought to trial. Demosthenes appears to have sailed with the squadron, and to have accompanied the general in the flagship which he had equipped as trierarch.

52. οὐκ ὤκνησε. "He was not ashamed, when an indictment had been laid against him (Cephisodotus), and he was on his trial on a capital charge, to come forward as his accuser." περὶ Μειδίαν, Meidias, an Athenian of wealth and influence, was a violent enemy of Demosthenes, and annoyed him in every possible way; he finally struck him with his fist (κονδύλους), as he was discharging the duties of Choragus, during the celebration of the greater Dionysia. Demosthenes prosecuted him for impiety, and obtained a preliminary decision of the people (καταχειροτονίαν) in his favour, but afterwards dropped the accusation (ἀπέδοτο) in consequence of his receiving the sum of 30 minæ.

ἀπέδοτο, "took a bribe to drop the accusation," "compromised it." καταχειροτονία. See Smith's *Dict. Antiq.* 271 *a*.

53. ὑπερβήσεσθαι, "these adventures, however, and others of a similar nature, I intend to pass over." Comp. τὰ πράγματα ὑπερβήσεται, Dem. *in Phil.* I. 44. καταχαριζόμενος, "nor declining the contest out of courtesy to any one."

54. The public life of Demosthenes now occupies the orator's attention. He adopts the fourfold division of it which Demosthenes has proposed.

ὁ λόγος, "the opportunity of replying." Of the four periods, the *first* extends from the capture of Amphipolis by Philip, B.C. 358, to the peace of Philocrates, B.C. 346. The *second*, till the conclusion of this peace, B.C. 346—340. The *third*, from B.C. 340 to the battle of Chæroneia, B.C. 338. The *fourth*, (τὸν νῦν παρόντα καιρόν) B.C. 330. Demosthenes, in his reply, does not allude to the earlier periods of his political life, it is to the third he directs his chief attention.

55. ἐγκαλύπτωμαι, "if I hide my face and try to run away." Comp. Plat. *Phæd.* 117 c. ἰσχυρίζηται, "de pertinace dicitur, qui superbe et importune, non argumentorum pondere, sed sua unius auctoritate nixus, aliquid ita esse asseverat, ut ipse pronuntiet, et mendacia dicere eos, qui aliquid aliud affirment." See Thuc. VII. 49. Bremi.

57. ἐπανάγω, "I take myself back, I return to, the peace."

58. εἴ τινες... See Grote's *Greece*, XI. p. 544, note 2. "After the capture of Olynthus, the Athenians sent forth envoys throughout a large portion of Greece, urging the various cities to unite with them either in conjoint war against Philip, or in conjoint peace to obtain some mutual guarantee against his further encroachments." Ibid. p. 538. Æschines strenuously upheld the mission, and was himself named as one of the envoys into Peloponnesus.

δωροδοκίας, "a charge," says Mr Grote, "utterly futile and incredible, refuted by the whole conduct of Demosthenes, both before and after." XI. 544, note.

59. ἀπιστότερος, "somewhat incredible." ἐκείνως, "Give the sequel of my discourse such (ἐκείνως, referring to what follows) a hearing, as we are wont to do when we sit down after a long interval to settle our accounts concerning moneys expended." See how Demosthenes deals with this illustration, *De Cor.* 227. αἱρῇ, "which the account itself demonstrates," "establishes," or "proves."

60. ἐκ τῶν ἔ. χρόνων, this is to be connected with ἔχοντες τὴν δόξαν, "impressed with the idea derived from former times." ἀπογνώτω...καταγνώτω, "Judicandi verba, quæ cum ἀπό composita sunt, significationem habent *absolvendi*, quæ cum κατά con- *demnandi*." Bremi. τῆς ἐξ ἀρχῆς εἰρήνης, "the original peace."

61. Κερσοβλέπτην, son of Cotys, King of Thrace: on the death of his father he inherited the kingdom in conjunction with his brothers; as an ally of Athens he was constantly involved in war with Philip, by whom he was finally overcome, and made tributary, B.C. 343.

62. Ἔγραψε Φιλοκράτης, this was on the return of Æschines and Phrynon from the camp of Philip, B. C. 348. Grote, XI. 514. τοῦτο τὸ ψήφισμα, "this decree was impeached as an illegal proposition." Θεμ. ἄρχων, in apposition with χρόνος. οὔτε λαχών, "having obtained the place neither as principal nor substitute." In choosing public officers substitutes were chosen to supply the place of the principal in case of death or rejection, somewhat like the Sagans or deputy high-priests among the Jews. ἀλλ' ἐκ παρασκευῆς, "but having purchased it by intrigue." Comp. ἐκ παρασκευῆς καθεζόμενοι, above, 3.

63. δέκα πρέσβεις. Amongst these were Philocrates, Demosthenes, Ctesiphon, and Phrynon. Grote, XI. 527. Demosthenes, being the youngest, spoke last in the audience granted by Philip, and, "becoming terrified and confused, utterly broke down, forgot his prepared speech, and was obliged to stop short, in spite of courteous encouragements from Philip." Ibid. 530. ταῦτα τοῖς ἄλλοις, this is very different from the account Æschines

gives, *Fals. Leg.* 84, 85, where he declares that the language of Demosthenes was "censorious and even insulting towards his colleagues." τῇ πρεσβείᾳ σπένδεται, "procures pledges of safe conduct for the envoys."

64. ἐκ μεταβολῆς, "on a revolution of circumstances." "Negotiations were entered into, not with the rest of the envoys, who afterwards, when circumstances were altered (i. e. after the second embassy) were grossly slandered and traduced by Demosthenes."

65. ψηφιεῖσθε, the change of construction here will be observed. Conjunctives had been used before after ὅπως μή, they are now replaced by a future.

εἴ τινες προσέχοιεν, "if there were any who were yet attached to your community." See Dem. *Olynth.* II. 13; *Philip.* I. 6. "The Athenians formed the rallying point for all the democratical states." παρηγγέλλετο, at the moment the envoys were leaving Pella, Philip was at the point of heading an expedition against Cersobleptes. Grote, XI. 535.

66. ἐξωνούμενος, "in purchasing for himself these advantages he (Philip) was not to blame." "The decree of peace and alliance was all to the advantage of Philip. He was in the superior position, and it sanctioned his retention of all his conquests." Grote.

67. ὅτ᾽ ἦν τῷ Ἀσκληπιῷ ἡ θυσία. On this day no public business was ever transacted, it was introductory to the Dionysia (ὁ προαγών). Compare ἡ παρασκευή amongst the Jews. προκαταλαμβάνων, "paving the way for the meeting of the Ecclesia for the envoys even before their actual arrival, and curtailing your favourable opportunities."

68. οἱ δὲ ὑμέτεροι ἀπεδήμουν, "but yours were far away." This is denied by Demosthenes, 23. He declares that no "such embassy was sent out, *while* the peace was negociating, and in this he seems to speak the truth." Whiston.

69. ἰασόμενοι="with a view to remedy," future participle denoting *purpose.*

71. προκαταλαμβάνων. Yet in *Fals. Leg.* p. 36, Æschines avers, "that to speak on the second assembly-day was impossible, since that day was exclusively consecrated to putting questions and voting, so that no oratory was allowed." Grote, XI. 543.

72. ἀηδίαν, wherein this consisted it is not easy to see. Ἀντίπατρον... The Macedonian envoys, Antipater and Parmenio, were now in Athens, and present in the assembly. προβιασαμέ-

νου… "Demosthenes having first overborne everybody with his harangue."

73. ἕκτῃ… "The 24th day of Elaphebolion." ἀπαίρειν, used absolutely, = "before Demosthenes departed on his second embassy."

74. λανθάνει… "For Philocrates clandestinely inserted a clause in the decree by the side (παρά) of the other provisions:" "Facile ex verbis μετὰ τῶν ἄλλων γραμμάτων suppletur γράμμα τι, ad quod refertur ἐν ᾧ γέγραπται." Bremi. τοὺς συνέδρους, "the select commissioners of the confederates."

ἐξέκλεισε. "It seems clear, first, that the envoy from Cersobleptes, not having a seat in the confederate synod, but presenting himself and claiming to be sworn as an ally of Athens, found his claim disputed; secondly, that upon this dispute arising, the question was submitted to the vote of the public assembly, who decided that Cersobleptes was an ally, and should be admitted to take the oath as such." Grote, xi. 550.

75. καὶ οὐ συμμεταπίπτει, "and is not apt to change sides with those who are perpetually shifting in the administration." "αὐτομολεῖν, propriè dicuntur milites, qui ad hostes transfugiunt. In re civili facile transfertur ad eos, qui alio tempore alias partes secuti, modo in perniciem patriæ apertè agunt, modo in ejus salutem agere se simulant." Bremi.

76. πρεσβείαν εἰς προεδρίαν. When foreign ambassadors visited Athens, "it was usual for a seat of honour, προεδρία, to be appropriated to them by a resolution of the senate, which in this case Demosthenes proposed as an act of ordinary courtesy towards the Macedonian envoys." Whiston in Dem. *de Cor.* 234. The Macedonian envoys were Antipater, Parmenio, and Eutychus.

77. τὸ μέγεθος, "in extent." "This egregious flatterer no sooner gained intelligence through his spies (i. e. at the court of Philip) who accompanied Charidemus," the envoy in Macedonia, at the time of Philip's death, B.C. 336. οὓς μεθ' ἡμέραν, "who, he declared, (though in the daytime he affronted them by his perjuries), were yet wont to converse with him by night, and to reveal future events."

The period of mourning appears to have lasted about thirty days: during which it was usual studiously to avoid everything betokening joy and happiness: the usual dress was laid aside, and even the hair was cut off. The mourning-dress was generally black. See Bekker's *Charicles*, p. 295. καὶ παρενόμει, "and violated every law of propriety."

78. οὐ γὰρ τὸν τρόπον... τόπον. The Paronomasia is obvious. The well-known line of Horace, *Epist.* I. ii. 27, "Cœlum, non animum mutant, qui trans mare currunt," will at once occur to the reader.

79—106. Æschines now proceeds to treat of the second period of Demosthenes' life, B.C. 346—340. καὶ τί ποτε... "And what is the reason that, while Philocrates has been arraigned by a summary process for the same political measures as Demosthenes and banished, the latter," &c.

80. παραδόξως. "For all their splendid anticipations of anti-Theban policy from Philip had hitherto been believed and welcomed by the people on the positive assurances of Philocrates and Æschines." Grote, XI. 584. Θηβαίους δέ... "And made the Thebans, as it then seemed to you, far stronger than the conjuncture demanded, or was consistent with your interest." ἐσκευαγωγήσατε, "Cuncta, quæ moveri poterant, in urbem transvexistis." Bremi. The Athenians, under the pressure of surprise, sorrow, and terror, passed these votes:—"To put the Peiræus, as well as the fortresses throughout Attica, in immediate defence. To bring within these walls for safety all the women and children, and all the moveable property, now spread abroad in Attica. To celebrate the approaching festival of the Heracleia, not in the country, as was usual, but in the interior of Athens." Grote, XI. 585.

82. οἱ τῇ τῆς πόλεως... "those who were ever opposing the city's tranquillity," i.e. "the war-party." τὸν μόνον..."crying him up as the only uncorrupted patriot in the city." ἐνεδίδου... just as παρεκάλουν, before, imperfects of repeated action. τὰ ὀνόματα, "Some of these places, however, are mentioned by Herodotus, VII. 59, 108, and their position on the sea-coast of Thrace made the acquisition of them very important to Philip for the prosecution of his designs in that quarter." Whiston in Dem. *de Cor.* 234.

83. εἰ δὲ ἐπιτρέπειν... "If he (Philip) was willing to leave the arbitration of our differences to some impartial city, and friendly alike to both, he declared that there could be no impartial arbiter between us and Philip. The latter wanted to give us Halonnesus (an island near Sciathos); but Demosthenes dissuaded us from receiving it, if he '*gives*' it, instead of '*giving it back*,' quarrelling about syllables." On this dispute about Halonnesus, see Grote, XI. 618, 619. τὴν συμφοράν, the catastrophe at Chæroneia.

85. Ἀθηναίους εἶναι... "Has the assurance to propose that he may be admitted into the privilege of Athenian citizenship." ἐν πέντε ἡμέραις. This took place B.C. 358. The military and

naval forces of Athens were sent forth on this occasion with a celerity seldom paralleled. The costly office of trierarch was defrayed by volunteers. In thirty days the Thebans were so completely worsted, as to be forced to evacuate Euboea under capitulation. See Grote, xi. 308, 309.

86. Πλουτάρχῳ, "an Eretrian who, with a certain number of soldiers at his disposal, but opposed by enemies yet more powerful, professed to represent Athenian interests in Eretria," where now (B.C. 349) hostilities, fomented by Philip, had broken out. τοὺς μ. π. χ. ἀλλ' οὖν, "In the first instance, 'it is true,' or, 'at any rate.'"

87. τὸ στρατόπεδον τὸ τῆς πόλεως. The force was commanded by Phocion. The Macedonian aid called in by Callias came probably from Philip's commanders in the neighbouring Pagasæan gulf. μὴ νικήσασι, "unless they obtained a victory." ὁ νυνί, "who now (since his admission into Athenian citizenship) salutes and smiles on all."

88. "Phocion and the infantry were in the greatest danger. The enemy, attacking vigorously, were plucking up the palisade, and on the point of forcing his camp. But his measures were so well taken, and his hoplites behaved with so much intrepidity and steadiness in this trying emergency, that he repelled the assailants with loss, and gained a complete victory." Grote, xi. 477. διελύσασθε, "came to an amicable arrangement with them."

89. πάλιν ᾖκε, lit. "went borne along to his own natural bent," i. e. "returned headlong to his old practices." τῷ λόγῳ... ἔργῳ, "as he pretended," "in reality." ἐξαίρετον, "with a view of raising himself to the supreme power, and making himself absolute."

90. ὑπέβαλλεν... "He offered his service to the Thebans." πλείους τροπάς. The Euripus is divided into two channels by a rock in the middle of the strait. The channel between this rock and Chalcis is about seven or eight feet in depth. It is subject to extraordinary tides, frequently mentioned by the ancient writers. Some said that they changed seven times in the day, and seven times in the night. Livy, however, states there is no regularity in the change, but that the flux and reflux, which he ascribes to the sudden squalls of wind from the mountains, are constantly varied. See Liv. xxviii. 6; Cic. *de Nat. Deor.* iii. 10; Smith's *Dict. Geog.* 599 *a*. Εὔριπος ἄνθρωπος was a proverb for an inconstant man. Plat. *Phædon*, 90 c. Bremi. ἀπορῶν δ'... "Formula, qua quis significatur summis premi angustiis, nec ullam salutem undecunque sperare posse." Bremi.

91. δολιχοδρομήσαντα, "the runner in the long race." δόλιχος, the long course, was opposed to the στάδιον.

συνεδρεύειν. "On the proposition of Callias, supported by Demosthenes, the attendance and tribute from the deputies of the Euboic cities to the synod at Athens, were renounced; and in place of it was constituted an Euboic synod, sitting at Chalcis; independent of, yet allied with, Athens." Grote, xi. 626. The allegations of Æschines about the intrigues between Demosthenes and Callias cannot be reconciled with what we know of the history at the time.

93. προσβιβάζων, "blandis et speciosis verbis ad sententiam suam perducens," Bremi; "persuading you by his rhetoric that it was the duty of the state, first, to render assistance to such of the Greeks as from time to time required it, and subsequently to make alliances after services rendered."

94. 'Ωρεοῦ. Oreus was a town in the N.W. of Euboea. One of the peculiar duties of allies was representation at Athens and taxation; from these Oreus and Eretria were released.

95. Callias "also employed himself," says Grote, "during the autumn and winter of 341—340, B.C. in travelling as missionary throughout Peloponnesus, to organise a confederacy against Philip." xi. 627.

96. ἔφη δὲ καί. "He asserted, moreover, that they were concerting other measures secretly." τὸ ἀπόρρητον = "a state-secret."

97. σεμνῶς πάνυ, "Thereupon Demosthenes came forward with a solemn, majestic, air." εἰς ἑκατόν... "that the contribution was sufficient to equip." τὰς πολιτικὰς δ. the forces from the cities in opposition to those whom the σύνταγμα would equip.

99. ἄνθρωπος (contemptuous), "manages this matter not like others, but in a manner peculiar to himself."

100. κλέμματος. "κλέπτειν et quæ inde derivantur sæpe dicuntur de *furtivâ fraude et callidis mendaciis.*" Bremi. ἀπαγαγών ..."having drawn off your attention a long way from his intended fraud." συστρέψας, i. e. ἑαυτόν. "*συστρέψασθαι* quod propriè dicitur de serpentibus, qui se contrahunt dorso incurvato, ut impetus fiat vehementior saltusque perniciosior." Bremi.

101. ἄψαι, 1 aor. mid. "lay hold upon," "put your finger on the fraud which this wicked and impious man clandestinely practised upon you."

103. Κλειτάρχου, the successor of Plutarchus as king of Eretria, a creature of Philip. δι' ὅ, a far preferable reading to the διό of other editions: "owing to which (talent), in fact, he was detected, because the Oreans are governed by a democracy, and transact everything by public decrees."

104. ἐλαχίστου, "there was no use in a bit of metal." εἰσπράττειν ["praeferendum fortasse εἰσέπραττεν, quod habent Bern. margo Steph. et tres Bekkeri ejusdem familiae cod." Bremi.] The word is technically applied to "getting in debts and taxes," τινα from a person, Dem. 704. 7. ὑπέθεσαν, "pledged, or mortgaged to him for the talent their public revenues." καὶ τόκον... "and paid Demosthenes as interest for the bribe a drachma per month on each mina." Twelve per cent. per annum, a most extravagant and incredible amount, sed eo tempore parvum censebatur, quemadmodum hodie in orientali plagâ. Bremi.

105. ἐνταῦθα. Æschines passes now [Sects. 106—158] to the third period of Demosthenes' political life, i.e. from B.C. 340— B.C. 338, the year of the disastrous battle of Chæroneia.

107. τὸ Κιρραῖον... Cirrha, a flourishing sea-port, situated near the mouth of the river Pleistus, was originally the port of Delphi, and of Crissa, a town inland S. W. of Delphi. In consequence of the alleged extortions of the Cirrhæans upon the innumerable pilgrims frequenting the Delphic oracle, war was declared against them by the Amphictyons B.C. 595, and the rich Cirrhæan plain was declared sacred to the Delphian god, and therefore forbidden to be cultivated. οἱ ἄλλοι Ἀμφικτύονες, at the instigation according to Plutarch (*Vit. Solonis*) of Solon the Athenian, which Æschines also affirms.

108. ἐπὶ πάσῃ ἀεργίᾳ, "to utter desolation." "The entire space between the temple and the sea now became sacred property of the god; i.e. incapable of being tilled, planted, or occupied in any permanent way, by men, and devoted only to spontaneous herbage with pasturing animals." Grote, XI. 647. Compare the curse on Jericho, Josh. vi. 26.

110. προστροπήν. Comp. Æsch. *Eum*. 718. φησί, i. e. ἡ ἀρά, "these are its express words."

113. οἱ Λοκροὶ οἱ Ἀμ... the western neighbours of Delphi. At what period this took place cannot be determined. "So much, however, we make out—not merely from Demosthenes, but even from Æschines—that in their time it was an ancient and established occupation—not a recent intrusion or novelty." Grote, XI. 648.

114. πυλαγόρας. The Amphictyonic Council itself was composed of two classes of representatives, one called Pylagoræ, the other Hieromnemones. Of the former ("vice-legates," as Grote calls them) three were annually elected at Athens to act with one Hieromnemon appointed by lot. ἐφ᾽ ᾧτε... "on the condition that he would support at Athens the cause of the Amphissæans in every possible way." ὅθεν μᾶλλον... "whence it has been his fate even more than before, if he have any transactions with an individual either high or low, or a democratic state, to involve each one of them in the most desperate misfortunes."

115. σκέψασθε... "Mark now the hand of Providence and fortune, how it controlled the impiety of the Amphissæans." ἱερομνήμονος, "Commissioner for religious purposes," Whiston; "minister of public religion." This office appears to have been "more permanent than that of the Pylagoræ, and to have been more immediately connected with the administration of the temple at Delphi, and religious purposes generally." Whiston Dem. *de Cor.* 149. πυρέττειν, "fell sick of a fever." The same word, it will be remembered, is applied to "Peter's wife's mother." St Matt. viii. 14; St Mark i. 30.

116. ὑποπεπτωκότες... "who at that time were cringing with the meanest servility to the Thebans, were intending to introduce a decree." εἰσέφερον, impf. For the reply of Demosthenes on this point, see *de Cor.* 149. No formal proceedings appear to have been taken, a resolution only was proposed by the Amphissæans. χρυσᾶς ἀσπίδας. These shields would seem to have been dedicated as an offering out of the spoils taken at the battle of Platæa—a century and a half before. Such, at any rate, is the opinion of Mr Grote, who further supposes that these shields had recently been set up afresh, and regilt, in a new cell or chapel, without the full customary forms of prayer or solemnities (ἐξαράσασθαι), and that the inscription which now stood forth brightly and conspicuously in consequence of the fresh gilding, revived recollections by no means pleasing to the Thebans, and to the Amphissian Locrians as friends of Thebes. See Grote, XI. 651.

117. μεθεστηκότων = "having retired." ἴσως δὲ καί, "perhaps even under the influence of some misguiding divine impulse." Grote. ἀρχήν goes with οὐδέ = "at all," omnino.

118. ὁ Κρωβύλος ἐκεῖνος, "that fellow with the topknot" = Hegesippus, one of Demosthenes' political friends, and his companion in the missionary journey to the Peloponnesus, B.C. 343. For κρωβύλος, see Thuc. I. 6. καὶ ἑστηκώς... "and from the very place where I stood I began to point it out to the Amphictyons." καὶ κεραμεῖα... "and buildings erected on it for farming and pottery." Grote.

120. ἀφοσιῶ... "I stand prepared to clear my own city of her obligations to the gods." Grote. ἐνῆρκται... "the basket-procession is already begun." See Smith's *Dict. Antiq.* 237. The whole of this graphic account affords a vivid commentary on the words of one who afterwards visited Athens, and spoke of its inhabitants as κατὰ πάντα δεισιδαιμονεστέρους. Acts xvii. 22.

122. Δελφῶν ὅσοι... "let all Delphians of eighteen years old and upwards (lit. who have been youths for two years), whether bond or free, muster at break of day with spades and shovels at the place called the Thysteum," the "sacrificing-place."

124. Κόττυφος, the President, as it would seem, of the Amphictyonic Council. ἐκκλησίαν, "convoked a full Amphictyonic Assembly."

125. ὑπὲρ τοῦ μεσ.... "in consideration of the fee deposited in his hands by the Amphissæans." Alluding to the charge brought against Demosthenes, supra 104.

126. ἐπαναστάσης... "at the rising of the Assembly." τοὺς ἀεὶ πυλαγοροῦντας, "who from time to time serve the office." A change, as Grote remarks, had evidently come over Athenian feeling; there is nothing to confirm the insinuations of Æschines respecting the crafty manœuvres he attributes to his rival. ".The occupation of Cirrha as a harbour was a convenience to all Greeks, and most of all to the temple itself."

127. τὸ γὰρ ἀεί... "for it is this constant habit of speaking smooth things which has brought the state into its present disastrous condition." οὑτωσί, "Hoc vocabulum sæpe ex contextu definitur imprimis in malam partem. Hic significat οὕτω κακῶς." Bremi.

128. μιᾶς πόλεως, "no legates attended from Athens, nor any from Thebes; a fact remarkable, as evincing an incipient tendency towards concurrence, such as had never existed before, between these two important cities." Grote, xi. 663. αἱ συμφοραί. After the death of Philip, Thebes made an attempt to recover her liberty, but was taken by Alexander, B.C. 335, and entirely destroyed. The temples only and the house of the poet Pindar were spared. 6000 inhabitants were slain, and 30,000 sold as slaves.

129. παρελθόντες = "having got the better." καὶ μάλα μετρίως = "with the greatest possible levity." δι' εὐσέβειαν = "for conscience' sake," that they might not be involved in the

sacrilegious proceedings of the rest. κατελθόντας, "who had been recalled by the Amphictyons." πολλῷ χρόνῳ, "Oratio hyperbolica eo oratoris consilio nata, ut ne ipse videretur Philippum in Græciam vocare voluisse." Bremi.

130. μόνον οὐκ = "almost," tantum non. ἡ τῶν μυστῶν τελευτή, "the death of the initiated," who, according to the Scholiast, were devoured by a sea-monster on descending into the sea to perform the customary ablutions. ἀπαίδευτος... "unmannerly fellow that he is, and over-officious, and puffed up with the authority entrusted to him by you."

131. οὐ τὸ τελευταῖον... "And, to complete all, did he not, though the sacrifices were inauspicious and ill-omened?" Lat. inauspicata.

πρώην, "lately." ἀπετόλμησε, ἀπό intensive, "had he not the brazen-faced assurance to assert?" ἀλιτήριε, "thou common plague," or "evil genius" of Hellas.

132. εἰς παραδοξολογίαν, "but we are born to be a marvel to all that shall come after us." ὁ τὸν Ἄθω διορύξας. Compare the well-known lines of Juvenal, *Sat.* x. 173.

"Creditur olim
Velificatus Athos, et quidquid Græcia mendax
Audet in historiâ."

περὶ τῆς τοῦ σώματος. Alexander's expedition, it will be borne in mind, was now (B.C. 330) going on. The battles of Granicus B.C. 334 and Arbela B.C. 331 had already been fought.

133. μεθ' ἡμέραν μίαν = "in the course of a single day." εἰ καὶ δικαίως = "Grant that their misfortunes were deserved, because they did not righteously consult the common interest, yet must it not be conceived that they seem to have brought upon themselves their judicial blindness and infatuation not by human causes, but by the immediate will of heaven?" προσαψάμενοι = "though they only meddled with these concerns in the beginning." νῦν ὁμηρεύσοντες... "at this moment are intending to become hostages, and to make a display of their reduced condition, and to send envoys to Alexander, prepared to submit in the name of themselves and their state to whatever he may deem fit."

135. πολλάκι δή... Hesiod, *Op. et Dies*, 245—250.

136. περιελόντες = "divest these lines of the poet of the metre." Comp. Hor. *Sat.* i. iv. 56.

*"His ego quæ nunc
Olim quæ scripsit Lucilius, eripias si
Tempora certa modosque."*

137. Φρυνώνδας. A proverbial villain, Arist. *Thesm.* 862. Εὐρύβατος—of Ephesus, was sent by Crœsus to hire mercenaries against Cyrus, instead of doing which he deserted to and gave him the money. "Hence 'a deed of Eurybatus' came to denote an act of treachery, and the name was applied to all cheats and tricksters." Whiston. Dem. *de Cor.* 24; Eustathius ap. Hom. *Od.* T. 247.

Æschines now attacks the famous alliance which Demosthenes negotiated with Thebes when Philip had seized Elatæa, and had applied to Thebes for a passage into Attica. It was "a great diplomatic and oratorical triumph," as Grote remarks, and doubtless he is entitled to all credit for it in spite of the carping comments of his rival.

140. Νίκαιαν. This important fortress, belonging to the Epicnemidian Locrians, commanded the pass of Thermopylæ. It was betrayed to Philip in the former Sacred War, B.C. 346, by Phalæcus the Thracian dynast. Since that time it had remained in the hands of the Thebans though with a Macedonian garrison. Philip now consigned it to the Thessalians, "who were thoroughly in his dependence." See Grote, XI. 667. Ἐλάτειαν, the key of Southern Greece, commanding the passes from Mount Œta. On the alarm which the occupation of this place caused see the vivid account in Dem. *de Cor.* 169. πρὶν περὶ... an untenable assertion. See Grote, XI. 678.

141. μισοῦντος Θηβαίους, Philip had *calculated* on the assistance of the Thebans; their alliance with Athens was a terrible disappointment, and his hatred of the Thebans proportionate.

142. ἀγαπᾶν = "to be contented," as often before. τοῦτο δὲ προλαβών, "having made this reservation." τοῖς ὀνόμασι κλέπτων, "deceiving them by the change of names," the general name of "Bœotians" being inserted instead of Thebans. ὡς τούς... "as though the Bœotians who were really aggrieved were likely to be content with the combination of names introduced by Demosthenes, and not rather feel the highest resentment at their wrongs."

146. διαδικασίαν = "declared he would bring forward a trial of merit for the rostrum against the prætorium." By the process of διαδικασία suits were decided affecting claims to property, &c. between litigants. μισθοφορῶν, "he drew pay moreover for blank places in the mercenary contingent," i.e. he took pay for

a certain number, and applied to his own purposes that which was meant for the absentees.

147. οὐ χωρὶς μέν... "What else, but to fight separately with the city's forces?"

148. περὶ τῶν ὑπαρχόντων... "nor did he fail to see that (by coming to a battle) he must stake all the advantages he had acquired on the issue of one short day."

150. ἦν, ὡς ἔοικε, Φειδίας... "which, as it would seem, Phidias only made for Demosthenes to make gain, and swear by." Κλεοφῶντος... "turbulentus erat demagogus et similis Hyperbolo et Cleoni, quibuscum sæpe jungitur." Bremi.

151. καὶ γράψειν, "and declared that he would bring forward a decree (he who never dared to look the enemy straight in the face), that you should send envoys to Thebes, to demand of the Thebans a passage through their country against Philip."

152. τῶν ἀγαθῶν ἀνδρῶν = the brave heroes who fell at Chæroneia. τοῖς δραπέταις ποσί, this imputation is disproved "by the continued confidence and respect shewn to Demosthenes by the general body of his countrymen." See Grote, XI. 692.

154. τοὺς ὀρφανούς. This refers to the law of Solon, which enacted that the children of those who had fallen in war should be adopted by the state, and educated at the public expense.

155. καὶ γάρ. "For even supposing that he should recite all the words prescribed by the decree, yet, for all that, the disgrace involved in the real fact will not be concealed, but will seem to utter the very opposite of that announced by the voice of the herald."

156. μὴ τρόπαιον, "do not erect a trophy to proclaim your own disgrace (lit. 'over your own selves,' comp. triumphare de aliquo) in the theatre of Dionysus, nor convict the people of the Athenians of infatuation in the face of all the states of Hellas."

157. ἀλλ' ἐπειδή, "but although ye were not personally present, yet suffer your imaginations to picture to you their misfortunes." μεταμανθάνοντας, dediscentes, "unlearning, learning to forget that they once were free." συμπαρακολουθοῦσαν, "which ever dogs the footsteps of this man." Comp. St Luke i. 3.

158. αὐτοσχεδιάζῃ, "make experiments upon," "endanger."

159. Æschines now attacks the fourth period of Demosthenes' career: after the battle of Chæroneia to the present time,

NOTES. 225

B. C. 338—330, τριήρη προσλαβών, after the battle of Chæronein resolutions were taken at Athens for an energetic defence, and envoys were sent to Trœzen, Epidaurus, Andros, Ceos, and other places, to solicit aid, and collect money; in one or other of which embassies Demosthenes served; the effort of Demarchus and Æschines to represent this as a cowardly desertion of his post is ineffectual and unjust. See Grote, XI. 695. τῆς ἀπροσδοκήτου σωτηρίας, i.e. the favourable terms granted to the Athenians by Philip after the decisive battle.

160. τερατευόμενος, portenta locutus, "playing the marvellous." See Ar. *Ran.* 834; *Eq.* 627. ἱερά.., "he caused statues to be erected ('Statuam coronatam cum arā,' Bremi) in honour of Pausanias," the murderer of Philip, and involved the Senate in a charge of sacrificing thank-offerings for the good news, i. e. of Philip's death. εὐαγγελίων = (1) "a present made as a return for good news," Hom. *Od.* ξ'. 152, 166, (2) "a sacrifice offered in thanksgiving for the same," Arist. *Eq.* 647, (3) in later Greek, "the good news itself." Μαργίτην, a mock hero in a pseudo-Homeric fragment. ἀπετόλμα.., "and actually dared to assert, that he would not stir a foot out of Macedonia, for he would be quite content, he declared, to play the philosopher (Aristotle, the founder of the Peripatetic School and the tutor of Alexander, is here alluded to) in Pella, and to inspect the entrails of victims," i. e. as a timid, superstitious person.

161. ἤδη δ' ἐψηφισμένων... Two months after the death of Philip, Alexander marched into Greece at the head of a formidable army: he was favourably received by the Thessalians, who passed a vote constituting him head of Greece in place of his father Philip. Grote, XII. 16. πρεσβευτής... Demades proposed an embassy expressing apology and full submission to Alexander while he was at Thebes. Demosthenes "accompanied the legation to Mount Cithæron, on the frontier, and then returned to Athens."

162. οἱ Πάραλοι. See Smith's *Dict. Antiq.* 865 a. τὸν Ἀλέξανδρον... "insinuates himself into Alexander's acquaintance," and associates himself with him, thus establishing according to Æschines a secret correspondence between Demosthenes and Alexander.

163. βούλει σε θῶ... "Would you have me suppose that you were afraid and gave way to your natural timidity?"

164. ἦν ἀπειλημμένος, just previous to the battle of Issus, B.C. 333. τὴν δὲ σήν... "when the city could not brook your pertness, and you went about with your letters dangling at your

15

fingers (i.e. letters from persons to Alexander which Demosthenes displayed in an ostentatious manner), and pointed at my face as one aghast and in utter despair, calling me a gilt-horned victim, and saying I was decked for sacrifice." The answer of the Oracle to Alexander when starting on his expedition was ἔστεπται μὲν ὁ ταῦρος, ἔχει τέλος, ἔστιν ὁ θύσων.

165. The allusion here is to the rising of the Lacedæmonians (B.C. 330) while Alexander was engaged in the East, under Agis, which was put down by Antipater, and termed by Alexander in contempt μουμαχία τις, "the battle of the mice." Plutarch, *Agesilaus*, 15; Grote, XII. 381. τῆς οἰκουμένης = "the civilized world."

166. ἀμπελουργοῦσι... "certain fellows are pruning our city like vinedressers,—some have cropped off the tendrils of the people—the very sinews of affairs have been cut asunder—we are packed and matted up into a corner." τινες... "Hunc locum desperatissimum esse conclamant viri docti. Difficilem esse ejus interpretationem verum est, nec mirum, quum locutiones hæ tanquam portenta loquendi (θαύματα) afferantur. ...Sensus est: Non solum angustiâ loci premimur, verum etiam quasi acubus pungimur." Bremi.

167. τὰ Λακωνικά, i.e. the Laconian conspiracy and rebellion just mentioned. σὺ γάρ... "What, could you stir up so much as a village to revolt? Had you ever the courage to approach, I will not say a city, but even a house, where there was any danger? but if there be any pelf to be fingered, you will stick close, but not a manly action will you perform."

168. δημοτικός, "a man of democratic views."

170. εἰ δὲ μή... "but if not, a sound judgment must ever be preferred before fine speaking." παρὰ τὰ δεινά... "during, or in time of, perils."

171. Γύλων ἦν... "There lived once Gylon of the deme Cerameis." "Gylon would seem to have established himself and obtained great influence at Κῆποι, a town in the island of Taman, near to Phanagoria and almost opposite to Kertch, the ancient Pauticapæum in the Crimea. The surrounding district on both sides the strait, forming the kingdom of Bosporus, was largely colonized by Asiatic Greeks." Whiston's *Introd. to Dem.* p. xiv.

172. συνῴκισε... "Gave one in marriage to somebody, I will not mention names, lest I should make many enemies." His

name was Demochares. *παριδών*, i.e. by taking in marriage a woman who was not a native-born Athenian. By the law "cautum est ne quis civis cum exterâ muliere matrimonium contraheret. Secus facientes millibus mulctabantur drachmis." Dem. *c. Neæram*, p. 1363.

173. *ἐκ τριηράρχου*... "from a trierarch he became a paid writer of speeches, having squandered his patrimony in a ridiculous fashion." *λογογράφος*, "a composer of discourses to be delivered by speakers in the public assembly or by litigants in the Dicastery; for which composition Demosthenes was paid, according to usual practice at Athens." Grote, XI. 381. Isæus was "distinguished as an advising counsel, and a writer of speeches (*λογογράφος*) in cases of disputed wills and successions, and Demosthenes was for several years his pupil." Whiston. *καὶ τοὺς λόγους*, i. e. he communicated to the other side the secrets of his own client. Cf. Æsch. *F. L.* 165. *τὸ βασιλικόν*... "Now however the king's gold has wiped out his debts." It is allowed that Demosthenes received gold from Persia, but it was to oppose Macedonian despotism.

175. *εἰσὶ φύσεως*... "Some of you may be surprised that defects of nature should be liable to an action."

176. *τῶν περιρραντηρίων*... "Sunt cancelli, intra quos nemini *ἀτίμῳ* intrare licebat." Bremi. See Smith's *Dict. Antiq.* p. 441 *b*.

177—216. The orator now inveighs against the promiscuous and lavish employment of rewards at present prevailing, and other malpractices in the forms of judicial administration.

178. *καταπέπλυται*, "but now virtue itself has been washed out, diluted, forgotten."

179. *ἐπασκεῖν εἰς τὰ Ὀλύμπια*. Comp. 1 Cor. x. 25, *πᾶς δὲ ὁ ἀγωνιζόμενος πάντα ἐγκρατεύεται*.

181. *οἱ ἀπὸ Φυλῆς*, i.e. Thrasybulus and his associates.

182. *ἀλλ' ἔγωγε*... "For my part, as I call all the gods to witness, I do not deem it fit to mention these great men in the same day with this savage."

183. *Στρυμόνι*. The allusion here is to the expedition of Cimon B.C. 476, in Thrace, and the capture of the city Eion on the Strymon. See Herod. VII. 107; Thuc. I. 98. *Ἑρμᾶς*. See Smith's *Dict. Antiq.* p. 602.

184. ἦν pro ἦσαν. πρῶτοι... "Primi omnium viam et rationem invenerunt, quæ hostes in consilii inopiam conjicerent." Jacobs.

186. στοὰν τὴν ποικίλην. This was in the Agora. It had three walls covered with paintings; a middle wall with two large paintings, representing scenes from the mythical age, and one at each end containing a painting, of which the subject was taken from Athenian history. On the third wall was the painting of the battle of Marathon, the work of Polygnotus, Micon, and Pantænus. See Smith's *Dict. Geog.* I. 298. συνεχώρησεν... "allowed him the privilege of being represented foremost at the head of his army, urging on his men."

187. τῷ Μητρῴῳ, the Metroum. See Smith's *Dict. Antiq.* 119 a. It was a temple of the mother of the Gods, whose statue was made by Pheidias. In it the public records were kept; it was close to the βουλευτήριον, or "Council House of the Five Hundred." Κοίλης, an Attic deme, belonging to the tribe Hippothoontis. On the historical circumstance alluded to see Smith's *Hist. Greece*, p. 377.

188. παρανάγνωθι = "read side by side with the other."

189. Φιλάμμωνα. "According to Harpocration and Eustathius (ad *Il.* xxiii. 686) this Philammon was an Athenian boxer, frequently victorious in combats with his antagonists. Glaucus of Cystus lived about B.C. 670." Whiston. Dem. *de Cor.* 319. The close correspondence of this passage with the above-quoted sentence in the *De Corona* seems to prove that this passage was added by Æschines after the reply of Demosthenes. Παταικίωνος, ἀνὴρ ἀπὸ συκοφαντίας τὸν βίον ποιούμενος...διεβάλλετο ὡς κλέπτης καὶ τοιχωρύχος. ἐφικόμενος = "having attained to."

191. ἔναυλον = lit. "on or to the flute," especially "accompanying or accompanied by it." Hence, of a voice ringing in one's ears, still heard, or remembered. "For all still had it ringing in their ears, that the democracy was overthrown as soon as any did away the right of bringing forward two indictments for illegal motions." εἴ τις εἰσίοι, "if any one brought forward a charge of illegality before the Court, the name of the crime was as odious as the crime itself."

192. τὴν ἀκρόασιν = "the hearing of the case." ἀνεπόδιζον = "used to call back, or stop" the clerk.

194. Ἀριστοφῶν, one of the most distinguished Athenian orators about the close of the Peloponnesian War. In B.C. 354

NOTES. 229

he defended the law of Leptines against Demosthenes. διαπολιτευόμενοι, "advertit Reiskius διά in compositione sæpe nisum in adversa significare. Respondet Latinorum *dis, q. e. in diversas partes.*" Bremi. "For in those days not only political rivals used to impeach one another for illegality, but even friends impeached friends."

195. καὶ εἷλε= "and convicted him, though his services had been so recently rendered."

196. τῶν τὰς σιτήσεις... "Some of those who have obtained the privilege of dining in the Prytaneum at the public expense are in the habit of begging off from trials for illegal measures."

197. τίς οὖν; "Quænam oratio convenit homini justo et sobrio, qui patroni partes suscipit?" Bremi. "What line of defence is appointed for a righteous and discreet advocate?" τὸ πρῶτον ὕδωρ, i.e. in the κλεψύδρα, or water-clock. See Smith's *Dict. Antiq.* 615. τὸ παράνομον, "the charge of illegality...the third portion of water is poured into the Clepsydra for settling the fire and the measure of your indignation." "Absolutâ accusatione et defensione primum judices in suffragia ibant, num reus crimine teneretur necne. Si reum innocentem esse plura suffragia testarentur, ab omni pœnâ liber erat. Sin noxius declarabatur, tum demum pœnæ fiebat æstimatio." Bremi.

198. ὅστις δέ = "But whoso intreats your vote (i.e. in his favour) in the first question (i.e. in the question of his guilt or innocence), intreats for a violation of your oath, intreats a violation of the law,...and a violation of the constitution." ὅρκον αἰτεῖ, "Flagitat, ut suâ causâ perjuria admittetis; νόμον αἰτεῖ, flagitat, ut negligatis legem: δημοκρατίαν αἰτεῖ, flagitat, ut a rationibus democratiæ deficiatis." Bremi. κελεύσατε... "bid, then, these men, after allowing you to give each your vote (διά) according to the laws on the first question, to come to the question of fixing the penalty."

200. κανών (connected with κάνη, κάννα, canna, cane, canon) is (a) *a straight rod*, as *a ruler*, or (rarely) *the beam of a balance;* and this with the secondary notion, either (i) of keeping anything straight, as *the rods of a shield*, or the rod (*liciatorium*) used in weaving; or (ii) of testing straightness, as a carpenter's rule, and even (improperly) *a plumbline*. (b) metaph.: like *regula, norma*, to express that which serves *to measure* or *determine anything*. Westcott, *N. T. Canon*, p. 541. τουτὶ τὸ σανίδιον, "this little tablet," on which the decree of Ctesiphon (τὸ ψήφισμα) and the laws violated by it (οἱ παραγεγραμμένοι νόμοι) were inscribed side by side.

201. ἀποτροπή, the preventive of such speeches, as he had affirmed Ctesiphon would make. ἔπειτ'... "and then holds on in that without making any attempt to clear himself of the fact." ἐὰν δέ... "but if he pretend that he cannot hear you," like οὔ φημι.

202. μηδ' ἐν ἀρετῇ... "Nor let any of you reckon it as a matter of merit, when Ctesiphon asks you whether he may call Demosthenes, to be the first to cry out, 'Call him, call him.' At your peril you call him, at the peril of the laws, at the peril of the constitution."

206. τῆς στάσεως, "about their relative position," i.e. either towards or from the sun, towards or from the direction of the wind. ἔξω τοῦ παρανόμου... "by treating of subjects external to the charge of illegality, to evade the real question." ἐνεδρεύοντες, comp. St Luke xi. 54, Acts xxiii. 21. εἰσελαύνετε... "drive him into the discussion of the main question, and keep a careful watch over the evasive windings of his speech."

207. ἐπεισάξει (i. e. Ctesiphon) "will introduce that juggler, cutpurse, and murderer of the constitution." διατετμηκώς... "is est, qui partes in civitate excitat, et, dum hæ se laniant invicem, ipse earum opibus inhiat." Bremi. ὑπ' αὐτῆς... "distinguished by the truth itself."

208. τὸ κάλλιστον... "gave utterance to the most glorious sentiment of humanity," 'that all past offences should be forgotten.' "Pulcherrimam vocem ex liberalitate et salutari sapientiâ profectam, quæ maximum est documentum eos non solum liberaliter educatos fuisse, sed liberaliter etiam vitâ et moribus expressisse." μὴ μνησικακεῖν. "Hoc erat proprium hujus rei nomen. Vocabulum ἀμνηστία serioris demum temporis est." Bremi.

209. τοῦ τόνου τῆς φωνῆς. Comp. Dem. de Cor. 280, where Demosthenes declares that Æschines had resolved upon this contest λόγων ἐπίδειξίν τινα καὶ φωνασκίας βουλόμενος ποιήσασθαι. "It is well known that Demosthenes had a poor shrill voice, and Æschines a fine one. Comp. Fals. Leg. 167." Whiston. περιγράψατε... "exclude me from civic privileges." "περιγράφειν est minuere alicujus auctoritatem, impedire, ne quis suâ auctoritate possit abuti, sive id fiat removendo a republicâ, sive minis, sive aliâ ratione." Bremi. ἐξορμεῖς... "you lie at anchor outside the city," i.e. "opportunum locum elegisti, unde, quando tibi placet, peregrè abeas."

210. οὐχ ὁ μὲν τὴν γραφήν... "Is not the defendant Ctesiphon? Is not the trial one in which the damages are assessed

by the judges?" The οὐ must be taken with each clause. An ἀτίμητος ἀγών was one in which the penalty was not assessed in court, but fixed by law beforehand. See Smith's *Dict. Antiq.* 865 *b*.

211. ἐπὶ τοιαύτης ἀκαιρίας = "at such an inopportune time as the present," i.e. after the battle of Chæroneia and the consequent misfortunes which Æschines would attribute to the policy of his rival. ἃ δὲ σὺ λέξεις, "but, what you will say, any wretch would say who pretended to virtue." Comp. Dem. *de Cor.* 127, where Demosthenes applies the term κάθαρμα (= φαρμακός, "a scapegoat") to Æschines. Comp. also 1 Cor. iv. 13. ὁ γὰρ ἄνθρωπος... "for it is not a head the fellow has, but a money-box; literally, a source of revenue." In place of πρόσοδον, κεφάλαιον has been proposed, in the sense of "caput unde usuræ redeunt.". Bremi.

214. ἐμπληξίαν. Lat. "stupor," stupidity, infatuation.

216. ἀλλ' ἐνδεικνύμενος... "But from a wish to shew myself off to Alexander on account of his well-known animosity towards Demosthenes." Lat. ostentare, venditare se alicui.

220. καὶ τὴν ἀξίωσιν, "and you fancy that we shall be unable to detect your borrowing this maxim, not from a democracy, but from some other form of government." καὶ τὸ μὲν διὰ χρόνου, "and to speak occasionally is the mark of a man who engages in public duties on seasonable and advantageous conjunctures."

221. τὰ περὶ τοὺς 'Αμφ. See *supra*, 107. τὰ περὶ τὴν Εὔβοιαν. See *supra*, 85.

222. τὰ δὲ περὶ τὰς τριήρεις. See Dem. *de Cor.* 102—110; Grote, xi. 640—645.

223. οὕτω δὲ ταῖς αἰτίαις. "Sensus est: Quum tibi pœna metuenda sit, tu partibus mutatis, accusas eos, qui te in judicium produxerunt (τοῖς ἐπεξιοῦσι, "the prosecutors"), ita ut, quamvis ipsi sint insontes, ob calliditatem tuam et perfidiam in maximo discrimine versentur, tu autem quasi innoxius evades." Bremi. οὐ...τὴν 'Αναξίνου... "Did you not manage to have Anaxinus of Oreus arrested who was purchasing wares for Olympias?" Æschines accuses his rival of getting up this charge in order to anticipate a public accusation against himself. "This Anaxinus was a native of Oreus in Eubœa, whose hospitality Demosthenes had enjoyed there, and who really or ostensibly was employed by Olympias, Philip's queen, to purchase at Athens the articles of her toilette." Whiston. But he was suspected of being a spy

of Philip. Dissen considers this statement to have been inserted by Æschines in his edited speech, in reply to the charge of Demosthenes.

226. τοὺς συκοφαντηθέντας, "qui per calumnias a rerum publicarum administratione depulsi sunt." Bremi.

229. ὅταν δ' ἐξ ὀνομάτων... "But when a fellow wholly made up of words, and they bitter and artful, when such a fellow flies for refuge to simplicity and naked facts, who can endure him?"

230. πρὸς τί... "what possible considerations are likely to move you to dismiss this indictment?"

231. καὶ εἰ... "and if any of the tragic poets who bring forward their plays afterwards—(i.e. after the proclamation of the crown of Demosthenes)—should represent in a tragedy Thersites crowned by the Greeks." See Hom. *Il.* ii. 213 seq.

232. τοὺς κυκλίους χορούς. See Smith's *Dict. Antiq.* 279 a. τῷ διαπραξαμένῳ, "but to the man who has succeeded by underhand practices."

235. οὐδεὶς πώποτε ἐπέθετο, "no one ever set himself to, or attempted the subversion of the democracy, till he could prevail over the courts of justice."

236. εἰ...ὅθεν τὴν ἀρχήν, "If you say, what you have stated as the preamble of your decree." τοῦ γὰρ ταῦτα... "For to have rendered it necessary that these repairs should be carried out at all, involves far greater culpability than the event of carrying them out successfully."

240. See Thirlwall, v. 47. Ἀρκάδων. During the absence of Alexander in Asia, the Arcadians took the opportunity of throwing off the Macedonian yoke, and promised the Thebans to supply them with auxiliaries for the same purpose, if 10 talents were raised by the latter. When Demosthenes refused to give this sum on the demand of the Thebans, an agent of the Macedonian party paid it, and so persuaded the Arcadians to return home.

241. ἀπαιδευσίαν, "grossness, want of taste, and good feeling." αὐτῶν, "Ctesiphontis Demosthenis et asseclarum." Bremi. βαρύτερον, "the hearing him would be more provoking than all that you have actually suffered through him."

242. τῆς ἀναισχύντου πραγματείας, "such a shameless design," said of putting up Demosthenes to speak. εἰ πρῴην...

"If lately you could prevail upon yourself to be appointed ambassador to Cleopatra, the daughter of Philip, to condole with her on the death of Alexander, son of Neoptolemus and brother of Olympias, king of the Molossi." On the death of this prince, the uncle and brother-in-law of Alexander the Great, see Livy, VIII. 24. He was defeated and slain in battle against the Lucanians and Bruttii in B.C. 326, near Pandosia, on the banks of the Acheron in Southern Italy.

243. ᾗ τοιοῦτος... "Or is the man to whom you have decreed a crown so obscure a person that his merits cannot be known even by those whom he has served?" Χαβρίᾳ, the victory here alluded to was gained, in B.C. 376, over the Lacedæmonian fleet under the command of Pollis. Ἰφικράτει. This famous general introduced an important improvement in Athenian military tactics, the formation of a body of targeteers (πελτασταί), possessing to a certain extent the advantages of heavy and light-armed troops. At the head of this new force he defeated and nearly destroyed a Spartan Mora in B.C. 392, an exploit which obtained him great celebrity throughout Greece. Τιμοθέῳ. The cruise of this general round Greece, and the conquest of Corcyra, in the year B.C. 375, are mentioned in Xen. *Hell.* v. 4, 42—69. See Smith's *Dict. Antiq.*

245. τὴν πανυστάτην ἔξοδον, "Intelligit fatalem illam expeditionem, quæ clade Chæronensi finita est." Bremi.

247. ὡς οὖν... "Give your suffrages then not only as judges in this case, but as having the eyes of all men upon you, (and consider) how you shall acquit yourselves in the eyes of those citizens who are not present now, but who will hereafter enquire of you what verdict you gave."

248. πῶς οὖν... "How, then, may one avoid such a disgrace? By being on your guard against those who preoccupy all the popular and public-spirited appellations, while in their conduct and manners they are unworthy of trust. For the goodwill and name of democratic sentiments are proposed for competition to all, but those are generally the first to have recourse to them in pretence who are the farthest from them in reality."

249. ὅταν οὖν... "Whenever, therefore, ye find an orator eager after foreign crowns and proclamations amongst the Greeks, bid him bring forward (just as the law requires that confirmations be made in cases of claims to property) proof of his claim to a respectable life and temperate habits." καὶ τῆς... "and take care of the democracy which is already slipping out of your hands."

251. ἔπειτ' ἀπέρχεσθε... "Then ye go away from your assemblies, not after ye have come to any resolution, but as if from

a picnic, having distributed the remains amongst yourselves." "Ut ii qui reliquias conviviorum communium inter se partiuntur,"—τὰ περιόντα, εἴτε χρήματα, εἴτε ποτά, εἴτε βρωτά. Wolf.

252. ἐγένετό τις... Allusion is here made to the effect on certain persons at Athens of the disastrous news of the battle of Chæroneia. See Grote, XI. 696, n. 1. ἕτερος δ' ἰδιώτης refers to Leocrates, an Athenian citizen, who, "instead of staying at Athens to join in the defence, listened only to a disgraceful timidity, and fled forthwith from Peiræus with his wife and family." Having circulated at Rhodes the false news that Athens was already taken, and the Peiræus under siege, the Rhodians fitted out an armament to seize the merchant-vessels at sea. Eight years after his return (πρώην ποτέ) he was impeached by Lycurgus, and only escaped owing to an equality of votes. See Thirlwall, VII. 140.

253. ἢ συλλαβόντες... "Will you not seize him as a political pirate, as one who has made shift to wade through the administration on the strength of mere names?"

255. μὴ νέμετε ἀλλὰ κρίνετε, "Idem est ac si dixisset νέμετε κρίνοντες, cum judicio tribuete, re pensitatâ, num honorem meritus sit is, qui eum appetit." Bremi. πότερον οἱ συγκυνηγέται... Demosthenes was "from childhood of sickly constitution and feeble muscular frame; so that partly from his own disinclination, partly from the solicitude of his mother, he took little part either as a boy or a youth in the exercises of the palæstra." The disproportion between the physical energy, and the mental force, of Demosthenes, beginning in childhood, is recorded and lamented in the inscription placed on his statue after his death,

Εἴπερ ἴσην ῥώμην γνώμῃ, Δημόσθενες, εἶχες,
Οὔποτ' ἂν Ἑλλήνων ἦρξεν Ἄρης Μακεδών.

See Grote, XI. 374. ἀλλ' ἐπασκῶν τέχνας... The acquaintance of Demosthenes with certain wealthy youths—among others, with Apollodorus, son of the wealthy banker Pasion—gave rise to the accusations of his rivals that he made his way into various wealthy families using bare artifices to defraud and ruin them. See Grote, XI. 381.

256. ἀποβλέψαντες... Either this refers to the διαβλέψαντες above, and we must supply βουλεύσασθε, or the whole sentence from οἴεται to πόλει may be regarded as parenthetical. Βυζαντίους... Reference is here made to events in the spring of the year B.C. 340. See Grote, XI. 627. In this year Demosthenes was sent as an envoy to the Chersonese and Byzantium, and

succeeded by the effect of his eloquence in detaching the Byzantines from Philip, and bringing them into alliance with Athens. As to the Thebans, see Dem. *de. Cor.* 227—231. ὥσπερ Πειθώ... "he thinks he can make you believe that you entertain in your city the Goddess of Persuasion instead of an abusive informer."

258. Ἄρθμιον τὸν Ζελείτην... See Dem. *de Fals. Leg.* 427. Arthmius of Zelea, a town in the Troad (see Hom. *Il.* II. 824), was branded with infamy at the proposal of Themistocles. See also Dem. III. *Philipp.* 121.

NOTES

ON THE ORATION OF
DEMOSTHENES ON THE CROWN.

Ch. 1—9. Exordium: opening address to the Dicasts.

1. πρῶτον μέν, followed by ἔπειτα without δέ, is frequently found in Demosthenes and other Greek writers. See Jelf's *Greek Grammar*, § 766. πᾶσιν ὑμῖν. Æschines (*in Ctes.* ch. 56) tells us that a greater number of Athenian citizens and foreigners attended to hear this trial than had ever been known to come to any public suit within the memory of man. διατελῶ ἔχων, "which I have always entertained, and still continue to entertain." εὐσεβείας. It concerned their piety, on account of the oath they had taken, "ἀκροάσομαι τοῦ τε κατηγόρου καὶ τοῦ ἀπολογουμένου ὁμοίως ἀμφοῖν."

2. τὸ μὴ προκατεγνωκέναι μηδέν, "the absence of all prejudice on either side." τῇ τάξει...ἀπολογίᾳ, "the method and subject-matter of his pleading;" τάξις here, as in ch. 56, alludes to the arrangement of topics which each party might choose to adopt. ἀπολογία is here used generally, applicable either to the plaintiff or defendant. The whole passage refers to Æsch. *in Ctes.* 202—205.

3. ἐκ περιουσίας, κ.τ.λ. "But Æschines accuses me from a situation in which he risks nothing;" implying that what he gains is clear profit. A shorter translation is given in Dindorf's notes, "at a great advantage." περιουσία, literally περισσόν τι τῆς οὐσίας, "something gained over and above a man's original property." Comp. Thucyd. v. 103, ἀπὸ περιουσίας χρωμένους ἐλπίδι, "who use hope as a supervening influence, and not as a vital principle," so that the loss of it will not ruin them. Dissen translates ἐκ περιουσίας "ex merâ insolentiâ," but this destroys the antithesis to πολλά...ἐλαττοῦμαι and ἀλλ' ἐμοὶ μέν. ἕτερον δέ, sub. ἐλαττοῦμαι.

4. πᾶσιν ὡς ἔπος εἰπεῖν = "almost every one." Lat. "propè dixerim omnes."

5. ἄξιον σπουδῆς ἐμοί· "deserving of zealous attention on my part." Compare a similar use of the dative in Eurip. *Hec.* 309. "ἡμῖν δ' Ἀχιλλεὺς ἄξιος τιμῆς, γύναι."

6. δημοτικός, "public-spirited, patriotic." πολιτικός has the same sense in ch. 13. ὁ δημοτικός (ch. 122) "the popular leader." Cf. Arist. *Nub.* 1190. ὁ Σόλων ὁ παλαιὸς ἦν φιλόδημος τὴν φύσιν.

7. παρελθεῖν, "to overcome, get the better of," literally, to pass by in a race, therefore approximately used in connection with ὁ διώκων and τῷ φεύγοντι. Arist. *Equit.* 275. ἢν δ' ἀναιδείᾳ παρέλθῃς, ἡμέτερος ὁ πυραμοῦς. "nostra est *adorea.*" κοινόν, "impartial."

8. παρακαλέσαι, "to summon" as it were my coadjutors (fautores) into court. See note on ch. 143.

9—53. Refutation of charges foreign to the main question, ἔξω τῆς γραφῆς.

ἀλλοτριώτερον, κ.τ.λ. "May listen with alienated feelings to my just arguments (or justification) touching the indictment," as τὰ τοῦ λέγοντος ὕστερον δίκαια above. Demosthenes often uses ὑπέρ in cases where we should find περί in other writers; and sometimes both ὑπέρ and περί in the same sentence with no perceptible difference of meaning. See for instance *Fals. Leg.* 107.

10. καταψηφίσασθε ἤδη, "pass a vote of censure upon me at once." καταψηφίζομαι the opposite word to ἐπαινῶ, to pass a vote of thanks. ἐκ βελτιόνων, "coming from a better stock." τῶν μετρίων, "respectable citizens." ἐπαχθές, "arrogant, invidious," the same metaphor of *weight* applied to character in ch. 19, οἱ τότε μὲν βαρεῖς Θηβαῖοι.

11. κακοήθης, "maliciously cunning." εὐήθης, "foolishly simple." The same use of εὖ in comp. in a questionable sense occurs ch. 70, ᾧ λέγων εὐχερῶς ὅ τι ἂν βουληθῇς. οὐχ οὕτω τετύφωμαι, "I am not so infatuated," probably derived from τῦφος, smoke; though Harpocration gives several other derivations. See Mr Shilleto's note on *Fals. Leg.* 241. πομπείας...γεγενημένης. "the ribaldry you have so unrestrainedly uttered." ἀνέδην = immissis habenis, from ἀνίημι. For πομπεία, see on ch. 124.

12. ἐπήρεια, defined by the Grammarians as that kind of spite which injures another, οὐχ ἵνα τι αὐτῷ, ἀλλ' ἵνα μὴ ἐκείνῳ, such as that of the dog in the manger.

13. οὐ γὰρ ἀφαιρεῖσθαι, κ.τ.λ. The translation of this difficult passage appears to be as follows: "It is not fair to deprive any one of his privilege of coming before the people and obtaining a hearing: nor at any rate (=much less) is it fair to do this on the ground (ἐν τάξει, a military term) of mere spite and envy. By heaven, it is neither right, nor public-spirited, nor just." Some refer ἀφαιρεῖσθαι to Ctesiphon (comparing ch. 15, ult.) and consider the words ἀφαιρεῖσθαι to τυχεῖν = ζημιοῦν ἀτιμίᾳ τὸν Κτησιφῶντα, which would be the case if he were convicted by γραφὴ παρανόμων. But if we look to the parallel passage in Æsch. Ctes. 202, it will appear more probable that Demosthenes alludes to his own case. Æschines there says, "When Ctesiphon gets up to answer me, he will say κάλει, κάλει, 'call Demosthenes:' against the state you call him, Athenians," &c. It is of this that Demosthenes here complains. ἐτραγῴδει καὶ διεξῄει = τραγικῶς διεξῄει, "he detailed so dramatically"—the first hit at Æschines' former profession of actor. παρ' αὐτὰ τἀδικήματα, "at the time when the offences themselves were committed:" ch. 15, τοὺς παρ' αὐτὰ τὰ πράγματα ἐλέγχους. εἰσαγγελίας. The distinction between δίκη, γραφή, and εἰσαγγελία is as follows. δίκη, primarily, any legal proceeding whatsoever, then in a more limited sense a civil action; γραφή, an action in which the state appears as a party injured, immediately (γραφὴ δημοσία) or mediately (γραφὴ ἰδία); εἰσαγγελία, a form of proceeding against offences not provided for by statute, "impeachment." εἰ δὲ γράφοντα, κ.τ.λ. "If he saw me proposing any illegal measures, he should have indicted me for illegal proposition. For of course he cannot now be prosecuting Ctesiphon on my account," &c. δήπου in Demosthenes is strongly ironical.

15. ὑποκρίνεται, "plays the actor," inf. 287. προΐσταται (=πρόφασιν ποιεῖται, de verâ causâ, Schœf.) "makes the prominent or chief object." οὐδαμοῦ, "on no former occasion:" in ch. 251, he boasts that Æschines had never brought a single action against him.

16. (fin.) τοῦτό γε, the γε is strongly emphatic, as frequently. So ch. 1, σχέτλιον γὰρ ἂν εἴη τοῦτό γε, "for this would be indeed a hard case."

17. ἀνατιθείς, "imputing, throwing the blame upon." Thus ἀναφορά, 220, signifies "something to throw the blame upon." ἵνα...θεωρῆτε, "that you may consider each measure with reference to the then existing circumstances."

18. τοῦ γὰρ Φωκικοῦ, κ.τ.λ. The Phocian or Sacred War began 357 B.C., and ended in 346. See Thirlwall's *Greece*, Vol. v. Ch. 44. γάρ, "narrativum," as it may be called, must not be translated, it merely serves to usher in the coming narration.

ἐφησθῆναι, "to rejoice *over*, or exult in" the misfortunes of another, generally expressed in the Tragedians by ἐπιχαίρω. So ἐχθροῖς ἐπίχαρτα πέπονθα, *Prom. Vinct.* v. 164, &c. See Blomf. Gloss. on the word.

19. συνέκρουε, "kept bringing into collision, causing to clash:" Lat. "collidere." ἐφύετο = ηὐξάνετο, "was increasing his strength." ὡς δέ...ἐπηγγείλατο, "But when it became manifest to all men that the once haughty, now unfortunate Thebans, reduced to extremities by the length of the war, would be compelled to fly to you for refuge; Philip, to prevent this from happening, and the different states from coalescing, offered peace to you, and succour to them." τῷ μήκει τοῦ πολέμου: the sacred war had lasted nine years.

20. ὡς ἔργῳ φανερὸν γέγονεν, "as the event has proved." συνελάμβανον, "were ready to aid you."

21. Ἀριστόδημος was one of the first embassy of ten who set out from Athens in February, 346. ἐκδεξάμενος καὶ γράψας, "who seconded him and drew up the resolution:" ἐκδέχομαι, properly "to take in succession from another," as in *Fals. Leg.* 42 and 369. In Æsch. *Agam.* 288, ἐκδοχὴ πομποῦ πυρός is the regular succession or relays of the telegraphic beacons. In this sense of "seconding a motion," Æschin. (*Ctes.* 62) has the word ὑποδοχή, "λέγειν ἅπαντα εἰς ὑποδοχὴν Φιλοκράτει."

22. ἐπ' αὐτῆς τῆς ἀληθείας, "resting on, based upon the naked truth:" a similar force of ἐπί is found in the expression ἐπὶ μαρτυρίας, "*on* evidence." πρᾶξιν καὶ ξυμμαχίαν, by ἐνδιαδυοῖν, "negotiation for alliance." παρελθών, scil. ἐπὶ τὸ βῆμα.

23. πάλαι...ἐξεληλεγμένοι, "the dispositions of all of them had been long since thoroughly tested." ὑγιὲς οὐδέν, "not a word of truth."

24. αὐτοὶ δέ. In the nominative αὐτός is invariably emphatic in all numbers and genders: in the oblique cases not necessarily so. Εὐρυβάτου. This Eurybates was an Ephesian whom Crœsus sent with a large sum of money to hire mercenaries in Peloponnesus. He betrayed Crœsus to his enemy Cyrus, and his name passed into a proverb. Cf. Plat. *Protag.* p. 327. ἐγὼ φαίνομαι ὤν, "it is clear that I am," "I am *proved* to be."

25. βουλεύων, "being a member of the βουλή," or council of Five Hundred. The word is here used in its primary sense, as below, 28, εἰ δὲ βουλεύων ἐγώ, κ.τ.λ. So γραμματεύω, "to be a γραμματεύς, or assembly-clerk," πρυτανεύω, &c. τί δὲ τοῦτ' ἠδύνατο, "Quid hoc sibi volebat?" Diss.

26. τὸν μεταξὺ χρόνον. The interval between the departure of the embassy from Athens, and the exaction of the oaths from Philip. Cf. *Fals. Leg.* 181. ὁ δὲ...ἐπραγματεύετο, "whereas this had been the special object of his schemes from the very first." ὅσα...προλάβοι, "whatever places he could forestal the state in seizing."

27. ταῦτα...διέσυρε, "these fortresses which Æschines was just now speaking so slightly of:" διασύρω, "to traduce," or "slur over," a peculiarly Demosthenic word, which we shall meet with many times. τὸ Σέρριον καὶ τὸ Μύρτηνον. The article is used because Æschines had previously mentioned these places (*Ctes*. 82) contemptuously, saying that Demosthenes "πρῶτος ἐξεῦρεν...ὧν οὐδὲ τὰ ὀνόματα ᾔδειμεν πρότερον." Herodotus however had heard the names of two of them before (see Lib. VII. cap. 59), and calls Serrium ἀκρὴ ὀνομαστή, "a celebrated headland" on the Thracian coast. οὕτω, "when affairs were in this position."

28. λέγει...ἀναγιγνώσκει. Cf. ch. 53. μὴ προσάγειν...πεπρακέναι, "Should I have proposed *not* to introduce the ambassadors, who were come for the express purpose of negotiating with you? Should I have given orders to the lessee of the theatre *not* to assign them a place as spectators? Why, they would have taken their places in the two-obol seats, even if my proposition had never been made. Was it my duty to secure so trivial a gain as this to the State, but all the while to have sold the common weal to Philip, as these men have done? I trow not." Read τὰ μικρὰ ξυμφέροντα. θεάν, cf. *Meid*. p. 572. ἀρχιτέκτων, "lessee," according to Bœckh. The προεδρία was always given by courtesy to ambassadors. τοῖν δυοῖν ὀβολοῖν. So Arist. *Vesp.* 279, ἐν τοῖς ἰχθύσιν, "in the fish-market." *Equit.* 1379, τᾶν μύρῳ, "the scent-shop." *Aves*, 13, τοῖς ὀρνέοις, &c.

29. Ψήφισμα. See Appendix I. ὑπερβολήν, "delay." ἀναβολή is more common in this sense.

30. βραχύ...οὗτοι, "These worthy gentlemen of the embassy taking small heed of my decree, *remained* for three whole months settled in Macedonia;" see *Fals. Leg.* 171. ἵζομαι, "to take a seat." καθῆμαι, "to remain seated."

31. πολεμεῖν καὶ διαφέρεσθαι, "that I am their enemy both politically and personally." διαφέρομαι is the proper word for a private quarrel between two individuals, "inimicitia;" πολεμέω denotes general hostility.

32. ἐπειδὴ γάρ. See above on ch. 18. ὥσπερ πρότερον. This "former occasion" occurred in the early part of the Sacred

War, B.C. 352. It is alluded to in *Fals. Leg.* 94, and *Philip.* 1, 17. See Thirlwall's *Greece*, Vol. v. ch. 43.

33. ἐκφύγοι...αὐτόν, "the opportunity should escape him."

34. ἀξιῶ, "I expect, claim as my right." δέομαι, "I entreat," as a favour on your parts.

35. οὐ γὰρ τὰ ῥήματα...ξυμφέρειν, "For it is not words that cement friendships, quoth he, phrasing it pompously enough, but identity of interest." ἀναλγησία, "heartlessness." ἀνάλγητος, or δυσάλγητος, means, "deficient in *feeling*," ἀναίσθητος, "deficient in *sense*." This distinction is well illustrated, inf. ch. 128. ὑπ' ἀναισθησίας τοὺς ἀκούοντας ἀλγεῖν ποιεῖν...περίεστιν, "by their stupidity they cause their hearers to feel hurt."

36. ὑποῦσαν = ὑπάρχουσαν, "previously existing." Φωκέας ἀπολέσθαι, this occurred B.C. 346, see Thirlwall's *Greece*, Vol. v. (end). σκευαγωγεῖν, "had to bring in all the moveable property." ἀπέχθειαν...χάριν, cf. *Fals. Leg.* p. 368, ὑμῖν μὲν τὴν ἔχθραν τὴν πρὸς Θηβαίους μεῖζω, Φιλίππῳ δὲ τὴν χάριν πεποίηκε.

37. Ψήφισμα. See Appendix I.
κοιταῖον γίγνεσθαι. Lat. "pernoctari." ἐν τοῖς φρουρίοις ἀποτεταγμένοι, "detached on garrison duty."

38. τοῖς...ἐπιτιμίοις. The ordinary penalties for προδοσία were death, confiscation of property, and disfranchisement of the posterity of the προδότης. But we must suppose that the court had a discretionary power of mitigation in the less heinous kinds of treason. ἐάν...ἐπιδεικνύῃ, "unless he can distinctly prove circumstances in his own case, which made it impossible to comply." τι ἀδύνατον, "some *case* of impossibility," as ch. 108, πολλὰ τὰ ἀδύνατα ξυνέβαινεν. τῶν ὅπλων = τῶν ὁπλιτῶν. ὁ ἐπὶ τῆς διοικήσεως. Bœckh tells us to supply ταμίας, but it is more probably στρατηγός, "the general of the administration," who was, we may suppose, paymaster of the forces.

39. τοῖς μὲν γὰρ ὅλοις οὐδέν, κ.τ.λ. "The general tenor of your policy appears to be lacking moderation, in that ye have concluded a treaty, and yet all the same (as if there were *no* treaty, ὁμοίως) are preparing to lead out a force against me."

40. πρὸς τοὺς ἑαυτοῦ ξυμμάχους, "for the benefit of his own allies—for them to understand." οὐ τούτοις...δεικνύναι, "not writing it in so many words, but this was the meaning he intended to convey." ᾤχετο ἐκείνους λαβών, "the result was that he brought them to such a state of mind as not to foresee," &c. οἱ ταλαίπωροι, "the unfortunates."

41. φενακίζω, from φέναξ, the mocking-bird. δῆλον γάρ... πράξαντος: the whole of this passage is ironical. Translate,

16

"For of course, Æschines, *you* are pained by what has occurred, and pity the Thebans, you that have property in Bœotia, and are now farming their acres; whilst *I*, on the contrary, rejoice— I whose surrender was immediately demanded by the author of these disasters," i. e. by Alexander, B.C. 335, after the destruction of Thebes. He at first demanded eight of the popular leaders at Athens, but did not press this condition subsequently. γεωργεῖς, cf. *Fals. Leg.* 360. Demosthenes tells us that the yearly value of these farms was half a talent.

42. αὐτίκα, "presently." ἐπάνειμι, "so I will go back again to the evidence," &c.

43. πάντ'...αὐτοῖς, "Philip was all in all to them." ἦγον... πολεμούμενοι. The common reading is ἄσμενοι ἦγον τὴν εἰρήνην, "were glad enough to maintain the peace, as they themselves had for a long time past been engaged in a kind of desultory warfare."

44. Ἰλλυριούς: Philip finally conquered the Illyrians, B.C. 344, see Thirlwall's *Greece*, Vol. VI. ch. 45. He broke his collar-bone during the campaign, cf. ch. 67. Τριβαλλούς: he defeated the Triballi on his return from Scythia, and was wounded in the leg during the action (ch. 67). ἐπὶ τῇ...ἐξουσίᾳ, "on the strength of the peace." εἰ δὲ μή...πρὸς ἐμέ. "That they did not penetrate his designs, is another affair altogether, it has nothing to do with me." εἰ=ἔπει, "since it happens that," or "that," as above, ch. 28, εἰ δὲ βουλεύων ἐγώ...ᾤμην δεῖν, κ.τ.λ. ἄλλος, or ἕτερος λόγος, a proverbial expression, Lat. "alia est ea quæstio." Cf. Plat. *Apol. Soc.* ch. 23, εἰ μὲν θαρραλέως ἐγὼ ἔχω πρὸς θάνατον ἢ μή, ἄλλος λόγος.

45. ἐνόσουν, "were morally diseased." Cf. III. *Philipp.* 49. ἀπόλωλε καὶ νενόσηκεν ἡ Ἑλλάς, and the expression in Æsch. *Ctes.* 81, μετὰ τῶν ξυμφύτων νοσημάτων ἐβουλεύετο, "Demosthenes then began to devise a scheme consistent with his innate *vices*." ἰδιωτῶν, "men not in any public office," opp. to τῶν ἐν τῷ πολιτεύεσθαι. τοιουτονί...βούλωνται, "All being similarly affected, more or less; each thinking that the danger would surely come, but not to their own doors; and that by means of their neighbours' perils, themselves would at pleasure be able to secure their own interests."

46. ἀκούουσιν, audiunt, "are called."

47. οὐδέν, suppl. before this εἰ μὴ οὕτως εἶχε, "otherwise." The neuter οὐδέν is used as being more forcible than the masculine: cf. ch. 242, πονηρὸν ὁ συκοφάντης, κ.τ.λ. τὴν δὲ πονηρίαν, κ.τ.λ. δέ is here used "in apodosi" without μέν in the former

clause. "Then at length, because he knows their villainy by experience, then," &c. See on ch. 126.

48. Λασθένης, &c. For an account of these traitors, see *Dict. Biograph.* Demosthenes gives a more copious list of them in ch. 295. εἶτ' ἐλαυνομένων...γέγονεν, "Afterwards every part of Greece was overrun by traitors, driven as they were into exile, insulted, and suffering every imaginable kind of ill-treatment." ἡ οἰκουμένη=Ἑλλας: the expression is used of the Roman world by various writers.

49. τὸ ἔχειν...περιποιεῖ, "saves you a country to sell," literally, "preserves that for which you get your bribes paid you." Διὰ τοὺς πολλούς...ἀπολώλειτε, "you have to thank the majority of these my hearers, and those who withstood your designs, that you are now safe and in pay; since had it depended on yourselves alone, you would long ago have been ruined." Διά γε ὑμᾶς, "for all *you* could do to prevent it," so "per" is used in Latin. Cic. *Div.* x. 1, "per Antonium non quietus fui."

50. αἴτιος δέ...ἀπολύσασθαι, "For this Æschines himself is answerable, since he has bespattered me as it were with the remains of a yesterday's debauch from his own villainy and crimes; wherefore necessity compelled me to clear myself in the eyes of those who are too young to remember the facts." ἑωλοκρασία, comp. of ἕωλος and κρᾶσις, generally translated "hesternum crapulum" by the commentators, "crapulum" being the Latin word for κραιπάλη. Lucian imitates this passage, *Lapith.* III. πολλὴν τὴν ἑωλοκρασίαν κατασκεδάσας τῶν φιλοσόφων. ἀπολύσασθαι, "to acquit, clear myself." Dissen rightly objects to ἀπολούσασθαι and ἀποκλύσασθαι, which have been proposed for the sake of carrying out the metaphor "ne putida fiat metaphora."

51. καὶ νῦν...λέγων, "and just now, if you recollect, he used these expressions in the course of his speech." See Æsch. *Ctes.* 66.

52. ἀκούεις ἃ λέγουσιν. The partisans of Demosthenes (οἱ ἐκ παρακλήσεως συγκαθημένοι) here join in chorus.

53—126. Reply to the several counts of the Γραφή itself, or indictment of Ctesiphon.

54. ἀπήνεγκε παρανόμων, subaud. γραφήν, "laid an indictment for illegal proposition." τραγῳδοῖς καινοῖς=καιναῖς τραγῳδίαις. Æschines gives the expression more fully, καινῶν τραγῳδῶν ἀγωνιζομένων. Cicero, *Phil.* I., uses "gladiatoribus" for "ludis gladiatoriis."

55. τραγῳδῶν τῇ καινῇ, subaud. εἰσόδῳ (Dissen) or εἰσαγωγῇ (Bremius). κλητόρες, "witnesses of the suit or summons." τῶν γεγραμμένων, "the counts of the indictment—accusationis capita."

57. διατελεῖν πράττοντα. See on ch. 1. ἐπαινεῖν. See on ch. 10. τὴν κρίσιν εἶναι, "that the question lies in my public life;" "that my public life is the best criterion of this."

58. τὸ δὲ μὴ προσγράψαντα: the construction is thus made out by Dissen, τὸ δὲ μὴ προσγράψαντα γράψαι τοῦτο. ἐπειδὰν δῷ = postquam dederit. ἁπλῶς, "honestly."

59. καί με μηδείς...πεποιηκώς, "Let no one suppose that I am detaching my arguments from the indictment, when I fall into the mention of national acts and deliberations. For he who attacks that part of Ctesiphon's proposition which states "that my public speeches and policy were unexceptionable; he who has set down these statements as untrue; he it is who has made the discussion of my public conduct akin and even necessary to this indictment." ἐὰν ἐμπέσω, "if I fall (as assuredly I shall) into the mention," &c. οἰκείους, "cognatos," strictly appropriate. πολλῶν προαιρέσεων...τῆς πολιτείας, "many different lines of public life." προαίρεσις is properly "a deliberate choice or profession;" when used in connection with πολιτεία it implies the adoption of certain political principles, as we have below, ἡ ἐμὴ προαίρεσις καὶ πολιτεία, which in English we briefly express in one word "my *politics*." τὰς ἀποδείξεις...ποιεῖσθαι, "wherefore I have a right to deduce my evidence too from them."

60. προὔλαβε καὶ κάτεσχε, "seized and kept." τοσοῦτον ὑπειπών, "having premised thus far." πλεονέκτημα...Φιλίππῳ, "Philip started with (ὑπῆρξε) one great source of advantage on his side."

61. φορὰν προδοτῶν, "a crop of traitors." So we have below, ch. 271, φορὰν πραγμάτων, "a harvest of troubles." Æsch. *Ctes.* 234, φορὰ ῥητόρων. Compare the Latin expressions "proventum scelerum," Luc. *Phars.* II. 61: "seges telorum," Virg. *Æn.* III. 46. διδούς, "offering bribes."

62. συνισταμένου καὶ φυρομένου κακοῦ, "of the mischief which was brewing and being kneaded together." But a better reading is φυομένου, "growing to a head," as αὐτός...ἐφύετο in ch. 19. Observe the collocation of ἐγώ at the end of the sentence = "I, and I alone."

63. φρόνημα, "her pride, her high spirit." ἢ τοῦτο...ἀληθῶς, "or not actually to do this (terrible indeed would that have

been), but yet," &c. For the construction of ὡς ἀληθῶς, see note on ch. 212.

65. χεῖρον ἀπηλλάχασιν, "have come off worse." Comp. Æsch. Ctes. 158. οὐδεὶς πώποτε καλῶς ἀπήλλαξε Δημοσθένει συμβούλῳ χρησάμενος, "no one ever yet came off with credit." Æsch. Agam. 1256, οἱ δ' εἶχον πόλιν...οὕτως ἀπαλλάσσουσιν ἐν θεῶν κρίσει. κατὰ τῶν ἐναντιωθέντων, read οὐκ ἐναντιωθέντων with Dissen; the sense of the passage will then be, "had Philip behaved as moderately as possible, even then some slight (τις) blame and ground of complaint would have fallen on those who did not oppose his schemes."

66. τὸν 'Αθήνησι. ἐμέ is generally read, but perhaps is better omitted, as it separates 'Αθήνησι from the parenthesis which strictly belongs to it.

67. ἐκκεκομμένον, at the siege of Methone in Thrace, B.C. 349, a year before the fall of Olynthus. The story is that the arrow which struck him was shot by one Aster, who labelled it with the words, 'Αστὴρ Φιλίππῳ θανάσιμον πέμπει βέλος: and Philip replied by the same method, 'Αστέρα Φίλιππος ἢν λάβῃ κρεμήσεται, a threat he executed after the capture of the city. τὴν κλεῖν κατεαγότα, "having his collar-bone broken," see on ch. 44. τῷ λοιπῷ, scil. σώματι, "with what his enemies had left of him."

68. ἐν πᾶσι...θεωροῦσι, "In everything that meets your eyes and ears, discovering something to remind you of the valour of your forefathers." αὐτεπαγγέλτους ἐθελοντάς. This is not a mere pleonasm. ἐθελονταί is "of their free will," αὐτεπάγγελτοι, "at their own proposal," "without waiting to be asked." παραχωρῆσαι ἐλευθερίας, "to march off the ground of your freedom," i. e. to surrender it. Cf. ch. 273, παρεχώρεις ἐλπίδων. Æsch. Ctes. 5: λήσετε κατὰ μικρὸν τῆς πολιτείας τισὶ παραχωρήσαντες, "you will insensibly surrender the constitution." ἐξίσταμαι is used in the same sense, see on ch. 319.

69. καὶ ἐγώ, "I among the chief." 'Αμφίπολιν, Πύδναν, Ποτίδαιαν. See Thirlwall's *Greece*, v. p. 195—8.

70. οὐδ' εἰ γέγονεν οἶδα, "I will proceed as though I were ignorant of them—I ignore them."

71. Εὔβοιαν: this "appropriation" of Eubœa, as Demosthenes calls it, first took place B.C. 354; and Philip maintained a footing in the island by means of his creatures till the year 341, when they were expelled by Phocion. πορθμός, a fort close to Eretria, alluded to *Philipp*. III. p. 125. κατάγω, "to bring

back from exile," as κατέρχομαι is "to return," κάθοδος, "the art of returning." All these expressions are well illustrated Arist. *Ran.* 1150—1162.

72. Μυσῶν λείαν, "an unresisting prey," such as Mysia fell to the pirates. A proverbial expression of contempt, see Arist. *Rhet.* 1, fin. Compare the proverb Eur. *Cycl.* 647, ἐν τῷ Κᾶρι κινδυνεύσομεν, "we will make our first (surgical) experiment on the Carian,"= fiat experimentum in corpore vili. These expressions well illustrate the contempt with which the Greeks universally regarded the Asiatics. ἐμᾷ, emphatically placed "on my head alone."

73. Ψήφισμα, B.C. 340. See Appendix I.

συναχθῶσι. Schæfer would read ξυναχθῇ, which Dissen approves. εἰ δὲ μηδέτερον...λέγειν, "But if neither of these suppositions is the true one, but either the sender (Philip) or the emissary (Amyntas) are solely in fault, the ambassadors must report this too." ἰδίᾳ, "solely"=καθ' αὑτούς, without any fault in the Athenian commander. καὶ λέγειν: the ellipse is καὶ τοῦτο λέγειν τοὺς πρέσβεις. The common reading is καὶ τοῦτο γράψαι λέγειν, "that they bid the ambassadors write word of this too."

75. ἐχρημάτισαν = Lat. "rettulerunt," "proposed for discussion." ἀνενεγκόντες, "having made their report of what passed in the assembly." ἀνακομιδῆς, "the recovery." 'Αριστοφῶν. This Aristophon of Colyttus must not be confounded with Aristophon the Azenian, in whose old age, fifteen years before, Demosthenes entered on his public life. The Azenian passed a law respecting illegitimacy, B.C. 403. He is mentioned below, ch. 162, and Æsch. *in Ctes.* 139.

77. πρόφασιν μέν...βοηθήσοντα δέ. Here δέ has the unusual force of ἔργῳ δέ, and is by itself opposed to πρόφασιν μέν. Dissen compares Tacit. *Annal.* 1—10, where cæterum has the same sense: "Veterani in Rhætiam mittuntur specie defendendæ provinciæ, cæterum ut avellerentur castris." This construction would not be found in pure Greek; see note on εὐχαριστία, ch. 91. Λῆμνον, which belonged to Athens, Æsch. *Fals. Leg.* ch. 72, Λήμνου, Ἴμβρου, καὶ Σκύρου, τῶν ἡμετέρων κτημάτων. All these islands were ceded to them at the peace of Antalcidas, B.C. 387, and had since remained in their possession.

78. ἄνευ τοῦ δήμου, "without the consent or sanction of the people." Göller illustrates this sense of ἄνευ, Thucyd. I. 129. τὰ νῦν καταχθέντα πλοῖα, "the ships that were lately towed into my harbour."

79. γεγράφει should be ἐγεγράφει, or ἔγραφε with Dissen and others. The common reading γέγραφε is not a good Greek

construction. εἰχόμην τούτων, "I was connected with them," literally, "I kept hold of them." παρεδύετο, "tried to creep or steal into." Æsch. *Ctes.* 37, εἰ τοιοῦτον ἔθος παραδέδυκεν ὑμῶν εἰς τὴν πολιτείαν. τυράννους, Clitarchus, Hipparchus, and Automedon: see above, ch. 71, and Thirlwall's *Greece*, Vol. VI. ch. 45.

80. ἀποστόλους, "armaments," equipped according to Demosthenes' Trierarchic law; compare ch. 107. περιεγένετο, "was the result;" so περίεστι, ch. 128, 201.

81. ἐφ' ὑμᾶς, "*to go* against you from them:" ἐφ' ὑμῖν would simply mean "against you, to your prejudice." The accusative implies that Eretria would be an ἐπιτείχισμα to Philip, a place from whence he could easily invade Attica.

82. κατέλυον, "lodged," κατάλυμα, deversorium, the place where the beasts of burden were *unyoked*. Thucyd. I. 136, uses the verb with παρά and the accusative case, παρὰ τὸν Μολοσσῶν βασιλέα καταλῦσαι. προὔξένεις = ἦσθα πρόξενος, "patronus eras." προξενία expressed the relation connecting *a state* with an individual of another country; ξενία the relation between two individuals of different countries, or that between two different states. καὶ λέγων ὡς σιωπῶ... τήμερον, "You who say that I hold my peace when I have received a bribe, but make an outcry when I have spent it. At any rate this is not your way. You cry out with the bribe in your pocket; and as for stopping, you will never do that, unless the judges here stop your mouth by disfranchising you this day." The words of Æschines are λαβὼν σεσίγηκας, ἀναλώσας δὲ κέκραγας, *Ctes.* 218. ἀτιμώσαντες. If Æschines failed in obtaining a fifth part of the votes, he would be a state debtor for 1000 drachmæ, and ἄτιμος until the fine was paid.

84. χρείας, "services." Whenever χρεία has this sense, it is used in the plural number. ἀγωνοθέτην. See Smith, *Dict. Ant.* p. 32.

85. ἄ...ἔφη. *Ctes.* 231. ὡς ἑτέρως. See on ch. 212. τιμωρίας τυγχάνειν signifies either "to obtain vengeance," or "to meet with punishment," according to the context. Both senses occur in the dramatic writers.

86. πάντας ἀνωμολόγημαι, scil. τοὺς χρόνους, supplied in the text by Dissen and others. προσόδους = πομπάς, "solemn processions," used in the same sense Arist. *Nub.* 307; *Pax*, 396; *Aves*, 854. τῷ νικᾶν λέγων καὶ γράφων, "By the fact that I carried the objects of my speeches and propositions." καταπραχθῆναι, "were brought to a successful issue." So κατατυχεῖν, ch. 178, "to succeed in obtaining," the reverse of ἀποτυχεῖν.

87. διαρραγῶσι, scil. οὐ λέγοντες, or as Dissen takes it, "rumpantur invidiâ vel indignatione." σίτῳ ἐπεισάκτῳ. See Bœckh, Œcon. Ath. ch. xv. χάρακα...ἐπολιόρκει, "Having thrown up a rampart against the city, and planted his engines near at hand, he commenced the blockade." Bekker reads χαράκωμα instead of χάρακα. The siege of Byzantium took place B.C. 340. See Thirlwall's Greece, Vol. VI. ch. 45.

88. ὅταν λέγω, better than the ordinary reading, ὅταν εἴπω. ἁπλῶς, "honestly."

89. ἐνστάς, "that was going on," already set on foot: so συστάς, ch. 18, denotes the outbreak. ἄνευ τοῦ, "besides that," præterquàm quod: in this sense χωρίς is more common. See Hermann on Soph. Antig. init. ἄτης ἄτερ. Διῆγεν ὑμᾶς, "fecit ut viveretis." Dissen. ἐν πᾶσι, κ.τ.λ. "With all the necessaries of life more abundant and cheaper than the present peace does," viz. that under Alexander. ταῖς μελλούσαις ἐλπίσιν = ταῖς περὶ τοῦ μέλλοντος ἐλπίσιν. καὶ μετάσχοιεν...προῄρηνται, "May they rather partake of the blessings which all ye who are sincere patriots beg of the gods, than cause you to share in the results of their own policy." ἐκ τούτων, "in consequence of these events." Bremi reads μηδὲ μετάσχοιεν.

90. ἱερομνάμων, priest of Neptune at Byzantium. Müller, Dor. II. 168. ἁλίᾳ, this word is akin to ἁλίζω, ἡλιαία, &c. ῥῆτραν λαβών = λόγου τυχών, "having obtained permission to speak." (Schœf.) Not = προβούλευμα, as Müller thinks. δενδροκοπέοντος. This verb has the same meaning as the Attic expression τεμεῖν τῆς γῆς, "to lay waste the country," which Arnold explains "to cut down or clear that *part of* the earth where the vines and fruit-trees grow," i.e. to cut down the fruit-trees. The construction of the genitive will then be similar to that in Thucyd. IV. 100, ἧψε τοῦ τείχους, "he set fire to (part of) the wall."

91. ἐπιγαμίαν, Lat. "jus connubii." μετὰ τὰ ἱερά, "after the sacred rites" used in every Greek state before public deliberation. Cf. Arist. Acharn. init., and see Mitchell's note on περιραντηρίου. εὐχαριστία. This is not a pure Greek word, though we have ἀχαριστία below, ch. 314. It is to be observed that even if we suppose all these ψηφίσματα, &c. genuine, yet Demosthenes is not responsible for the language, except perhaps in those which he quotes as brought forward by himself.

92. ἀπὸ ταλάντων ἑξήκοντα, "of sixty talents' weight." ἀπό is frequently used to denote the material of which a thing is made up. So in Herod. ἀπὸ ξύλου πεποιημένα. Compare the expression ἀπὸ σταδίων ἑξήκοντα, "sixty stadia in length," pro-

perly, a distance *made up of* sixty stadia. τῆς Φιλίππου, sub. δυνάμεως.

93. ἡ προαίρεσις ἡ ἐμὴ καὶ ἡ πολιτεία, "my line of policy," see note on ch. 59.

94. μεμψάμενοι...ἐκείνοις. Dobree, *Advers*. 1. 38, remarks that μέμφομαι is only used with the dative when a *person* is spoken of, when it has the sense of "being angry *with* or railing *at*:" with the accusative it simply means "to blame or condemn." For a general rule in explanation of these double cases, see on ἐξίσταμαι, ch. 319.

95. ἵνα τοίνυν...ἐπιδείξω. The apodosis to this is below, ἐν ᾗ δύο βούλομαι, κ.τ.λ. τοῦτο...ἡγοῦμαι, "For of this I believe you are *already* well assured." Cf. ch. 110, fin. οὕτως...... χρήσασθαι, "that the turn I gave to the affair was the one it was expedient to give," i.e. the sending assistance to the Byzantines. πρὸς τὰ κάλλιστα τῶν ὑπαρχόντων, "By the standard of their most glorious precedents, they should at all times endeavour to regulate their subsequent policy."

96. ἄλλας νήσους (more commonly read τὰς ἄλλας νήσους), "and the islands besides." So *Fals. Leg.* 94, χωρὶς τῆς ἄλλης αἰσχύνης, "not to mention the additional disgrace." This interpretation of ἄλλος does not however necessitate the presence of the article; for we have in Eur. *Med.* 297, χωρὶς γὰρ ἄλλης ἧς ἔχουσιν ἀργίας. Either reading, therefore, may stand in the text. Cf. Plat. *Gorg.* 403 c. τῶν πολιτῶν καὶ τῶν ἄλλων ξένων. Δεκελεικὸν πόλεμον. See Thucyd. vii. 19.

97. ὀρθῶς...βουλευόμενοι, "and a right and noble decision it was." ὀρθῶς, with the participle thus, must be translated in Latin "et—sane, &c." *Meid.* 4 A. ὀρθῶς καὶ ξυμφερόντως ἔχων ὁ νόμος (nomin. absolute), "and an excellent law it is too." v. Buttmann in loco. πέρας μὲν γὰρ ἅπασιν...γενναίως, "For whereas the goal to which all men alike are brought by life is death, yea though one keep himself barred up in a closet; it behoves the brave to take in hand whatever honourable enterprise may from time to time present itself, arming themselves with the hope of good speed as with a buckler; and to bear with magnanimity whatever fate heaven may award them." Cf. Propert. iii. 18, 25, "Ille licet ferro cautus se condat et ære, Mors tamen inclusum protrahit inde caput." προβαλλομένους, "sibi ut clypeum protendentes," used thus ch. 195, fin. "To shield another" would be προβεβλῆσθαι τινός.

98. Λακεδαιμονίους, governed by ἀνελεῖν. οὐδ' ὑπέρ...διαλογισάμενοι, "Nor even considering *how badly* (οἷα) those men had treated you for whom ye were to peril yourselves."

99. Ὠρωπόν. See Thirlwall's *Greece*, Vol. v. ch. xl. p. 174. τῶν ἐθελοντῶν...πόλει, "The trierarchs who volunteered on that occasion being the first that appeared in the state." This was the third form of τριηραρχία by συντελείαι, which came into force B.C. 357. See Smith's *Dict. Antiq.* p. 1160.

100. μηδέν...ὑπολογισάμενοι, "Nullam injuriarum vobis illatarum pensi habentes in iis rebus, quæ vobis creditæ essent: sed omnes integras bonâ fide reddentes." Schæfer. σωτηρίας, sub. ἕνεκα.

101. ὑπὲρ αὐτῆς...οὔσης. Dissen rightly translates, "Quum ipsius urbis salus quodammodo in deliberationem veniret." τρόπον τινά, "in some sort, somehow." Cf. ch. 44, αὐτοὶ ἐκ πολλοῦ τρόπον τινὰ πολεμούμενοι.

102. τούτων, governed by ἑξῆς. καταλυόμενον, "going to ruin." τοὺς πλουσίους...γιγνομένους, "The rich becoming exempt after a small outlay; the citizens of moderate or small property gradually losing it; and, moreover, the state being, from these causes, too late (with its naval equipments) for the occasions which demanded them." ἀτελεῖς, "getting their discharge from the τριηραρχία." ἔθηκα νόμον, "I proposed a law." θεῖναι νόμον, properly applied to a legislator who was αὐτοκράτωρ, θέσθαι νόμον, to one who proposed laws binding on himself as well as the community, as in a republic. This latter was always limited to its original sense: θεῖναι νόμον came to be used irregularly. For an account of this law, consult *Dict. Antiq.* p. 1160.

103. καὶ γραφεὶς...ἀπέφυγον, "And when an indictment was laid against me, I came into court before you to meet the suit I shall presently mention (τοῦτον), and was acquitted." ἀγῶνα governed by εἰσῆλθον, as below, 105, εἰσῆλθον τὴν γραφήν. καίτοι...ὑπωμοσίᾳ; "And yet how much do you imagine the first class of the Symmoriæ, or the second or third (in order of wealth), offered me, to induce me, if possible, not to propose the law at all: if not, at least suffer it to become a dead letter by taking the oath for postponement?" Συμμορίαι, see *Dict. Antiq.* p. 449 and 1160; ὑπωμοσία, p. 403, fin.

104. μικρὰ καὶ οὐδέν, "little *or* nothing." So 130, χθὲς καὶ πρῴην. Cf. Soph. *Antig.* 327; *Trachin.* 84. συνεκκαίδεκα, "sixteen to one vessel." They were in the habit of letting out their shares in the trierarchy by paying one talent, an abuse to which Demosthenes' law put a stop. τὸ γιγνόμενον. "Rata portio," the sum fixed by assessment according to their property. Cf. *Timocrat.* 94: γράψαι ἀντὶ μὲν τοῦ τιμήματος...τὸ ἀργύριον· ἀντὶ δὲ τοῦ "τὸ γιγνόμενον"...ὃ ὤφλεν. καὶ δυοῖν ἐφάνη...συντε-

λής, "And it became manifest that he who had previously borne but a sixteenth part of the expense of one vessel, might now have to furnish two by himself." οὐδὲ γὰρ ἔτι: the force of ἔτι is "so far had abuses gone under the old system, that they no longer called themselves," &c.

105. τὸ τριηραρχικόν. Schæfer takes this to mean "the contributing body;" others with greater probability interpret it "the Trierarchic court;" and Taylor translates it "the Admiralty."

ἐκ τῶν ἐν τοῖς λόχοις συντελειῶν, "ex societatibus in Symmoriis." (Dissen). λόχος, "a company," is strictly a military term. χορηγία = λειτουργία.

106. αἱρεῖσθαι, "to choose;" subaud. δέδοκται τῇ βουλῇ καὶ τῷ δήμῳ. Ἐὰν δέ...χρημάτων, "But if the assessed property be found to contain money over and above the ten talents." ὑπηρετικοῦ = "navis actuariæ." εἰς συντέλειαν...τάλαντα, "being formed into a contributing body, until they make up *the required sum* of ten talents" (τὰ δέκα).

107. οὐ τοίνυν...δεδωκέναι, "I pride myself therefore not merely on the fact that I refused to drop these proceedings, nor that I was acquitted when an indictment was laid against me; but because the law I proposed was a beneficial one, and because I gave the test of experience to its operation." καθυφεῖναι, prop. = συστεῖλαι, "to furl sails," applied to a cause, *Mid.* p. 526. ἀποστόλων, "armaments;" ἀποστολέων, "leaders of ἀπόστολοι," = Ναύαρχοι. Μουνυχία, part of Peiræus, where was a temple of Artemis. ἐδέθη, "was thrown into prison." αὐτοῦ, "in harbour;" the Peiræus aforesaid.

108. ἦν ἐν τοῖς πένησιν, "devolved upon the poor." πολλὰ ...ξυνέβαινεν, "the *cases of* impossibility to meet the demand which occurred were numerous." See above, ch. 38. πάντ᾽ οὖν ...οὖν, "in consequence." On this subject compare Arist. *Equit.* 880, where Cleon threatens to ruin the sausage-seller by the trierarchy: ἐγώ σε ποιήσω τριηραρχεῖν, ἀναλίσκοντα τὰ σαυτοῦ, παλαιὰν ναῦν ἔχοντα, κ.τ.λ.

109. φανήσομαι...ἔχων, "it will be *clearly proved* that I have," which is always the force of φαίνομαι with the participle.

110. λόγους ἀποδοῦναι = ἀπολογεῖσθαι. τὸ συνειδὸς ὑπάρχειν μοι = ὑμᾶς ὑπάρχειν μοι ξυνειδότας. See note on ch. 95. καίτοι ...γε, always separated by one or more words. See Porson on *Medea,* 657. An exception to this rule occurs in Aristoph. *Acharn.* 685. μέντοιγε need not be so separated. See below, 112; and Lobeck *ad Phryn.* p. 342.

111. τῶν μὲν οὖν...νόμων, "Of the arguments then which he promiscuously jumbled together, when speaking of the laws

which you see suspended near that of Ctesiphon," (παραγεγραμμένων), i.e. the former laws, for violating which Ctesiphon was to be convicted by γραφῇ παρανόμων, and which were hung up on a tablet (σανίδιον) by the side of the defendant's law, for the judges to compare. διωρίζετο, "distinctly asserted," ch. 40, sup. διακεχείρικα: this verb is peculiarly applied to the administration of the public money. Æsch. *Ctes.* 27.

112. μισανθρωπίας, "churlishness, inhumanity." καὶ τούτους...ἐφιστάναι, "and to constitute them (scil. the informers) inspectors over the accounts of sums he has voluntarily contributed." στέρξω, "I will acquiesce," in which sense ἀγαπῶ is also used. See Monk on Eur. *Hippol.* 460.

113. θεωρικῷ: see note on 118, below. ἐπῄνεσεν αὐτὸν ὑπεύθυνον ὄντα (ἡ βουλή). These words are quoted as Æschines' own, as also below, ἀλλὰ καὶ τειχοποιὸς ἦσθα. καὶ διά γε...περὶ ἐμοῦ, "Yes, and for this very reason a vote of thanks was justly passed in my favour, because I freely gave the sums expended, and did not set them down in the public accounts. For accounts, it is true, demand a scrutiny and auditors; but a free gift must, in common justice, meet with gratitude and public thanks. Acting on this principle, Ctesiphon here proposed these honours in my case." δωρεά always "a gift," never "a bribe."

114. ἤθεσιν, "code of morality, moral duties," in opposition to νόμοι here, and inf. 275. In Plato it is frequently opposed to ἔθη. σχέτλιον...γε. See on ch. 116. ἐστεφάνωται...ἐστεφανοῖντο...τετίμηται. Remark the change of tense. The perfect denotes that Nausicles and Neoptolemus were still living; the imperfect, that Diotimus and Charidemus were dead.

115. τούτοις, "in honour of these men." So below, 118, τὸ ψήφισμα τὸ γραφέν μοι. οὐκ εἰσέπραξε, "did not exact it, charge it to the people."

116. σκυλευθέντων, "stripped of their arms."

117. νὴ Δία...κατηγορεῖς, "Well, but I abused my power when in office, say'st thou? granting this, how was it that you, though present when the public accountants brought me into court, spoke not a word in accusation?", νὴ Δία in Demosthenes generally serves to usher in the adversary's objection in an ironical manner, as here: νὴ τὸν Δία is strongly affirmative.

118. οἷς γάρ...φανήσεται, "the points in the senate's decree which he did not then accuse, these he will be proved to bring forward slanderously in the present prosecution;" i.e. because he made no accusation then, he is proved to be making a false one

now. τοῖς θεωρικοῖς, "in addition to the regular theoric fund collected from all the tribes," sub. χρήμασι. Dissen professes himself unable to understand θεωρικοῖς, and would read θεωροῖς with Schæfer; but τὰ θεωρικά as well as τὸ θεωρικόν may be applied to the theoric fund. εἰς θυσίας. The theoric fund might legitimately be expended in festivals and sacrifices, though not for military purposes, in consequence of the law of Eubulus (see *Dict. Antiq.* p. 1126). This law of Eubulus Demosthenes found to stand greatly in the way of his plans for the national defence; but he did not succeed in getting it repealed till B.C. 339, shortly before the battle of Chæroneia.

120. σκαιός, properly "left-handed," and hence "clumsy," metaphorically "foolish," opp. to δεξιός, "clever." It answers exactly to the French word "gauche." Cf. Virg. *Ecl.* "si mens non læva fuisset," and Hor. *Ars Poet.* "O ego lævus, qui purgor bilem sub verni temporis horam." στεφανοῖ, subjunctive mood.

121. ἀναγορευέτω. Subaud. ὁ κῆρυξ. τί σαυτόν...ἐπὶ τούτοις; "why do you not dose yourself with hellebore after such conduct?" i. e. to bring your senses back to you. φθόνου δίκην. Cf. ch. 13. νόμους μεταποιῶν. The full construction of this elliptical clause would be καὶ νόμους τοὺς μὲν μεταποιῶν, τῶν δὲ ἀφαιρῶν μέρη.

122. ἔπειτα...κομιζόμενος, "Next, though your own conduct is such as I have described, you make a list of the proper qualifications for a popular leader; just as one who has ordered a statue to be made according to a contract, and on delivery finds it deficient in the specified qualities." See Æsch. *Ctes.* 168. ᾗ λόγῳ, understand ὥσπερ before λόγῳ. συγγραφή, see Bœckh *de Œc. Ath.* I. p. 141. ῥητὰ καὶ ἄρρητα, "fanda infanda, quicquid in buccam venerit." Cf. *Meidias*, p. 540; Soph. *Œd. Col.* 1001, &c. ὥσπερ ἐξ ἁμάξης, scil, αἱ γυναῖκες. Bentley, in the *Phalaris*, particularly warns us not to apply this expression to the ancient Players' cart of Thespis, but to the carts used in the festivals of Bacchus and Eleusis, in which the women were conveyed, and from whence they were wont to abuse one another. Arist. *Plut.*, μυστηρίοις δὲ τοῖς μεγάλοις ὀχουμένην Ἐπὶ τῆς ἁμάξης. "Upon which passage of Aristoph.," says Bentley, "the old scholiast and Suidas have this note: 'In those carts the women made abusive jests upon one another, especially at a bridge over the Cephissus, where the procession used to stop a little: from whence to abuse was called γεφυρίζειν.' But besides the Eleusinian there was the same custom in many other festival pomps; whence it was that πομπεύειν and πομπεία came at last to signify scoffing and railing."—*Greek Theatre*, p. 231.

123. καίτοι καὶ τοῦτο, understand σκοπεῖτε: cf. the expression τοῦτ' ἐκεῖνο of dramatic poetry. ἔχειν, "implies." κακῶς, another reading is κακῶν, "from our private quarrels."

124. ἐνταῦθα, "in this point," viz. abuse. ὑπὲρ τούτων, "in the service of these Athenians."

125. τῇ προθεσμίᾳ. The νόμος προθεσμίας answers to our "Statute of Limitations." It limited the term for bringing civil actions to five years after the alleged offence was committed. But in cases of γραφὴ παρανόμων one year only was allowed. ὅρα μή...προσποιῇ, "beware lest you be found in reality the enemy of these Athenians, while you pretend to be mine alone."

126—160. The public and private life of Æschines.

126. δεῖ δέ με. δέ in apodosi; see on ch. 47. Cf. Herod. IX. ch. 6, and Hermann on *Soph. Philoct.* 89. αὐτά, "facts," as opp. to πολλῶν καὶ ψευδῶν. τίς ὤν...διασύρει, "who and of what family he is, that so glibly sets the example of foul language, and criticises words of mine" (τίνας). ῥᾳδίως, temerè, "unscrupulously," in a bad sense; as ch. 70, ὦ λέγων εὐχερῶς ὅτι ἂν βουληθῇς.

127. σπερμολόγος, "a babbler," prop. one who picks up scandal as a bird does grain. περίτριμμα ἀγορᾶς = ἀγοραῖος, "this hack of the market-place," i. e. versed in all its tricks. Cf. Arist. *Nub.* 440, περίτριμμα δικῶν: Soph. *Ajax*, ἦ τοὐπίτριπτον κίναδος (tricksy fox) ἐξήρου μ' ὅπου; ὄλεθρος γραμματεύς, "a pestilent assembly-clerk." ὄλεθρος = ὀλέθριος. Œdipus (Soph. *Œd. Tyr.* 1344) calls himself τὸν μέγαν ὄλεθρον. γραμματεύς, see *Fals. Leg.* 109, 360. ξύνεσιν...ἐπικαλούμενον, "appealing to intelligence and education." See Æsch. *Ctes.* fin.

128. κάθαρμα = φαρμακός, "a scape-goat." Ld. Brougham's word for it, "you abomination," is not amiss, though his reviewer, as usual, objects; for "abominor" is strictly "to abhor as ill-omened or accursed." Cf. Mitchell on the word δημοσίους, Arist. *Equit.* 1099. τοῖς δ' ἀπολειφθεῖσι...περίεστιν, "but to those who fail in obtaining it, like you, yet pretend to it out of sheer stupidity, the result is that they vex their hearers when they speak, but do not get the credit of really being what they set up for." ἀπολειφθεῖσι, literally, "who are left behind by it." ἀναισθησία, see on ch. 35.

129. γράμματα, see on ch. 265. χοίνικας, "shackles for the legs." Arist. *Plut.* 276, αἱ κνημαὶ δέ σοι βοῶσιν Ἰοὺ ἰού· τὰς χοίνικας καὶ τὰς πέδας ποθοῦσαι. ξύλον, "a wooden collar," furca. Arist. *Nub.* 592, εἶτα φιμώσητε τούτου τῷ ξύλῳ τὸν αὐχενα. Cf. *Equit.* 397. These χοίνικες and ξύλον were combined in the πεντεσύριγγον ξύλον mentioned *Equit.* 1049, which was a kind of stocks furnished with five holes, to admit the head, arms, and legs. ἡ μήτηρ...ἐξέθρεψε, "or that your mother, by prostituting herself in the daytime at the brothel near the shop of Heros, surnamed Calamites, managed to rear you, the beautiful statue and topping player of third-rate parts that you are!" μεθημερινός = diurnus, καθημερινός, quotidianus. Read τῷ Καλαμίτῃ Ἥρωι with Schæf., and comp. *Fals. Leg.* 279, ἡ μήτηρ...καρπουμένη τὰς τῶν χρωμένων οἰκίας ἐξέθρεψε τοσούτους τουτουσί...διδάσκων δ' ὁ πατὴρ γράμματα πρὸς τῷ τοῦ Ἥρω τοῦ ἰατροῦ. The name Καλαμίτης probably came from some medical use of the κάλαμος—v. καλάμισκος, Arist. *Acharn.* 1034.

130. οὐδὲ γάρ...καταρᾶται, "for he was not born merely of ordinary parents, but of such as the community execrates;" though Dissen refers ὧν ἔτυχεν to the *actions* of Æschines. ὀψέ = serò, not recenter; "late in life." Γλαυκοθέαν: her real name was Glaucis. Ἔμπουσαν. Cf. Arist. *Ran.* 284, to which passage Demosthenes probably alludes. πάντα ποιεῖν καὶ πάσχειν, "quidvis et facere et pati." Hor.

131. οὐχ ὅπως...ἔχεις, "you are so far from being grateful." οὐχ ὅπως with οὐκ understood = non modò in Latin: but this last can only be used in negative statements, as when followed by "ne quidem."

132. ἀποψηφισθείς, "rejected from the civic register," which was made up by διαψήφισις, recensio, such as revising-barristers take in England.

133. καὶ εἰ μή...fin. "Had not the senate of the Areiopagus, hearing of the transaction and remarking your mistimed culpable carelessness, traced out the fellow, apprehended him, and brought him up again for trial before you; this wretch would have been snatched out of your hands, shirked the penalty due to his crimes, and left the country by the help of this fine-spoken gentleman here: but as it was, you ordered him for torture and execution, as you would Æschines too, at least if he had his deserts."

134. κἀκείνην, scil. τὴν Ἄρειον πάγον. Transl. "inasmuch as you had elected this court and made it supreme over the matter." σύνδικος, properly defendant's counsel, and συνήγορος plaintiff's. But the two words came to be used indiscriminately for any advocate.

135. συνεδρεύσαντες, "having formed a συνέδριον or assembly." The Areiopagus was frequently called συνέδριον, (Bœckh, *Œc. Ath.* I. p. 450). τούτου μέλλοντος; read λέγειν with Bekker.

136. νεανίου. Æschines was forty-five years old at the time spoken of, for Antiphon was executed B.C. 342. νεανίου must therefore mean "this rash, headstrong man." Cf. Eur. *Suppl.* 580; Plat. *Gorg.* 508 D; Arist. *Vesp.* 1307. πολλῷ ῥέοντι, "multum fluenti." Compare πολὺς ἐνέκειτο, Thucyd. IV. 22. Eur. *Hippol.* Κύπρις γὰρ οὐ φορητόν, ἢν πολλὴ ῥυῇ. Hor. *Od.* IV. 2, 7; *Sat.* I. 2, 28.

137. συνιών, "having gone by appointment to meet." See Æsch. *Ctes.* 223 sqq. μόνος μόνῳ...ἐκοινολογεῖτο, "had a tête-à-tête interview and conversation." ὑπῆρχε τῇ φύσει, "was by his original nature."

138. ὑποσκελίζειν, "to trip up, supplant." He reproaches the Athenians with the same evil tendency, ch. 3. τῶν μὲν λοιδοριῶν καὶ τῶν κατηγοριῶν ἀκούειν ἡδέως.

139. δότε, "condonate," "concede him this." Χερρόνησος. See above, cc. 92, 93. ἐνεστήκει. See note on ἐνστάς, ch. 89. ἰαμβειοφάγος either = φιλολοίδορος, (cf. "criminosis Iambis," Hor.), or more probably "a spouter, mouther of Iambic verses," cf. ch. 267. This last is Schæfer's interpretation. οὔτε μεῖζον οὔτ' ἔλαττον, we use the positive degree in English, "great or small." ἐν τῷ ἐμῷ ὕδατι, literally "whilst my water-clock (or clepsydra) is going:" hence "in the time allotted for my speech." See *Fals. Leg.* 64, and *Dict. Antiq.* p. 615. δυοῖν ἀνάγκη θάτερον, sub. αἱρεῖσθαι: "he must have recourse to one of two alternatives" = he is on the horns of a dilemma.

140. Ἆρ' οὖν οὐδ' ἔλεγεν...ἑτέρῳ, "Pray did he consequently refrain from speaking (as he refrained from proposing anything) when the time came to work some mischief? Nay, we might rather say, no one else *could* speak because of him." ἆρ' οὖν, num igitur, expects the answer "no." μὲν οὖν = "immò verò," common in the dramatic writers. Cf. 130, χθὲς μὲν οὖν καὶ πρῴην. ἐπέθηκε τέλος, "put the finishing stroke upon," brought to a climax. τὰ τῶν Ἀμφισσέων δόγματα, "the decrees concerning the Amphissæans." Thucyd. I. 140, τὸ τῶν Μεγαρέων ψήφισμα. ὡς διαστρέψων, "under the idea that he will distort." τὸ δὲ οὐ ...ἐρεῖς, "whereas the fact is not as he thinks it will be: how should it? you will never succeed in washing yourself clean of what you there did: you will not say so much as to manage *that*." ἐκνίψῃ, as we say, "to wash one's *hands* of a thing," the proper signification of νίπτω. Compare the sense of the Lat. purgo, "to excuse oneself."

141. πατρῷος, "Gentile god," because he was the father of Ion. ἀνόνητον, "deriving no benefit from," the ordinary sense of the word is "useless," as in Soph. *Ajax*, 758, τὰ γὰρ περισσὰ

NOTES.

κἀνόνητα σώματα (where Wunder reads κἀνόητα). Cf. Eur. *Hec.* 766.

142. μή...ἐλάττων, "lest he should be considered as too poor a creature to have done the mischief that he *has* done." He gives them a similar caution in *Fals. Leg.* 26: δεῖ δὲ μηδένα ὑμῶν εἰς τὸ τῶν πραγμάτων μέγεθος ἀποβλέψαντα μείζους τὰς κατηγορίας τῆς τούτου δόξης νομίσαι.

143. πόλεμον εἰσάγεις, πόλεμον. The word πόλεμον being placed first in the sentence and repeated, expresses the anxiety uppermost in the speaker's mind. Compare Virg. *Æn.* ix. 427, where Nisus is rushing forward to save Euryalus, he exclaims, "Me, me, adsum qui feci: in me convertite ferrum." οἱ ἐκ παρακλήσεως συγκαθήμενοι, "his packed audience," Lat. fautores or advocati. Cf. *Fals. Leg.* init., αἱ τῶν παρακλητῶν σπουδαὶ καὶ δεήσεις. Thucyd. vii. 13. They were summoned by παραγγελία of the person who wanted their aid: they came all together to the ecclesia early, and sat down in a body (συγκαθήμενοι). Dicæopolis (Arist. *Acharn.* init.) says he comes prepared βοᾶν, ὑποκρούειν, λοιδορεῖν τοὺς ῥήτορας, which will give us a notion of the proceedings of these παράκλητοι. The word "advocatio" came to have the technical meaning of "time granted by the prætor for a man to summon his friends."

144. καὶ τίνος...ἐπράχθη, "for whose sake this affair was got up (properly, *packed* together as goods), and how it was carried into execution."

146. μήτε Θετταλῶν ἀκολουθούντων, "in case the Thessalians did not join him," which they did *not.* διιέντων, "gave him a passage through Bœotia."

147. εἰ μέν...τὸν νοῦν, "if then he attempted to persuade— he thought no one was likely to listen to him." For the use of the future with ἄν, comp. *Fals. Leg.* 394, τοὺς ὁτιοῦν ἂν ἐκείνῳ ποιήσοντας, and *Leptin.* 40, οἷς ἂν ὁ νόμος βλάψειν: it is, however, a rare construction. προσέχειν is sometimes read in this passage, and Dissen omits ἄν. τοῖς Ἀμφικτύοσι, "*for* the Amphictyons." τὴν Πυλαίαν ταραχήν, "about the disturbance at the Pylæa," or Amphictyonic synod. This word comes to signify any assembly, and is also used in Demosthenes for the right of sending delegates to the Amphictyonic council. It is derived from Πυλαί, because the session was held in the neighbourhood of Thermopylæ, as also at Delphi. At Athens three Pylagoræ were annually elected to act as representatives together with one Hieromnemon, appointed by lot. See *Dict. Antiq.* pp. 80, 81; and for an account of this war, Thirlwall's *Greece*, Vol. vi.

149. ἀνερρήθη, "was proclaimed," hence "elected." This verb (ἀναρρέω) is only used in the aor. 1 pass. ἀνερρήθην. λόγους...συνθείς, "by stringing together specious words and myths about how it came to pass that the Cirrhæan territory was consecrated," scil. to Apollo. This was in the *First* Sacred War, B.C. 586. συνθείς, cf. Æsch. *Prom. Vinct.* 689.

150. περιελθεῖν...εἶναι, "to take a survey of the land which the Amphissæans declared they were in the habit of farming because it was their own, but which Æschines complained was part of the sacred territory." Æsch. *in Ctes.* 107—112. οὐδεμίαν δίκην. The ground of quarrel which Æschines mentions (*Ctes.* 116 sqq.) is probably fabulous. ἄνευ τοῦ προσκαλέσασθαι, "without having *summoned* you." ἐκλήτευσεν, "cited in presence of witnesses;" κλήτορες, see ch. 55. ἀπὸ ποίας ἀρχῆς, "dating from whose Archonship," though ἐπί is the commoner reading, "in whose Archonship."

151. μικροῦ, "*within* a little," = μικροῦ or ὀλίγου δεῖν or παρὰ μικρόν. ὡς δ' ἅπαξ ἐταράχθη, "when once, in consequence of these events, definite charges and war were stirred up against the Amphissæans:" ὡς ἅπαξ = "postquam semel." οὐδὲν ἐποίουν, "were doing no *good*," gaining no advantage. ἦγον, sub. τὰ πράγματα.

152. εἰσφέρειν, "to pay a war-tax," which was upon property (οὐσία). ἐρρῶσθαι φράσας πολλά, "bidding a long farewell to the Cirrhæans," i.e. having nothing more to do with them. Cf. *Mid.* 48. *Fals. Leg.* 278, ἐρρῶσθαι φράσας πολλὰ τῷ σοφῷ Σοφοκλεῖ. Cic. *de Div.*, "Ego vero multam salutem et foro dico et curiæ."

153. νῦν δέ...ἐκεῖνοι, "but as it was, they held him in check, at least so far as to prevent any sudden operations." τό γ' ἐξαίφνης, "at least for the instant." εἶτα = μετὰ τοὺς θεούς.

154. τοῦ λοιποῦ, "on any future occasion." This phrase is always used in negative sentences, and contains the idea of "iteration." τὸ λοιπόν in affirmative propositions, with the idea of "duration," signifies "*during* all future time."

155. κατανειμάμενοι, "having divided amongst themselves." The decrees were in the autumn (τῇ μετοπωρινῇ Πυλαίᾳ, ch. 151), which finally constituted Philip Amphictyonic commander. His letter was therefore written in the same month (Boedromion) in which he was elected, and not, as some suppose, reading Ἑκατομβαιῶνος, inf. 157, after the capture of Elatæa.

156. πρόφασιν. The twofold signification of this word is

worth bearing in mind, and is well illustrated in this chapter. It first means "the real reason" (τὴν μὲν ἀληθῆ πρόφασιν), we may say in a good sense, and immediately afterwards "the false reasons" or pretexts, τὰς ἀφορμὰς καὶ προφάσεις.

157. εὐσεβῶν, "held sacred, reverenced." This passive sense of εὐσεβής, applied to a thing, is unusual. We have εὐσεβὴς ψῆφος above, but that means rather "a religious vote," a vote consistent with religion and the oaths taken. In Eur. *Elect.* 1272, we find εὐσεβὲς χρηστήριον, in the pass. sense. ἐνεστῶτος, as we say, "on the first *instant*." The words τοῖς δὲ συμβούλοις ἡμῖν κειμένοις are unintelligible as they stand, and it seems best to expunge them with Schæfer. The sense will then be, "those who refuse to attend the rendezvous with all their available forces, we shall treat as liable to the penalties of war," *i.e.* ὡς πολεμίοις. This threat is of course levelled against the Thebans.

158. μὴ λέγετε περιιόντες, "do not *go about* and say." Cf. *Fals. Leg.* 209, ταῦτα γὰρ τραγῳδεῖ περιιών. ὑφ᾽ ἑνός, scil. Philip.

159. οὐκ ἂν ὀκνήσαιμι...εἰπεῖν, "I should not hesitate to load with the accumulated guilt of all the subsequent ruin." ὃν ὅπως ποτέ...ἀληθείας: Dissen thinks these words were spoken aside, but Demosthenes was not over-scrupulous about taxing the Athenians with such carelessness. See ch. 133, τὴν ὑμετέραν ἄγνοιαν, κ.τ.λ. ἀπεστράφητε, "felt an instinctive abhorrence of, or aversion to."

160—252. Statement and justification of Demosthenes' own policy.

160. τὰ ἔργα τῶν πόνων, as Thucyd. I. 22, τὰ ἔργα τῶν πραχθέντων: τοὺς πόνους would have been sufficient to express the sense, but τὰ ἔργα is put in to give a more pointed antithesis to τοὺς λόγους.

161. παρ᾽ ἑκατέροις, "in each of the two states," Athens and Thebes. παρατηρῶν διετέλουν, "I was still watching (as it were, keeping guard *by the side* of the events) as I had been all along." See on ch. 57.

162. ᾽Αριστοφῶν, see on ch. 75. Æschines (*Ctes.* 139) says of him, πλεῖστον χρόνον τὴν τοῦ Βοιωτιάζειν ὑπέμεινεν αἰτίαν. This is Aristophon the Azenian, "civis nobilissimus," who doubtless disagreed with Eubulus on many points (ἀντιλέγοντας), for the latter was a mere demagogue, as his law περὶ τῶν θεωρικῶν proves; see on ch. 118.

163. καὶ εἰ μή...ἠδυνήθημεν, "had we not arisen from our apathy a short time before, we should not have been able to

recover ourselves." προεξανέστημεν μικρόν=ἐξανέστημεν μικρὸν πρὸ τούτου. ἀναλαβεῖν (αὐτοὺς Dissen reads), "to recover one's strength after a shock." οὕτω μέχρι πόρρω, usque adeo, for μέχρι οὕτω πόρρω. συνέκρουον, see on ch. 19.

164. πορθεῖ, "oppugnat," Schæfer, who compares Diod. Sic. xv. 4, πολιορκίαν ξυνεστήσαντο πρὸς τῇ Σαλαμῖνι καὶ τὴν πόλιν ἐπόρθουν κατὰ γῆν ἅμα καὶ κατὰ θάλασσαν. μάλιστα μέν, "if possible—first and foremost." εἰ δὲ μή, "failing in that." τὰς ἀνοχὰς ποιήσασθαι, "to protract the armistice." τάς, "already existing." ἀνοχή=ἀναχωκή, properly a *suspension* of hostilities, from ἀνέχω: so we say of the weather, "it will *hold up*." Comp. the expression in *Fals. Leg.* 57, ταῖς παρ' ὑμῖν ἐπανέχοντες ἐλπίσιν, "holding up (or as Mr Shilleto translates it, 'keeping their heads above water') by their hopes with reference to you."

165. ἐνδεχομένως, "accordingly," "as well as the circumstances admit of." καὶ γὰρ νῦν...μετρίων, "for as matters now stand, it hath decided to send out no forces, in case of obtaining any tolerable terms" (from Philip). βοηθεῖν, as Thucyd. 1. 107, ἐβοήθησαν δ' ἐπ' αὐτοὺς οἱ 'Αθηναῖοι πανδημεί, in the simple sense of sending troops to fight; the primary meaning of the word.

166. ἐξ ὑποστροφῆς, a military term, "wheeling round." παραπέμψαντες. Hesych. ἀπωθοῦντες, "cum contemptu transmittentes." Dissen.

167. πᾶσαν προσφέρονται φιλοτιμίαν, "affect to offer you their most zealous service." ῥοπὴν = momentum, "a thing which I expect will be of no slight moment to you."

168. ὡς οὐδ' ἄν...Θηβαίων, "with the impression that it was impossible under any circumstances that we should still be found acting in concert with the Thebans." εἴ τι γένοιτο answers nearly to the Lat. "quicquid accidisset," and implies, "if aught *untoward* should have occurred," comp. ch. 219, fin. συμπνευσόντων ἄν was rightly changed by Schæfer into συμπνευσάντων, against Bekker and Dindorf; for though the fut. partic. with ἄν is admissible (see on ch. 147), yet the future of πνέω is always πνεύσομαι, not πνεύσω. The force of ἔτι is "yet, in spite of all his manœuvres."

169. This fine passage was highly admired by the ancients, see Longinus, ch. 10. Elatæa was distant 78 English miles from Athens. κατείληπται, the perfect, because they are given as the messenger's own words. μεταξὺ δειπνοῦντες, "before they finished their evening meal," which is a proof that they took certain meals in the prytaneum. γέρρα, booths of wicker-work, and therefore easily demolished. This fire Schæf. supposes to have been lighted for the purpose of φρυκτωρία, to summon the demes to Athens.

στρατηγούς μετεπέμποντο, scil. that they might convene a σύγκλητος ἐκκλησία, which was done by sound of trumpet; hence τὸν σαλπιγκτὴν ἐκάλουν. καὶ πρίν...ἄνω καθῆτο, "and before it (the βουλή) had proposed any subject (to the ἐκκλησία) for discussion, or given the preliminary vote for any measure, the whole people was seated in the Pnyx," which was part of Mount Lycabettus; hence ἄνω, comp. the common phrase ἀναβαίνειν εἰς τὴν ἐκκλησίαν, and Arist. *Ran.* 405, τοῖς ἄνω νέκροισι, "the corpses in the Pnyx."

170. τίς ἀγορεύειν βούλεται; This official summons was as it were the shibboleth of happy democracy. Æschines gives it more fully (*Ctes.* 4, τίς ἀγορεύειν βούλεται τῶν ὑπὲρ πεντήκοντα ἔτη γεγονότων, καὶ πάλιν ἐν μέρει τῶν ἄλλων Ἀθηναίων). See Arist. *Acharn.* 45.

171. ἔδει, "it was intended," scil. by the herald's summons. ὑμεῖς, "you judges." οἱ τριακόσιοι, the ἡγέμονες τῶν ξυμμοριῶν, according to the division of Nausinicus, B.C. 377.

172. παρηκολουθηκότα τοῖς πράγμασι, "who had watched the course of the events," literally "followed alongside of them." See παρατηρῶν διετέλουν, ch. 161; *Fals. Leg.* p. 423; *Timocr.* p. 703. πόρρωθεν, "for a long time past." Brem. reads ἐπιμελῶς with Bekker, &c., after πόρρωθεν. ἤμελλεν, "was likely."

173. ἐφάνην οὗτος, "such a one I was clearly shewn to be;" or perhaps ἐφάνην may be intended to convey the sense of "appearing as a guardian angel," which it frequently does: "I came to preserve you in the hour of need." τὰ δέοντα, governed by λέγων καὶ γράφων. ἐξηταζόμην, "I was found," prop. after examination: cf. ἐξητάσαι, ch. 197. πρὸς τὰ λοιπά...ἐμπειρότεροι, "for (or during) the rest of my speech you will be better able to comprehend my whole political life."

174. ὡς ὑπαρχόντων...Φιλίππῳ, "as if Philip already had the Thebans on his side."

175. εὐτρέπισται, "sibi conciliavit." Diss. ἀνθεστηκότας... ἐναντιουμένους, "who from the first withstood his projects, and are now his avowed enemies." παραστήσας τὰ ὅπλα, "when he has stationed his troops close at hand." Cf. ch. 87, μηχανήματ' ἐπιστήσας.

176. προσδεξαμένων, "having received him in addition" to those who were before inclined to do so.

177. μεταθέσθαι. Not τὸν φόβον, but as Schæfer says, "absolute positum," "to turn our attention to other objects." πολύ

ἐγγυτέρω. Elatæa, however, was 43 miles distant from Thebes. ἐξ ἴσου, the full force of this elliptical expression is "on equal terms with" those who φρονοῦντες τὰ Φιλίππου, παρρησιάζονται περὶ τῶν ἀδίκων. ἐάν τις...ἴῃ, "provided *he* comes against them." The indefinite τις is frequently used for the definite pronouns ἐγώ, σύ, ἐκεῖνος, &c. So Ajax in *Soph.* says, ἀλλ' ἀρκτέον τὸ πρᾶγμα σὺν τάχει τινί, "the deed must be accomplished with speed to *some one,*" i.e. to myself.

178. καὶ ποιῆσαι,...ἐξόδου, "to give them full authority to decide, along with the Strategi; both when they (the ambassadors) should proceed to Philip's head-quarters, and when the expedition should leave Attica." χρήσασθαι, see on ch. 95. μὴ δεῖσθαι...καιρός, "to require nothing of the Thebans, for that would be shameful at the present crisis." προσχήματος = προφάσεως, "a pretext," scil. of acting disinterestedly. κατατυχεῖν, see on καταπραχθῆναι, ch. 86.

179. οὐκ εἶπον...ἔγραψα δέ. Translate this instance of the figure "Sorites" thus: "I did not propose these measures, *and then* not draw up the formal resolution of them," &c. Dissen gives many references to illustrate this figure.

180. Βάτταλον. Some take this as = μαλακός. But it is probably a nickname akin to the word βατταρίζω, "to stammer," a defect which Demosthenes laboured under when a young man. βατταρίζω is usually derived from Battus, a stuttering king of Cyrene, mentioned by Herod. IV. 155. Yet the word looks more as if it had been coined to express the sound (ὀνοματοποιόν). The interpretation of μαλακός, however, seems to be confirmed by a passage in Æsch. *Fals. Leg.* p. 273, ἐν παισὶ μὲν γὰρ ὢν ἐκλήθη δι' αἰσχρουργίαν ἢ κιναιδίαν Βάτταλος. Κρεσφόντην, a Heraclid, king of Messenia, who was slain by Polyphontes. The principal character in this play was Merope, wife of Cresphontes, who at his death was compelled to marry the murderer. Æschines could only have come forward as the shade of Cresphontes (as Polydorus in the Hecuba), for the plot turns upon events which happened after the murder. Κρέοντα. Dr Donaldson in his preface to Soph. *Antig.* remarks that Creon would properly be the part of the Deuteragonistes: the first actor would take the two parts of Antigone and Hæmon, the second Creon, the third Ismene and the subordinate characters. Demosthenes was not likely to be particularly accurate in such a matter. Οἰνόμαον. Some lost play of Sophocles. Œnomaus was king of Pisa, and father of Hippodamia. We observe that Æschines being τριταγωνιστής, had to take these heavy parts of the kings in all the plays. Cf. *Fals. Leg.* 275: ἐξαιρετόν ἐστιν ὥσπερ γέρας τοῖς τριταγωνισταῖς τὸ τοὺς τυράννους εἰσιέναι, "it is a kind of

NOTES. 263

privilege of Tritagonistæ to come on the stage as the kings."
ἐπέτριψας, "you spoilt, murdered." Cf. ἐλυμαίνου, ch. 267;
Arist. *Acharn.* 1022, (Δικαιοπ.) τί οὖν ἔπαθης (Γεωργ.) ἐπετρίβην,
(interii) ἀπολέσας τὼ βόε, and the common sense of ἐπιτριβείης
"pereas."

181. Æschines sneers at the length of this Ψήφισμα, *Ctes.*
100, calling it μακρότερον τῆς Ἰλιάδος. Cf. Arist. *Nub.* 1015.

182. κατακόρως. (1) ad satietatem: (2) ultra modum, as here.

183. ἰδίας. Schæfer is probably right in supposing this word to mean "belonging to themselves alone," = ἑαυτῶν: it has also been taken as = αὐτονόμους, not dependent on any Greek state. ὑπελάμβανεν... πλημμελεῖσθαι, "the Athenian people conceived that injuries done against themselves individually were of no such vital consequence."

185. ἀλλοφύλου. The Macedonians derived their origin from some Pelasgians and Illyrians who had formerly settled in Emathia. Their royal family claimed descent from the Temenidæ, who were Heraclid kings of Argos. Philip, therefore, was not strictly speaking ἀλλόφυλος, nor the Macedonians βάρβαροι.

186. Ἡρακλέους παῖδας, expelled from the Peloponnese by Eurystheus.

188. αὕτη...κατάστασις πρώτη, "such was the commencement and first establishment of our friendly relations with Thebes." ἀρχή denotes the way in which they began, πρώτη κατάστασις, that they had never existed before that time.

189. καὶ δίδωσιν...τῷ βουλομένῳ, "makes himself responsible to any one who desires it for the sincerity of his advice (τοῖς πεισθεῖσι) and for the advantage he has taken of fortune and circumstances." σιγήσας. The following rule is universal: Verbs which have their 1st future in the middle form alone, as σιγήσομαι, ἀκούσομαι, &c., never have their aorist likewise middle, but active, ἤκουσα. But *deponent* verbs, as δέομαι, make the future δεήσομαι, and aorist ἐδεήθην. δύσκολον, a word more properly applied to character: we may translate it "anything cross."

190. φροντίζοντος = φροντίδα ἔχοντος, see ch. 292. ὑπερβολὴν ποιοῦμαι, "I go so far as to confess," an elliptical phrase, literally, "I exceed" what may reasonably be expected of me. Cf. *Fals. Leg.* ch. 382.

191. ἐπειδὴ δ' οὐ τότε, understand ἔδειξας. πρᾶξις, "negotiation."

192. συμβούλου...ἀπαιτεῖ, "requires that the public adviser should be at his post." ἡ δὲ προαίρεσις...δηλοῖ, "but his principles alone shew the disposition of the adviser." αὐτή=καθ' ἑαυτάς, "by themselves," as frequently. συμβούλου, we may perhaps translate this "statesman," considering what the position and duties of a σύμβουλος were at Athens.

193. ἐνεστησάμην, "I set on foot," as ὁ ἐνστὰς τότε πόλεμος above. πράγματα, "foreign relations," as in ch. 188. τότ' ἤδη, tum demum, "then, if you can."

194. σκῆπτος, "hurricane," from σκήπτω, which properly means "to lean or press hard upon." So the word is frequently applied to lightning, from the idea of its dashing violently down. σκῆψις, "a pretext," literally what one leans or depends on. μείζων, "too great for." This sense of comparatives is commoner with μείζων and ἐλάττων than any other words. Cf. sup. ch. 142. ναύκληρον, "a ship-owner," who at that time generally commanded his own vessel. κατασκευάσαντα, "furnished with rigging, tackle." πονησάντων...ὅλως, "strained or utterly broken to pieces."

195. Join οὕτως πρᾶξαι=eadem agere, "to fare thus." πάσας ἀφῆκε φωνάς, "exerted all the power of his lungs." Cf. Eurip. *Hecub.* 341; σπούδαζε πάσας φθογγὰς ἱεῖσα. Arist. *Equit.* 504: πάσας ὑμῖν φωνὰς ἱείς. Schæfer here translates, "nil sibi indictum reliquit." που τῆς χώρας=ἐν μέρει τινὶ τῆς χώρας. ·Cf. "ubi gentium," "ubinam locorum," &c., in Latin. στῆναι συνελθεῖν ἀναπνεῦσαι, "to regain her footing, to meet in assembly, to recover breath." τότε δέ...κατηγορεῖς, "under the other supposition—but it is not worth my while to mention a contingency which was never even realized, owing to the kindness of some divinity, and to the fact that the state had shielded herself by this alliance, which you impugn." Read εὐνοίᾳ...τῷ, as here. τότε δέ, "in the other case," opposed to νῦν μέν above, "as it is," see in ch. 200.

196. περιεστηκότας, see on ch. 1, init. προλέγειν, "to speak before" the event.

197. Αἰσχίνης Δημοσθένους κατηγορεῖ, "an Æschines accuses a Demosthenes." Compare the well-known defence of Æmilius Scaurus, the Princeps Senatus, against Varius of Sucro, Cic. *Orat.* 1. 35.

198. ἐνευδοκιμεῖν ἀπέκειτο, understand ὥστε before ἐνευδοκι-

μεῖν, "were treasured up for him to get honour thereby." Compare ἐνδυστυχῆσαι in Eurip. *Phœniss.* &c. ἀποκείμαι, a peculiar word expressing "to be laid by or hoarded as a treasure." πράττεται...Αἰσχίνης. Dissen illustrates this antistrophe from Cic. *Philipp.* II. 22, "doletis tres exercitus populi Romani interfectos? interfecit Antonius. Desideratis clarissimos cives? eos quoque eripuit vobis Antonius. Auctoritas hujus ordinis afflicta est? afflixit Antonius." ῥήγματα καὶ σπάσματα, "ruptures and sprains." Cf. *Olynth.* II. 21, where we find the metaphor more fully carried out.

199. πολὺς ἔγκειται, "since he lays great stress upon;" see on ch. 136. τὴν ὑπερβολήν μου θαυμάσῃ = θαυμάσῃ ἐμὲ ὡς ὑπερβολὴν ποιούμενον, "as going too far;" see on ch. 190. βοῶν καὶ κεκραγώς, "keeping up a continued outcry."

200. ἀποτυχεῖν, see on ch. 86 and 178. ἀκονιτί, "without a struggle," a word taken from the wrestlers in the Palæstra. μὴ γὰρ τῆς πόλεώς γε, "for *say not* they would have regarded the state with abhorrence," &c.

201. τίσι ὀφθαλμοῖς, "with what face," as ὄμμασιν is used *Œd. Tyr.* 1371. περιέστη, see on ch. 80. ἕτεροι χωρὶς ἡμῶν, "others, and not we."

202. Περσῶν βασιλεύς. Xerxes, who after his departure from Greece sent, first Alexander the son of Amyntas, and afterwards Mardonius, to make large offers to the Athenians. Herod. VIII. 136—144; IX. 1—5.

203. πάτρια, ἀνεκτά, ἔμφυτα. On these words Dissen says, "sic intelligo, ut putem tertio rediri ad primum:" with this we may compare ch. 195, στῆναι, συνελθεῖν, ἀναπνεῦσαι. Join κινδυνεύουσα διατετέλεκεν.

204. Κυρσίλον. This story is related by Herodotus, IX. 5; but he calls the traitor Lycides, not Cyrsilus. Cic. (*de Offic.* III. 2) follows Demosthenes in the name: "Ut urbe relictâ naves conscenderant, Cyrsilum quendam suadentem ut in urbe manerent, Xerxemque reciperent, lapidibus obruerunt."

205. ἠξίουν...ἐξέσται. The latter clause is put as it were into the mouths of the persons whose thoughts are given, therefore we find the indicat. ἐξέσται. In Latin this would not be admissible; it must be "nisi liceret." τῆς εἰμαρμένης καὶ αὐτόματον θάνατον. Cf. Herod. II. 66: ἐν ὁτέοισι δ' ἂν οἰκίοισιν αἰέλουρος ἀποθάνῃ ἀπὸ τοῦ αὐτομάτου, οἱ ἐνοικέοντες πάντες ξυρέονται τὰς ὀφρύας. Tacit. *Annal.* VI. 10, "*fato* obire," "by a natural death," and Virg. *Æn.* IV. 696, "nec fato nec morte peribat."

206. διακονίας, "the agency," the practical carrying out of your principles (φρονήματος).

207. γλίχεται, "eagerly longs," akin to γλισχρός, which signifies, 1st, "sticking;" 2nd, "greedy." τουδί, "Ctesiphon here." ἀγνωμοσύνῃ, "iniquitate." Schæf. who refers to Soph. Œd. Col. 68.

208. μὰ τοὺς Μαραθῶνι, κ. τ. λ. This celebrated appeal to the spirits of those who had fallen in the cause of liberty, was admired unanimously by the ancient critics. See Longin. ch. 16; Quinctil. *Inst. Orat.* xi. 3—168. προκινδυνεύειν is well explained by a line of Tyrtæus, διαβὰς ἐν προμάχοισι μένειν Νωλεμέως, "to fight in the van." Thucyd. i. 73, φαμὲν γὰρ Μαραθῶνι μόνοι προκινδυνεῦσαι τῷ βαρβάρῳ.

209. κατάρατε καὶ γραμματοκύφων, "thou accursed quill-driver," prop. one who stoops over his writing, from κύπτω. τρόπαια...ἔλεγες, see Æsch. *Ctes.* ch. 181. ὧν τίνος ... οὑτοσί. The argument is, "your allusions to the glory of our ancestors are irrelevant to the present trial: because nothing that *I* advised the state to do was out of keeping with what *they* did." ἀναβαίνειν.· The Bema was at the top of a flight of steps cut out of the solid rock in the Pnyx; hence called ὁ λίθος. δικαίως... ἀπέθανον, "had I done this, I should, I grant you, have deserved to be put to death." ἀποθνήσκω, thus used in the aorist alone.

210. συμβόλαια, "dealings," all kinds of private contracts, called also συνθῆκαι, συναλλάγματα. ἐπὶ τῶν ἰδίων νόμων, "to the laws which concern private matters, and to the facts." ἀξιώματα προγόνων, "the glorious actions of our forefathers." ἀξίωμα has this sense only in the plural. βακτηρίᾳ καὶ συμβόλῳ. On the *staff* which each dicast received (also called ῥάβδος) was painted the letter indicating the court in which he was to serve. The σύμβολον, or ticket, he delivered to the prytanes after the sitting, and so received his fee of three obols. See Smith, *Dict. Antiq.* p. 402.

212. ὡς ἑτέρως = secus. ἕτερόν τι is frequently used as a euphemism for κακόν τι, just as Livy has secius for pejus. Plutarch has δαίμων ἕτερος, "a sinister divine influence." This construction with ὡς is of course elliptical; in full it would be θαυμαστόν or δεινὸν ὡς ἑτέρως. Thus ὡς ἀληθῶς occurs in ch. 63, where the full construction would be θαυμαστὸν γάρ, ὡς ἀληθῶς δεινὸν τοῦτο. For ἑτέρως = κακῶς compare the sense of ἄλλως, "merely," only used in a bad sense; and see below on ὄχλον μάταιον, ch. 214.

213. προσῆγον, see on ch. 28. ἐκείνους, the Macedonian ambassadors. αὐτούς, the Thebans; αὐτούς, the Macedonians, who were the speakers. ὁποτέρως βούλονται, "in whichever of two ways they choose." διέντας, see on ch. 146.

214. τὰ μὲν καθ' ἕκαστα, "the details of each separately." μὴ παρεληλυθότων...νομίσητε, "lest as the crisis has gone by, *your opinion* that these events have been swept away, as it might be, by a flood, should lead you to *fancy* the accounts of them an idle waste of words." *Fals. Leg.* ch. 27, οἱ δ' ἀντιλέγοντες ὄχλος ἄλλως καὶ βασκανία κατεφαίνετο, where Mr Shilleto translates ὄχλος ἄλλως "mere bother," and says, "the proper sense of ὄχλος." Comp. Eur. *Ion*, 635, ὄχλον μέτριον (εἶχον). Herod. 1. 86, ὄχλον παρεχόντων. In both these instances πράγματα is more frequent. οὖν, "in consequence of them," as often. ἀπεκρίναντο, "answered *accordingly*."

215. μετεπέμποντο, κ. τ. λ. Æschines (*Ctes.* 140) gives the same account of the reception of the Athenians at Thebes, but says it was πρὶν περὶ ξυμμαχίας μίαν μόνην συλλαβὴν γράψαι Δημοσθένην. τὰν μέσῳ, supplied by Æschines, *Ctes.* 148, who says that Philip became anxious for peace after this coalition. ἔξω...ὄντων, Reiske takes this as referring to the Theban soldiery "being turned outside." Dissen says it is, "whereas *your* army was outside, they brought it in." Reiske's interpretation is most probable, for if τῶν ὁπλιτῶν καὶ ἱππέων had been meant for the Athenians, we should not have had τὴν στρατιὰν afterwards. τρία...κάλλιστα, "proved that there was in your conduct a threefold title to their admiration, and that of the most glorious kind." *Philipp.* II. p. 68, ὃ καὶ μέγιστόν ἐστι καθ' ὑμῶν ἐγκώμιον.

216. τὰς πρώτας. *Vulg. Lect.* μάχας. τὴν χειμερινήν, either "that during the storm," as the battle of Arginusæ was fought, or "that in the winter season." Difficulties attend both these interpretations. But as Mr Clinton, in the *Fasti Hellenici*, proves beyond question that there was no winter campaign at all between the capture of Elatæa and the battle of Chæroneia, we must acquiesce in the first of them. Dissen says, the word is corrupt, and Thirlwall (Vol. VI. p. 66) says, "the battle of the storm is not quite satisfactory, but anything is better than the winter battle." ἐπὶ τοῦ ποταμοῦ, the river Cephissus. κόσμῳ, "discipline."

217. ἐξητάζετο, "was found," as above, ch. 173, καὶ λέγων καὶ γράφων ἐξηταζόμην τὰ δέοντα. δυσμεναίνων, a poetic word, which implies a deep, sullen resentment, or μῆνις : we may translate "sulking."

218. περιειστήκει... ἐμοί. Observe how admirably the antithesis is kept up throughout the sentence: "You began by fancying you were in want of assistance in consequence of what the scoundrels *tried* to persuade you (imperf.): you ended (περιειστήκει) by yourselves assisting others in consequence of my advice, *which you followed*." ἵν' εἰδῆτε...ἀπειργάσατο, "that you may know what mischiefs were prevented by my perseverance, my journeyings in different states, and my numerous propositions which Æschines was just now disparaging." συνέχεια is often found in Plato in the sense of "a continued series."

219. Καλλίστρατος was the celebrated orator whose speech on the subject of Oropus first inflamed Demosthenes to the study of eloquence, B.C. 366. His countrymen never forgave Callistratus this speech, but put him to death 10 years after. See *Biog. Dict.* Cephalus flourished at the time of the Thirty Tyrants, and helped to expel them, see ch. 251, and Æsch. *Ctes.* 194. Aristophon, see on 75 and 162. Thrasybulus, Thirlwall's *Greece*, IV. ch. 31. ἀναφορά, see note on ch. 17, and compare Æsch. *Prom. Vinct.* 414, ἀλλ' ἐστιν ἡμῖν ἀναφορὰ τῆς ξυμφορᾶς, and Æsch. *Fals. Leg.* p. 349. εἴ τι γένοιτο, see on ch. 161.

220. ἀγαπητὸν εἶναι, "it was a thing to be contented with," "one ought to think oneself well off, if able to do," &c., see on ch. 112.

221. ἐν πᾶσιν ἐμαυτὸν ἔταττον, "I kept putting myself in every post," i.e. that fell vacant, which is the force of the imperfect. ἐπιστολάς, mentioned above, ch. 218.

222. ἐπαιρόμενος λόγους. Schæfer remarks, "Talibus in locutionibus usus medii sollennis est, ut non mirer Elmsleium hoc Demosthenis loco usum in Soph. *Œd. Tyr.* 635, στάσιν γλώσσης ἐπήρασθ' prætulisse vulgatæ ἐπήρατ'." Cf. *Fals. Leg.* p. 388, ἐκεῖνος μὲν οὐδὲν ἂν εἶχεν ὑμῖν ἀνατείνασθαι φοβερόν. ἀποπεφευγότα, "that were acquitted" from the attack of Diondas.

223. τῷ γραψαμένῳ συγκατηγόρησεν=fuit subscriptor. Cic. *in Cæcil.* 15. μᾶλλον εἰκότως, "more reasonably," not as Schæfer says, "with greater probability of success."

224. ἀνενεγκεῖν, "to have recourse to them for an excuse." V. sup. ἀναφορά, ch. 219. τοὺς νόμους, the νόμοι προθεσμίας, see note on ch. 125. τότε δέ...προλαβεῖν, "but at that time the question would have been decided on its own merits, before it acquired any of these precedents." Schæfer is wrong in wishing to read προσλαβεῖν.

225. μετενεγκόντα...λέγειν, "by having shifted the dates, and substituted false motives for the true ones in all that was done, to get the credit of saying something to the purpose." τι λέγειν opp. to οὐδὲν λέγειν. Eur. *Elect.* 939, ηὔχεις τις εἶναι. *Œd. Tyr.* 1475. Compare the common use of aliquis in Latin "Aude aliquid brevibus Gyaris et carcere dignum Si vis esse *aliquis.*" Juvenal.

226. ἐπὶ τῆς ἀληθείας, see on ch. 22. τοὺς παρ' αὐτά... ἐλέγχους, see on ch. 13. ῥητόρων ἀγῶνα. Thucyd. III. 67, οὐ λόγων ἀγῶνας προθήσοντες, ἀλλ᾽ ἔργων.

227. σοφίζεται, see Æsch. *in Ctes.* 59, 60. ὥσπερ...συγχωρεῖτε, "as when in money matters you reckon up accounts with any one, with the idea that there is a balance in your favour: if the figures come out square, and there is no balance, you are satisfied." καθαιρῶσιν. If this stands, it must govern some substantive understood, as τὸν λογισμόν. But the common reading καθαραὶ ὦσιν is better. ψῆφοι, properly "pebbles," which were used for counters.

228. ἡμᾶς ὑπάρχειν ἐγνωσμένους, see on ch. 95. Translate, "that you have already made your decision in our case." Bekker first proposed to read ἡμᾶς for ὑμᾶς, and translates it "nos esse cognitos = de nobis constare."

230. ἐκ τῆς Εὐβοίας, "on the side of Euboea." λαβόντα Βυζάντιον, "by having occupied Byzantium," which would have given him the keys of the Hellespont, see ch. 93.

231. ἀντανελεῖν, "to cancel," properly to take away equal parts from both sides, as in an equation. καὶ οὐκέτι προστίθημι, "and I will not *now* proceed to add." προστίθημι, still keeps up the arithmetical metaphor commenced in ch. 227, "to add as an item to the account." ἤν...ἐπλάττετο, "which he used to feign while compassing the rest of his objects." καλῶς ποιοῦντες, "and I congratulate you upon it," = "much good may it do you," a strongly ironical phrase, which, as Schæfer says, is only found in sentences "ubi *πάθος*, non *ἐνέργημα.*" Cf. *Leptin.* p. 490. Æsch. *Ctes.* 232, καὶ φατὲ μὲν εὐτυχεῖς εἶναι, ὡς καὶ ἐστὲ καλῶς ποιοῦντες.

232. παραδείγματα...μιμούμενος, "forging specimens, and mimicking my phraseology and attitudes." Æsch. *Ctes.* 166. πάνυ γάρ...παρήνεγκα. Cic. *Orat.* 8, speaks of the εἰρωνεία of this passage: "itaque se purgans jocatur Demosthenes; negat in eo positas esse fortunas Græciæ, in hoc cum huc an illuc manum porrexerit."

233. ἐπ' αὐτῶν τῶν ἔργων, "by the test of my actions alone."

234. προεξειλεγμένα, "previously collected," so that whatever I could levy must be extraordinary contribution. Read ὁπλίτην δ' ἢ ἱππέα. παρεσκευάκεισαν...ἐγγυτέρω, "these traitors had so tampered with the surrounding states, as to make them more inclined to hostility than friendship." -εισαν is the right termination of the 3rd pl. plusq. perf., not -εσαν.

235. παρὰ ταῦτα, "besides this." τὰ ὅπλα...ἀεί. Both in the summer and winter seasons. Cf. *Philipp.* III. p. 124, καὶ σιωπῶ θέρος καὶ χειμῶνα, ὡς οὐδὲν διαφέρει, κ.τ.λ. βουλευόμενος, after this word οὐδ' ὑπὸ τῶν συκοφαντούντων κρινόμενος is generally read.

236. δι' ἥν...πρόφασιν, "through whatever plausible arguments they used in each case."

237. ἐκ τοιούτων ἐλαττωμάτων, "in spite of these disadvantages." ἐλαττοῦμαι, ch. 3. ἄνευ τῶν πολιτικῶν δυνάμεων, "besides the free citizens who served," not Athenians, but of the allies. Æschines (*Ctes.* 97 and 146) says the number of mercenaries employed was 10,000. But he does not reckon in those sent by the Thebans, with whom alliance was concluded after the events he is mentioning. These allies did not all fight at Chæroneia. ὅσων ἠδυνήθην, "from as many states as I could," scil. from all those who did not send troops.

238. περὶ τῶν ἴσων, "about equality of contribution," i. e. that Athens ought to contribute to the war exactly as much as the other states, and no more. See Æsch. *in Ctes.* 143, τῶν εἰς τὸν πόλεμον, ἀναλωμάτων τὰ δύο μέρη ὑμῖν ἀνέθηκε, τὸ δὲ τρίτον μέρος Θηβαίοις.

239. παρὰ τοὺς παρόντας καιρούς. Schæfer says παρά = διά here. But it is better to take it as above, ch. 13, παρ' αὐτὰ τἀδικήματα, transl. "if it was possible to do so at the time when the emergencies were before us." ὅσα ἠβουλόμεθα, definite things, therefore the indicative is used; δοίη, indefinite things, therefore the optative. ὁ ἀντωνούμενος, "he that was bidding against us."

241. εἶτα...γέγονεν. All this is supposed to be spoken by the adversary in the "directa oratio." ἄπλους, "impassable, impracticable for navigation." ἁπλοῦς, "simple."

242. πονηρόν. This use of the neuter is peculiarly emphatic. Dissen remarks on this passage: "ut hic contemptus significatur, sic in illo notissimo 'triste lupus stabulis' terroris notio

augetur neutro." Cf. Plat. *Theæt.* p. 195 B. τοῦτο δέ,..παράσημος ῥήτωρ. "but this creature is a fox by his very nature; since from the first he has never done a single honest or liberal action—a veritable tragic ape—an Œnomaus for rustic audiences —a counterfeit orator." ἀρουραῖος, not "a clownish, bad actor," but acting in the country, at the rural Dionysia; wherefore in ch. 180 we are expressly told that Æschines took the part of Œnomaus ἐν Κολλύτῳ (one of the Attic demes). παράσημος, metaph. ἀπὸ κόμματος, "base-coined." Cf. Arist. *Acharn.* ἀνδράρια μοχθηρά, παρακεκομμένα, ἄτιμα, καὶ παράσημα, and *Ranæ*, 695.

243. ἰατρός. Æschines anticipates this argument, *Ctes.* 255. ἀσθενοῦσι τοῖς κάμνουσιν, "to his patients when lying ill." ἀσθενέω=Lat. "cubo." ἀποφεύξονται. The tense denotes the facility of escape, "by the use of what remedies they would *in all probability* escape." διεξίοι, "should go through the technical details," i.e. should enumerate all the possible remedies in detail. ἐμβρόντητε.. λέγεις; "thou lunatic—after this, dost thou still open thy lips?"

244. γαυριᾷς, "exult," probably γαῦρος is akin to γαίω, γήθω, ἀγαυός, ἄγαμαι. Θετταλίας, Ἀμβρακίας, Ἰλλυριῶν. All these embassies appear to have followed each other in the order given by Demosthenes, about the time of Philip's war with the Illyrians. Θρᾳκῶν βασιλεῖς were Teres and Cersobleptes. Æschines mentions this embassy, *Ctes.* 256.

245. σκαιός, see on ch. 120.

246. οὐ παραιτοῦμαι, "I do not beg off," ask to be excused —non deprecor. πολιτικά=οἰκεῖα, "inherent in, natural to," we may say, "constitutional defects." εἰς ἐλάχιστα συστεῖλαι, "to contract (prop. furl) into the smallest possible range." ὁρμήν, "impulse."

247. κατέπραξε, see on ch. 86 and 178. καὶ μήν...Φιλίππου. "Nay more: in the question as to whether or no I was corrupted by bribes, I have got the better of Philip: for just as the bidder has obtained an advantage over the receiver, if he succeeds in purchasing his services, so also he who refuses to be corrupted has obtained an advantage over the bidder." πρίηται, aorist subj. Dissen reads ὁ μὴ λαβὼν μηδὲ διαφθαρείς, which is preferable.

248. ἡνίκ'...ἐμέ. "when it was by no means a matter for surprise that the majority should feel harshly disposed towards me." εἰς τὰ τείχη, "for the restoration of the walls." It was

on this occasion that Demosthenes gave three talents out of his private fortune.

249. ἀπόνοια, "recklessness," dementia: so ἀπονενοημένος =demens. Diondas is mentioned in ch. 222, as having unsuccessfully opposed Aristonicus' decree to crown Demosthenes. Nothing is known of Sosicles and Melanthus. Philocrates of the borough Eleusis must not be confounded with Philocrates the Agnusian, who had been condemned to death, and was now living in exile, see ch. 17. τοῦτο γάρ...δικαστῶν, "for this verdict is both true, and such as becomes sworn judges who made their decision consistently with the oath they had taken." For the difference between εὔορκος and ἔνορκος, see Buttmann's Index in *Midiam*. εὔορκος, "in accordance with an oath," opp. to ἐπίορκος. ἔνορκος, simply "bound by an oath."

250. γραφάς, scil. παρανόμων...ἐπεσημαίνεσθε, "you affixed your seals to my accounts;" this was done by the λογισταί, or commissioners for auditing the accounts of public officers, see *Dict. Antiq.* p. 478.

251. Ναί, φησίν ... φεύγειν, "Nay, he answers, but the boast of Cephalus was a glorious one, that he had never been defendant in a single indictment." For the quasi-negative sense of ναί (=English, "nay"), see Mr Shilleto's Appendix to his edition of the *Fals. Legat.* Cephalus, see above, 219, and Æsch. *in Ctes.* 104. νὴ Δία is not ironical here. πρός γε τοῦτον, "at any rate as far as Æschines is concerned."

252—276. Comparison of the fortune which had attended Æschines and Demosthenes.

252. διελέχθη, see Æsch. *in Ctes.* ch. 157. προφέρει here = ἀναφέρει, "exprobrat." Cf. Hom. *Iliad*, II. 251; III. 64; *Orat. in Meid.* p. 576. χρῆσθαι τῷ λόγῳ, a strong expression for λέγειν, only used in connexion with some qualifying adverb, as here; so above, ch. 233, δικαίως χρήσομαι τῷ λόγῳ. ἀνθρωπινώτερον, "more humbly."

253. ἐγώ...ἡγοῦμαι. To prove this he quotes the well-known verses of Solon in *Fals. Leg.* p. 421. Compare a similar passage in *Epist. Demosth.* IV. p. 1487. ἐπέχει, in its first sense, "obtains," here "prevails."

254. τῶν Ἑλλήνων. He alludes more particularly to the Peloponnesian states, most of whom were neutral at the battle of Chæroneia. προσκροῦσαι, "that we received a shock." τὸ ἐπιβάλλον...μέρος, "the part that falls to our share," see below, ch. 272, and comp. Herod. IV. 115.

NOTES. 273

255. ἀξιῶ, "arbitror," (Schæfer) "I hold." κυριωτέραν "more influential."

256. πάντως, "at all events," "in any case." ψυχρότητα, verte "absurditatem, ineptiam," ut est ψυχρὰ λέγειν. Xen. *Symp.* VI. 7, (Schæfer). ἐκ τῶν ἐνόντων, "as far as the subject will allow me—under the existing circumstances."

257. The common reading here is φοιτᾶν εἰς τὰ προσήκοντα, κ.τ.λ. αἰσχρόν, "mean." ἀκόλουθα, "consistently, things in keeping with my education." εἰσφέρειν, "to pay the εἰσφορά, or extraordinary tax for war." ὡς οὐ καλά γ' ἦν. The force of γε is "at least honourable, if not successful."

258. συμβεβίωκα, "such fortune has attended me in life." Comp. the frequent use of ξύμφυτος, as Æsch. *Agam.* 107, ξύμφυτος αἰών, Eur. *Herc. Fur.* 1293. συγγενῶς δύστηνος ὤν, "unfortunate from (coevally with) his birth." τὸ μέλαν τρίβων, "preparing the ink," prop. pounding. βάθρα, "forms."

259. See Appendix B. for Mr Mitchell's translation of this passage. The whole is a description of the Phrygian or Sabazian rites as practised at Athens. τελούσῃ, "performing the initiatory ceremonies." συνεσκευωροῦ, "assisted in her other impostures." νεβρίζων. Mitchell is right in giving all these verbs an active signification, as ὁρκίζω, κακίζω, ἁλίζω, &c. πηλῷ, "fullers' earth." πίτυρα = παιπάλη, used in Arist. *Nub.* 263. Compare with the whole passage Eur. *Bacch.* 695, καὶ πρῶτα μὲν καθεῖσαν εἰς ὤμους κομὰς Νεβρίδας τ' ἀνεστείλανθ' ὅσαισιν ἀμμάτων Σύνδεσμ' ἐλέλυτο, καὶ καταστίκτους δορὰς. Ὄφεσι κατεζώσαντο λιχμῶσιν γένυν. See also v. 137 and 176 of the same play, and Arist. *Ranæ*, 1242, for the use of νεβρίδες. ὀλολύζω is here in its original sense of a jubilant religious cry (see Eur. *Bacch.* 688) opposed to the funereal wail, Eur. *Med.* 1166, εἴτ' ἀντίμολπον ἧκεν ὀλολυγῆς μέγαν κωκυτόν. In *Sept. c. Theb.* 831, it is "a triumphant cry," also Eur. *Elect.* 691, and Ar. *Equit.* 612.

260. μαράθῳ, id. qu. νάρθηξ, *Bacch.* 705. λεύκῃ, "white poplar leaves." ὄφεις παρείας, Arist. *Plut.* 690, κᾆτα συρίας ἐγὼ Ὀδὰξ ἐλαβόμην, ὡς παρείας ὢν ὄφις. The Scholiasts interpret this word "qui inflatas habent maxillas," (πεφυσιωμένας γνάθους), so we may perhaps translate "puff-adders," though this snake is a native of Africa. The interpretation "brown" or ("coppered" as Mitchell has it) appears to confound παρείας with a doubtful adject. πάρωος. ἔξαρχος...νεήλατα, "leader of the chorus, master of the ceremonies, casket-bearer, fan-bearer, with these and such like names you were greeted by all the crones in the place; and for pay, you received sweetmeats, and twists, and cakes of fresh flour." κιττοφόρος, not so good a reading as κιστοφόρος—the

18

chest in which the mysteries were supposed to be carried is mentioned by Tibullus, I. 8, 48. λίκνον, the "mystica vannus Iacchi" of Virgil.

261. ἐπειδή γ' ἐνεγράφης, the usual reading is ἐπειδὴ δ' οὖν, "when as I say."

262. τοῖς βαρυστόνοις ἐπικαλουμένοις, "nicknamed the Lugubrious." ἐπιβαλῶ (generally ἀποκαλῶ is used to express this, see *Ajax*, 727) not always in a bad sense; in a good one, Æsch. *Ctes*. 182, 'Αριστείδης ὁ δίκαιος ἐπικαλούμενος, "surnamed the Just." σῦκα...ἠγωνίζεσθε. The reading in the text appears to be right, except perhaps in omitting ἐκεῖνος after ὀπωρώνης. The probable meaning of this difficult passage is "picking up figs and bunches of grapes and olives (which were thrown at you on the stage) just like a fruit-gatherer (if ἐκεῖνος, "the fruit-gatherer in the story") from other people's orchards, and getting more out of them than out of the battles which you had to fight for your lives." πλείω λαμβάνων. There is no necessity to read τραύματα here: it expresses a *double entendre*, "getting more," either profit or hard knocks. ἐλάας, an exception to the general rule, by which the names of trees end in -α, of fruit in -ον.

263. τρόπον, "your character." δι' ἥν. Resolve this into ὥστε δι' αὐτήν.

265. γράμματα. Mitchell, on Arist. *Equit*. 187, says, "Since *letters* served the purpose of *figures* among the ancients, γράμματα may be considered as equivalent to our 'reading, writing, and arithmetic.'" ἐφοίτων, "went to school;" φοιτάω used of any *regular* visiting, as of a day-scholar to the διδασκαλεῖον (cf. Arist. *Nub*. 916, *Equit*. 1235), a lover to his mistress, a wrestler to the palæstra, &c. ἐγραμμάτευες, see on ch. 127. ἐξέπιπτες, explosus es, "you were hissed off the stage." The active of this would be ἐκβάλλω, *Fals. Leg*. p. 389, ἐξεβάλλετε αὐτὸν καὶ ἐσυρίττετε. Plat. *Gorg*. 517, οὐ γὰρ ἂν ἐξέπεσον. Arist. *Equit*. 507. ἐτέλεις (sup.) in Sabaziis, ἐτελούμην in Eleusiniis, *Dissen*. After ἐτελούμην most MSS. have ἐχόρευες, ἐγὼ δ' ἐχορήγουν.

266. πεπαῦσθαι, see on ch. 82, fin.

267. παρ' ἅς...ἐλυμαίνου, "as a parallel to which, pr'ythee (μοι) read the speeches that you used to murder." ἐλυμαίνου. In ch. 180, we have ἐπέτριψας used in this sense. κακαγγελεῖν... θέλοντά με. This line is not in any existing play. πονηρόν... τριταγωνιστήν, "seeing that you are villainously bad, both as a citizen and as—an actor of third-rate parts." A similar instance of anticlimax παρὰ προσδοκίαν, or bathos, occurs in *Fals. Leg.* 109, ἂν οἶμαι πονηρὸς καὶ θεοῖς ἐχθρος...καὶ γραμματεύς.

268. κοινός, "charitable," φιλάνθρωπος, "humane." ἐλυσάμην, "ransomed," λῦσαι would be "to set free gratuitously." τοῖς δεομένοις ἐπαρκῶν, "a helper of the needy." συνεξέδωκα, "I shared in portioning out," i.e. to marriage. Cf. Æsch. Ctes. 158, Ἀριστείδην...οὗ τελευτήσαντος τὰς θυγατέρας ἐξέδωκεν ὁ δῆμος.

269. οὐδὲ προαχθήσομαι...ἀρκεῖ μοι, "nothing shall induce me to do so: but I rest satisfied with the opinion that has been generally conceived of me in these matters."

271. φορὰν πραγμάτων, "a crop of troubles," see on ch. 61. For πράγματα in the sense of "troubles," compare ch. 292, φάσκων δι' ἐμὲ εἰς πράγματα τὴν πόλιν ἐμπεσεῖν.

272. εἰ μέν, "if, as was *not* the case." εἰ δέ, "if, as *was* the case."

273. Join εὐνοίᾳ γ' ἐμοί, "for certainly it was not out of good feeling towards me that you retired from the field of expectations and ambition and honours." For παρεχώρεις, see on ch. 68.

274. ἀδικεῖ τις ἑκών; "is any one engaged in wilful voluntary crime?" ἐξήμαρτέ τις ἄκων; "has any one made an involuntary slip," or lapse from the right way? ἀδικεῖ and ἐξήμαρτε contrasted. ὀργὴν καὶ τιμωρίαν—understand ὁρῶ. συνάχθεσθαι = the dramatic words συνασχαλᾶν—συναλγεῖν, "to condole, sympathize with."

275. νομίμοις, "written laws," as well as general customs of mankind. ἀγράφοις, so *Antig.*, ἄγραπτα κἀσφαλῆ θεῶν νόμιμα. In England νόμοι ἄγραφοι would answer to the common law, γεγραμμένοι to statute law.

276—285. Vindication of Demosthenes' eloquence.

276. ἁπλῶς, "honestly." ἐκέλευεν, "kept bidding you." καὶ δή = ἤδη, "his allegations forthwith become facts."

277. οὕτως...φρονεῖν, "in the same proportion the speaker gets the credit of being a man of sense." ταύτην μέν...ἰδίᾳ, "every one of you will discover that this is at all times exerted for your interests in the state affairs, and on no occasion *against* your interests nor in my own private quarrels." ἐξετάζομαι = Lat. versor, as in *Timoc.* p. 701, ἐν ἀγῶσι καὶ γραφαῖς δημοσίαις ἐξετάζομαι.

278. εἰσιέναι, "to come into court," used of an actor coming upon the stage, hence it often signifies to take a particular character, see on ch. 180. διακείμενα, "disposed." μάλιστα

μέν, "if possible," i.e. it would be best for him, if he had not, &c. σφοδρόν = validum (σφοδρά, valde). ἐστὶ τῷ δήμῳ, "res est populo," the people have to deal.

279. στεφάνου...συνεσκευασμένον, "to be here with an accusation ready made and packed together touching my crown and vote of thanks." ἥκειν κατηγορίαν συνεσκευασμένον = ἥκειν ἔχων κατηγ. συνεσκευασμένην. τόνδε, Ctesiphon.

281. οὐκ ἐπὶ τῆς αὐτῆς (sub. ἀγκύρας) ὁρμεῖ, "rides not on the same anchor with," see Porson on Eurip. Orest. 69, ἐπ' ἀσθενοῦς ῥώμης ὀχούμεθ', and Arist. Equit. 1241, λεπτή τις ἐλπίς ἐστ', ἐφ' ἧς ὀχούμεθα. ἐξαίρετον, "exclusively mine," a sort of "peculium." Fals. Leg. 275.

282. ἆρ' οὖν...ὃς εὐθέως, κ.τ.λ. "Pray then did you not do so in like manner? Why how is that possible, since you immediately after the battle commenced your journey?" &c. The use of καὶ πῶς is well known: it is invariably intended to express a doubt or disbelief of what has been just stated: πῶς καὶ merely asks for additional information, see Porson on Phœniss. 1373. ἀρνούμενος τὴν χρείαν, "though you disowned the connexion."

283. μηδέν...πρᾶγμα, "that you and Philip had nothing to do with each other." Herod. v. 84, fin.

284. ξένος ἢ φίλος ἢ γνώριμος. Diminuendo, "guest-friend, or friend at all, or even commonly acquainted with."

285—324. Recapitulation.

285. χειροτονῶν γάρ, see on ch. 18. προβληθέντα, "though you were proposed, nominated," as ch. 149, προβληθεὶς τυλαγόρας οὗτος ἀνερρήθη. Demades was taken prisoner at Chæroneia, but released by Philip's command. Πυθοκλέους, see Fals. Leg. p. 411. ἔτ' ἄμεινον, "all the more for that;" compare the sense of καλῶς = "very," Œd. Tyr. 1008, ὦ παῖ, καλῶς εἶ δῆλος οὐκ εἰδὼς τί δρᾷς.

286. τούς...ἄδειαν, "those who took advantage of the public misfortunes to declare their real sentiments with impunity."

287. ἐκεῖ, "at Delphi." ὑποκρινομένους, "acting a part," see on ch. 15. ἐκείνων, scil. τῶν Ἑλλήνων. Compare with the whole passage, Fals. Leg. p. 380.

288. ὡς παρ' οἰκειοτάτῳ = παρ' ὡς οἰκειοτάτῳ, "at the house of one who was most nearly connected with them." τὸ περίδειπνον, "the after-feast." The custom of feasting at funerals was of very ancient date, and in the heroic ages was accompanied by games, as we learn from Homer. It continued until a late pe-

riod in our own history. Shakspeare mentions it (*Hamlet*, Act I. Scene 2), "the funeral baked meats did coldly furnish forth the marriage tables:" and Sir Walter Scott gives a graphic description of it in the opening scene of his *Bride of Lammermoor*.

289. δημοσίᾳ, "at the public expense." Cf. Thucyd. II. 43. 'Επίγ. v. 2, ἀπεσκέδασαν. This somewhat vain-glorious boast can only refer to the two actions which preceded the battle of Chæroneia, and in which the allies were partially successful. V. 3, λήματος. This reading was originally proposed by Valckenaer instead of δείματος, of which it was found difficult to give any satisfactory explanation. Translate, "whilst fighting the battle of courage and native spirit, they saved not their lives, but took unto themselves Hades for an impartial arbitrator." If δείματος stands, we must consider οὐκ ἐσώσαν ψυχάς as a kind of parenthesis, or break in the sentence, and translate, "whilst fighting, they saved not their lives indeed, but made Hades an impartial umpire between valour and faint-heartedness," i.e. left death to decide who were ἀγαθοί and who δειλοί, and proved *themselves* to be ἀγαθοί by the fact that οὐκ ἐσώσαν ψυχάς. Thus δείματος and ἀρετῆς will depend on βραβῆ. V. 8, ἥδε κρίσις, "this is the award," scil. καμεῖν πλεῖστα. V. 9, μηδὲν ἁμαρτεῖν, "to fail, go wrong in nothing." V. 10, ἔπορεν, scil. Ζεύς.

291. λαρυγγίζων, "bawling, straining his windpipe." Arist. *Equit*. 358, λαρυγγιῶ τοὺς ῥήτορας, "I will out-bellow the orators," a better translation than "I will throttle."

292. φροντίζειν, with genitive, see on ch. 190. τῇ προαιρέσει τῶν κοινῶν = τῇ πολιτείᾳ. εἰς πράγματα, "into trouble," as φορὰ πραγμάτων, ch. 271.

294. ἀνελόντας ἐκ μέσου. Comp. *Philipp*. IV. p. 141, ἀνελεῖν ἐκ μέσου τὰς βλασφημίας ἀναθεῖεν, see on ch. 17, where ἀνατιθεὶς is used without τὴν αἰτίαν. ἐπὶ τὴν κεφαλήν gives force and emphasis to the expression.

295. Cicero imitates this passage, *Verrin. Act*. II. *Orat*. IV. 26. τοὺς ὑπάρχοντας πολίτας, "of their own faction," Schæfer. "Quos decipere poterant," Dissen. "Each deceiving the citizens with whom they had to deal." Harpocration tells us that a full account of these traitors and the history of that period was given in the now lost books of Theopompus.

296. ἀλάστορες, "blood-stained, guilty of blood-shedding." See Müller on Æsch. *Eumen*. 236. Why they are ἀλάστορες is explained in the next clause. ἠκρωτηριασμένοι, "who have dismembered, mutilated," prop. "cut off the extremities"

(ἀκρωτήρια). Cic. (Orat. II. 2) speaks of "interfectores reipublicæ." προπεπωκότες, "having betrayed," or as we may perhaps translate it, "pledged." προπίνω, (1) propino, (2) dono, (3) prodo. The 2nd sense comes from the 1st, because it was anciently the custom to give the drinking vessel to the person whose health was drunk.

297. περιβοήτου, "notorious, infamous," used in a good sense, Thucyd. VI. 31, ὁ στόλος (εἰς Σικελίαν) περιβόητος ἐγένετο.

298. φιλανθρωπία λόγων = πειθώ. The endeavour to make others feel φίλοι towards the speaker. Comp. Meid. p. 538. τρυτάνη, prop. "the tongue of a balance." ῥέπων ἐπὶ τὸ λῆμμα, "inclining to the side of gain."

299. πόρρω, "far behind." οὐ λίθοις ἐτείχισα, κ.τ.λ. This fine image is taken from Alcæus. We find a similar sentiment in the speech of Nicias, Thucyd. VII. 77; and Sir William Jones has founded on this passage his celebrated ode beginning "What constitutes a state," &c.

300. προὐβαλόμην, see ch. 97 and 195.

301. παρὰ πᾶσαν φιλίαν, understand γῆν or χώραν, "along a line of coast everywhere friendly to us." So ἡ πολεμία is frequently used for the reverse.

302. Προκόννησος, an island in the Propontis, colonized by the Milesians.

303. Connect βεβουλευμένα with ὀρθῶς. προεθέντα, "deliberately given up." παρεθέντα, "passed by through negligence." ἐλυμαίνετο, "kept bringing disasters upon," imperf. because followed by ἕως ἀνέτρεψαν. τοῖς ὅλοις, "the collective interests of the state," i.e. the common weal, as in ch. 28. λυμαίνομαι takes the dative here, because it has the notion of successive attacks *upon* or *against:* but in ch. 312, the accusative (ἐλυμήνω τὸν νόμον), because its sense is that of φθείρω, to spoil, tamper with; see note on ἐξίσταμαι, 319.

305. πολλῷ ἐλάττοσι, "falling far short of." λέγε καὶ ἀνάγνωθι. Reiske translates this, "pronuntia hæc de scripto recitanda." But it is not easy to see what distinction he intends to draw between the words. Pleonastic expressions in legal formulæ are surely not matter for surprise. Cf. ch. 28.

306. ὑπῆρχεν has here a sort of conditional sense, "it was within our reach." μεγίστοις agrees with ἡμῖν, or τοῖς πολίταις understood. ὡς ἑτέρως, see on ch. 212. κακίζειν, "to call or

make out κακός:" hence as here, "to blame, reproach." Herod. III. 145, λοιδορέων τε καὶ κακίζων μιν.

307. μένειν ἐπὶ τούτων, "to take his stand upon these principles." ὕπουλον, a word properly applied to a wound that is cicatrized or healed over, but still festers within; hence, "insidious, hollow." In Soph. Œd. Rex, we have κάλλος κακῶν ὕπουλον, and Thucyd. VIII. 64, ὕπουλος αὐτονομία. Æschines attempts to excuse this ἡσυχία, Ctes. ch. 215.

308. μεστοί = pleni ad nauseam, "surfeited with." ῥήτωρ ... ἐφάνη, "was seen suddenly starting up an orator from his quietude, like a gale after a calm." The aorist ἐφάνη expresses the suddenness of his appearance, and the return to the present tense in συνείρει, that after his appearance he kept constantly stringing together words, &c., ch. 140. συνειλοχὼς ῥήματα. So Arist. Ran. 874, Κρητικὰς συλλέγων μονῳδίας, Acharn. 405, ὁ νοῦς μὲν ἔξω συλλέγων ἐπύλλια.

309. μελέτης καὶ ἐπιμελείας; "exercise and elaboration" in speaking. ἐμπορίου κατασκευήν, "the permanent establishment of a mart."

310. τούτων...ἐξέτασις, "all these objects were sought after in former times." οὐδαμοῦ φανήσει γεγονώς, "you will be proved to have been a mere cipher," in which sense οὐδαμοῦ φανῆναι is common. Cf. Fals. Leg. ch. 126. Dissen says it is not so used here, because οὐ πρῶτος, &c. follow: but this would rather be an argument in favour of the interpretation; οὐδαμοῦ φαν. to be at zero, πρῶτος to be first, δεύτερος second, &c. ἐν οἷς, scil. καλοῖς τε κἀγαθοῖς. Pors. ad Eur. Orest. 85.

311. τίς ἢ τοῖς εὐπόροις...χρημάτων = "what improvement in the financial laws did you make?" Demosthenes indirectly refers to his own Trierarchic law.

312. Aristonicus may be the same individual who is mentioned, ch. 83, 84, as having before proposed to crown Demosthenes. κηδεστοῦ, "your relation by marriage." ἔρανον δωρεάν, "subscribed as a present for your services in spoiling my law about the Trierarchy." ἔρανος, prop. that kind of feast called by us "a pic-nic," to which each guest contributed a dish. 2nd, any club or society of subscribers. 3rd, the money so subscribed. ἐλυμήνω, see on ch. 304.

313. τραγικὸς Θεοκρίνης, "patheticas querelas simulate fundentem calumniandi causa," veluti ubi Æschines de Thebana calamitate queritur (Dissen). Theocrines was an informer, against whom a speech attributed to Demosthenes is still extant.

314. εἶτα...μέμνησαι. Æsch. *Ctes.* ch. 178 sqq. προλαβόντα, "taking advantage of" or "using as a precedent," as in ch. 224.

315. τοῖς ζῶσι...φθόνος. So Horace, *Od.* III. 24, "virtutem incolumem odimus, Sublatam ex oculis quærimus invidi."

316. ἡλίκας, accus. by attraction. ἐπὶ τὸν παρόντα βίον, "during" or "towards the present generation." φιλανθρωπίας, "the good-will" with which mankind regards them.

318. ἀδελφὸς ὁ σός. In *Fals. Leg.* p. 415, Demosthenes mentions two brothers of Æschines, namely Aphobetus and Philochares. The latter is probably meant here, as he had been a στρατηγός. See also Æsch. *Fals. Leg.* p. 48.

319. Φιλάμμων, mentioned by Aristot. *Rhet.* III. cap. 11. Glaucus was victor in boxing at Olympia in Olymp. 25. οὐδένα ἐξίσταμαι, "I avoid, shirk no one." This verb, when followed by the accusative, must always be so translated. With the dative its sense would be "give place to, yield to." Many verbs thus regulate the case they govern by the idea contained in them, see λυμαίνομαι above, 334 and 312: so also ἐκτρέπομαί τινα or τινός. Compare Soph. *Aj.* 82, φρονοῦντα γάρ νιν οὐδ' ἂν ἐξέστην ὄκνῳ, and v. 672 of the same play, ἐξίσταται γὰρ νυκτὸς αἰανῆς κύκλος τῇ λευκοπώλῳ ἡμέρᾳ. See also *Leptin.* 10, οὐδένα πώποτε κίνδυνον ἐξέστησαν. From these passages we may lay down the rule thus: ἐξίσταμαι takes { dative where εἴκω might be used / accus. where φεύγω... "Assurgo" in Latin answers to ἐξίσταμαι, with dat. Virg. *Georg.* II. 98, "Tmolus et assurgit quibus." *Eclog.* VI. 66.

320. ἐφάμιλλος = περιμάχητος. ἱπποτρόφος, "certator," "a mighty and conspicuous combatant." Plat. *Alc.* I. 135 B.

321. ἐν ταῖς ἐξουσίαις (potestatibus), "in his offices, when in office," not as Dissen says, "opportuna momenta, ubi liceat τὰ πρωτεῖα persequi."

322. ἐξαιτούμενος, scil. by Alexander, B.C. 335, see on ch. 41. ἐπαγόντων, scil. those who were in the Macedonian interest, see Æsch. *Ctes.* ch. 161. οὐκ ἐπαγγελλομένων. Before this οὐκ ἀπειλούντων is usually read. "Neither when they made me promises, nor when they threatened me, nor when they hounded on these accursed wretches like so many wild beasts against me." ἐξ ἀρχῆς εὐθύς, "from the beginning onwards." θεραπεύειν, prop. "to wait upon, court," hence "to watch for opportunities of aiding." Cf. *sup.* ch. 307.

323. ἑτέρων = τῶν πολεμίων, see on ch. 212. εὐαγγελιζόμενος... οἴωμαι, "offering my congratulations to all whom I think likely to report them in Macedonia." κύπτων. Cæs. *Bell. Gall.* I. 32, "demisso capite terram intueri."

324. μάλιστα... τούτοις, "if possible, inspire even these men," &c. αὐτούς... προώλεις, "bring ye to utter and untimely ruin them, and them alone." The expression occurs, *Fals. Leg.* p. 395.

APPENDIX A.

(From the *Classical Museum*, I. § 12.)

ON THE ψηφίσματα AND OTHER PUBLIC DOCUMENTS
CONTAINED IN THE DE CORONA.

THERE are thirty-four documents in all, quoted or referred to, in the *De Coronâ*. Of these twenty-seven are actually given us, being the *first* twenty-seven in order, whereas the *last* seven are supposed to be lost. Now this fact is a strong *primâ facie* evidence of the whole having been inserted by a later hand than that of Demosthenes himself, probably some one of the Rhetoricians who began the work, but was unable to complete it. If we look into the documents themselves, the internal evidence in favour of this supposition is still stronger. Every one of the Archons mentioned by them are fictitious (ψευδώνυμοι), except in the solitary instance of Charondas. The following table shews the names of the false Archons, and the real ones as given by Mr Clinton in the *Fasti Hellenici*.

B.C.	Ψηφίσματα, κ.τ.λ.	True Archon.	False Archon.
346	Decree about the oaths—ch. 29. Decree of Callisthenes—ch. 37.	Themistocles. — Archias.	Mnesiphilus.
344	Decree of Eubulus—ch. 73. Letter of Philip—ch. 77.	Lyciscus.	Neocles.
340 339	Trierarchic law—ch. 105. Spring Pylæa—ch. 154. Decree about the Amphissæi	Theophrastus	Polycles. Mnesitheides.
338	Spring Pylæa Invitation to Philip by the Amphictyons Philip's letter—ch. 157. Two Athenian decrees—ch. 164. Decree of Demosthenes, ch. 181.	Lysimachus. Charondas.	Mnesitheides. Hieropythes. Nausicles.
337	Decree of Aristonicus—ch. 84. Decree of Ctesiphon—ch. 119. Decree of Æschines—ch. 54.	Charondas. Phrynichus.	Charondas, Hegemon. Euthycles. Charondas.

APPENDIX A. 283

The chronology given in these documents is no less erroneous. Let us take a summary of the events which occurred in the year 346 B.C., and we shall see the falsity of the dates given in the first decree. The Embassy of Ten returned from Macedonia in the beginning of Elaphebolion, and the Athenians decreed peace with Philip on the 19th of that month. The people placed the management of affairs in the hands of the Senate, and Demosthenes, being a senator, passed a decree on the 3rd of Munychion, "that the embassy should set out at once, and administer the oaths to Philip." [This embassy ἐπὶ τοὺς ὅρκους is the subject of Demosthenes and Æschines' speeches *De Falsâ Legatione*]. Now the date given in the ψήφισμα, quoted ch. 29, is the last day of Hecatombœon, *not* the 3rd of Munychion.

Our space will not permit us to give an abstract of all the arguments used by Mr Newman in the article we are quoting, by which he proves the spuriousness of these documents. His reasoning about the chronology is just as satisfactory in each case as in the one we have extracted. He also observes that many words are found throughout, which none but later writers would have chosen, such as παρεύρεσις, ναύαρχος, πλοῖα for ναῦς, πρεσβευταί, &c.

He conceives, with great probability, that the writer of these documents, whoever he was, compiled them from the *De Coronâ* alone, and did not refer to the Παραπρεσβεία or any other speeches of Demosthenes. Hence the mistakes in the chronology and omission of many important facts. See *Class. Museum*, I. Art. 12; Thirlwall's *Greece*, Vol. VI. ch. 164; Clinton's *Fasti Hellenici*, Vol. II. p. 356.

APPENDIX B.

MR MITCHELL'S TRANSLATION OF DEMOSTHENES DE CORONA, Ch. 258—261. Σὺ δ' ὁ σεμνός, &c.

"Turn we now to our man of dignity,—to him who considers others as worthy only of the spittle of his mouth, and beg him to compare his fortunes with mine. (*Addresses himself to Æschines.*) Born and bred in the veriest poverty, your earliest years found you attached to a mean school, of which your father was the preceptor. To prepare the ink, to sponge the benches, and to sweep the school-room; such were your occupations—occupations befitting a menial, but unworthy a freeman's son. Arrived at manhood, you became your mother's aid; as she performed her stock of initiatory rites, you read the mystic formulæ, and bore a part in all the subsequent operations. At night it was your business to clothe the candidates in skins of fawn, to pour them out huge cups of wine, to wash them with the lustral water, to cleanse their skin with loam and bran; and the holy rites thus done, to raise them up and bid them cry,

(*Mimics*)   My bane I have fled,
                   My bliss I have sped:

none, as was your boast, giving forth the holy shout with such a potent voice as yourself. (*Turns to the dicasts or bystanders.*) Verily, I can believe it! for who that hears those powerful tones of declamation in which he now indulges, can for a moment doubt that his religious exclamations were pre-eminently grand? (*To Æschines.*) The day found you a different employment. You had then to conduct your noble troop through the public streets, their heads crowned with fennel and with poplar leaves, while yourself were seen—now pressing the coppered serpents—now elevating them above your head—now shouting 'Evoi Saboi'—now raising a dance to the words 'Hyes Attes, Attes Hyes,' while all the crones and beldames of the quarter honoured you with the pompous titles of Exarch, chief-conductor, chest-carrier, fan-bearer; gingerbread, and cake and twisted bun falling plentifully upon you as the rewards of your pious labours. Happy and distinguished lot! who can think it were his own, and, so thinking, not deem himself supremely blest?"

APPENDIX C.

CHRONOLOGICAL TABLE OF THE LIFE AND PUBLIC CAREER OF ÆSCHINES AND DEMOSTHENES.

	B.C.	OLYMP.
Æschines born	389	98
Demosthenes born	385	
Philip of Macedon born	383	99.2
Demosthenes loses his father, and is placed under the care of three guardians	378	100.3
Battle of Leuctra	371	102.1
Demosthenes comes of age, and prosecutes his guardians	366	103.3
Speech of Demosthenes against Aphobus	364	104.1
Battle of Mantinæa, and death of Epaminondas. (Æschines distinguishes himself in this battle.)	362	104
Demosthenes' first action against Meidias	361	104
Accession of Philip to the throne of Macedon. (Commencement of the Social and Sacred Wars)	359	105.2
The Phocians seize Delphi and its treasures	357	
Birth of Alexander—Demosthenes enters on his political life	356	106.1
Speeches against Leptines and Androtion	355	
Speeches against the Eubœan Expedition, and περὶ Συμμοριῶν—Battle of Tamynæ, where Æschines greatly distinguishes himself, and is chosen to carry home the news of the victory, and rewarded by the Athenians with a crown	354	
Speech of Demosthenes against Timocrates, and for the Megalopolitans	353	
Speech against Aristocrates—First Philippic	352.1.	107.1
The Olynthiac Orations	349	
Capture of Olynthus by Philip—Æschines becomes a strong advocate for warlike measures against Philip	348	108.1

	B.C.	OLYMP.
Æschines sent along with Demosthenes as one of the ten ambassadors to negotiate a peace with Philip—Becomes the opponent of Demosthenes	347	
Return of the first Embassy—Second Embassy, ἡ περὶ τοὺς ὅρκους, of which Æschines forms one—Speech of Demosthenes "de Pace" .	346	
Æschinis κατὰ Τιμάρχου	345	
Second Philippic	344	109. 1
Speech de Haloneso—Demosthenes accuses Æschines of treachery during the Second Embassy to Philip—The speeches of both περὶ παραπρεσβείας—Speech of Demosthenes περὶ τῶν ἐν Χερσονήσῳ	342	
Expedition of Athens to Eubœa on the motion of Demosthenes—Expulsion of the tyrants of Oreus and Eretria—Public thanks voted to Demosthenes—Third Philippic . . .	341	109. 4
Philip declares war against Athens—publishes his manifesto—attacks Byzantium—Trierarchic Law of Demosthenes—The fourth Philippic	340	110. 1
Philip invades the Scythians: defeat by the Thracian Triballi—Æschines goes as representative of Athens to the Amphictyonic meeting, and instigates the Amphictyons against Amphissa—Demosthenes negotiates an alliance with Thebes	339	
Demosthenes honoured with a third vote of thanks—Battle of Chæroneia—Demosthenes delivers the funeral oration over the slain .	338	
Ctesiphon proposes the public presentation of a crown to Demosthenes—Æschines indicts Ctesiphon for illegality	337	
Assassination of Philip	336	111. 1
Alexander destroys Thebes, and demands the Athenian orators	335	

APPENDIX C.

	B.C.	OLYMP.
Alexander crosses the Hellespont—Battle of the Granicus	334	
Battle of Issus	333	
Siege of Tyre	332	112. 1
Battle of Arbela—Agis defeated by Antipater	331	
Death of Darius—Æschines brings forward his indictment against Ctesiphon which has been lying dormant for seven years—"Battle of the Orators"—Æschines being defeated, retires to Asia Minor	330	
Harpalus comes to Athens from Babylon	325	113. 4
Demosthenes imprisoned on a charge of bribery—Escapes to Trœzen	324	114. 1
Death of Alexander—Demosthenes' triumphant return to Athens—Æschines settles at Rhodes	323	
Antipater demands the popular leaders—Demosthenes takes poison—Death of Aristotle	322	
Death of Phocion	317	115. 4
Death of Æschines in Samos, whither he had retired from Rhodes	314	116. 3

N.B.—This table has been composed from that of Mr Drake, with additions from Whiston, Kennedy, and Grote.

THE END.

www.ingramcontent.com/pod-product-compliance
Lightning Source LLC
Chambersburg PA
CBHW031247250426
43672CB00029BA/1372